论语

[春秋]孔丘◎著
刘强◎编译

江苏凤凰科学技术出版社·南京

图书在版编目（CIP）数据

论语 /（春秋）孔丘著；刘强编译．— 南京：江苏凤凰科学技术出版社，2018.9（2022.5 重印）

ISBN 978-7-5537-7980-5

Ⅰ．①论… Ⅱ．①孔… ②刘… Ⅲ．①儒家②《论语》– 译文 Ⅳ．① B222.24

中国版本图书馆 CIP 数据核字（2017）第 025806 号

论语

著　　者	【春秋】孔　丘
编　　译	刘　强
责任编辑	祝　萍
责任监制	方　晨
出版发行	江苏凤凰科学技术出版社
出版社地址	南京市湖南路 1 号 A 楼，邮编：210009
出版社网址	http://www.pspress.cn
印　　刷	天津旭丰源印刷有限公司
开　　本	718 mm × 1 000 mm　1/16
印　　张	28.5
插　　页	1
字　　数	511 000
版　　次	2018 年 9 月第 1 版
印　　次	2022 年 5 月第 3 次印刷
标准书号	ISBN 978-7-5537-7980-5
定　　价	58.80 元

前言

在漫长的人生中，不论从事何种职业，做人乃最为重要之事。《论语》总的精神就是“正心修身”，讲的就是做人的艺术，是成就人生的指南。人生的一切事业功绩，都从做人开始。人最终所能达到的成就，就是做人的必然结果。《论语》就是做人的学问，是做人处世的经典，既是原则又是方法论，与我们的生活密切相关。我们生活中的任何一件事，无不包含在《论语》的思想之内。

《论语》是中华民族传统文化的渊源，教给人们为政以德、清廉守节、做事勤奋、生活节俭、待人诚信、交友谨慎、精忠报国……这些思想，对中华民族精英群体有着巨大的影响。封建士大夫必读的《论语》，是旧时代文人走向仕途的敲门砖，千百年来受到普遍重视。但是，我们不能因为它被封建社会所用过就否定其价值，其人文思想的光华，仍然灼照千古；也不能因为它被封建统治阶级所用就抵触它，工具本身没有错，要知道，只是被人错误地应用。

《论语》以语录体记述了孔子及其弟子的言行，是中国儒家文化的本源，被儒家学派尊奉为圭臬。自西汉以来，《论语》被迅速传播，其思想精髓伸入政治、经济、思想、文化、教育、伦理道德等各个领域，成为中国传统文化的一大标志。有关《论语》章句的注疏也累代不绝。注解、研究《论语》的专著，卷帙浩繁，各领千秋，形成了具有独特风貌的《论语》文化，这种文化从伦理道德、政治、文化、教育等诸多方面影响着当时及后世的人们。

《论语》的哲思博大精深，所阐述的内容包罗万象，富含着先哲睿智的光芒。已有的研究成果更加丰富了《论语》的思想宝库，大至治国，小至日常起居，无不深含着精警的启迪，与我们的生活息息相关。在研究《论语》的过程中，有人囿于一己之门户、学派或政见，武断地将《论语》划归为某一学派，甚至有意无意地把《论语》导入一种神秘的、宗教式的文化。这种做法将《论语》对大众文化的建设功能曲意掩盖或抹杀，实在有损其思想的弘扬，有悖于圣哲之初衷。一些通俗的解读，又流于表面的注解，对《论语》思想精神的把握尚欠精当。还有一些人带着某种政治偏见，对《论语》肆意菲薄，进行牵强附会式的批判，以上这些都是不可取的。其实，《论语》就是《论语》，它是一种文化的历史，一种历史的文化，绝不是哪一个人能随意否定得了的。人们从各自的视角出发，体悟自然有所差异。不同的人品读《论语》自有不同的体会，不同职业的人读论语也会有不同的心得。但是不容否认的是，《论语》经久而弥新，其本身有着传承千古的内在品质。《论语》的真谛也就在于力行，反躬求诸己。

本书的编撰体例包括原文、人物简介、译文、历代论引、札记等五个部分，旨在方便普通读者阅读，达到联系现实、学以致用、提高修养的目的。既注重可读性，又力求具有时代性。书中特设“历代论引”，以期起到经史互为佐证、帮助理解的作用。本书的重点在于“札记”部分，该部分旨在用一句话切入主题，结合社会现实和历史发展的轨迹，以随笔式抒写阐发述析，融编撰者的研读心得、感想及辨析于一体，以一得之见为引玉，既起到阐释的作用，又意在开启、激发读者的思考，从而达到互动交流的目的，这是我们的初衷。同时，我们也力求不背离《论语》的思想精髓。

“士不通经，果不足用。”《论语》穷天地万物之理，究政教法度之制，辩治乱兴废之由，析身心修养之本，是修身齐家治国平天下的要略，是通权达变的艺术，是一种积极的用世思想。人立身在于学问，做学问的目的就是为从事社会事业、为国家、为广大民众服务做准备。因此，《论语》的思想，对于我们在今天的这个伟大时代实施依法治国、以德治国、建立和谐社会具有积极的意义。

入国学之海，浩瀚无边。《论语》常读常新，每读一遍都会有不同的收益，永远没有明确的终点。

目录

学而

唯学习为人生第一要务

《学而》是《论语》的开篇之章，旨在务本。朱熹曰：“所记多务本之意，乃入道之门，各德之基，学者之先务也。”

“学可以立德，学可以增智，学可以致用。”学习是成就事业的基础，是人生的出发点，也是人生的极致，还是做人立世之根本。唯学而知方，以行其义。只有勤于学习、善于学习，才能成为有用之材。无论穷达，唯学习为第一要务。

孔子说：“朝闻道，夕死可矣。”“默而识之，学而不厌，诲人不倦，何有于我哉。”可见他对崇高思想的执着，对丰富健全精神的向慕，应远在物质享受的追求之上。高行微言，所以修身；博学切问，所以广知；恭俭谦约，所以自守。才有高下，德无止境，学而无涯，不学则无以立于社会。学识来自于实践，学问是靠亲身的经历体验得来的。人非生而知之，一切的学问识见，皆需广泛地学习，学然后有所得。国以民为本，家以孝为先，做人以德为重，修身以学为主。因此，古人说：学为立世之本。

※原文

子曰：“学而时习之，不亦说乎？有朋自远方来，不亦乐乎？人不知而不愠，不亦君子乎？”

※译文

夫子说：“持之以恒地学习，领悟了困扰自己的疑难，有什么能比这更令人感到喜悦的呢？志同道合的朋友从远方来访，还有什么能比这更令人感到快乐的呢？别人不理解自己，既不生气也不迁怒，这样坦荡雍容的胸襟又有谁能不敬其为君子呢？”

※历代论引

朱子曰：“人性皆善，而觉有先后，后觉者必效先觉之所为，乃可以明善而复其初也。”又曰：“及人而乐者顺而易，不知而不愠者逆而难，故惟成德者能之。然德之所以成，亦曰学之正、习之熟、说之深而不已焉耳。”

程子曰：“习，重习也。时复思绎，浃洽于中，则说也。”又曰：“学者，将以行之也。时习之，则所学者在我，故说。”又曰：“以善及人，而信从者众，故可乐。”又曰：“说在心。乐主发散在外。”又曰：“虽乐于及人，不见是而无闷，乃所谓君子。”“乐由说而后得，非乐不足以语君子。”

谢氏曰：“时习者，无时而不习。”

尹氏曰：“学在己，知不知在人，何愠之有！”

麒麟玉书

※札记

学贵养德

人的一生大致可以分为三个阶段：年轻时期，单纯稚真，以学为乐，重在“学”与“习”；中年时期，任重道远，求其友声，“悦”其“来”；老年时期，饱经沧桑，平和中正，宠辱不惊，“喜”与“愠”不形于色。固知需学，德也需学。非学无以广才，非学无以养德。

经历了岁月的砥砺，会得到岁月很多珍贵的馈赠，只要自己善于学习。“学而时习之”，就是如此，这是一个永远的过程，学无止境，人不可一日不学，也不可能一日无惑。有惑必须求得解答，释疑解惑在于学习。运用自己的学识解决面临的问题，并取得预期的效果，求得进境，会情不自禁地感到高兴，这就是学习乐趣之所在。

人之为学，既有同道，也必有异趣，有朋自远方来，慕其名敬其德，自然喜形于色。

君子就在于胸襟、气度。有德之人，别人是否知道或理解，无损于其德行的修养。之所以“人不知”，也反衬出其德行修养未能达到一定的境界，更需要进一步的修持，自然不能迁怒于他人。反躬自省，求之于己，更显其谦谦君子形象。不因为他人的好恶而影响自己的情绪，也不以自己的喜怨迁怒于他人；不因为别人不理解自己而生气、苦恼，也不因别人对自己存有误解而迁怒于人、产生怨恨之心，始终以宽厚仁义之心、容纳百川的雅量和胸襟对待他人。

※原文

有子曰：“其为人也孝悌，而好犯上者，鲜矣；不好犯上，而好作乱者，未之有也。君子务本，本立而道生。孝悌也者，其为仁之本与！”

※人物简介

有子：即有若，字子有，一云子若。鲁国人，少孔子四十三岁，为人强识好古道。

※译文

有若说：“做人，在家能够孝敬父母、尊爱兄长，那么处事用世而悖逆尊长，这样的事是很少有的（既然不愿违抗尊长命谕，又岂能去做逆理乱常的事）；能够尊奉师长，却惯于捣乱的人，从古至今是从未有过的。有德行修养的人，专心致力于根本的修养，平时居家孝悌，一丝不苟，日积月累，那么其良好的德行就自然而然地养成了。因此，孝顺父母，敬爱兄长，友爱兄弟，这就是‘仁’的根本啊。”

※历代论引

贾谊曰：“弟敬爱兄谓之悌，反悌为敖。”

“六本”之论，孔子曰：“行已有六本焉，本立然后为君子也。立身有义矣，而孝为本；丧纪有礼矣，而哀为本；战阵有列矣，而勇为本；治政有理矣，而农为本；居国有道矣，而嗣为本；生财有时矣，而力为本。置本不固，无务农桑；亲戚不悦，无务外交；事不终始，无务多业；记闻而言，无务多说；比近不安，无务求远。是故反本修迩，君子之道也。”

朱子曰：“君子凡事专用力于根本，根本既立，则其道自生。所谓孝悌，乃是为仁之本，学者务此，则仁道自此而生也。”“善事父母为孝，善事兄长为悌。”

程子曰：“孝悌，顺德也，故不好犯上，岂复有逆理乱常之事？德有本，本立则其道充大。孝悌行于家，而后仁爱及于物，所谓亲亲而仁民也。故为仁以孝悌为本。论性，则以仁为孝悌之本。”或问：“孝悌为仁之本，此是由孝悌可以至仁否？”曰：“非也。谓行仁自孝悌始，孝悌是仁之一事。谓之行仁之本则可，谓是仁之本则不可。盖仁是性也，孝悌是用也，性中只有个仁、义、礼、智四者而已，曷尝有孝悌来？然仁主于爱，爱莫大于爱亲，故曰：‘孝悌也者，其为仁之本与！’”

※札记

孝悌是做人的根本

做人的根本是什么？是孝，敬父母、尊兄长、友爱兄弟。居家仁孝，必然为乡邻称颂，受到人们的敬重；仁孝行于家，德行著于乡，自然仁爱及于物。敬事父兄，由己及人，也必定会对他人关爱友善。对上敬重，对下有礼，对友信义，必然受人敬重。

观其居家，即可知其志向。不能亲亲，何以爱民？安能及人之老！事亲不孝，何能尊上？不肖之子，岂有忠诚爱国之心？

※原文

子曰：“巧言令色，鲜矣仁！”

※译文

夫子说：“花言巧语，伪装和善，这种人很少有仁德。”

※历代论引

朱子曰：“好其言，善其色，致饰于外，务以悦人，则人欲肆而本心之德亡矣。

圣人辞不迫切，专言鲜，则绝无可知，学者所当深戒也。”

程子曰：“知巧言令色之非仁，则知仁矣。”

※札记

“仁”，蕴涵于我们的辞色之间

有仁德的人是不会用献媚来取悦世俗的。具有高尚德行的人，很少做出令人厌恶的行为。

巧言者，必居心不正；令色者，必言不由衷。阿谀逢迎者，必为奸佞阴险、居心叵测之徒。察言观色，揣度人心者，必然不能坚持正义，其行为，必然猥琐卑贱，在大是大非的问题上，必然不能秉持公正，不能坚持原则。

品德的修养并非空泛，而与我们的生活紧密相关。力戒“巧言令色”的行为，少些阿谀逢迎的媚态，多一份诚实，也就接近于仁德了。

※原文

曾子曰：“吾日三省吾身，为人谋而不忠乎？与朋友交而不信乎？传不习乎？”

※人物简介

曾子：即曾参，字子舆。南武城人。据《仲尼弟子列传》，曾子少孔子四十六岁。志存孝道，故孔子因之以作《孝经》。齐尝聘欲以为卿而不就，曰：“吾父母老，食人之禄，则忧人之事，故吾不忍远亲而为人役。”

※译文

曾子说：“我每天对自己的言行多次进行自我反思，帮助别人筹谋，是竭尽忠诚吗？和朋友交往，信守诺言吗？传授的知识和道理，是经过自己反复思考、融会贯通的真知灼见吗？”

※历代论引

谢氏曰：“诸子之学，皆出于圣人，其后愈远而愈失其真。独曾子之学，专用心于内，故传之无弊，观于子思、孟子可见矣。惜乎其嘉言善行，不尽传于世也！其幸存而未泯者，学者其可不尽心乎。”

朱子曰：“曾子以此三者日省其身，有则改之，无则加勉，其自治诚切如此，可谓得为学之本矣。而三者之序，则又以忠、信为传习之本也。”

尹氏曰：“曾子守约，故动必求诸身。”

※札记

自省则明

君子进以修身，退以养德。时时反躬自省，自然得失自知。有过则改，无过加勉，兢兢业业，栗栗惕惕。

静夜独处，天籁无心，良知随雨露回归，灵性乘星月降临。正是我们透视内心之时，透过喧嚣斑斓的外象，剥去粉饰与伪装，放下为生存而刻意表演的面具，此时扪心自问，平日所行是否无愧于天，无怍于地，无欺于心，无损于人。

生活总是赐予我们带壳的稗子，只有慢慢地咀嚼与自省，才能有所体味。对于坚硬的生活而言，我们无力改变什么，我们所能做的只是求诸己身，反躬自省，获得心灵的宁静。面对强势，我们虽然无法抗争，却可以保持沉默，默然而处，也是一种有力的坚持，而正气也就在这沉默之中育养，是为仁之至境。这比那些违心的“巧言”更显得正直而有骨气，也必然赢得人们的敬仰。

※原文

子曰：“道千乘之国：敬事而信，节用而爱人，使民以时。”

※译文

夫子说：“治理拥有千辆兵车的国家，必须做到：谨慎处世，敬其职责，以诚信取信于民；节省资财，力戒奢靡，爱护百姓；征用劳役应体恤民力，不违农时。”

※历代论引

程子曰：“此言至浅，然当时诸侯果能此，亦足以治其国矣。圣人言虽至近，上下皆通。此三言者，若推其极，尧、舜之治亦不过此。若常人之言近，则浅近而已矣。”

杨氏曰：“上不敬则下慢，不信则下疑。下慢而疑，事不立矣。敬事而信，以身先之也。《易》曰：‘节以制度，不伤财，不害民。’盖侈用则伤财，伤财必至于害民，故爱民必先于节用。然使之不以其时，则力本者不获自尽，虽有爱人之心，而人不被其泽矣。然此特论其所存而已，未及为政也。苟无是心，则虽有政，不行焉。”

胡氏曰：“凡此数者，又皆以敬为主。”

朱子曰：“五者反复相因，各有次第，宜细推之。”

※札记

治国之道，唯在务本

民者国之本，农者民之本，禾稼农之本。禾稼之治，唯在时令。

农业是国民经济的基础产业。无农不稳，无粮则乱。无论何时，无论社会如何发展、科技如何进步，吃饭问题永远是人类生存与发展的最基本的问题。建设稳固的农业，解决人民的生计问题，是历代当政者高度重视的头等大事。

不违农时，是为政者施政首要解决的问题。历代以无为而治为政治理想。让百姓自主地作息，顺德而治，效法自然。无为之政，大德之为，无扰无绩，乃万世之德。因此，欲图强国，务修仁德。“欲富国者务广其地，欲强兵者务富其民，欲王者务博其德。”敬事、诚信、节用、爱人、适时。此五者必以敬而后行。凡事唯当以诚，无务虚名。天地无言，四时有序，万物滋生，物故天成。

※原文

子曰：“弟子入则孝，出则悌，谨而信，泛爱众而亲仁。行有余力，则以学文。”

※译文

夫子说：“教育子弟，居家要孝敬父母，处世要敬重尊长；恭敬诚信，广交朋友，亲附有德行的人，并以他们为楷模，效法修正自己的言行。闲暇之时，致力学习典籍文章，提高修养。”

※历代论引

程子曰：“为弟子之职，力有余则学文，不修其职而先文，非为己之学也。”

尹氏曰：“德行，本也。文艺，末也。穷其本末，知所先后，可以入德矣。”

洪氏曰：“未有余力而学文，则文灭其质；有余力而不学文，则质胜而野。”

朱子曰：“力行而不学文，则无以考圣贤之成法，识事理之当然，而所行或出于私意，非但失之于野而已。”

※札记

百行孝为先

中国传统讲究忠孝与节义。尊父敬母为孝，友兄爱弟叫“悌”。《新唐书·孝友传赞》：“圣人治天下有道，曰‘要在孝悌而已’。”苏轼也说：“天下固知有父子也，父子不相贼，而足以为孝矣。天下固知有兄弟也，兄弟不相夺，而足以为悌矣。孝悌足而王道备，此固非有深远而难见，勤苦而难行者也。”

人的品德修养从日常生活的细节中体现出来，也正是这一点一滴的细节，改变着我们的生活以及我们的人生。孝敬父母，友爱兄弟，既是人的天性，也是做人的根本，更是品质的基础。如果不能孝养其亲，又怎么能敬事他人？虽才高绝伦，却也不可大用。而忠孝礼义之士，虽然多有不得志，但终不失为君子。

※原文

子夏曰：“贤贤，易色；事父母，能竭其力；事君，能致其身；与朋友交，言而有信；虽曰‘未学’，吾必谓之‘学’矣。”

※人物简介

子夏：即卜商，字子夏，卫国人。少孔子四十四岁。习于《诗》，能诵其义，以文学著名。为人性不弘，好论精微，时人无以尚之。孔子卒后，教于西河之上，魏文侯师事之而谘国政。

※译文

子夏说：“敬贤尚德，胜过喜好美色；敬奉父母，能够竭心尽力；敬事职责，能够做到竭忠尽智，赴汤蹈火不辞所命；敬重朋友，与其交往能够信守承诺。持之以恒地如此去做，虽然没有受到过正规的教育，我也认为是达到了高尚的修养境界。”

※历代论引

游氏曰：“三代之学，皆所以明人伦也。能是四者，则于人伦厚矣。学之为道，何以如此？子夏以文学名，而其言如此，则古人之所谓学者可知矣。”

※札记

孝敬父母，尽心竭力

孟子说：“学所以明人伦也。”人皆父母之所生，诗曰：“哀哀父母，生我劬劳。”敬孝父母，天经地义。居家孝敬父母能够做到竭尽心力；处国能够做到忠诚赴义；交友重诺守信，即为君子之行。

人之穷达，有所不同。故对父母之养也有所不同。然而，不论是心养、力养，还是物养，必不出三个层次：尽义，尽心，尽力。如能够做到持之以恒，就可以称之为孝。

※原文

子曰：“君子不重则不威，学则不固。主忠信。无友不如己者。过则勿惮改。”

※译文

夫子说：“君子不自重就没有威严，而所学也就不可能达到一定的高深境界。为人当以忠厚、诚信、谦敬为本。人皆有长，总有我可以借鉴学习之处，不能认为别人都不如自己。谁也不可能不犯错误，知道自己错了，就勇于改正，切勿自我忌讳，畏怯而苟且掩饰。”

※历代论引

朱子曰：“友所以辅仁，不如己，则无益而有损。”又曰：“轻乎外，必懈怠于内，则所学不深，所知肤浅，所行虚浮，自然德威无所从树。”

程子曰：“人道惟在忠信，不诚则无物。且出入无时，莫知其乡者，人心也。若无忠信，岂复有物乎？”又曰：“学问之道无他也，知其不善，则速改以从善而已。”“君子自修之道当如是也。”

※札记

建立自己的人格和信心

人区别于其他动物的地方，就在于做人需要尊严，所以人当自尊，努力活出我们

西河返驾

的尊严。但是也不应当因此就变得虚妄而装腔作势。应该躬行忠信，襟怀坦荡。人皆有长，任何人都有可取之处，都有值得学习的方面。“三人行，则必有我师矣。”我们应该尊重别人，对照别人之所长而反躬自省，发现自己有所不及，立即学习弥补。“无友不如己者”，有人曲解为“不与不如自己的人交朋友”，照此逻辑，那么谁与我为友？如果我们认为不如自己的不与之相交，同一道理，我们想要与高明者交往，他也会认为我们不如他而不与我们相交。由此，则天下无可交之人，天下人皆不可交往。普天之下，我们在哪里才能找到朋友？这种说法的荒谬，不辨自明，与圣人之一贯“好学”的思想相悖。

※原文

曾子曰：“慎终追远，民德归厚矣。”

※译文

曾子说：“认真地按照祭礼的规范哀祭父母的故去，以诚敬之心缅怀追祭远代的祖先，能够这样切实施行下去，老百姓的道德风尚就自然趋于笃厚了。”

※历代论引

朱子曰：“盖终者，人之所易忽也，而能谨之；远者，人之所易忘也，而能追之；厚之道也。故以此自为，则己之德厚；下民化之，则其德亦归于厚也。”

※札记

良好的开端

民生之要，生养病死而已。用之于礼，则民劝，民劝则德厚，德厚则政平，政平则天下安。亲亲以睦，友贤不弃，故旧不遗，民德归厚矣。

政事的推行，期望得到一个好的结果，必须有一个好的开端。怀着慎重的态度去从事每一项事业，努力减少失误，这样老百姓的道德风尚就自然归于笃厚了。迈出成功的第一步，总是艰难的，但却是最重要的。《诗》所谓“君子之行，思其终也，思其复也”。《书》曰：“慎始而敬终，终以不困。”《诗》曰：“夙夜匪解，以事一人。”追思先贤，诚敬以礼，民德自厚，不教而化。

万事有因，任何结果，都可追溯到一个直接的原因，都是决定于一定的开始所得出的必然结果。因此，在做出任何一个决定时都必须进行审慎的论证，在付诸实施的过程中，必须进行切实的准备和科学的设计，并予以严格的执行。

※原文

子禽问于子贡曰：“夫子至于是邦也，必闻其政，求之与？抑与之与？”子贡曰：“夫子温、良、恭、俭、让以得之。夫子之求之也，其诸异乎人之求之与？”

※人物简介

子禽：即陈亢，字子禽。孔子弟子。一说子贡弟子。《史记·孔子世家》载：陈子禽问子贡曰：“仲尼焉学？”子贡曰：“文武之道未坠于地，在人，贤者识其大者，不贤者识其小者，莫不有文武之道。夫子焉不学，而亦何常师之有！”

※译文

陈亢问子贡：“夫子沿途每到达一个国家，总是首先考察这个国家的治政方略是否得当，这是在学习呢？还是在寻找不足给予补救之策呢？”子贡说：“夫子仁厚、贤良、庄敬、俭约、谦逊的品德兼备，他这种处世和探求事物本质的方法，大概正是同一般人求知的方法所不相同的地方吧。”

※历代论引

谢氏曰：“学者观于圣人威仪之间，亦可以进德矣。若子贡亦可谓善观圣人矣，亦可谓善言德行矣。今去圣人千五百年，以此五者想见其形容，尚能使人兴起，而况于亲炙之者乎？”

张敬夫曰：“夫子至是邦必闻其政，而未有能委国而授之以政者。盖见圣人之仪刑而乐告之者，秉彝好德之良心也；而私欲害之，是以终不能用耳。”

子贡辞行

朱子曰："夫子未尝求之，但其德容如是，故时君敬信，自以其政就而问之耳，非若他人必求之而后得也。圣人过化存神之妙，未易窥测，然即此而观，则其德盛礼恭而不愿乎外，亦可见矣。学者所当潜心而勉学也。"

※札记

广泛深入的调查研究

做人最为重要的是人格的修养。君子处世就在于温良恭俭让。仁德兼备，其行自宜。孟子说："求则得之，舍则失之。是求有益于得也，求在我者也；求之有道，得之有命，是求无益于得也，求在外者也。"孟子以为求于本身，则必得之，而且"万物皆备于我"。圣德之所求，异于常人，在于反躬以求，在于修持己德，求诸己非求诸人。因而，其德日盛而左右逢源，这样自然不必汲汲于求之外。

※原文

子曰："父在，观其志，父没，观其行。三年无改于父之道，可谓'孝'矣。"

※译文

夫子说："（一个人如果）父亲健在则观察他的言谈志向；父亲离世而殁则观察他的处世行为。如果他能够继续谨守父亲的教诲做人，可以说他是做到'孝'了。"

※历代论引

尹氏曰："如其道，虽终身无改可也。如其非道，何待三年？然则三年无改者，孝子之心有所不忍故也。"

游氏曰："三年无改，亦谓在所当改而可以未改者耳。"

朱子曰："父在，子不得自专，而志则可知。父没，然后其行可见，故观此足以知其人之善恶。然又必能三年无改于父之道，乃见其孝；不然，则所行虽善，亦不得为孝矣。"

※札记

孝存于心，见之于行

言行之间，见仁见孝。孝者，生时养之以敬，殁则尽怀念之诚。"三年无改"，亲情不忍，其心必仁。然而，世风奢靡，人心废弛。不养其亲，却养宠物，已成时尚。

近年城里人养宠物的行为渐趋蔓延，以至于豢养宠物成为一种身份、一种地位、一种荣耀、一种尊贵。于是在大街小巷间，人群混杂中，各种各样的宠物招摇于市。用于宠物的花费甚至超过了一个正常人生活的平均消费。更令人难以理解的是“动物墓地”。一些宠物不惜花费大量金钱购买特制的棺材、修建墓碑、奉上鲜花和食物供祭。甚至清明节不去祭奠先人，却祭享宠物，令人恻然。更有一些通过非常手段一夜暴富的人，在父母有生之年不愿尽赡养的孝行，却在父母死后大操大办父母的丧事，以博取“孝名”于世，其虚伪行为，令人不齿。

※原文

有子曰：“礼之用，和为贵。先王之道斯为美。小大由之，有所不行，知和而和，不以礼节之，亦不可行也。”

※译文

有若说：“礼仪的效用，以和顺自然为可贵。前代王道的治要中，以此为最好。大事小事、国事家事无所例外，如此而有所行不通的事，则必定是因为没有按照礼仪的要求去做；徒知和而为贵而不知之所以为和，忽视礼仪的功用而不做节制约束，自然是不可能行得通的。”

※历代论引

程子曰：“礼胜则离，故礼之用，和为贵，先王之道以斯为美，而小大由之。乐胜则流，故有所不行者，知和而和，不以礼节之，亦不可行。”

范氏曰：“凡礼之体主于敬，而其用则以和为贵。敬者，礼之所以立也；和者，乐之所由生也。若有子可谓达礼乐之本矣。”

朱子曰：“严而泰，和而节，此理之自然，礼之全体也。毫厘有差，则失其中正，而各倚于一偏，其不可行均矣。”

※札记

礼仪为重

礼用于世，在于崇尚自然、疏通关系，是和谐人际关系的润滑剂；在于敬其德、友其亲、贵其尊。礼以严身份，和以通情分。无论国事家事、亲戚邻里，友朋同事，皆循乎礼。有礼则敬，无礼而不行，然则礼在于诚，无诚而繁则伪。

治国之道，就是礼和兼用。礼之用于国、用于家都是以和为辅佐。任何事情不论其影响程度大小，都要合乎礼、顺乎情。管理家庭、治理国家、安定天下，没有一样不通过“礼”与“和”兼用才能达到目的。“礼”是原则，“和”是策略。既要坚定地

入平仲学

坚持原则，又要灵活地运用策略，偏执于一得之见或固执于一端而不知通权达变是办不好事情的。同样，做人也是如此，既要有自己的思想，有坚持自己的信念不动摇的坚定精神，又要能够适时地调整自己前进的姿态，使自己的生活美好，使自己的人生顺利。

让生活美好起来，这是每一个人都深切期待的。让平凡的生活精致起来，是一种境界。为了达到这样的境界，就要善于学习，既要学习来自于前人的理论教义，又要学习来自于实践的经验方法。实践中的具体事务都是相似的，但是永远不相雷同。理论的品质就在于其永远是新鲜的，只有僵化的使用者，没有僵化的理论，运用之妙，存于一心。

※原文

有子曰：“信近于义，言可复也；恭近于礼，远耻辱也；因不失其亲，亦可宗也。”

※译文

有若说：“为人诚笃、信守诺言、行为符合道义，这样的人的言行就会被人们广为传颂。与人相处恭敬有礼，尊重别人而不刻意地献媚，他就能保持自己的尊严而远离耻辱。因而没有失信于人，也没有失礼的事情，这样的人是可以推崇结交并使人景仰的。”

※历代论引

朱子曰："约信而合其宜，则言必可践矣。致恭而中其节，则能远耻辱矣。所依者不失其可亲之人，则亦可以宗而主之矣。此言人之言行交际，皆当谨之于始而虑其所终，不然，则因仍苟且之间，将有不胜其自失之悔者矣。"

※札记

尊重自己的人格

中华民族是注重血缘关系的民族，文化传统中带有浓厚的封建宗法思想，中国文化的基本旨义：亲亲、仁民、爱物。有人将这章理解为：靠施行德政来治理国家，同宗子弟必然像城池一样稳固，君主只要强化自己的德政，使同宗子弟效忠，又何必修筑坚固的城池呢？如果只是这样，那么，这不是我所敬仰的人，也肯定不是先贤所孜孜教诲人们去做的人。朋友之交不能失去信义，与人交往不能有失礼的行为，这是做人的基本要求。三国故事中刘、关、张三兄弟的结义，之所以被广为传诵，就在于诚信重义的精神，就在于他们互相敬重、循守礼仪。做人有义，待人有礼，敬其贤德，亲其亲以及人之亲。为了我们的人生，义无反顾地奔赴那个生命的约定。

※原文

子曰："君子食无求饱，居无求安；敏于事而慎于言；就有道而正焉。可谓'好学'也已。"

※译文

夫子说："君子对于饮食没有过分的要求，只要能够饱足就行了。对于居住之处也没有太多的讲究，不求安逸享受，只要安全就可以了。对于世事反应机敏，但是言辞谨慎。去到政治清明、人民安居乐业的国家推行自己的政治主张，修养自己的仁德。如此可以说是'善于学习的人'啊。"

※历代论引

尹氏曰："君子之学，能是四者，可谓笃志力行者矣。然不取正于有道，未免有差，如杨墨学仁义而差者也，其流至于无父无君，谓之好学，可乎？"

朱子曰："不求安饱者，志有在而不暇及也。敏于事者，勉其所不足。慎于言者，不敢尽其所有余也。然犹不敢自是，而必就有道之人，以正其是非，则可谓好学矣。凡言道者，皆谓事物当然之理，人之所共由者也。"

※札记

知足常乐

“食”与“居”是人安身立命的基本条件。所以孔子告诫说：“危邦不入，乱邦不居。天下有道则见，无道则隐。”向往着在一个政治民主、百姓安乐的国度里过着清静的生活，默默地充实自己的内涵，修养自己的仁德，以自己的德行潜移默化着民风世俗向着美好的方向发展。

南怀瑾先生说：学问并不是只读死书，而要注重现实人生中的做人处世。孔子认为生活不要太奢侈，尤其在艰难困苦中，不要有过分的、奢侈的要求，这与《乡党篇》中孔子自己生活的态度、做人的标准是相通的。“居无求安”，住的地方只要适当，能安贫乐道，不要贪求过分的安逸、贪求过分的享受。这两句话的意义，是不求物质生活的享受，而重视精神生命的升华。“敏于事而慎于言”，包括了一切责任、一切应该做的事，要敏捷——马上做。“慎于言”，不能乱说话。“就有道而正焉”，这个“道”就是指学问、修养。并不是说读书就是学问，实践才是更重要的学问。

知足则常乐，慎言则自安。言行不可草率，轻率的言行会使国君失去辅佐的忠臣，会使普通人失去朋友。国君失去忠臣的辅佐，祸患必然降临。平民失去朋友，必然陷于困境。故言论必当谨慎，轻率的言辞必将带来后患。享乐是腐蚀、消磨人志向的毒剂，放纵嗜欲，必将陷于贪婪。德行的养成在于自我节制。

苦难是生活为我们的人生准备的一份盛宴厚礼，要多加珍惜。要想成就事功，苦难的经历是必不可少的。其实，人生也很简单，只要有生命就可以成行，而不必有过分的附加承载。重要的是领略沿途的风景，不要忽视了岁月的馈赠。

※原文

子贡曰：“贫而无谄，富而无骄，何如？”子曰：“可也。未若贫而乐（道），富而好礼者也。”子贡曰：“《诗》云：‘如切如磋，如琢如磨。’其斯之谓与？”子曰：“赐也，始可与言《诗》已矣！告诸往而知来者。”

※人物简介

子贡：即端木赐。字子贡，卫国人。少孔子三十一岁。有口才，孔子常诎其辩。家富累千金。历相鲁、卫，终于齐。史载：子贡一出，存鲁，乱齐，破吴，强晋而霸越。子贡一使，使势相破，十年之中，五国各有变。

※译文

子贡说："身处贫穷但能够做到不卑屈谄媚，生活富有但却无骄矜恣肆的势利神态，怎么样？"夫子说："这是可以的。但是，不如安于贫穷而以恪守道德为乐，身处富裕显贵而谦敬有礼的人好啊。"子贡说："《诗》曰：'就像在削制骨器、打磨象牙、雕刻美玉、镂冶金石一样，精益求精，乐在其中。'就是这个意思吧？"夫子说："端木赐啊，现在可以和你讲论《诗》的微言大义了。告诉你已有的道理，你便能够体悟到言下未尽之意了。"

※历代论引

朱子曰："此章问答，其浅深高下，固不待辨说而明矣。然不切则磋无所施，不琢则磨无所措。故学者虽不可安于小成，而不求造道之极致；亦不可骛于虚远，而不察切己之实病也。"

※札记

打磨自己的人生

"道德仁义，非礼不成。教训正俗，非礼不备。""人有礼则安，无礼则危，故曰礼者不可不学也。夫礼者，自卑而尊人。虽负贩者，必有尊也，而况富贵乎？富贵而知好礼，则不骄不淫。贫贱而知好礼，则志不慑。"（《礼记·曲礼上》）唯其心仪，贵在真诚自然。去其伪饰，必见其诚。安什么贫，乐何种道？物有高下之别，路有不平之虞，人虽无贵贱之分，但有贫富之差。人无所安，则无所成就。君子当自强，处富贵不宜骄傲，居贫贱不失尊严。即使处在极端的困苦中，也当建立自己的信心，情志高远，绝不沉沦。

人的一生中会见到许多人或物，得遇知己、挚友、良师是一种幸运，彼此间的默契与意气相投总会让人感动得愿意感谢冥冥中的缘分，感受那无声的契合。其实，人生不论成功与失败，富裕或清贫，重要的是自己感觉到活得像个人。

达成人生的极致，必须经历岁月的冶炼。首先要能够严肃地解剖自己，勇于审视自己的无知；然后，让生活的钝锉砥砺去那些尖锐的棱角；在经历过来自各个方面的打击与非议后，你对这世道炎凉有所体悟，仍然坚守着做人的本分，从而建立起自己的思想，那么你就将走向成熟。当你走过了命运为你准备的必经之路后，经受了苦难的打磨，那么你思想的火花就将闪射出光芒。是的，每个生活的细节，不论甘苦，各有滋味，都可能欣赏到生活的某种高贵气质。那么，就这样开始打造自己的精致人生吧。何必在乎贫富贱贵，何必在乎歧视或礼遇？只要我心安泰。

※原文

子曰："不患人之不己知，患不知人也。"

※译文

夫子说："不要忧虑人们不理解自己，应当忧虑的是自己不能真正地理解别人。"

※历代论引

尹氏曰："君子求在我者，故不患人之不己知。不知人，则是非邪正或不能辨，故以为患也。"

※札记

患在不能知人

君子不患无位，而患无所作为。名利地位，人皆欲取欲求，熙熙攘攘之间，奔波劳碌，耿耿于虚名与蝇利，从而不能潜力于实学躬行。

德行的修养、才能的提高，是我们一辈子的事。人们说，是黄金终归要发亮。有真才实学的人，岂能长久掩埋于草莽林泉？一个人只要真正有才能，或迟或早总能够脱颖而出，干一番事业。怕就怕自己既没有才能，又缺乏百折不挠的坚强意志，却一副怀才不遇的样子，处处怨天尤人。没有什么轻而易举的方法可以代替勤奋的苦读，自己不努力是成不了大器的。

重要的是修养自己，修养我们的德行。

为政

为政以德

德操是做人的基本素质，更是执政者必备的重要品质。在孔子的思想体系中，德政思想是其重要方面，注重道德教化，崇尚黄帝、尧、舜、禹、汤、文、武、周公“敬德保民”之制，一统礼乐和谐之邦，并以此为指导，设计未来社会的蓝图。

《资治通鉴》载吴起论山河之固，强调国君要实行德政，上下精诚团结，众心如城，才是真正的江山稳固。“武侯浮西河而下，中流顾谓吴起曰：‘美哉山河之固，此魏国之宝也！’对曰：‘在德不在险。昔三苗氏，左洞庭，右彭蠡；德义不修，禹灭之。夏桀之居，左河济，右泰华，伊阙在其南，羊肠在其北；修政不仁，汤放之。商纣之国，左孟门，右太行，常山在其北，大河经其南；修政不德，武王杀之。由此观之，在德不在险。若君不修德，舟中之人皆敌国也！’武侯曰：‘善’。”德政的内涵，就是修明政治，以仁德治国。

※原文

子曰："为政以德。譬如北辰，居其所而众星共之。"

※译文

夫子说："治理国家必须实行德政。道德的教化，就像北极星在它自己的星座上，漫天星辰都拱卫环绕着它运行在寥远的天际。"

※历代论引

程子曰："为政以德，然后无为。"

朱子曰："政之为言正也，所以正人之不正也。"又曰："为政以德，则无为而天下归之，其象如此。"

※札记

为政贵在树德

以德治国，建立德政，是历来统治阶级的理想，为历代统治者所自诩而刻意崇尚。他们追求德政的目的是为了自身的利益，为了使其子孙万代能够永远地传承不息，并不是为了大众的幸福。当然，德政的建立，在客观上有益于人民生活的安定和社会的发展。所以德政同样也是社会大众所翘盼的。

为政在德，做人同样在于德行。德行是成就幸福人生的基本要素。面对无边无际、无始无终的宇宙，人生是如此短促，以至时常带给我们一丝苍凉与无奈。然而人生又是如此美丽，以永恒的魅力召唤着我们，无论欢喜与悲哀、幸福或痛苦、拥有或失去，都是我们五彩纷呈的生活的一部分，都让我们切切实实地体验着得与失、感悟着祸与福、参透着生与死。那么，如何在这有限的生命之旅中做出令人难忘的事业，是值得深思的。不论我们处在怎样的位置，我们总是承担着自己对历史的责任。纵使我们不能做出惊天动地的业绩，我们也可以修养自己的品德，以良好的行为，影响和感化周围的人们，使我们的生活变得美好。再精彩的戏也有落幕的时候，再辉煌的人生也有终结的一刻，只有德行永垂。当我们慢慢走过了一生，回首来时的路，愿我们能为自己的行为感到欣慰。

※原文

子曰："《诗》三百，一言以蔽之，曰'思无邪'。"

※译文

夫子说："《诗》三百所蕴涵的微言大义，归结为一句话，就是'思想纯正'。"

※历代论引

司马迁曰："《诗》三百篇，大抵贤圣发愤之所为作也。"

程子曰："'思无邪'者，诚也。"

范氏曰："学者必务知要，知要则能守约，守约则足以尽博矣。经礼三百，曲礼三千，亦可以一言以蔽之，曰'毋不敬'。"

苏轼曰："《诗》之为教也，使人歌舞佚乐，无所不至，要在于不失正焉而已矣。"又曰："不观于《诗》，无以见王道之易。不观于《春秋》，无以知王政之难。"

※札记

道德的基础在于思想的纯正

什么是德？借用《诗》所阐述的微言大义，就是"思无邪"，就是思想纯正。

诗，在心为思，发言为辞，品之高下在于思想的纯正。只有思想纯正，其所感发才能够打动人心；只有思想纯正，才可能有得于心；只有思想纯正，才可能有高尚的行动。诗之为言，精蕴深刻，言近而旨远。德之所以立，在于思想的修养，在于濯洗干净心中的杂质，荡涤去欲望中的邪念，使自己的思想归于纯正。

※原文

子曰："道之以政，齐之以刑，民免而无耻。道之以德，齐之以礼，有耻且格。"

※译文

夫子说："推行清明正直的政风，倡导正气，用公正无私的法令约束人们的言行举止，从而使人们减少为恶之心而少受刑役，便可远离惩戒的耻辱。推崇高尚的道德，影响诱导人们的思想，用规范的礼仪制度整肃人们的行为，从而树立清廉正直的社会风尚，则人心自然归附。"

※历代论引

刑昺曰："言君上化民必以道德。民或未从化则制礼以齐整，使民知有礼则安，失礼则耻。如此则民有愧耻而不犯礼，且能自修而归正也。"

朱子曰："政者，为治之具，刑者，辅治之法，德、礼则所以出治之本，而德又礼之本也。此其相为终始，虽不可以偏废，然政、刑能使民远罪而已，德、礼之效，则有以使民日迁善而不自知。故治民者不可徒恃其末，又当深探其本也。"

学琴师襄

※札记

政刑兼备，德礼相辅

政之为正，兼济天下。政正、刑齐，德昭、礼肃，则天下归一。

政为旗帜，德为风。政由德行，德致政通。政即正人，基础是正己。

德为主，刑相辅。德扬善，刑惩恶。德以导，刑以戒。

※原文

子曰："吾十有五而志于学，三十而立，四十而不惑，五十而知天命，六十而耳顺，七十而从心所欲，不逾矩。"

※译文

夫子说："我十五岁立志潜心做学问；三十岁形成了自己的世界观，自立于社会，立身处世有了自己的思想；四十岁明达世道人情而不至于被外物迷惑心性；五十岁参悟命运，顺应天道因循之理；六十岁对于听到的人和事都能平静地容纳，明辨其旨意真伪；七十岁顺乎本心天性，不勉而中，合乎法度，自成规矩。"

※历代论引

朱子曰：“圣人生知安行，固无积累之渐，然其心未尝自谓已至此也。是其日用之间，必有独觉其进而人不及知者。故因其近似以自名，欲学者以是为则而自勉，非心实自圣而姑为是退托也。后凡言谦辞之属，意皆放此。”

※札记

高尚的品德修养助你挥洒人生

“世事洞明真学问，人情练达皆文章。”不管从事什么行业，首要的都是做人。做人在于厚积德义，在于修养自己的人品。德义的养成，在于勤学。学为主旨，天下万事皆在于学。学问的真谛是对人生的体悟，只有在饱尝了生活真实的滋味后，才能达到“知命”而“自立”的境界。学贵坚持，学问的精神就在于循序而渐进，在于参知天理人伦世情，在于远取诸物，近取诸身，达于仁德。

《诗》曰：“日就月将，学有缉熙于光明。”就是说：每天有所成就，每月有所收获，日积月累地学习，就会达到光明的境界。伟大其实是具体而平凡的，其事迹业绩更是琐碎的，是岁月的积累，并不总是突然地表现为惊天动地的事迹。

立业德为主，修身德为先。

大夫师事

※原文

孟懿子问孝。子曰："无违。"樊迟御，子告之曰："孟孙问孝于我，我对曰'无违'。"樊迟曰："何谓也？"子曰："生，事之以礼；死，葬之以礼，祭之以礼。"

※人物简介

孟懿子：仲孙氏，名何忌。鲁国大夫。在当时很有政治影响力。

樊迟：名须，字子迟。孔子学生。少孔子三十六岁。

※译文

孟懿子向孔子请问为孝之道。夫子说："不违其心。"樊迟给孔子驾车。夫子告诉樊迟说："孟孙问我什么是孝？我回答说'不违其心'。"樊迟问："意旨是什么呢？"夫子说："在父母有生之年，侍奉以礼而不违背其心意；当父母终老殁世时，则以礼祭葬，敬致感念缅怀之心，并永世追念祭祀。"

※历代论引

胡氏曰："人之欲孝其亲，心虽无穷，而分则有限。得为而不为，与不得为而为之，均于不孝。所谓'以礼'者，为其所得为者而已矣。"

朱子曰："人之事亲，自始至终，一于礼而不苟，其尊亲也至矣。是时三家僭礼，故夫子以是警之，然语意浑然，又若不专为三家发者，所以为圣人之言也。"

※札记

孝为德之本

为孝之道，当深体父母心意，尽力去做，敬顺而不违逆，使父母心宽意适，安享颐年。

一生一死是为命，由生至死是为人。父母给予我们生命，秉承祖先恩荫，继启后世德泽，是为人伦。因此，敬事父母，义不容辞，不论处身困顿或裕足，我们都当心存孝敬，以礼敬奉。一勺一脔，当思父母先尝。所以，孔子说："生，事之以礼；死，葬之以礼，祭之以礼。"

※原文

孟武伯问孝。子曰："父母唯其疾之忧。"

※人物简介

孟武伯：名彘，孟懿子的儿子，鲁国"世家公子"。

※译文

孟武伯问什么是为孝之心。夫子说："孝心旨在深体父母之心，并尽力解除其所担忧的。"

※历代论引

朱子曰："父母爱子之心，无所不至，惟恐其有疾病，常以为忧也。人子体此，而以父母之心为心，则凡所以守其身者，自不容于不谨矣，岂不可以为孝乎？旧说，人子能使父母不以其陷于不义为忧，而独以其疾为忧，乃可谓孝。亦通。"

※札记

孝就是让父母心安

父母爱子之心，无所不至，忧饥忧寒，患危虑安。即使将子女养育成人，犹深怀惦念。人子孝敬父母，自当深体此心。当牵挂父母身体的安泰、生活起居的奉养。

古语说："养不教，父之过。"所以我们为人处世宜当谨慎，守身珍重自爱，以释父母牵挂之怀。即使我们此生没有什么大的成就，我们也当堂堂正正地做人，让父母放心。切勿做出让人指戳脊梁骨的事，不要因为我们自己的不义行为而牵连父母，也不要做出越礼的举动而令父母背负不教的恶名。

普天之下，唯父母对子女全身心地关怀，而不思回报。唯恐其饥，唯恐其疾，唯恐其困，殷殷牵挂，不能释怀。反观天下子女，对自己的父母则难做到如此。因此，孝，就是体悟父母之心，以父母之心为心，以父母之忧为忧，萦系挂念。

※原文

子游问孝。子曰："今之孝者，是谓能养。至于犬马，皆能有养；不敬，何以别乎？"

※人物简介

子游：即言偃。字子游。吴国人。少孔子四十五岁。特习于礼，以文学著名。仕为武城宰。尝从孔子适卫，与将军子兰相善，使之受学于夫子。

※译文

子游请教孝行之道。夫子说："现在所谓的孝子，只是能够奉养而已。如果仅仅只是赡养，比如喂养家畜家禽，同样是做到了养活。供养父母，内心对父母却没有孝敬之情，那么这种供养与饲养狗马有什么区别呢？"

※历代论引

胡氏曰："世俗事亲，能养足矣。狎恩恃爱，而不知其渐流于不敬，则非小失也。子游圣门高弟，未必至此，圣人直恐其爱逾于敬，故以是深警发之也。”

※札记

孝行的实质在于敬

曾子曰：“孝子之养老也。乐其心，不违其志；乐其耳目，安其寝处，以其饮食忠养之。孝子之身终，终身也者，非终父母之身，终其身也。是故父母之所爱亦爱之，父母之所敬亦敬之，至于犬马尽然，而况于人乎？”（《礼记·内则》）

孝顺父母，孝敬老人，就在于敬，“敬老爱幼”是中华民族的传统美德。但是，现在社会上一些人有豢养宠物的“仁心”，却无敬养老人的爱心，实在令人寒心。

※原文

子夏问孝。子曰：“色难。有事，弟子服其劳；有酒食，先生馔；曾是，以为孝乎？”

※译文

子夏请教怎样做才是孝敬。夫子说：“能够承顺父母的容颜喜怒，并能始终以和悦穆敬的态度奉养父母很是难能可贵。大小事务，能够主动承担，不使父母操劳烦心；美酒佳肴以及平素的每餐饭食都能够精心调制，并首先进献给父母享用。能够经常这样做，你不认为就是孝吗？”

※历代论引

程子曰：“告懿子，告众人者也。告武伯者，以其人多可忧之事。子游能养而或失于敬，子夏能直义而或少温润之色。各因其材之高下与其所失而告之，故不同也。”

朱子曰：“盖孝子之有深爱者，必有和气；有和气者，必有愉色；有愉色者，必有婉容。故事亲之际，惟色为难耳，服劳奉养未足为孝也。旧说，承顺父母之色为难。亦通。”

※札记

唯心为孝

孝养父母身心兼奉，唯心为难。发乎内心，见之于辞色。辞色温婉和顺，就能够使父母愉快。让父母怀着欢乐的心境颐养天年，重要的不仅仅是在衣食等方面侍奉、赡养，而是要有一颗善良、敬爱的心。心存爱敬，虽粗茶淡饭，犹胜美酒佳肴。一言一行都深怀敬爱，使父母在爱的温暖中欢乐地度过每一日，唯心诚孝，才是真正的孝行。

※原文

子曰："吾与回言终日，不违如愚。退而省其私，亦足以发。回也不愚。"

※译文

夫子说："我与颜回讲论经典要义，颜回自始至终都在听取，既没有疑难提问，也没有提出不同的见解进行辩驳，一副迟钝愚笨的样子。他离开以后，我注意观察他独自修习的时间，他也能够充分阐发经典的要义宏旨。其实，颜回并不是愚钝之人。"

※札记

学贵静思，切戒浮躁

宋明理学推崇儒家的"内圣外王"之学，重视自我修养。强调内在心性的培养，注重内心的体察，汰涤欲念，颐养心性。高尚人格的形成，在于学识的积累，认真学习前人的理论，静思品咀。平日里，少点世俗的迎来送往，在每个独处的时间深入思考，默默地理解。在神思默运中举一而知十，深刻地融会贯通前人的思想成果，从而形成真知灼见。切勿在一知半解的情况下仓促做出狂妄的谬论与无知的放言。"夫人不言，言必有中。"

学贵创新，而创新并不一定要以异端的反对姿态出现，创新的基本素质是以别开新意的形式予以丰富和发展，发前人所未发，这才是科学的创新观。无中肯剀切的见解则不必急切地发表言论。以否定或谩骂来彰显新意，实在是浅陋者的浮躁喋喋，为君子所不齿。

※原文

子曰："视其所以，观其所由，察其所安。人焉廋哉？人焉廋哉？"

※译文

夫子说："了解一个人，观察他的所作所为和所结交的朋友，考察他的经历中用以达到目的的方式方法，审度他的兴趣和好恶。那么，这个人怎么能隐蔽得了呢？这个人又能隐蔽得了什么呢？这个人又能隐蔽到什么时候呢？"

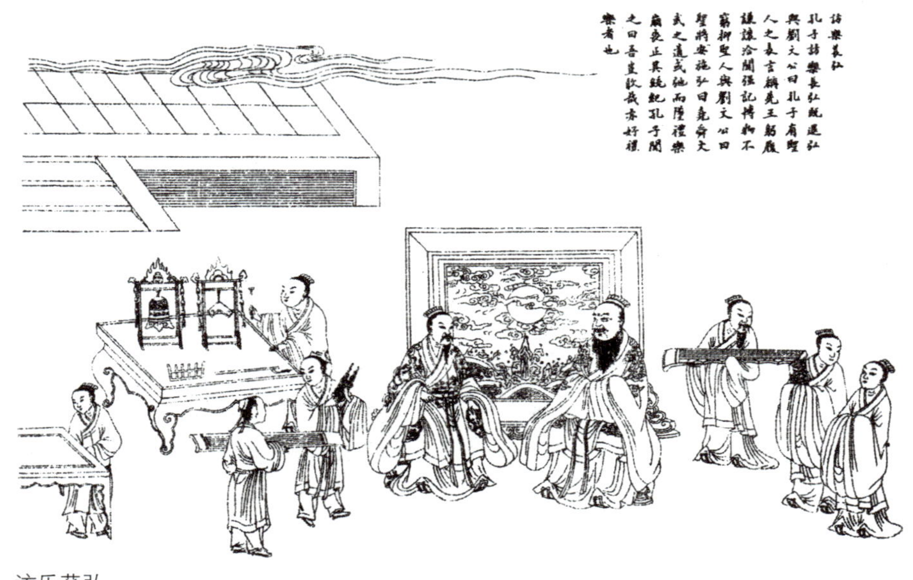

访乐苌弘

※历代论引

程子曰：“在己者能知言穷理，则能以此察人伦如圣人也。”

※札记

识人于友、由、忧之机

为政之道在于用人，而用人的关键在于知人善任。任用一个贤能的人，就可以使事业兴旺，可以推动事业前进，可以整饬风纪，树立良好的社会正气。任用一个无德无能的人，不仅贻误事业，挫伤人们的精神，还会败坏社会风气，影响整个事业的发展。

深入了解一个人，是知人善任的条件。只有知人，才能够善任，知人是前提，否则所谓的任用只能是盲目的。如何知人，是一个十分重要的问题。宋代大文豪苏轼在论述知人问题时说：“人之难知也，江海不足以喻其深，山谷不足以配其险，浮云不足以比其变。”一个人能否承担大事？是否可委以重任？这是关乎事业成败的大事。对于一个人的考察，历史上有着非常独到的方法。先秦之时，魏文侯择相，问于李克。李克说：“居视其所亲，富视其所与，达视其所举，穷视其所不为，贫视其所不取。”孔子在此明确提出了全面了解一个人的方法和原则：即从一个人日常的言行喜好及情绪反应来考察其人品才能。就是说要了解这个人在生活中的交往与心性：与谁为友，用世处事的方法，内心涵养境界，安身立命的态度和评判是非的准则。也就是说，他的见识、心态、精神决定着他的人品。

古之善观人者，“委之以利，以观其节；乘之以猝，以观其量；伺之以独，以观其守；惧之以敌，以观其气”。那么，这个人还能有什么可以隐藏得了的呢？既知其人，则还有什么疑虑的呢？

※原文

子曰：“温故而知新，可以为师矣。”

※译文

夫子说：“重温已经学过的知识，能够领悟出新的意义，并有新的见解和发现，过去的事例是可以师法的。”

※又译

夫子说：“反复地分析过去的事例，深入地研究其原因，就可以理解新出现的事物，有新的发现，而引为借鉴，前事不忘，后事之师。”

※历代论引

朱子曰：“学能时习旧闻，而每有新得，则所学在我，而其应不穷，故可以为人师。若夫记问之学，则无得于心，而所知有限，故《学记》讥其‘不足以为人师’，正与此意互相发也。”

※札记

建立为政的历史使命感

历代以来，对于这句话的理解都是重在求取学问修养方面。这也是紧承《学而》的思路所做出的合乎逻辑的解释。尤其流行的译文是对后一句的理解：“可以作为老师了”，这是不通的。需要我们思考的是：如果孔子只就学问而言，为什么《论语》的编撰者不把这句话编在《学而》篇中，却放在《为政》之中？所以，可以做出这样的理解：在处理国家事务中，要认真地研究寻找事物发生的原因，在各种新的事物出现之前就有所预备，找到正确的方案和途径，并在实践中总结学习，以往事为师。

历史是我们永远的老师。新的幼苗总是生长在过去的土壤之中，历史的沃土上长出的是未来的种子。历史的每一个环节总是因承相续不可割裂，今天的新事物，总是带着历史的胎记。新时代的婴儿，总是孕育于历史的胎盘中。不能知古，何以观今？又如何预知未来？总结历史的经验，有助于我们走好未来的发展之路，在历史的经验中，蕴藏着我们所需要的现实解答。

历史不仅是一种知识，而且是一种智慧。“一切历史都是当代史”。看过去实际上就是看现在。任何事件的发生、发展，都是一定的历史进程的产物，都可以在历史中找到相似的踪迹，所以，研究过去已经发生的史实，可以学习到新的学问，增强对社会现状的理解和把握，可以把准历史发展的脉搏，从而能对现实问题的解决，提出新的思路，做出正确的应对。因此，往事是可供师法的。

※原文

子曰："君子不器。"

※译文

夫子说："有德才的人无所不通，而不是像个器具一样自我局限于特定的用途。"

※历代论引

何晏《集解》：器者各周其用，至于君子，无所不施。

朱子曰："成德之士，体无不具，故用无不周，非特为一才一艺而已。"

※札记

君子的气度

为政贵在顺应时势，而不是保守不变。

做人当志存高远，不能自我设限。有才德的君子，更不是特恃一才一艺而自我限定，而是能够触类旁通。但是，谁也不可能无所不知。

君子宽和宏大，不受他人的器识所局限，也不以世俗的偏见或自己的成见局限他人的发展。用世治政，善于通权达变，而不是像一个器具一样僵化地放置在一个固定的位置不变，也决不困守着僵死的教条而不做任何思考。

※原文

子贡问君子。子曰："先行，其言而后从之。"

※译文

子贡问怎样的人才配称君子。夫子说："率先垂范，自己能够做到，并做得很好，然后再说。"

※历代论引

周氏曰："先行其言者，行之于未言之前。而后从之者，言之于既行之后。"

范氏曰："子贡之患，非言之艰而行之艰，故告之以此。"

※札记

少说空话，多干实事

“为政不在言多，而在力行。”重要的不是说，而是做，是付诸切实的行动。

君子崇尚身体力行，重视行动，以自己的行为影响和带动人们向着正道前进，而不轻率地进行说教。慎于立言而勇于践行，耻于言过其行。自己做不到，决不强求别人去做。

※原文

子曰：“君子周而不比，小人比而不周。”

※译文

夫子说：“君子之交是互相团结但不是利益的勾结，小人则结党营私而不团结。”

※历代论引

朱子曰：“君子小人所为不同，如阴阳昼夜，每每相反。然究其所以分，则在公私之际，毫厘之差耳。故圣人于周比、和同、骄泰之属，常对举而互言之。”

※札记

君子坦荡荡

君子以天下为己任，以天下大众的利益为利益，没有自己的利益，心忧天下，不阿附于任何一个集团，不需要结党营私。现实生活中的尔虞我诈、拉帮结派，凡此种种，为正人君子们所深恶痛绝。而君子之行，往往为小人所不容。

※原文

子曰：“学而不思则罔，思而不学则殆。”

※译文

夫子说：“只是潜心学习而不开动脑筋进行深入的理解和思考，就可能死钻牛角尖，等于无学，是无益的。耽于思考而忽视学习已有的和新的知识，就容易产生偏见而误入歧途，也不会取得大的进步，同样是有害的。”

※历代论引

程子曰："博学、审问、慎思、明辨、笃行五者，废其一，非学也。"

朱子曰："不求诸心，故昏而无得。不习其事，故危而不安。"

※札记

学与思

学贵独立思考，切忌人云亦云。

学习是思考的源泉，实践是思考的基础，思考是学习的深化，实践是思想的证明。思考的过程就是分析比较、融会贯通的过程，也是推陈出新的过程。没有知识的学习与积累，思考只能是空想或者说是毫无根据的臆想。而对于已有的结论进行批判性的思辨，才能有所创新、有所发展，才能有所建树、有所成就。

同样，为人处世既要学会适应生活，更要开放思维。在生活中学习，学习人生，学习社会，并能够运用全部的人生经验，从完全不同的角度进行深入的思考，从而获得尽可能多的新鲜思路。照搬他人的经验，没有自己的思想，是没有意义的，而且由于条件的不同有可能招致误导。当然，只是一味地苦思冥想，而不借鉴已有的思想成果，就会重复别人，浪费生命。

智慧从哪里来？除了来源于学习，来源于生活和社会实践之外，"思"是智慧发挥的一种非常重要的手段。所以古人反复向人们强调"思"的重要性。"博学之，审问之，慎思之，明辨之，笃行之。"（《礼记·中庸》）我们每天都面临着各种考验，如果不进行深入的思考，就可能不得要领，自然难有创新。因此，养成良好的学习与思考的习惯是有益的。它使认识有所提高，最后产生质的飞跃，得到突破。

※原文

子曰："攻乎异端，斯害也已！"

※译文

夫子说："强烈抨击那些不正确的异端邪说，它所造成的祸害影响就会停止蔓延。"

※历代论引

苏轼曰："圣人之所为恶夫异端尽力而排之者，非异端之能乱天下，而天下之乱所由出也。"

程子曰："佛氏之言，比之杨、墨，尤为近理，所以其害为尤甚。学者当如淫声美色以远之，不尔，则骎骎然入于其中矣。"

※札记

君子求同存异

"学问深时意气平"，攻乎异端，有失中庸。海纳百川所以成其深，兼收并蓄所以养其德。这世间本来就不存在绝对真理，因此，不要偏执一隅，更不要心存偏激一味地否定别人。见解可以相左，做人必须中正。一个人立身处世，应该心存宽厚，从大局着眼，不以苛刻的标准要求他人，看到别人有得意的事，应该为之高兴、欢喜；看到别人失意，应该表示怜悯、同情。每个人都各有自己的长处和短处，只有改正短处，吸取他人的长处，才能充分发挥自己的才能。支持别人，就是最好地成就自己。以宽恕对待怨恨之心，这才是君子的风范。

攻击别人对自己并没有益处，对事业也没有帮助。不要眼红别人，也不要轻视自己。重要的是要有自己的主题，没有主题的争持是盲目的、混沌的，最终也不会有什么结果。为了别人的思想，攻击他人，更是没有必要。顺境多干事，逆境多读书。干自己的事是第一，努力做好自己的事最为重要。

※原文

子曰："由，诲女知之乎！知之为知之，不知为不知，是知也。"

※人物简介

仲由：字子路。一字季路。齐国人。少孔子九岁。有勇力才艺，以政事著名。为人果烈而刚直，性鄙而不达于变通。仕卫为大夫，遇蒯与其子辄争国，子路遂死辄难。

※译文

夫子说："仲由！教给你'求知'的道理吧！知道就是知道，不知道就是不知道，这才是真正的'知'呀。"

※历代论引

朱子曰："子路好勇，盖有强其所不知以为知者，故夫子告之曰：我教女以知之之道乎！但所知者则以为知，所不知者则以为不知，如此则虽或不能尽知，而无自欺之蔽，亦不害其为知矣。况由此而求之，又有可知之理乎！"

※札记

实事求是

对于任何一件事，不论你了解多少，都不应主观臆断，更不宜装模作样。知道或不知道，知道多少，达到什么程度或深度，都是正常的。可耻的是装腔作势，不懂装懂。

智慧的标志是什么？就是在审时度势之后，能够实事求是地做出抉择，择机而行。很多事都深含着大自然的哲理，谁都不可能一眼洞穿堂奥。世界上的任何事件，其发生、发展都是有缘由的，真相深深地掩盖在岁月的尘埃之下不为人所知，只有通过深入的调查求证才有可能接近真知，从而使我们的认识逐层深入。因此，当政者每推行一件政事，都必须做到对各方面情况深入了解，并准备相应的可行方案，更应该建立起一种真正的科学精神——实事求是，这是为政的最高智慧和能力。

观器论道

※原文

子张学干禄。子曰：“多闻阙疑，慎言其余，则寡尤。多见阙殆，慎行其余，则寡悔。言寡尤，行寡悔，禄在其中矣。”

※译文

子张向孔子请教仕进之途、求取官职薪俸的方法。夫子说：“多听各种言论，对于你所疑惑和值得商榷的地方，加以保留。不做主观臆测，言谈谨慎，具体事务默然而处。这样就可以少犯错误，避免引起他人的非议而埋下忧患。多注意观察客观情势，对于潜伏着隐患和危机的问题，谨慎处置，其他事务恪守职责，这样做就可以减少因处置不当而引起的自责与懊悔。言语守约则少犯错误，行为中矩就少生懊悔，官职俸禄自然就不成问题了。”

※历代论引

吕氏曰：“疑者所未信，殆者所未安。”

朱子曰：“多闻见者学之博，阙疑殆者择之精，慎言行者守之约。凡言‘在其中’者，皆不求而自至之辞。言此以救子张之失而进之也。”

※札记

世俗的求索

子张学干禄，不失厚道。为了求取生活，坦诚以告，并没有口是心非的扭捏作态的掩饰，其率真值得敬佩。通过自己的工作，求得生活，不该遭受讥笑。孔子之所以为圣，就在于他能够包容各种性格的人，并给予切实可行的教诲和帮助。

不同的家庭，不同的时间，不同的道路，注定了人们不同的命运。不同的命运注定了人们以不同的姿态面对生活。出身贫寒的人，只有一边从工作服务中求取经验，一边不断求知进学以提升自己的人品，谋求生存的同时成就自己的德行。这其实就是中国文化“学以致用”的精神实质。

当然，学到技艺并不一定就能够得到幸福美好的生活，俸禄并不是轻易就可取得的，需要人生历练。孔子说，谨言慎行，则少忧患，躬行讷言，自然通达。对于我们来说，生活永远才开始，一切都需要从头进行，就像每一日都是从早晨开始一样。能有一份工作本属不易，而能够做一个领取俸禄的公务员更值得珍惜。身为公职人员，需要有良好的德能，不仅要有渊博的知识，不讲过分的话，戒惕自律，而且要语言谨慎，躬行不辍。为政不仅只是为了我们自己的生活，而且是为了大众的生活，只有较好地解决了民众的生活，我们的生活也才有保障，才会美好。只有给予别人幸福的生活，我们的生活才会快乐。

※原文

哀公问曰：“何为则民服？”孔子对曰：“举直错诸枉，则民服。举枉错诸直，则民不服。”

※人物简介

哀公：即鲁哀公，名蒋。公元前494—前468年在位。

※译文

鲁哀公问："怎么做才能使百姓顺服呢？"孔子回答说："褒扬任用正直的人，政事公正，提倡正气，打击歪风邪气，则百姓自然心服。放任错误的人和事，而压制正气，则百姓就不会服从。"

※历代论引

程子曰："举错得宜，则人心服。"

谢氏曰："好直而恶枉，天下之至情也。顺之则服，逆之则去，必然之理也。然或无道以照之，则以直为枉、以枉为直者多矣，是以君子大居敬而贵穷理也。"

※札记

举贤德以服众

为政必须建立正确的人才观念。古人告诫说：举一人而民服，何为不举？错任一人而民怨，何为不改易？治民有道，要在君上。无是非曲直，乱伦理纲常，欲求国治民安，是不可能实现的。

"夫国家之所以存亡者，在道德之深浅，不在乎强与弱；历数之所以长短者，在风俗之厚薄，不在乎富与贫。"举贤德以服众，举正直以治事，则君子居上，邪恶不得逞其意，正义得以伸张，社会风气自然端正，老百姓自然心悦诚服。"朝无秕政，人无谤言。"(《晋书·文帝纪》)否则，矛盾积聚，民怨沸腾，人和不得，小人逞其志，君子处贱位，社会风气必当毁损，民心自然不顺。所以，任人关键在于执政者的道德修养。

※原文

季康子问："使民敬、忠以劝，如之何？"子曰："临之以庄则敬，孝慈则忠，举善而教不能则劝。"

※人物简介

季康子：季孙氏，名肥。鲁国大夫。

※译文

季康子问："要使老百姓恭敬、忠诚和劝化，如何才能够做到？"夫子说："居上位者能以庄重的神态对待各种事务，则百姓自然恭敬。对长辈有孝行，对后辈心存慈爱，则百姓自然忠诚无比。倡导树立良好的行为楷模，以引导教育其他人效仿，则社会风尚自然劝化。"

※历代论引

张敬夫曰："此皆在我所当为，非为欲使民敬忠以劝而为之也。然能如是，则其应盖有不期然而然者矣。"

※札记

站在人生的台阶上

上尊则下敬，上正则下正。这不只是一种概念，而是一种态度。

一旦失去庄敬的仪容，礼就由此而丧失了；一旦出言失当，义就由此而消亡了。正如孟子所说："君仁莫不仁，君义莫不义。"君之所向，天下趋附。

人生本来就是自己打磨自己的过程。任何人也不会长久地站在潮头，因此，要使自己被历史推上浪尖的这一瞬间能够绚烂地绽放。

※原文

或谓孔子曰："子奚不为政？"子曰："《书》云：'孝乎！惟孝，友于兄弟，施于有政。'是亦为政，奚其为为政？"

※译文

有人问孔子："您为什么不做官参与治理政事呢？"夫子说："《尚书》中写道：'孝敬父母呵！只有孝行才是做人处世的根本。人能够做到居家使兄弟友爱亲睦，并

韦编三绝

且以自己的高尚行为影响邻里乡风的教化，这就是最切实、最重要的政治，其实这也就是最具实用效能的政事呵。’为什么一定要做官才是参与政事呢？”

※历代论引

朱子曰：“盖孔子之不仕，有难以语或人者，故托此以告之，要之至理亦不外是。”

※札记

教化是政事的根本

为政之道，在于文教仁义。治国的根本，在于“明法正俗，育才兴化”。民风笃朴淳正，就是最大的政事。“古者以学为政，择其乡闾之俊而纳之胶庠，示之以《诗》《书》《礼》《乐》。”以笃民俗，以化世风，所以人心诚笃，政通人和。《诗》曰：“布政优优，百禄是遒。”就是说“施行政教，优厚宽裕，各种福禄都集聚这里”。

为政在于革故鼎新，教化世风。古人说，王化的根本，就是从天下人容易实行的事情开始（王化：天子的教化）。“孝乎！惟孝，友于兄弟。”倡导孝悌忠义，笃民正俗，就是教化民众。“孝，天之经，地之义，民之行也。”父亲慈爱、儿子孝顺、兄长友善、弟弟恭敬，这是治家的根本。做人不能修身齐家，何谈治理国家大事？因此，家庭和睦敬爱，就是政事。不能治家何以治国？“君子行义，修于家，信于乡里。”因此，欧阳忠公说：“孝非一家之行也，所以移于事君而忠，仁于宗族而睦，交于朋友而信，始于一乡，推之四海，表于金石，示之后世而劝。”

※原文

子曰：“人而无信，不知其可也。大车无輗，小车无軏，其何以行之哉？”

※译文

夫子说：“做人如果没有诚信，就没有人相信他。又怎么能够知道他是可以依托的呢？如此将何以立身处世？正如车子没有安装輗和軏一样，它怎么能够行驶呢！”

※札记

诚信是成就事业的根本

车无輗軏，无以远行，人无信义，无从立世。古人断言：“君臣不信，则百姓诽谤，社稷不宁。处官不信，则少不畏长，贵贱相轻。赏罚不信，则民易犯法，不可使令。交友不信，则离散郁怒，不能亲亲。百工不信，则器械苦伪，丹漆染色不贞。”而唯其诚信，才能“可与为始，可与为终，可与尊通，可与卑穷者”。“信足以一异，义足以得众。”信义是做人的根本，诚信如天，莫此为大。

※原文

子张问：“十世可知也？”子曰：“殷因于夏礼，所损益，可知也；周因于殷礼，所损益，可知也；其或继周者，虽百世可知也。”

※人物简介

颛孙师：字子张。陈国人。少孔子四十八岁。为人有容貌，资质宽冲，博接从容。自务居，不务立于仁义之行。孔子门人友之而弗敬。

※译文

子张问：“帝王兴衰，自此上下十世之事是可以推测知道的吗？”夫子说：“殷商代替夏朝，对不合时宜的礼法制度进行了增删修订，这是可以知道的。周朝取代了殷商的统治，因时制宜，对礼仪规范减少或增补了些什么，这也是可以知道的。此后或者有新的帝王承继周朝而统率天下，也自当有所修补增减完善。朝代更替，是发展的必然。由此可见，即使是百世之事也是可以预知的。”

※历代论引

马氏曰：“所因，谓三纲五常。所损益，谓文质三统。”

胡氏曰：“子张之问，盖欲知来，而圣人言其既往者以明之也。夫自修身以至于为天下，不可一日而无礼。天叙天秩，人所共由，礼之本也。商不能改乎夏，周不能改乎商，所谓天地之常经也。若乃制度文为，或太过则当损，或不足则当益。益之损之，与时宜之，而所因者不坏。是古今之通义也。因往推来，虽百世之远，不过如此而已矣。”

※札记

继承和发展

制度的创新缘于社会的发展，社会制度必须顺应客观发展的规律和需要。历史的演变、文明的发展是渐变的。鉴古以知来世，所以未来的时代是可以预言的。“后世唯知周之长久，而不知所以长久者，由其德不独以封建也。必欲法上古而封之。弱则不足以藩屏，强则必至于僭乱。此后世封国之弊也。”

先王之礼，或损或益，在于因时制宜，以便其民。所以，为政，重在便民。既不能泥古不化，又不能不师古法。亲亲而尊贤，务德而爱民，政事之根本。

※原文

子曰："非其鬼而祭之，谄也。见义不为，无勇也。"

※译文

夫子说："不是你应该祭奠的魂灵，却纳礼祭祀，这是取媚其后人的威势。亲眼看见事情发生，应该挺身而出、伸张正义时，却袖手旁观，这是懦弱畏怯的表现。"

※札记

为政的基本精神

为政就是为人民服务。智、仁、勇兼备，正道直行，以天下为己任。既不媚俗，也不怯惧。"君子有所为，有所不为。"对于人民有益的事坚决去做，不畏艰难困苦，毫不退缩。所谓"仁之所至，义所当然"。姑且不论鬼神之有无，重要的是建立敬畏之心。有所敬畏，则处世做事，必有所忌惮而慎重。当然只要我们坚持正义，中道而行，何必取媚于鬼神，何须谄媚于权势？

八佾

论礼乐

儒家学说的核心为“仁”，实现仁的途径为“礼”，“仁”为本，“礼”为用。礼制，就是封建时代体现“仁”的社会规范和行为准则。

“仁”与“礼”是既联系又统一的，所谓“体用不二”。治国的纲领在于严格遵守礼制，司马光完整地论证了“礼教”在中国传统政治原则中的核心地位。他说：“国家之治乱本于礼，礼之为物大矣！用之于身，则动静有法而百行备焉；用之于家，则内外有别而九族睦焉；用之于乡，则长幼有伦而俗化美焉；用之于国，则君臣有序而政治成焉；用之于天下，则诸侯顺服而纪纲正焉。”

礼就是理。“道德仁义，非礼不成。教训正俗，非礼不备。”“有礼则安，无礼则危，故曰：礼者不可不学也。夫礼者，自卑而尊人。虽负贩者，必有尊也，而况富贵乎？富贵而知好礼，则不骄不淫。贫贱而知好礼，则志不慑。”（《礼记·曲礼上》）“忠信，礼之本也。义理，礼之文也。无本不立，无文不行。”（《礼记·礼器》）。

为人处世，人际交往离不开礼仪。一言一行、一举一动、一喜一怒无不体现着个人的修养境界，昭示着他的现状和未来。凡事皆讲礼数，礼岂小节乎？

※原文

孔子谓季氏："八佾舞于庭，是可忍也，孰不可忍也？"

※人物简介

季氏：季孙氏。鲁国大夫。与叔孙氏、孟孙氏三家掌握着鲁国国政。

※译文

在谈论到季氏时，孔子说："季氏作为大夫竟然僭越冒用天子的礼乐，用'八佾'的舞蹈在家中宴乐，这样不合礼制的事他居然做得出来，可见这个人心怀不敬，那么他还会有什么顾忌，而不敢做出别的事呢？"

猎较从鲁

※历代论引

朱子曰："季氏以大夫而僭用天子之礼乐，孔子言其此事尚忍为之，则何事不可忍为？或曰：'忍，容忍也。'盖深疾之之辞。"

范氏曰："乐舞之数，自上而下，降杀以两而已，故两之间不可以毫发僭差也。孔子为政，先正礼乐，则季氏之罪不容诛矣。"

谢氏曰："君子于其所不当为，不敢须臾处，不忍故也。而季氏忍此矣，则虽弑父与君，亦何所惮而不为乎？"

※札记

礼的实质就是建立规范的秩序

对于这句话，历来注家的解释有两点需要注意：

一是有关“八佾”的解释。

古注：“天子八，诸侯六，大夫四，士二。每佾人数，如其佾数。”

近代注家解释为：八佾是八行，八八六十四人，只有天子才能用。诸侯用六佾，即六行，四十八人。大夫用四佾，三十二人。士用二佾，十六人。

这种解释值得怀疑。因为“每佾人数，如其佾数”。就是说，佾，表示行列，是舞蹈的队列阵式。佾之数即为舞蹈之人数。即八佾应为八八六十四人，六佾应为六六三十六人，四佾应为四四一十六人，二佾为二二得四人。古者之士，实为平民，充其量也就是读过一点书，在权贵之家或统治衙门做事。在等级森严的奴隶制社会，其地位是低下的，这从古籍中可以找到依据。《礼记·王制》：“王者之制禄爵：公、侯、伯、子、男，凡五等。诸侯之上大夫卿、下大夫、上士、中士、下士，凡五等。”又“诸侯之下士视上农夫，禄足以代其耕也”。而且“农田百亩，百亩之分，上农夫食九人……”“诸侯之下士禄食九人，中士食十八人，上士食三十六人”。以此可以为证。由其禄制可知，古者士的地位也仅相当于现在的“普通公务员”，与平民的区别也只是耕与非耕，即“禄足以代其耕也”，只是不参加体力劳动而已。如果也用十六人的舞蹈，岂不显得有点不伦不类？谁有闲心去陪着仅能维持生计的一介小吏而舞给他看呢？且达十六人之多。有四人为其歌之舞之，已经可称其为雅士了，足以在亲朋邻里面前显派而闻达了。

二是有关“是可忍也，孰不可忍也”一句的理解。

历来的解释是，孔子说：“季氏冒用天子的礼乐，这种事是可以容忍的吗？那么还有什么样的事情不能够容忍呢？”

考虑到孔子作为修养至圣的先哲以及其所处的社会地位，他只能以预言的方式评论季氏“八佾舞于庭”这件事。因为他不具备发脾气的物质力量，而且以他的修养来说，也不至于大失风度地挥舞着手足发出声讨的言辞。在当时的春秋乱世，鲁国政权已经落入大夫手中，国君只是傀儡，人们也只能敢怒而不敢动。孔子也只是“敢言”而已，何至于声讨，又有多少力量声讨呢？所以，孔子也只是从季氏在礼仪上这一僭越行为，看出了鲁国政权的飘摇之势，识破了季氏的野心，告诫人们注意。

※原文

三家者以《雍》彻。子曰：“‘相维辟公，天子穆穆’，奚取于三家之堂？”

※译文

孟孙、叔孙、季孙三家祭祀家庙，僭越天子祭礼，歌奏《雍》诗，撤出祭品。夫子说：“‘前来助祭皆诸侯，天子主祭穆然仪容尊’，难道这是能用于三家大夫庙堂上的祭礼吗？”

※历代论引

程子曰：“周公之功固大矣，皆臣子之分所当为，鲁安得独用天子礼乐哉？成王之赐，伯禽之受，皆非也。其因袭之弊，遂使季氏僭八佾，三家僭《雍》彻，故仲尼讥之。”

朱子曰：“三家之堂非有此事，亦何取于此义而歌之乎？讥其无知妄作，以取僭窃之罪。”

※札记

乐不越礼，是为和

周代政权已经失去了对地方的控制，形同虚设，不仅强大的诸侯国不尊奉中央号令，就连弱小的鲁国大夫也目无天子。“三家者以《雍》彻”，争先恐后地显示自己的势力，谁也不甘落后。鲁君被无视，连中央政权也遭蔑视，由此可见当时社会的衰弱状况。

退修诗书

神明有知，当不享受非礼之祭。《礼记·乐记》：“大乐与天地同和，大礼与天地同节。和，故百物不失。节，故祀天祭地。”“乐也者，情之不可变者也；礼也者，理之不可易者也。乐统同，礼辨异。礼乐之说，管乎人情矣。”孔颖达疏：“乐主和同，则远近皆合；礼主恭敬，则贵贱有序。”

三家大夫的行为，对此提出了强力的质疑。

古诗说：“相维辟公，天子穆穆。”天子是国家政权的代表，也是国家文化精神的代表，在重大国事礼仪上，演奏《雍》这支国乐的时候，天子站在中央，诸侯分列两边拥戴着天子。然而现在鲁国的这三家权臣，却僭用中央天子才能用的庄严的国乐在家里宴乐，实在是显得有点滑稽。

※原文

子曰：“人而不仁，如礼何？人而不仁，如乐何？”

※译文

夫子说：“人如果存心不仁，礼仪又能约束他什么呢？人如果处心放任，歌乐之娱又能对他的心灵有什么陶冶作用呢？”

※历代论引

游氏曰：“人而不仁，则人心亡矣，其如礼乐何哉？言虽欲用之，而礼乐不为之用也。”

程子曰：“仁者天下之正理。失正理，则无序而不和。”

※札记

“仁”的精神实质是什么

所谓“仁”，就是存有仁慈博爱之心。礼、乐只是形式。“仁”是孔子思想的核心，注重人的内在精神。礼乐是对社会秩序的规范性规定，是外在形式的具体表现。

这是孔子针对三家大夫僭越礼、乐的不敬行为而发的感慨。世事变化，人心不古，其礼乐又能在多大范围和程度上发挥作用呢？又能规范约束什么呢？

人如果放弃了做人的原则，放任自己，肆意而为，不愿意好好做人，谁又能拿他怎么样呢？社会文化道德对他能有多少约束呢？其人生又能有什么好的结果呢？

※原文

林放问礼之本。子曰：“大哉问！礼，与其奢也，宁俭。丧，与其易也，宁戚。”

※人物简介

林放：鲁国人。具体事迹不可考。

※译文

林放请教礼的本质。夫子说："你提出的问题意义重大，问得好呵！就礼制的法度仪式来说，与其奢侈铺张，宁可朴素俭约。祭丧之礼，与其在繁文缛节的虚套方面办理得周到隆重，不如深发内心的哀戚追念之诚。"

※历代论引

朱子曰："礼贵得中，奢、易则过于文，俭、戚则不及而质，二者皆未合礼。然凡物之理，必先有质而后有文，则质乃礼之本也。"

范氏曰："夫祭，与其敬不足而礼有余也，不若礼不足而敬有余也；丧，与其哀不足而礼有余也，不若礼不足而哀有余也。礼失之奢，丧失之易，皆不能反本而随其末故也。礼奢而备，不若俭而不备之愈也；丧易而文，不若戚而不文之愈也。俭者物之质，戚者心之诚，故为礼之本。"

※札记

礼的根本是什么

俭、戚，礼之质；奢、易，礼之文。文质相宜，礼之本。

养与丧，是人必须历经的重要过程。居不养之以敬，而丧事铺张隆重，以求虚名，不仅失其孝道，实则欺心，更是欺天。不唯自私，更其残忍。养之以俭，葬之以奢，实为本末倒置。

丧礼仪式的隆重，只是一种作秀式的矫情，是做给人看的表面虚饰，并不能证明其孝敬。孝心，真正的孝敬深存于心，表面的文饰是虚假的行为。如果心存真正的孝敬，其心哀戚惨痛，哪里还有心思在表面上做足文章给人们看呢？

提倡朴素庄重的社会风气，崇尚节俭真诚，是社会长期稳定发展的根本。奢靡之风的盛行，必将导致人们竞相仿效攀比，必将造成社会财富极大的无序浪费，无端地耗损民力民财，损伤经济元气，导致人心涣散。以我们现在的社会心态，我们所推崇的礼恰恰与崇尚节俭相悖，而以奢侈排场为人称道。家人弃世，借口得其天年，扬扬之情见于容色，丧事不显其哀戚而办理豪侈，致祭接待，不见忧悲，形同儿戏。形式的作秀结束后，便如释重负，即刻又笙歌燕舞，乐也融融，实为寡情薄义。

礼的精神就在于，凡事宜适度。孔子说礼仪的过分铺张是不合情理的，宁可简单庄重。"丧以哀为本"。丧事太简易了是违心，太奢靡了也不好，宁可取悲戚的态度。

礼难道仅仅只是指丧祭吗？重点在于通过一个人对待丧祭的态度，显示出其人性与人品，可知其仁心，其人便无所藏匿，一览无遗。

※原文

子曰："夷狄之有君，不如诸夏之亡也。"

※译文

夫子说："夷狄部族虽然也有君长，但却没有建立起完备的礼仪制度，因而其风俗教化还不如一些中原国家衰落之后的普通平民之家的礼仪可观啊。"

※历代论引

程子曰："夷狄且有君长，不如诸夏之僭乱，反无上下之分也。"

尹氏曰："孔子伤时之乱而叹之也。亡，非实亡也，虽有之，不能尽其道尔。"

※札记

只有文化的精神永存

文化的传承是严正的，人们具有良好的德行，美名会被传播久远；所作所为有失正道，其令人不齿的行为，会被后世诟骂，能不慎重吗？所以说，"孔子著《春秋》，乱臣贼子惧""乱臣贼子"就是怕在历史上留下骂名。

礼的实质，就在于"别上下，序尊卑，分贤愚"。东汉训诂学家高诱说："礼所以经国家，定社稷，利人民；乐所以移风易俗，荡人之邪，存人之正性。"夷狄有君，诸夏反无，那种僭越礼仪而无廉耻的野心家必将会被钉在历史的耻辱柱上。如三家大夫这种乱臣贼子有悖伦常的篡逆行为，即使取得政权，必定不得人心，还不如那些未开化的夷狄对于其君长的尊崇。

文化是一种观念，一种氛围，一种素质，一种生活态度。任何丰功伟业，都只是暂时的，只有文化能够流传久远。所以，有哲人说："一个没有文化传承的民族是危险的，而一个拥有良好礼仪文化底蕴的民族必定是一个充满希望的伟大民族。"

※原文

季氏旅于泰山。子谓冉有曰："女弗能救与？"对曰："不能。"子曰："呜呼！曾谓泰山，不如林放乎？"

※人物简介

冉求：字子有，仲弓之宗族。少孔子二十九岁。春秋末鲁国人，孔子的得意门生，多才多艺，以政事著名，尤擅长理财。仕为季氏宰，进则理其官职，退则受教圣师。为性多谦退，故孔子曰：“求也退，故进之”。致力于田赋的改革，被孔子斥为聚敛之臣。

※译文

鲁大夫季氏要去祭祀泰山。孔子对冉有说：“你能够劝阻他而不其陷于僭窃的罪过吗？”冉有回答说：“不能。”夫子说：“哎呀！神明有知，也是不会享用非礼之祭所敬献的供奉，林放尚且知道礼之大节，何况明察如泰山之神，难道你还不如林放吗？”

※历代论引

范氏曰：“冉有从季氏，夫子岂不知其不可告也？然而圣人不轻绝人，尽己之心，安知冉有之不能救、季氏之不可谏也？既不能正，则美林放以明泰山之不可诬，是亦教诲之道也。”

※札记

泰山之旅

泰山，天子所祭。《礼记·王制》：“天子祭天下名山大川。诸侯祭名山大川之在其地者。”

季氏往祭泰山，其僭越不臣之心昭著。

非礼之念勿生，逾礼之事莫做。

非礼之祭，即亵渎于神，也开罪于人。既不能取媚于神灵，也不能加威于众人。

神不可知，神如有知，则必不享其非礼之祭。

若天下乂安，家给人足，虽不封禅，庸何伤？且事天扫而祭，何必登泰山之巅，封数尺之土，然后可以展其诚敬？所以，古人有言：古者天子巡守至于方岳，必告祭柴望，所以尊天而怀柔百神也。封禅，实自秦始皇，古无有。三代不封禅而王，秦封禅而亡，人主不法三代，而法秦。以为太平盛世，实大谬。不修德政，而祈助神灵，实陋。

※原文

子曰：“君子无所争，必也射乎！揖让而升，下而饮，其争也君子。”

※译文

夫子说：“君子是没有什么要与人争胜的。即使一定要参与射箭这样的习武比赛，也必然是互行揖让之礼，然后走到校位，射毕而退，互致谦让，取觯互敬，站立饮用，雍容揖逊。君子的竞争，就是如此谦谦然恢弘。”

※历代论引

朱子曰："君子恭逊，不与人争，惟于射而后有争。然其争也，雍容揖逊乃如此，则其争也君子，而非若小人之争矣。"

※札记

君子无所争

君子之心，与世无争；君子之行，与人无争；君子用世，与名利无争。

君子之争，不逾礼。即使不得已而参与竞争，也始终保持君子的风度，从容大度，彬彬有礼。比如射箭，比赛开始，双方互致敬礼；比赛结束，彼此举杯对饮，互致祝贺。始终保持相互尊重与礼貌对待，保持高贵的尊严。

现今之世是一个充满竞争的社会。竞争是必然的，是推动社会发展的动力，没有竞争就没有发展。但是，竞争也必须是有序的竞争，是公平的竞争，是正直的竞争，而不是在暗地里使小动作，也不是见不得人的"暗箱"操作，更不是为人所不齿的"使绊子"。承认别人的成绩，是自信，是对自己的肯定。对别人的成绩表示诚挚的祝贺，是君子的气度。刻意否定别人，是自卑怯懦的行为，还没有开始就已经输掉了竞争。

即使我们做出了成绩，也要有容纳后学的胸襟，谁也不可能在某一个领域永远保持领先的地位，压制和打击别人更非君子所为。当然，谁也不愿在竞争中败下阵来。即使所竞争之物并非自己想要的，但是一旦被推到这个境地，便又身不由己地要去相争。人都是好胜的，都有荣誉感和胜利心。不论胜负如何，重要的是能够保持君子的风度。孔子说："其争也君子。"不要太在意，每个人的命运都是自己努力的结果，尽管所用的方式不同，手段相异。

※原文

子夏问曰："'巧笑倩兮，美目盼兮，素以为绚兮。'何谓也？"子曰："绘事后素。"曰："礼后乎？"子曰："起予者商也！始可与言《诗》已矣。"

※译文

子夏问："'盈盈笑语惹人怜，默默凝睇频顾盼，纯稚如花自天然。'这句诗中所传述的深意是什么呢？"夫子说："就像绘画完成之后才可见留白处的意境呵。"子夏说："那么，就可以不受礼仪的约束吗？"夫子说："能够阐发我的意思并能给我启示的是商呀！从此可以开始给你讲论《诗》的微言大义了。"

※历代论引

谢氏曰："子贡因论学而知《诗》，子夏因论《诗》而知学，故皆可与言《诗》。"

杨氏曰："'甘受和，白受采。忠信之人，可以学礼。苟无其质，礼不虚行。'此'绘事后素'之说也。孔子曰'绘事后素'，而子夏曰'礼后乎'，可谓能继其志矣。非得之言意之表者能之乎？商、赐可与言《诗》者以此。若夫玩心于章句之末，则其为《诗》也固而已矣。所谓'起予'，则亦相长之义也。"

※札记

诗意人生

"礼后乎？"利不敢先，礼岂可后。文学自产生以来，就是以表达人的情感为主题。情感美好，应该受理智的约束，不论多么深厚的情谊也得遵守礼仪的规范。人皆有爱，止乎以礼。爱之由心，约之以礼。

唯学能改变我们的气质，唯诗能令我们的心灵变得美好，唯礼能使我们的行为高尚。

"起予者商也！"学贵发疑，自古所重。学问能与时俱进，日新其业，就在于后学继承前贤，并能够有新的创见，不拘泥于已有的结论，有所开拓，有所突破。

"绘事后素。"白素之物最为吉祥，白色就是事物天然的本质色彩。任何浓墨重彩，都不能够保持恒久的新鲜，都会随着时间的流逝而凋敝萎谢，被岁月的流水冲淡，永远不及白色持久，只有白色是永恒的。也只有在观看过各种浓艳的色彩粉饰之后，才更能体味出素洁纯正的品质之高贵。只有经历过人生的各种涂抹之后，才体会得出平淡无求才是真正的人生。

生活的背后是什么？人生的底蕴又是什么？什么才是我们真正应当看重的？不是金钱，不是虚名，也不是美貌，更不是官爵，而是德行，也只能是德行。曾经在人们眼里如诗如画的美景，最终淡化为虚幻，唯一深植于我们内心，令我们感到安慰、受益终生的，是我们的真诚，它使我们在艰辛中咀嚼出了生命的味道。

※原文

子曰："夏礼，吾能言之，杞不足徵也。殷礼，吾能言之，宋不足徵也。文献不足故也。足，则吾能徵之矣。"

※译文

夫子说："夏代的礼法仪制，我能讲述，但是杞人所保留下来的史料很少，不能够得到充分的证实。殷商的礼仪法度，我也是清楚的，只是宋人流传下来的文字记载不多，提供不出充分的依据证明。这都是史料散佚不足所造成的。如果典籍资料记载充足，那么我是能够考证核实的。”

※历代论引

朱子曰：“二代之礼，我能言之，而二国不足取以为证，以其文献不足故也。文献若足，则我能取之，以证吾言矣。”

※札记

历史永远保持庄严的沉默

学问，在于严谨的考证，必须建立在翔实的史料之上。

礼仪流传主要依附于民俗，典籍的记载是简约的，只是载其概要，因而只能求证于民间。民俗，是典籍所不能记载的历史的活化石。又由于流传的演绎与变故，致使很多内容被人为改变，给人以面目皆非的感觉，历史往往就这样被岁月的尘埃掩埋，无从考证，无由辩白，只有深刻的悬念，留待以后昭示于世间。

※原文

子曰：“禘，自既灌而往者，吾不欲观之矣。”

※译文

夫子说：“禘，这是王者的大祭呵。现今之世，鲁国上下，礼仪懈怠，失之诚敬，自第一次献郁鬯之酒灌地开始，我就不想看下去了。”

※历代论引

谢氏曰：“夫子尝曰：‘我欲观夏道，是故之杞，而不足徵也。我欲观殷道，是故之宋，而不足徵也。’又曰：‘我观周道，幽、厉伤之，吾舍鲁何适矣？鲁之郊禘非礼也，周公其衰矣！’考之杞、宋已如彼，考之当今又如此，孔子所以深叹也。”

※札记

虚假的盛典

“禘”，是中国古代的一种祭祀天地祖宗的盛典大礼。古代国家举行禘祭，国君代表全民祭祀，仪式非常隆重。“祖宗虽远，祭祀不可不诚。”然而，鲁国道德沦丧，无诚不敬，懈怠政废，就连禘祭之礼也是名不副实，流于形式，刚端上第一爵敬献神祎的酒以后，主祭者就已经心不在焉，想赶快结束了，随后的仪式也就只是虚于应付，潦草而轻慢。升降俯仰之节，举止多不中矩而容色不够庄敬，使民无所瞻仰，见者荒怠。只有形式没有诚心，全然失去了致祭的庄严与虔敬。

凡事唯当以诚，无务虚名。形式的文饰，必须要有内心的诚敬为支撑。一切形式，都必须配合内心的诚恳，才有意义。如果内心没有诚敬，即使做千百次的祷告，也无法抵达。

祭，以诚敬为本。示之诚敬，求得天地人和。无诚、不敬，不祭犹可，勉强而为，实则无益。虚与委蛇，必致天怒人怨，神鬼共愤而不佑。大道必将因之失和，事功必将分崩离析。

虚假的作秀，昭示的是信仰的堕落，也无疑是对神明的亵渎。

※原文

或问禘之说。子曰："不知也。知其说者之于天下也，其如示诸斯乎！"指其掌。

※译文

有人向孔子请教关于"禘"祭大典的事。夫子说："我不知道呵。知道这种道理的人治理天下，就像把东西摆在这里一样容易！"夫子指着自己的手掌说。

※历代论引

朱子曰："先王报本追远之意，莫深于禘。非仁孝诚敬之至，不足以与此，非或人之所及也。而不王不禘之法，又鲁之所当讳者，故以'不知'答之。"又曰："盖知禘之说，则理无不明，诚无不格，而治天下不难矣。圣人于此，岂真有所不知也哉？"

※札记

徒具形式的祭仪不如不祭

怀着虔敬的心祭祀神灵，是因为相信神灵的存在。

故去的人，不论是伟人还是普通人，无论是亲人还是友人，我们都应该记住他们的好处，汲取他们的长处，学习他们的优点，将自己的人生境界提升起来，做一个诚实、正直、有良知、有道德的人。

怀念与祭扫，当然不排斥仪式，仪式是活动的载体，必要的仪式还是应该举行的。而这种仪式应该是庄重的、文明的、诚敬的，而不应该是低俗的，甚至是荒诞的，更不应该是敷衍的。那种徒具形式而心怀旁骛的祭仪是不足观的，不如不祭。

心不诚，行不敬，何可观者，何祭之有？没有真情的仪式，始终传递的是虚假与诈伪。何苦使自己劳神，何必带累众意，何敢亵渎神明？

只要我们心怀诚敬，所面临的事务又有什么困难呢？对于已经发生或即将到来的一切，其所蕴涵的契机我们自会了如指掌，从而做出得体的应对，那么又何须烦心忧疑？

※原文

祭如在，祭神如神在。子曰："吾不与祭，如不祭。"

※译文

祭祀天地祖先，要心怀诚敬，就如同被祭祀的英灵就在面前一样。祭祀神灵就如同神存在一般。夫子说："我如果因故不能参与祭祀，虽然请他人代为致祭，其实这和不去祭祀是一样的。"

※历代论引

范氏曰："君子之祭，七日戒，三日齐，必见所祭者，诚之至也。是故郊则天神格，庙则人鬼享，皆由己以致之也。有其诚则有其神，无其诚则无其神，可不谨乎？'吾不与祭，如不祭'，诚为实，礼为虚也。"

苏轼曰："神不可知，而祭者之心，以为如其存焉。"

※札记

内心的诚敬

信则有，不信则无。既献祭，必信其有，诚怀其心。无诚，何须祭？祭，在于心诚，礼仪只是形式。代祭乃虚设形意，诚不至，神明不享。做人贵在诚敬。无论是对于生者或死者，都要心怀诚敬，不相欺蒙，体现我们内心的诚敬。

※原文

王孙贾问曰："'与其媚于奥，宁媚于灶'，何谓也？"子曰："不然，获罪于天，无所祷也。"

※人物简介

王孙贾：卫国大夫。

※译文

王孙贾问："'与其取悦于远神，宁尊祭自家的灶君。'是这样的吗？"夫子说："不对，如果违逆天理，就没有什么地方可以祈祷了。"

※历代论引

谢氏曰："圣人之言，逊而不迫。使王孙贾而知此意，不为无益；使其不知，亦非所以取祸。"

《太平御览》曰："明当媚其尊者。夫灶者，老妇之祭。"

※札记

获罪于天，无处祈祷

祈祷，就是发自心底的忏悔，是致达自己向善的心愿，是缘于对命运的无奈所做的虔诚之举，是面对不可抗力的本能求助。出于诚，归于善。痛苦惨怛不伤于心者，不知其味，体会不到。

任何祈祷都是许可的，都是神圣的。正直人的祈祷并不是乞求，仅仅只是诉说自己的状况和困难，将自己的愿望通过虔诚的献祭，期求达于上苍，以望得到惠顾和垂怜，受到寓于我们身外的各种有力量的神祇的帮助。

自助者，天必助之。不论成功与失败，为了我们人格的尊严，我们必须固守自己做人的原则，不要幻想外在的庇护。谁也不能承诺给我们什么，应该靠自己的努力而不是乞求别人的怜悯。别人许诺的生活前景无论多么美好，都是骗人的陷阱。只有通过自己努力所得到的，才是实实在在的生活。除了我们自己的努力，何必寄望于鬼神呢？如果做出违逆天意的坏事，祈祷有什么用呢？又能到哪里去祈祷呢？

※原文

子曰："周监于二代，郁郁乎文哉！吾从周。"

※译文

夫子说："周朝的礼仪法度取法借鉴于夏、商两代，经过周公的增删，形成了如此华丽、文采纷呈的盛况！我崇尚周朝的文化礼制。"

※历代论引

尹氏曰："三代之礼，至周大备，夫子美其文而从之。"

※札记

文化是民族的灵魂

千秋万代的事业，其影响悠久而博大，不在于权力，而在于文化与教育。

中国文化，也就是尧、舜、禹、汤、文王、武王、周公、孔子所传承的文化。中国文化的背景也就是根植于古老黄河流域的农业文明，也就是周代对于夏、商两朝的典章制度增删取舍，加以发展完善的集大成者，包括礼法、政治制度、社会礼仪、文化精神等，由文王、武王时代确立了牢固的基础，从而形成了流传至今的文明传承。虽然朝代更替，但文化总是以其自身的规律演进，绵远而悠长。如一条从远古流淌至今的长河，渗透浸润在民族的血脉中，深植在每一寸土地上，其发展不可逆转。

泰山问政

※原文

子入太庙，每事问。或曰："孰谓鄹人之子知礼乎？入太庙，每事问。"子闻之，曰："是礼也。"

※译文

孔子晋谒太庙，每件事都恭恭敬敬地竭诚请教。有人就说："谁说邹大夫的儿子是深知礼仪的？他进到太庙中，每件事都问别人。"孔子听到后，就说："这就是礼仪所确立的精神实质呵。"

※历代论引

尹氏曰："礼者，敬而已矣。虽知亦问，谨之至也，其为敬莫大于此。谓之不知礼者，岂足以知孔子哉？"

※札记

礼的精神

礼的精神，也就是做人的道理。

礼者，敬。敬者，谨。谨者，谦敬。因此，礼在于谨敬、庄重。虽然有知，然犹敬问之，借发其端以启我心，以期启我之识，以望有得。问答之间，以见辞气之恭敬，心意之诚笃。

不耻下问，就是礼，就是知，就是德。

※原文

子曰："射不主皮，为力不同科，古之道也。"

※译文

夫子说："比赛射箭的目的在于中的，而不在于是否有力射穿箭靶，因为各人的气力大小不同，这是古时候的规矩。"

※历代论引

朱子曰："周衰，礼废，列国兵争，复尚贯革，故孔子叹之。"

杨氏曰："中可以学而能，力不可以强而至。圣人言古之道，所以正今之失。"

※札记

考校的标准

射击的最高境界是什么？体育竞技的精神灵魂是什么？

射击比赛以中的为目的，讲求准确，非较其力。即使参与竞争，也必有节制，并无恣肆放纵的行为。

《记》曰："武王克商，散军郊射，而贯革之射息。"

《礼记·射义》："故射者，进退周还必中礼。内志正，外体直，然后持弓矢审固；持弓矢审固，然后可以言中。此可以观德行矣。""故明乎其节之志，以不失其事，则功成而德行立；德行立，则无暴乱之祸矣。功成则国安，故曰：射者，所以观盛德也。"

人的力量有大小，人的能力有高低，人的天赋有差别。因此，做人处世，重在提高自己的修养境界，应当自省自己具备怎样的素质，不必在乎一时一事的成败。真正成功的人生，不在于官阶的高低，不在于攫取财富的多少，不在于才能的大小，也不在于是否长寿，而在于要有值得后人效仿的德行。

※原文

子贡欲去告朔之饩羊。子曰："赐也，尔爱其羊，我爱其礼。"

※译文

子贡打算把每月初一祭庙的活羊免去不用。孔子说："端木赐啊，你爱惜的只是一只羊，我重视珍惜的是维护那种祭祀之礼的精神啊。"

※历代论引

杨氏曰："告朔，诸侯所以禀命于君亲，礼之大者。鲁不视朔矣，然羊存则告朔之名未泯，而其实因可举。此夫子所以惜之也。"

※札记

沉默的羔羊

在历史的祭坛上，弱者扮演的角色永远只是牺牲者！可怜无助的弱小者在这无边的苦难与牺牲的压迫下，只能沉默。心里很苦，嘴上却说不出来，无法表达，也无处诉说。

替罪的羔羊，其实是无罪的，但是人类为了赎自己的罪，却以羊为牺牲，祭献于神灵，行贿于上天，以求免除自己的恶行所应遭的惩罚。子贡虽有惜羊之意，也只是出于经济的考虑，或只是借助于经济的托词，在努力实现另外的图谋。纵有见识，也只是出于功利的价值观念，并没有拯救无辜的善念，所以最终而不可行。

人类社会到处充斥着血淋淋的争夺。羊想尽可能置身事外，免得被用于替罪。但这并不是羊所能左右的，只要是羊，便面临着这样不可逃避的宿命，更无从选择，只是时间的快慢，或者只是所替罪行的大小而已。

由于收受了所献之羊，所以上天也就暂时不予追究，让"原则"和"公正"暂时缺席吧，于是达成默契，就让羊承担一切。然而，羔羊何罪之有？

告朔，非常慎重的祭典之一，子贡以惜其无实而枉费为由"欲去其饩羊"，这是变革的一种方式。以其客观的理由，渐渐地去其枝节，缓缓地削弱其力量，从而达到其取代的目的。这是一种不引人注意的十分高明的权术。因为，大的举措，必然会引起相应的振荡，而细枝末节的修葺，则似乎无足轻重，而且显得具有建设性，然而，至于其终极所指之要害，则是不容忽视的。树高千尺，日去其一枝，必无伐而毁。禁令并不见得有效，而削弱、淡化之术，则屡试不爽。一切就都在不知不觉之间被抽去了，从而在不引人注意时，达到了既定的目的。千里之堤，溃于蚁穴，就是这个道理。

皮之不存，毛将焉附。“尔爱其羊，我爱其礼。”礼的精神虽然衰落了，但是，只要代表这种礼仪的形式——“饩羊”还存在，犹有可复之待。若去其羊，则此礼遂亡，孔子所以惜之。内容存在于形式之中，形式因为内容而更为充实。礼仪就是建立在各种形式的礼仪之上，去其羊，也就不复有礼了。有羊，则犹可复其礼，犹可教而化之。告祭者本已心存不诚，今虽有羊，也只具形式的礼仪，已显名不副实。再去其羊，则名实俱丧，那么告朔天地的这种礼仪也就寿终正寝，不复存在，风俗自然移易了。移风易俗，是必要的。形式上虽然简明而实用了，但也使风气乡俗随之而简慢了。民风不笃，古风也自不存在了。形式被取缔了，内容也就随之消失，于是与之相依的一切便也不复存在了。实质的东西便被最后抽去了，一切也就无所依附，名实俱亡了，岂止羊乎！

※原文

子曰：“事君尽礼，人以为谄也。”

※译文

夫子说：“以礼仪之约敬事君王尊长，虽不逾矩，但仍然会有人认为你这是谄媚求荣。”

※又译

夫子说：“以礼仪之约敬事君王尊长，虽不逾矩，但仍然会有人以此作为口实，对你进行攻击陷害。”

※历代论引

黄氏曰：“孔子于事君之礼，非有所加也，如是而后尽尔。时人不能，反以为谄，故孔子言之，以明礼之当然也。”

程子曰：“圣人事君尽礼，当时以为谄。若他人言之，必曰‘我事君尽礼，小人以为谄’。而孔子之言止于如此，圣人道大德弘，此亦可见。”

※札记

天下是非由人论

世风日下，世态炎凉，凡事不论初衷如何、结果怎样，总会有人说三道四，总会有不同的揣度。历来如此，不可避免。此所谓：悠悠众口。

天道悠悠，默然而处。世事轮回，辩证演进，此一时，彼一时，没有什么万世不易之理存在，一切都以功利为目的，以某种心态的需要为取舍。

礼与谄，在乎己心，在于人心。虽存乎天理，但是，小人之诡诽无孔不入。

君子之为虽中道直行，但岂可免乎谤哉？以曾子之贤，毁之者三，曾母犹投杼而走，又岂能者哓哓之口，又岂能独立其高洁？然而，只要做到俯仰无愧于心，何必在乎东风西风？

步游洙泗

※原文

定公问：“君使臣，臣事君，如之何？”孔子对曰：“君使臣以礼，臣事君以忠。”

※人物简介

定公：鲁君。名宋。昭公之弟，继昭公而立。公元前509—前495年在位。谥为“定”。

※译文

鲁定公问：“国君任用臣僚，臣属侍奉君上，有什么不同吗？”孔子回答说：“贤明的君主任事臣下以礼待之，则臣下敬事君国事务必然忠心耿耿，竭尽其忠诚心智。”

※历代论引

吕氏曰："使臣不患其不忠，患礼之不至；事君不患其无礼，患忠之不足。"

尹氏曰："君臣以义合者也。故君使臣以礼，则臣事君以忠。"

※札记

尊之以礼，报之以忠

礼贤下士，必得栋梁之忠臣。古来国家兴衰，无不基于礼。重礼则国治政平，无礼粗暴，必致暴政苛敛，大则亡国灭族，小则殃及其身。这样的事例在历史上屡见不鲜。

苏轼《君使臣以礼》(见《唐宋八大家文钞·东坡文钞》卷一一四)："君以利使臣，则其臣皆小人也。幸而得其人，亦不过健于才而薄于德者也。君以礼使臣，则其臣皆君子也。不幸而非其人，犹不失廉耻之士也。其臣皆君子，则事治而民安。士有廉耻，则临难不失其守，小人反是。故先王谨于礼。礼以钦为主，宜若近于弱；然而服暴者，莫若礼也。礼以文为饰，宜若近于伪，然而得情者，莫若礼也。哀公问君使臣臣事君如之何？孔子曰：'君使臣以礼，臣事君以忠。'不有爵禄刑罚也乎，何为其专以礼使臣也？以爵禄而至者，贪利之人也，利尽则逝矣。以刑罚而用者，畏威之人也，威之所不及，则解矣。故莫若以礼。礼者，君臣之大义也，无时而已也。汉高祖以神武取天下，其得人可谓至矣。然恣慢而侮人，洗足箕踞，溺冠跨项，可谓无礼矣。故陈平论其臣，皆嗜利无耻者，以是进取可也，至于守成，则殆矣。高帝晚节不用叔孙通、陆贾，其祸岂可胜言哉？吕后之世，平、勃背约，而王诸吕几危刘氏，以廉耻不足故也。武帝踞厕而见卫青，不冠不见汲黯。青虽富贵，不改奴仆之姿，而黯社稷臣也，武帝能礼之而不能用，可以太息矣。"

※原文

子曰："《关雎》，乐而不淫，哀而不伤。"

※译文

夫子说："《关雎》这首诗热情明快而有节制，哀婉但不伤感。"

※历代论引

朱子曰："《关雎》之诗，言后妃之德，宜配君子。求之未得，则不能无寤寐反侧之忧；求而得之，则宜其有琴瑟钟鼓之乐。盖其忧虽深而不害于和，其乐虽盛而不失其正，故夫子称之如此，欲学者玩其辞，审其音，而有以识其性情之正也。"

※札记

典雅的风范

《诗》三百篇，其言无所不有，具有多种阐释的可能性，那种自由想象的深妙，使人感到其奥妙无穷而为之着迷。其语言富含优美的音乐性，字里行间所蕴含的回环往复的音乐效果，令人情不自禁地吟诵、手舞足蹈。但是，唯其肆而不放，乐而不流，以卒归乎正，此所以为贵为难能。“发乎情，止乎礼”的典雅雍容、含蓄节制，令人悠然神往。

※原文

哀公问社于宰我。宰我对曰：“夏后氏以松，殷人以柏，周人以栗，曰使民战栗。”子闻之，曰：“成事不说，遂事不谏，既往不咎。”

※译文

鲁哀公向宰我问立社时土地神的神主应该用什么树木。宰我回答说：“夏朝是用松树，商朝时人们用柏树，周朝人用栗树，寓意是使百姓心怀敬畏。”孔子听说这件事后，告诫宰我说：“已经做过的事就不必再解释了，已经完成的事也就不用再予规劝了，对于过去的错误也没有必要再追究谴责了。”

※历代论引

朱子曰：“孔子以宰我所对，非立社之本意，又启时君杀伐之心；而其言已出，不可复救，故历言此以深责之，欲使谨其后也。”

尹氏曰：“古者各以所宜木名其社，非取义于木也。宰我不知而妄对，故夫子责之。”

※札记

敬畏天意民意是正确的导向

立社只是形式的图符，无论是松、柏，还是栗，或者是别的什么树木，都是无关紧要的，它只是一个外物的象征。其实质在于树立让人们致敬、致祭的偶像，以达感恩天地之意。其实，立社的本意就在于敬畏天地，统一民心。民为天，民意即天意。敬天，就是要敬畏人民。重点在于敬，是要发自内心的诚笃，心无诚敬，又与树木何辜。

“周人以栗，曰使民战栗。”那么，夏商之木，其意何在？宰我谬妄，实属望文生

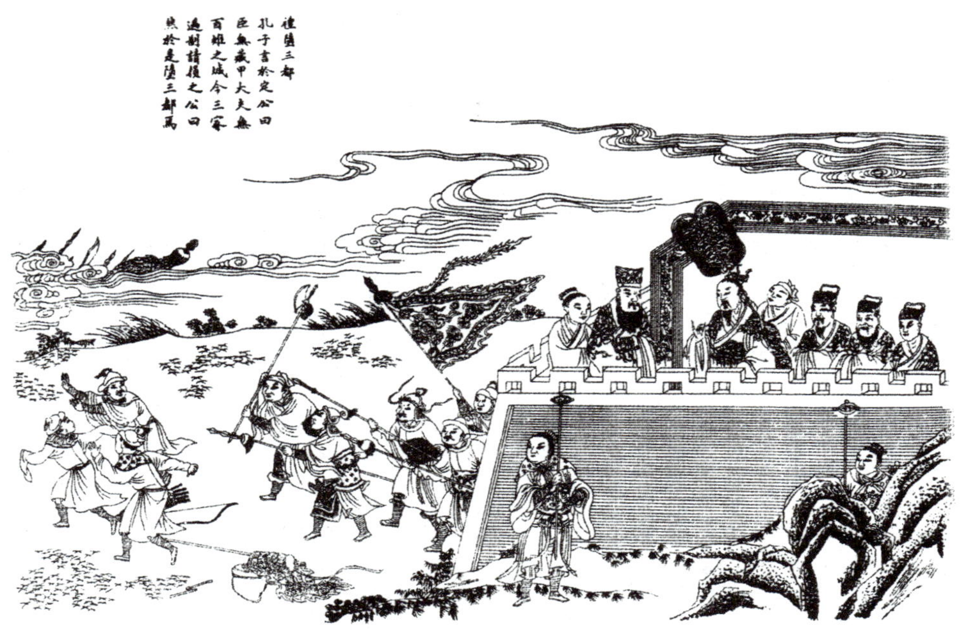

礼堕三都

义，是毫无缘由的臆度。世事之所以多谬误，皆缘于此类虚妄异端邪说。

※原文

子曰："管仲之器小哉！"或曰："管仲俭乎？"曰："管氏有三归，官事不摄，焉得俭？""然则管仲知礼乎？"曰："邦君树塞门，管氏亦树塞门。邦君为两君之好，有反坫，管氏亦有反坫。管氏而知礼，孰不知礼？"

※人物简介

管仲：即管敬仲。名夷吾，字仲，谥号"敬"。颍上人。早年贫困，曾经商。后由鲍叔牙推荐，于周庄王十二年为齐桓公时宰相。执政四十年，辅佐齐桓公在内政外交上进行过一系列改革，使齐桓公在"尊王攘夷"的口号下，"九合诸侯，一匡天下"，成为春秋时代第一个霸主。

※译文

夫子说："管仲的器度小啊！"有人说："管仲节俭吧？"夫子说："管仲在生活上娶有三室妻妾；政事方面机构重叠、官员冗余，这哪能说得上是节俭呢？"有人又说："那么管仲是识大礼的吧？"夫子说："国君在门前设立照屏，管仲也设屏以别内外。国君为了和别国的友好交往，在堂上设有放置酒杯的反坫，管仲也同样放置。如果说管仲是识大礼的人，那么还有谁不识礼仪呢？"

※历代论引

朱子曰：“孔子讥管仲之器小，其旨深矣。或人不知而疑其俭，故斥其奢以明其非俭。或又疑其知礼，故又斥其僭，以明其不知礼。盖虽不复明言小器之所以然，而其所以小者，于此亦可见矣。故程子曰：‘奢而犯礼，其器之小可知。’盖器大，则自知礼而无此失矣。此言当深味也。”

苏氏曰：“自修身正家以及于国，则其本深，其及者远，是谓大器。扬雄所谓‘大器犹规矩准绳，先自治而后治人’者是也。管仲三归、反坫，桓公内嬖六人，而霸天下，其本固已浅矣。管仲死，桓公薨，天下不复宗齐。”

※札记

器识决定成就

传曰：“礼义廉耻，国之四维；四维不张，国乃灭亡。”礼义，治人之大法；廉耻，立人之大节。盖不廉，则无所不取；不耻，则无所不为。

人的德行和才能，不可能各方面都完备。任何成功的耀眼光环下也必有不足之处，而为人所讥。尤其成大功者，其过也昭彰，无所掩藏。

坡公说：“圣贤举动，明白正直，不当如是耶？所用之人，有邪有正。所作之事，有是有非。是非邪正，两言而足，正则用之，邪则去之，是则行之，非则改之。”

“愚者无所责，贤者被议疾”。凡事唯当以诚，无务虚名而获实祸。春秋之责备贤者，即此之意。

职司乘田

※原文

子语鲁大师乐。曰:“乐其可知也:始作,翕如也;从之,纯如也,皦如也,绎如也,以成。”

※译文

孔子与鲁国大师论述乐理。孔子说:“音乐的原理是可以明了的,开始演奏,翕翕然很热烈;继续下去,纯纯然很和谐,皦皦然清晰明快,绎绎然余音袅袅绵延不绝,如此以至曲终。”

※历代论引

谢氏曰:“五音六律不具,不足以为乐。翕如,言其合也。五音合矣,清浊高下,如五味之相济而后和,故曰纯如。合而和矣,欲其无相夺伦,故曰皦如,然岂宫自宫而商自商乎?不相反而相连,如贯珠可也,故曰‘绎如也,以成’。”

※札记

乐,本于和

乐理在于平和流畅,以太和为本。

令人可叹的是,现在的一部分流行音乐,轻薄有余,温柔敦厚不足,没有思想,缺乏美感,更多的是矫揉造作,发嗲腻味。有些所谓的“艺术家”,不真正具备大师的修养和艺术水平,而是靠刻意包装、互相吹捧、媒体炒作而窃取虚名。

所谓音乐,只是一种个体情绪、情感的自然流露,是一种自在的韵律,与音符无关。在一种深刻的人生体验之下,特定的情感促使你有一种抒发的激情,于是你便可以随口吟出一段无韵的旋律,而且会令你自己感动,这就是音乐,而且是深入心灵的音乐,是音乐最自然、纯真的境界。

※原文

仪封人请见。曰:“君子之至于斯也,吾未尝不得见也。”从者见之。出,曰:“二三子何患于丧乎?天下之无道也久矣,天将以夫子为木铎。”

※译文

仪地的边防官请求面见孔子。夫子说:“凡是有道德的君子到这里来,我没有不见的。”孔子的学生带他去见孔子。他出来对孔子的学生说:“你们何必忧虑君子得不到重用而失位以至于离开自己的祖国呢?天下道德沦丧、没有正义已经很久了,上天将把你们的老师作为传播教化的‘木铎’，以警世人啊。”

※历代论引

朱子曰：“乱极当治，天必将使夫子得位设教，不久失位也。封人一见夫子而遽以是称之，其所得于观感之间者深矣。或曰：‘木铎所以徇于道路，言天使夫子失位，周流四方以行其教，如木铎之徇于道路也。’”

太庙问礼

※札记

为天地做喉舌

仪之封人，可谓得天命之要旨。圣人之不当国于世，实乃天意。虽不用于世，自不掩其德，德之修在己，而用之在人。德行的修持，必经世道人心的砥砺，而后乃成。虽用于世，事务冗杂，欲念纷纷，何暇其修。天降之才，天必昭之，非庸世之可及。何必耿耿于不用乎？

即使是伟人，也不会得到所有人的认同。不要在意太多，时间会证明一切。

※原文

子谓《韶》：“尽美矣，又尽善也。”谓《武》：“尽美矣，未尽善也。”

昼息鼓琴

※译文

孔子评论《韶》说：“声容盛大，优雅到极致了；华彩辉煌，也完美到极致了。”评论《武》说：“优美至极了，但是却还不是非常好。”

※历代论引

程子曰：“成汤放桀，惟有惭德，武王亦然，故未尽善。尧、舜、汤、武，其揆一也。征伐非其所欲，所遇之时然尔。”

朱子曰：“舜绍尧致治，武王伐纣救民，其功一也，故其乐皆尽美。然舜之德，性之也，又以揖逊而有天下；武王之德，反之也，又以征诛而得天下；故其实有不同者。”

※札记

不事功利，方可成就人生极致

淳朴笃厚，揖让和顺，无为自治。民息争持之心，上无聚敛之贪，顺乎天地，和乐万物，自然和美，雍雍融融。自必美也善矣。自三代以降，人心不古，诡诈盛行，伪奢粉饰，欺心昧天，聪明睿智辈出，奸诡诈伪之徒相继，礼乐文化分崩离析，风气为之大变。于是天下熙来攘往，名利权变之争充斥道途，以暴易暴，残虐相代，你方唱罢我登场，纷纷来去，无诚笃浑厚之教立，而启虚伪术诈之端倪，虽《武》之仪容华美，终不再现雍容之姿，未尽其善。

※原文

子曰："居上不宽，为礼不敬，临丧不哀，吾何以观之哉？"

※译文

夫子说："居处上位却没有宽宏大量的容人之度，秉执礼仪盛典却心怀不敬，身处丧祭之事却无动于衷，心不哀痛，这样的人是不足以观的，有什么值得人敬重的呢？"

※历代论引

朱子曰："居上主于爱人，故以宽为本。为礼以敬为本，临丧以哀为本。既无其本，则以何者而观其所行之得失哉？"

※札记

走好我们自己的路

宽厚爱人，恭敬有礼，祭丧哀戚，为人之本。

只有做人的基本素质具备了，才可以为官，才可以治事，才有可能成就事业。

若做人失败了，其他的一切也就不值一提了。

里仁

内心的仁德

仁，《说文》解释说："亲也，从人，从二。"余铉注曰："仁者兼爱，故从二。"仁是一种道德范畴，其核心是爱人。从积极的方面讲，要"己欲立而立人，己欲达而达人"。从消极的方面讲，要"己所不欲，勿施于人"。总之，要"博施于民而能济众"。仁是一种境界，是思想的深度，是道德的极致，是做人处世的艺术，是我们精神的归宿，灵魂的栖居处。仁之为用，用于己则身修，用于家则家兴，用于乡则正风气化民俗，用于国则政通人和，用于天下则治化太平。

我们要发挥内在仁德的极致，随时把人生追求放在仁的境界。世事变化，仁为根本。"为仁由己"，善恶由心。天地有大仁而不言，日月润泽，万物化育，如春之霖，滋润无声，无迹可寻。不论身居何处，仁德自在我心。

※原文

子曰："里仁为美。择不处仁，焉得知？"

※译文

夫子说："内心存有仁德的愿望，这是多么美好的心灵呵。在人生的一些关键时刻，当我们面临着需要做出选择的时候，如果不依据仁的原则，怎么能说是智慧的呢？"

※历代论引

朱子曰："里有仁厚之俗为美。择里而不居于是焉，则失其是非之本心，而不得为知矣。"

※札记

美在心灵

对于此章，历来的理解是："乡邻仁德最好。选择的住处如果周边没有仁德的人，怎么能算是聪明的人呢？"这是为历代学者研究所认可，并广为人们接受的。但是，从整个《论语》的精神来分析，似乎有些牵强，显得表面化。对于居住之所的选择，往往受到社会条件的制约，并不是我们想在哪里居住就能在哪里居住。一个人出生何处，落生谁家，并不是自己所能选择的，何以择邻？邻居往往是在我们出生之前就已经存在着的。

所谓的远亲与近邻，正是使其比闾族党，各相亲爱，有急相赒，有喜相庆，死丧相恤，疾病相养。当然，作为平凡人，不论是谁，都有缺点，如果我们太过苛求他人，谁是完美的仁人呢？我们又能到哪里找到朋友？我们又能在哪里居住呢？因此，重要的是，我们自己要有向往仁德的美好心灵。只要我们的心里怀着仁德的精神，那么，这个世界就很美好。

当然，环境是重要的，它是人才成长的决定因素。以德为邻，依仁而居，择善而处，古风如此。风俗教化影响至大，不容忽视。远亲不如近邻，说的就是这个道理。恭亲睦邻，是历来为人们所奉行的美德。因此个人品德的修养既是自身的事，又必然与所处环境有关。近朱者赤，近墨者黑，与仁德的人相处，耳濡目染，自会受到仁德的熏陶；反之，就会受到不良行为的影响。所以才有孟母三迁的故事广为流传。

尽管我们难以选择邻居，但是我们可以选择长相交往的朋友，我们可以按照仁的指引选择与人为善的待人态度。在漫长的人生旅途中，我们总是面临许多的选择，需要在各种诱惑中做出自己的抉择，因此必须以仁德作为选择的出发点，勇于摒弃功利的诱惑，求得大仁大义。其实，仁就是人啊！依于人而成于人。与人为善，就是善待自己。只要我们内心存有仁德的美好愿望，那么，仁德就在我们内心，何必苛求别人？

※原文

子曰："不仁者，不可以久处约，不可以长处乐。仁者，安仁。知者，利仁。"

※译文

夫子说："没有仁德的人，是不可能长期地安处穷困（久穷则贪盗之心生）；也不能长久地享受安逸快乐（久乐必然荒淫之念渐萌）。有仁德的人，安守仁道；聪明睿智的人，则利用仁德达到自己的目的。"

※历代论引

谢氏曰："仁者心无内外远近精粗之间，非有所存而自不亡，非有所理而自不乱，如目视而耳听，手持而足行也。知者谓之有所见则可，谓之有所得则未可。有所存斯不亡，有所理斯不乱，未能无意也。安仁则一，利仁则二。安仁者非颜、闵以上，去圣人为不远，不知此味也。诸子虽有卓越之才，谓之见道不惑则可，然未免于利之也。"

朱子曰："不仁之人，失其本心，久约必滥，久乐必淫。"又曰："盖深知笃好而必欲得之也。惟仁者则安其仁而无适不然，知者则利于仁而不易所守。盖虽深浅之不同，然皆非外物所能夺矣。"

※札记

安守仁德

提高人的素质绝不是一句空话，而是有着十分重要的现实针对性。品德的修养不仅决定着个人人生的发展，更影响着整个社会的风尚。缺乏仁德的人不可能长久地安处贫困或安乐之中。因为困穷的小人是没有立场和原则的，"小人穷斯滥矣"，不可能长期地遵守原则的约束，穷则盗，困则孤注一掷，无所顾忌；也不能够长久地享受生活的富裕，必然挥霍无度而自我膨胀，最终又陷于窘困；富则逆，乐生淫，是他们的通病。他们会因为贫困而做出反社会的行为，为非作乱；也会因为沉迷于骄奢淫逸之中，忘了自己是谁，自我膨胀到蔑视一切的程度，做出危害社会的事情。正如当今社会的一些暴发之徒，由于不是经过辛勤的劳动和正当的经营所获得的财富，因而不予珍惜，奢侈挥霍，以至于害人害己。

真正有智慧、有修养的人，无论处于贫富之际，或是得意失意之间，都能够把握自己，既不因得意而忘形，也不因失意而怨天尤人。"君子固穷"，他们始终保持着平和中正的心境，矢志不移，乐天知命，安之若素。

※原文

子曰：“唯仁者能好人，能恶人。”

※译文

夫子说：“只有那些有仁德的人才有资格褒扬人、批评人。”

※历代论引

朱子曰：“盖无私心，然后好恶当于理，程子所谓‘得其公正’是也。”

游氏曰：“好善而恶恶，天下之同情，然人每失其正者，心有所系而不能自克也。惟仁者无私心，所以能好恶也。”

※札记

建立正确的爱憎观

谁有权对别人的行为做出评价？谁又有资格对别人的资质进行认定？人皆有过失和不足。所以，他对别人的褒扬或贬抑，皆失之偏颇。只有仁德之人，才能够秉持公正，对人的臧否也才能够把握得当，才有资格对别人做出评判。

“谁个人前不说人，谁又背后无人说”，我们总是生活在是是非非之中。那么，在我们对别人做出褒贬之前，夫要对自己做一番反省：自己的行为如何，又有什么资格对别人的行为做出是与否的评议，又怎么能够做出令人信服的爱或恨的评定？与其热衷于品评别人，不如反躬自问，好好修养自己的德行。

对别人的评述，同样体现着自己的人品。

※原文

子曰：“苟志于仁矣，无恶也。”

※译文

夫子说：“一个人在心里真正建立了仁的精神，也就能够宽厚地对待任何人了，也就不会有什么特别看不惯的人和事了。”

※历代论引

朱子曰：“其心诚在于仁，则必无为恶之事矣。”

杨氏曰：“苟志于仁，未必无过举也，然而为恶则无矣。”

※札记

德昭日月

天地有大德，万物自相生。既让庄稼成长，也给杂草以阳光雨露的滋润。既不因为是庄稼而给予特别的呵护，也不因为是杂草而做出戕杀的虐行。天地之于万物，永远也不表示出特别的喜好和厌恶，只是一视同仁，包罗万象。因而人们在赞美人的品德时，总是题写着“德昭日月”等词句。由此可见，真正能够对人做出好恶评价的人却并没有特别的好恶之情绪，同样都是人，都给予一样的对待。

诚有为善之仁心，自会消除作恶之邪念，必然能够严谨地修养自己，而不会去做邪恶的暴行。修养仁德，首先就应当放弃爱与憎的偏执之念，杜绝有损于德行养成的欲求和私心，因为，爱与恨同样都会左右人的心性，影响人心灵的平和中正。

我心有仁，又有什么能够破坏我的心情呢！

※原文

子曰：“富与贵，是人之所欲也。不以其道得之，不处也。贫与贱，是人之所恶也。不以其道得之，不去也。君子去仁，恶乎成名？君子无终食之间违仁，造次必于是，颠沛必于是。”

※译文

夫子说：“富有与显贵，是人人所想要拥有的。但是，如果使用不合乎道义的手段去获取，是不能接受的。穷困与贫贱，是人人所厌弃的。但是，如果用不正当的手段摆脱它，也是不能接受的。君子如果放弃了仁德，又何以称其为君子呢？君子之所以为君子，就是因为仁德呀！君子没有须臾背离仁德，就是吃饭也不例外。即使处于仓促急迫的时刻也必定谨守仁德；纵使久困于窘迫流离的境地也一定固守仁德。”

※历代论引

朱子曰：“君子之不去乎仁如此，不但富贵、贫贱取舍之间而已也。言君子为仁，自富贵、贫贱取舍之间，以至于终食、造次、颠沛之顷，无时无处而不用其力也。然取舍之分明，然后存养之功密；存养之功密，则其取舍之分益明矣。”

※札记

功名利禄，不可妄求

贫贱或富贵，成功或失败，都是仁德修养的结果。得之以道，非道莫取。守之以节，非礼不移。富人是值得羡慕的，只要他的财富是合法的劳动所得；穷人是需要同情的，因为贫穷更多的不是由于自身原因所致。

富与贵，是每个人都向往的，人们都希望有前途，顺遂得意，有所成就。相反地，贫与贱，是人人都讨厌的，任何人都不会甘愿过贫穷困顿、流离失所的生活，都希望得到富贵安逸。即使一个有仁德修养的人，也是不愿意困受贫贱无着落的生活。但是，这一切都必须通过正当的手段和途径获取。否则宁守清贫而不享受富贵。凡事总是要付出代价的，不要想着有什么可以不劳而获的美事。在当今社会经济大潮的冲击下，应当保持清醒头脑，有所为有所不为。往往人们在身处寒微之时为了改变自己的处境，能够拼搏上进，但是当目的达成，得到了他想要的，以后就会有所变化。一些人变得贪婪，生活腐化糜烂，骄奢淫逸，更有甚者，狂妄自大，把什么都不放在眼里，其后果也就可想而知了。因此，加强“仁”的修养是每一个人都必须重视而不可须臾放松的。

※原文

子曰：“我未见好仁者、恶不仁者。好仁者，无以尚之；恶不仁者，其为仁矣，不使不仁者加乎其身。有能一日用其力于仁矣乎？我未见力不足者。盖有之矣，我未之见也。”

※译文

夫子说：“我不曾见过一个真正喜爱仁而憎恶不仁的人。真正爱好仁德的人，认为天下没有什么是超过仁德的。憎恶不仁的人，之所以崇尚仁德，是为了不至于使不仁的行为落在自己的身上。如果有人真正能够坚持始终如一地奋然潜心修养仁德，那么，我还没有发现有力不从心的人。或许这样的人确实存在，但我还没有见到过。”

※历代论引

朱子曰：“夫子自言未见好仁者、恶不仁者。盖好仁者真知仁之可好，故天下之物无以加之；恶不仁者真知不仁之可恶，故其所以为仁者，必能绝去不仁之事，而不使少有及于其身。此皆成德之事，故难得而见之也。”又曰：“好仁、恶不仁者，虽不可见，然或有人果能一旦奋然用力于仁，则我又未见其力有不足者。盖为仁在己，欲之则是，而志之所至，气必至焉。故仁虽难能，而至之亦易也。”又曰：“人之气质不同，故疑亦容或有此昏弱之甚、欲进而不能者，但我偶未之见耳。盖不敢终以为易，而又叹人之莫肯用力于仁也。”

※札记

仁在我们生活中的体现

“仁”并非不可企及，它距离我们并不遥远，并存在于我们的每一个意念之中，体现出我们生活的每一个时刻、每一个细节，是从普通百姓所能做到的细微之处开始的。为仁由己，非在他人。只要我们存心修养仁德，一心向仁，自愿自觉地努力，以一颗宽厚博大的心灵，包容一切，那么，仁德还会远吗？

※原文

子曰："人之过也，各于其党。观过，斯知仁矣。"

※译文

夫子说："人的过失，各不相雷同。考察其过失的性质和对待所犯过错能否及时改正的态度，就可以确知这个人的德行了。"

※又译

夫子说："人们的错误，总是和他那个类型的人所犯错误的性质是一样的。不同类型的人，犯不同性质的错误，所以考察一个人所犯的错误，就能知道他有没有仁德了。"

※历代论引

何晏曰："观过，使贤愚各当其所，则为仁矣。"

尹氏曰："于此观之，则人之仁不仁可知矣。"

吴氏曰："后汉吴祐谓：'掾以亲故，受污辱之名，所谓观过知仁。'是也。"

※札记

人非圣贤，孰能无过

比错误更不能让人容忍的是为错误辩解，倒退的基本特征是错误的不断重复，过去的事情在今天又一次出现。观察一个人对待过失、错误的态度，就可以了解他的为人和人品。

兹将苏轼《观过斯知仁》篇（《唐宋八大家文钞·东坡文钞》卷一一四）辑录如下：

孔子曰："人之过也，各于其党，观过斯知仁矣。"自孔安国以下，解者未有得其本指者也。《礼》曰："与仁同功，其仁未可知也。与仁同过，然后其仁可知也。"闻之于师曰：此《论语》之义疏也。请得以论其详。人之难知也，江海不足以喻其深，山谷不足以配其险，浮云不足以比其变。扬雄有言："有人则作之，无人则辍之。"夫苟见其作，而不见其辍，虽盗跖为伯夷可也。然古有名知人者，其效如影响，其信如蓍龟，此何道也？故彼其观人也，亦多术矣。委之以利，以观其节；乘之以猝，以观其量；伺之以独，以观其守；惧之以敌，以观其气。故晋文以壶飧得赵衰，郭林宗以破甑得孟敏，是岂一道也哉？夫与仁同功而谓之仁，则公孙之布被与子路之缊袍何异？陈仲子之螬李与颜渊之简箪瓢何辨？何则？功者人所趋也，过者人所避也。审其趋避而真伪见矣。古人有言曰："钼麑违命也，推其仁可以托国。"斯其为观过知仁也欤！

※原文

子曰："朝闻道，夕死可矣。"

※译文

夫子说："只要早晨我悟知了事物深藏的奥妙，即使当晚就死去，也没有什么遗憾了。"

※历代论引

程子曰："言人不可以不知道，苟得闻道，虽死可也。"又曰："皆实理也，人知而信者为难。死生亦大矣！非诚有所得，岂以夕死为可乎？"

朱子曰："道者，事物当然之理。苟得闻之，则生顺死安，无复遗恨矣。朝夕，所以甚言其时之近。"

※札记

努力使我们的生命少些遗憾

人生是一个不断体会和学习领悟的过程，当你在某一天早晨突然有所体悟时，也许这时你才发现，你的人生已经走到了尽头，所剩的时间已经不多了，已到了人生的暮年，就像落日归山，即将逝去，面临着无可回头的憾恨，这样的滋味真是揪心啊！

生死是任何一个人都无法回避的，生无法选择，死也常常不以人的意志为转移，它的到来并不征求我们的同意。因此，我们自当努力。只要在我们的生命旅程中有所成就，即使是早晨领悟到困惑我们的天地之奥妙，那么晚上就死去，又有什么不可以的呢？因为，当人们撒手西去之时，常常会有诸多遗憾，令我们心有不甘，难以瞑目。

生命是短暂的，不论是谁，我们都无法置身自然规律之外，眼前的一切，很快就会成为过去，无论荣辱成败，都只是一瞬，只有事业永存。生命会渐渐离开我们而去，肉体终将消亡，而只有名字是能够流传的，但也必须附之于对人类有所贡献的事业与道德文章。重要的是在生命存在时，干完自己该干的事，明白自己孜孜以求的“道”。因此，我们一生的经营就当为此努力，用自己的双手，努力给世间留下一些无法抹去的刻痕，将我们的名字——这个能够代表我们自己的唯一品牌做得精美，让它能够长久传颂，为人铭记。

※原文

子曰：“士志于道，而耻恶衣恶食者，未足与议也。”

※译文

夫子说：“读书人虽然有志于德行的修养，但是却以敝衣陋食为耻辱，不能安于清贫，这种人是不值一提的。”

※历代论引

程子曰：“志于道而心役乎外，何足与议也。”

朱子曰：“心欲求道，而以口体之奉不若人为耻，其识趣之卑陋甚矣，何足与议于道哉？”

※札记

生活的态度

信念是生命的支点，志向是点燃人生的火炬。一个人可悲的不是贫穷、困窘和苦难，而是泯灭了心中的希望。最为可悲的是毫无理由地放弃自己的志向。不论穷达，都能以一种坦然面对的心境坚持，并不因为生活的改变而改变自己，执着于自己的目标，并为之孜孜不倦地努力，这才是成就生命辉煌的唯一途径。

追求个人的享乐，必然不会怀有远大的志向。虽然表面上立志做一番事业，但是却又贪图享受，这样的人不可能成就什么大事。只有那些能够安于清贫、耐得住寂寞、向着既定方向不懈努力的人才会有所作为。

※原文

子曰：“君子之于天下也，无适也，无莫也，义之与比。”

※译文

夫子说：“君子对于任何人，都没有厚薄、远近、亲疏之分，只以道义为准绳而不偏袒。”

※历代论引

谢氏曰："适，可也。莫，不可也。无可无不可，苟无道以主之，不几于猖狂自恣乎？此老佛之学，所以自谓心无所住而能应变，而卒得罪于圣人也。圣人之学不然，于无可无不可之间，有义存焉。然则君子之心，果有所倚乎？"

※札记

君子用世，以道义为准绳

个人的道德修养是十分重要的问题，不容忽视。君子为人公正、友善，处世严肃灵活，只以大义为重，应该做的就义无反顾地付诸行动，躬行不辍，不应该做的就坚决不做，有所为有所不为。公正无私，以天地正道为心，直道而行，无须优亲厚友，也无厚此薄彼之卑行。肩负责任，夙兴夜寐，为天下苍生立命，为天下苍生虑心，而无一丝忧怨与私念。

※原文

子曰："君子怀德，小人怀土。君子怀刑，小人怀惠。"

※译文

夫子说："君子致力于德行的修养，小人看重的是生活的安逸。君子畏法循礼，小人趋利贪得。"

※历代论引

朱子曰："君子小人趣向不同，公私之间而已矣。"

尹氏曰："乐善恶不善，所以为君子。苟安务得，所以为小人。"

※札记

君子与小人的分野

"才德全尽谓之'圣人'，才德兼亡谓之'愚人'；德胜才谓之'君子'，才胜德谓之'小人'。"君子、小人，志趣不同。德、逸；法、利。君子和小人的区别，不在于拥有的财富，也不在于地位的显达，而在于心灵，心灵决定行动。

小人之行，在于损人利己。损人利己的事抢着去干，即使损人不利己的事也竟然干得出来。

君子之风，在于舍己为人，道人之善，成人之美。道德高尚，胸怀远大。

※原文

子曰："放于利而行，多怨。"

※译文

夫子说："只为了追逐个人的利益肆意而行，必然招致更多的怨愤不平。"

※历代论引

程子曰："欲利于己，必害于人，故多怨。"

※札记

先义后利，节欲自律

趋利是常人的本性，重义是君子的本色。《国语·晋语》说："义以生利，利以丰民。"精辟地阐释了利与义、个人利益与社会利益的关系。作为人格高尚的君子，不应该总是只考虑个人利益的得失，更不应该放任而一心追逐私利，否则，就会招致来自各方面的指责。道义和财利可以兼得，但是要有先后，有轻重，有取舍。《荀子·荣辱》说"先义而后利者荣，先利而后义者辱。"春秋时越国著名政治家范蠡到齐国经商，史称"与时逐利"，他赚钱的宗旨是从不亏负于人，取利后多行善举，资助穷人，取之于民而利之于民，而不是为了自己的享乐，因此，司马迁称赞他"好行其德"。面对义与利而表现出来的不同行为，是检验人品的试金石，体现的既是一种社会规范，又是一种个人修养。

※原文

子曰："能以礼让为国乎？何有？不能以礼让为国，如礼何？"

※译文

夫子说："能够用礼让治理国家吗？那么又有什么困难呢？不能用礼让治理国家，虚设礼仪又有何用？"

※历代论引

朱子曰："有礼之实以为国，则何难之有？不然，则其礼文虽具，亦且无如之何矣，而况于为国乎？"

※札记

发扬积极进取的文化精神

安邦定国，重在建立秩序。秩序的建立，以谦虚礼让为原则。谦虚礼让是中国文化的精神主旨，是传统文化最基本的内容，历来被国民奉为圭臬。因而，谦虚被视为一种美德，而成为人们立身处世的一条不成文的法则。

在古代中国，诸侯立国总是要经过一番谦让才能就位。即使以武力豪夺、阴谋篡逆，在登上大位之时，也要做一番谦让的虚伪文饰，以显德行，以收众心。尤其是那些以阴谋诡诈或武力威逼夺取政权的，更是要大张旗鼓地做出遮羞的禅让模样，以欺天下，也使自己心安理得。

正是因为过分强调谦让，养成了我们这个民族保守退让的心态，以至于发展成为一种心理障碍，严重地束缚了国民的进取心，凡事总是观望，缺少主动争取的积极意识，从而使改变命运的机会一次又一次地丧失。甚至于对那些勇于进取负责的人也看不惯，大加挞伐。这种观念，至今仍在扼杀着我们民族的创造精神。

谦让是一种高尚的品质。如果能够面临利益的取舍，能够保持真诚的谦让心态，那么这是值得赞美的；但是，谦让到了虚伪而又不恭敬的程度，则是危险的。尤其是在大义面前，如果没有勇于承担的大无畏精神，一味地谦让，则只能令人觉得不可信赖。

在现实社会之中，竞争已成为主题，事事谦让只能使自己陷于被动。尤其是在商业活动中，过于谦让并不值得提倡。这是一个竞争异常激烈的社会，你的谦让，将无法去适应它。我们为什么不能树立“我能做，我能做好，我一定能做好”的进取精神呢？能就能，不能就不能，实事求是，为什么要做出言不由衷的违心之举呢？

※原文

子曰：“不患无位，患所以立；不患莫己知，求为可知也。”

※译文

夫子说：“不必忧虑没有地位，应当自问是否具备所以立乎其位的学问与道德修养；不必耿耿于没有人知道自己，而要力求使自己成为值得为人们所称道的具有真才实学又德行高尚的人。”

※历代论引

程子曰：“君子求其在己者而已矣。”

※札记

成名成家

人的成就并非一日之功，一时一事的沉沦或荣耀并不是最终的结论，不必在意，重要的是充实自己，坚持到底。仔细想想，我们的那些懊丧无不是因为我们的近视和浮躁，因而显得琐屑和矫情。还是静下心来，立足于自身的学问、才能的修养，使自己具备足以胜任事业要求的全面素质。不必自我烦忧，只要努力了，就会有成就，成就的大小，取决于努力的程度。不论成功或失败，也不论顺遂或曲折，都是必须经历的过程，谁也不可改变。只有这样的跌宕起伏，才成就了你作为人的一生的特定意义。

人的成功有先后迟早，不必抱怨，也不必忧虑，重要的是自己要有可供凭依的资质，要有立足的根本，要有能够使自己站稳的基础，要有站得好的素养，从而使自己适时站到合适的位置，并发挥出体现自己德行的作为。莫患前路无知己，天下谁人不识君。问题是你做好充分的准备了吗？

※原文

子曰："参乎！吾道一以贯之。"曾子曰："唯。"子出。门人问曰："何谓也？"曾子曰："夫子之道，忠恕而已矣。"

※译文

夫子说："曾参啊！我的学说有一个核心贯穿其中，始终不变。"曾子说："是。"夫子离开后，同学们问："是什么呢？"曾子说："夫子的思想，概括起来就是'忠恕'二字。"

※历代论引

朱子曰："圣人之心，浑然一理，而泛应曲当，用各不同。曾子于其用处，盖已随事精察而力行之，但未知其体之一尔。夫子知其真积力久，将有所得，是以呼而告之。曾子果能默契其指，即应之速而无疑也。"又曰："夫子之一理浑然而泛应曲当，譬则天地之至诚无息，而万物各得其所也。自此之外，固无余法，而亦无待于推矣。曾子有见于此而难言之，故借学者尽己、推己之目以著明之，欲人之易晓也。盖至诚无息者，道之体也，万殊之所以一本也；万物各得其所者，道之用也，一本之所以万殊也。以此观之，'一以贯之'之实可见矣。"

※札记

忠恕，即为仁

忠厚宽恕，这是仁的基本精神；做人做事，尽心尽力，对人宽恕、包容，这是仁的内在精神实质。与人相处，必须能够容忍别人，宽恕他人的过错，容纳他人的想法。尤其要注意的是不能苛求别人却容忍自己的过失。

人与人之间的矛盾并不总是因为有根本的利害冲突，而是由于对事物存在不同看法。每个人的文化素养、生活阅历、道德水准不同，对同一事物的认知也必然会有差异。愚蠢的人总想把自己的意志强加给别人，于是难免发生冲突。聪明的人则坦荡地面对差异，并且以别人能够接受的方式渐渐消除，即使一时不能达成一致，也能够体谅、尊重、宽恕别人，使别人在他的敦厚中反省所作所为。宽容是以别人对你无意的损害为前提的，而容忍则往往涉及别人对你的故意伤害。一个宽容的人不一定能做到容忍，一个能够容忍的人却绝对是宽容的。容忍需要比宽容更博大的胸怀。能容人，就是智慧，就是胸襟，就是高贵的品格。宰相肚里能行船，就是包容，就是忍让，就是给人以改正自新的机会，就是一种善良的期许，就是一种与人为善的美好祝福和充满信心的期待。

※原文

子曰："君子喻于义，小人喻于利。"

※译文

夫子说："君子通情达理，可以晓之以大义；小人注重私利，只能以利害进行引导。"

※历代论引

程子曰："君子之于义，犹小人之于利也。唯其深喻，是以笃好。"

杨氏曰："君子有舍生而取义者。以利言之，则人之所欲无甚于生，所恶无甚于死，孰肯舍生而取义哉？其所喻者义而已，不知利之为利故也。小人反是。"

※札记

义与利

君子与小人的区别就在于面对义与利的态度，是否功利与势利，是区分君子与小人的试金石。君子以道义为先，小人以利益为重。

君子蹈义，小人趋利。君子以义兴，小人奔利亡。

荀子说："身劳而尽安者为之，利少而义多者为之。"

君子胸襟博大，以天下为己任。"大道可行，与民由之；大道不行，独行其道。"有利非义而不苟取。

※原文

子曰："见贤思齐焉。见不贤而内自省也。"

※译文

夫子说："看到贤德的人，就向他学习、看齐，努力使自己也达到同样的修养境界。看见没有良好德行修养的人，就对照进行自我反省、修正自己，提高修养。"

※历代论引

胡氏曰："见人之善恶不同，而无不反诸身者，则不徒羡人而甘自弃，不徒责人而忘自责矣。"

※札记

见贤思齐

真正有大德嘉行的人是受人敬仰的，也是人们自愿效仿的楷模。向往完美与高尚，是人的天性，也是人类之所以进化的潜在美质。任何人都不愿被人唾弃、受人责骂，都希望自己得到众人的称赞。可是在现实生活中总是还有着犯罪与令人不能接受的坏事，而被大张旗鼓宣扬的英模却或许不能为人所认同。并非人们不敬重贤德，往往是所谓的"贤者"名不副实，徒具虚名，或者更是欺世盗名之徒，盛名之下是虚拟的甚至是不顾廉耻地把别人的事迹强行加在自己头上所人为拔高了的形象。真正有贤德的人，不论是否被宣传，人们总是心悦诚服地敬重他。

※原文

子曰："事父母几谏。见志不从，又敬不违，劳而不怨。"

※译文

夫子说："侍奉父母，应该委婉地劝谏。自己劝谏的意思没有被父母采纳，就应该更为谨敬谨孝，不要违拗父母的意志，要任劳任怨，等到父母慈色缓和，然后再次进言劝谏，而不能心怀抱怨。"

※历代论引

朱子曰："此章与《内则》之言相表里。"又曰："所谓'父母有过，下气怡色，柔声以谏'也。"

※札记

敬奉不违，劳而不怨

中国是一个崇尚孝道的民族，孝文化是传统文化的一个重要组成部分，是衡量一个人品质的主要依据，你能否在所生活的环境站得住，取决于你对待老人的行为态度。你可以没有本事赚钱、可以贫穷、可以没有才能、可以什么都没有，但是，你不能没有孝心。只要你是一个孝敬的人，就可以得到亲戚邻里的称扬，你就可以站得起来，得到人们的信任。孝行，就是从最基本的方面做起，就是在衣食等生活方面尽心侍奉、体贴赡养，并且有一颗善良诚敬的心，以自己的一言一行救助抚恤幼弱鳏寡，使父母教养的大德得以弘扬，使他们因为你的德行而感到高兴自豪，这才称得上是真正的孝顺。

孝敬“惟以顺适为安，自然为乐”，“出乎天伦至性”。“父母有过，下气怡色，柔声以谏。”(《礼记·内则》) 敬事父母，成其大德，孝而不违，过而不怨。主动接替父母承担生活的辛劳，努力使父母在有生之年安享生活的乐趣，这是为人子不容推卸的义务。

※原文

子曰：“父母在，不远游。游必有方。”

※译文

夫子曰：“父母健在，儿子不宜随意外出到远方游历。即使不得已要外出，也一定要遵循道义原则，在外的行为应当谨守礼仪规范。”

※历代论引

范氏曰：“子能以父母之心为心，则孝矣。”

※札记

游必有方

古人说：士之居也，游必有友，学必有师。在任何时候，不论什么情势下，我们都应当固守做人的道德原则，有违道义的事不做，有悖良知的事不做，有损人格的事不做。不要让别人因为我们自己的行为而指责我们的父母。

※原文

子曰：“父母之年，不可不知也。一则以喜，一则以惧。”

※译文

父母的年庚柏龄，不能不敬记在心。一方面为父母颐年高寿而高兴，一方面又因为父母年迈体衰而诚怀忧惧。

※历代论引

朱子曰："常知父母之年，则既喜其寿，又惧其衰，而于爱日之诚，自有不能已者。"

※札记

敬老之诚及于天下

天下父母至死不忘儿女生辰。为人子者，能谨记父母诞辰的不多。感恩，当从记住父母生日开始。

政先慈孝，义笃友朋。能做到"老吾老以及人之老，幼吾幼以及人之幼"的人，必定宅心仁厚，可付重任。那些不知父母年庚，连父母的养育之恩都不感激而一味自私索取的人，怎么会去感恩别人？又怎么能够担当大任呢？一个不关爱父母的人，又怎么能奢望他去关心国家和社会？又怎么能以天下之事为重呢？一个不在乎自己父母生老病痛的人，难道能够为社会公众事业尽力吗？

※原文

子曰："古者言之不出，耻躬之不逮也。"

※译文

夫子说："古人不轻率地发表言论。因为，耻于言而无行、躬行不及呵。"

※历代论引

范氏曰："君子之于言也，不得已而后出之，非言之难，而行之难也。人惟其不行也，是以轻言之。言之如其所行，行之如其所言，则出诸其口必不易矣。"

※札记

崇尚践行

空谈不能带来任何发展的机会。

空谈不会给任何人带来非凡的成就。

空谈不能解决任何现实存在的问题。

空谈误国，实干兴邦。我们的现代化大业不需要空谈家。曾读到《人民日报》上发表的一篇言论，很是精警，此处借用此篇言论共勉。

《时代需要实干精神》(江帆)：少说空话，多干实事，是个人成才的关键，是实现现代化的关键。光说不做，世上无可成之事。有则寓言，说的是"蜀之鄙"有两个和尚：一胖一瘦。胖的成天嚷嚷着要到东海游览一番，可就是不肯动身；瘦的却没有吱声，拿起一只钵就动身了。不久，瘦的已从东海回来，胖和尚还在那儿嚷嚷呢。这则寓言告诉我们：光凭嘴讲，实现不了理想；不肯实干，成不了大事。说空话，一害自己，二害别人，三害国家。首先，一个人如果夸夸其谈，哗众取宠，光说不干，就会失去领导和群众对自己的信任，就会被人嗤之以鼻。

力戒空谈，崇尚践行，应当是政务施行中的当务之急。

※原文

子曰："以约失之者鲜矣。"

※译文

夫子说："谨守规矩的人失误就很少。"

※历代论引

谢氏曰："不侈然以自放之谓约。"

尹氏曰："凡事约则鲜矣，非止谓俭约也。"

※札记

守约自律

广泛交际，就必然多花费用，多耗时间；多花费用，就要多经营；多经营，就要多方设法；多方设法，就会多蒙受耻辱。生活简约，所受的损失就会少，失误也相应就少了。

约就是简约。"约之以礼"，严谨的人谨慎地固守着礼仪的规范，因而就会减少过失。没有仁德修养的人则不可能长期遵守规范的约束。因此个人的修养也好，处理大事也好，小事也好，要能自我约束、自我管理，从而减少失误。居官要清廉谨慎，处事要精明果断，明辨是非。为政要以风俗教化、道德礼义为首要，尤其要以诚实不欺为根本！

※原文

子曰："君子欲讷于言而敏于行。"

※译文

夫子说："君子的修养尽力使自己做到话语谨慎，做事行动敏捷。"

※历代论引

谢氏曰："放言易，故欲讷；力行难，故欲敏。"

※札记

言约而行速

言约、"讷于言"，似乎也包含藏拙以自救其所失的意思，更可以养其精锐浩然之气。

唐朝宰相刘洎谏唐太宗曰："皇天以不言为贵，圣人以不言为德。老子称大辩若讷，庄子言至道无文。"仲尼曰："志有之，'言以忠志，文以足言，不言谁知其志？言之无文，行而不远。'慎辞哉。"（孔子说："古书上曾记载，'言论是用来表达志节的，文法修辞是用来表达言论的。假如不发言论，谁又能知道他的志节呢？假如言论又没有文辞的辅助，那么这种言论就不能流传久远。'可见言辞必须谨慎。"）重要的是少说空话，多干实事。

※原文

子曰："德不孤，必有邻。"

※译文

夫子说："有仁德修养的人是不会孤立的，必然会有敬从之人，如居之有亲邻。"

※历代论引

朱子曰："德不孤立，必以类应。故有德者，必有其类从之，如居之有邻也。"

※札记

德行照耀我们远行

所谓德，就是能够舍弃自己已经得到的东西，给予需要的人。

德行，使我们从容立于世间，垂范史册。

就借唐代著名诗人刘禹锡的《陋室铭》作为解读吧。"山不在高，有仙则名；水不在深，有龙则灵。斯是陋室，惟吾德馨。苔痕上阶绿，草色入帘青。谈笑有鸿儒，往来无白丁。可以调素琴，阅金经。无丝竹之乱耳，无案牍之劳形。南阳诸葛庐，西蜀子云亭。孔子云：何陋之有？"

※原文

子游曰："事君数，斯辱矣；朋友数，斯疏矣。"

※译文

子游说："事君，历数其事而频繁进谏，这是自取其辱啊！朋友交往，多次劝导他的言行，反而会使朋友感到难堪不快而疏远自己。"

※历代论引

胡氏曰："事君，谏不行，则当去；导友，善不纳，则当止。至于烦渎，则言者轻，听者厌矣，是以求荣而反辱，求亲而反疏也。"

范氏曰："君臣朋友，皆以义合，故其事同也。"

※札记

朋友之道，在于平等互敬

古人说："盖未信而谏，圣人不与。交浅言深，君子所戒。"

任何人都有自己的思想和行为方式，谁也不能代替别人思考，谁也不能代替别人选择什么。我们只能将我们自己的经验和想法委婉地告诉他，至于他是否听取，取决于他自己，应当由他自主决定。不要凌驾于他人之上，替他人设计。任何人都是独立的，都具有独立的人格，都有自己选择生活的权利，其对生活的感受都是独特的。不必强人所难，也不要自以为是。

由于生活的经历不同，体验不同，感受不同，因而他所做出的行为应当说都是符合自己需要的。谁也不应把自己的意志强加于他人。谁也无权干涉别人的生活。谁也不能以自己的标准框定别人的行为。谁的行为也并不唯一正确，谁也不能随意否定别人的生活。谁的生活中都有别人无法感受的隐痛，任何决定都是基于自己生活的经验和感受而做出的。不要以自己的幸福观苛求别人，谁也无权要求别人按不合于他自己的方式处世。

事不过三，物极必反。对于朋友，我们只能建议，只能提供我们的想法供他参考，但无权替他做出任何决定。凡事皆有度，过分强为，是不明智的。这是忠言，也许有朋友会觉得不以为然。我们只是他生活的旁观者而不是感同身受者，所以我们劝告的出发点并不一定适合于他，也许并不符合他实际的生活状况，所以只能由他自主选择。友谊的维护就在于共同的珍惜，维护的方式并不是强求别人接受你的观点。

公冶长

君子论

美德的修养是做人立世的根本。君子必须具备四种品格：行为庄重，事上恭敬，惠泽民众，秉持大义。君子是一种道德的标准，代表着理想人格的最高境界。

德行是有层次的，人品是有高下的，谁也不能否认，谁也不能武断地抹平其界限。

一部《论语》塑造了一个君子的形象，他具有为理想而献身的政治家气概；有循循善诱、诲人不倦的教育家容止；有执着好学、学而不厌的学者风范；有刚烈、正直的志士的节操。君子修炼的目标就是成为既有崇高理想又有完美人格的仁者、圣者。

※原文

子谓公冶长，“可妻也。虽在缧绁之中，非其罪也。”以其子妻之。子谓南容，“邦有道，不废；邦无道，免于刑戮。”以其兄之子妻之。

※人物简介

公冶长：字子长。鲁国人。为人能忍耻。孔子以女妻之。相传通禽语。

南容：姓南宫。名适。字子容，谥敬叔。孟懿子之兄。

※译文

孔子觉得公冶长“是诚实可靠的，可以帮助他成家。虽然他现在身陷拘狱之中，但这并不是他自己有什么罪过呀”，就把女儿嫁给了公冶长为妻。孔子对他的兄长说“南容言行谨慎、有智慧，国家兴盛的时代，他不会被废弃不用；国家昏乱的时期，他也能够免除受到刑罚杀戮”，就把他哥哥的女儿嫁给了南宫适。

※历代论引

或曰：“公冶长之贤不及南容，故圣人以其子妻长，而以兄子妻容，盖厚于兄而薄于己也。”程子曰：“此以己之私心窥圣人也。凡人避嫌者，皆内不足也。圣人自至公，何避嫌之有？况嫁女必量其才而求配，尤不当有所避也。若孔子之事，则其年之长幼、时之先后皆不可知，惟以为避嫌，则大不可。避嫌之事，贤者且不为，况圣人乎？”

※札记

做人不可势利

知人于役刑之时，识人于盛衰之世，是我们赤心诚挚的美好情操。荣盛不相忘，困辱不相弃，是心灵的高尚境界，是赤子的真诚情谊。俗语说：人往高处走，水向低处流。这是客观的社会心态，也是合乎人情世故的箴言。但是，不能因此一味地攀附而不顾道义。任何一个时代，都有其符合于当时需要的社会主导思想，但是基本的人情真谛是永远存在而不可放弃的。一个人的个人行为或思想可能与这个时代不同或相抵牾，但是只要其人品纯正，我们就应该保持对他的正确评价，而不能做出墙倒众人推的恶行。在任何情况下，都能坚持做人的原则，是正直的人必备的品质。尤其是坚持思想的信仰，更是必须树立的行为准则。相信别人，也是自信的表现。能够荣辱与共，则是道德的崇高境界。秦穆公举五羖于贱役，而国家得以治理，商汤擢伊尹于仆隶，则盛世振兴。不以出身贵贱、成败、荣辱论人，乃识人用人之根本。

知进退之机，识达变之微，是做人处世的必备素质。面对瞬息万变的社会，任何个人的力量都是有限的，谁也无以改变历史，只能在条件许可的境况下对社会和历史产生有限的影响。即使是伟大杰出的人物，也不例外。自己所能够做到，也应该努力做到的就是保存自己。保存自己的生命，保持自己人格的完美。不论身处顺逆，能够做到不被埋没而为国家、为人民尽力，也能够做到安身立命，就是难得的大智慧，就有高超的大修养。

尘埃难掩美玉的高洁品质，盛衰自见其人格的高贵。对于任何人或事，都应当作出自己的判断，要有自己独立的立场，不因为众多的嘈杂声而放弃自己的歌唱，尤其不应该趋炎附势、盲目地附和别人。努力建立自己独立的人格精神和行为规范，忠实地奉行自己做人的原则。不因集体的失语而随声阿附，也不因大众的沉默而改变自己。

※原文

子谓子贱："君子哉若人！鲁无君子者，斯焉取斯？"

※人物简介

子贱：即宓不齐。字子贱。名不齐，春秋末鲁国人。孔子学生。其治理单父时，鸣琴不下堂而治。孔子称其为"君子"。后世追封为单父侯。

※译文

孔子说："宓子贱真是一个君子呵！如果有人说鲁国现在没有可被称为君子的人，哪里又能找到这样的君子呢？"

※历代论引

苏氏曰："称人之善，必本其父兄师友，厚之至也。"

※札记

师古不泥

追逐时尚和拘泥已有的成就，是懒汉们普遍的行为习惯和思维方式。

创新是发展的基本品质，不论我们从事何种事业，要做到有所建树，就要敢于在无疑处存疑。要有自己的立场和见解，并力求证明之。重要的是坚持，坚持到底，找到一个结果，也给自己一个答案。

师古不泥，信而存疑，这是求真务实的基本方法。

※原文

子贡问曰："赐也何如？"子曰："女，器也。"曰："何器也？"曰："瑚琏也。"

论穆公霸

※译文

子贡问道："我这个人怎么样？"孔子说："你呀，也是一个有用之器呵。"子贡又问："是什么样的器具？"孔子说："就像宗庙里的瑚琏。"

※历代论引

朱子曰："子贡见孔子以君子许子贱，故以己为问，而孔子告之以此。然则子贡虽未至于'不器'，其亦器之贵者欤？"

※札记

识人至微

器有贵贱，才有高下。才具之美者，居庙堂之尊与处山林之野相差岂以万里计。子贡之才何其大，史载：鲁国面临被侵凌的危机，子贡请命出使，五年之间，五国各有变。然而，他只是个纵横善变、搬弄是非的政客，并不是真正的君子。所以孔子说：君子不器。器则非君子。别以为堂皇的外表下总有一颗善良的心，也不要被一时的聪明智慧模糊了我们判断是非的原则。

观子贡之所行，确非君子正道，非德之所为。纵横设谋，使势因导，转嫁祸端。故圣人之许精确不疑。君子之行，在于消弭战事，使天下安定，百姓乐业，岂忍心做出损害他人以利己的行为？所以，子贡只"器"而已，虽有大才，然其德行还未达堂奥。

※原文

或曰："雍也仁而不佞。"子曰："焉用佞？御人以口给，屡憎于人。不知其仁，焉用佞？"

※译文

有人说："冉雍有仁德但是不善言辞。"夫子说："何必一定要善于辞令呢？快嘴利舌地在人们之间搬弄是非，必然常常惹人憎恶。做人如果不知道修养仁德，即使巧言善辩又有什么用呢？"

※历代论引

朱子曰："仲弓为人重厚简默，而时人以佞为贤，故美其优于德，而病其短于才也。"又曰："何用佞乎？佞人所以应答人者，但以口取辨而无情实，徒多为人所憎恶尔。我虽未知仲弓之仁，然其不佞乃所以为贤，不足以为病也。再言'焉用佞'，所以深晓之。或疑仲弓之贤而夫子不许其仁，何也？曰：仁道至大，非全体而不息者，不足以当之。如颜子亚圣，犹不能无违于三月之后；况仲弓虽贤，未及颜子，圣人固不得而轻许之也。"

※札记

言行如一，言出必践

修养仁德是根本，语言是次要的，重在躬行。不论话语滔滔，讲到何种深度，总代替不了自己去做。这世间语言的泡沫已经很多了，并不能决定一切，任何美妙的语言都不能代替踏踏实实的行动，总有一些事是任何别的东西替代不了的，空谈毫无意义。夸夸其谈无助于仁德的修养，反而有损于做人的诚笃。

口齿伶俐，可逞一时之辩，收哗众取宠之效，但不可能得到人们长久的敬仰。只有仁德，才永远为人所景仰。时人却总是舍本而逐末，对人德才的评价，只注重于表面的第一印象，以是否有口舌辩驳之能而对人做出取舍。于是能说会道而无真才实学之徒，投机奔走于途，通达显赫，富贵骄奢，犹美其名曰推销自己；有德缄默，才高能干之人却报国无门，困处牖下，沦为贫贱，无所建树，虚度岁月。

※原文

子使漆雕开仕。对曰："吾斯之未能信。"子说。

※人物简介

漆雕开：字子若，又字子开。孔子弟子。

※译文

孔子让漆雕开去做官。漆雕开回答说：“我还没有足够的自信。”孔子为此感到高兴。

※历代论引

程子曰：“漆雕开已见大意，故夫子说之。”又曰：“古人见道分明，故其言如此。”

谢氏曰：“开之学无可考。然圣人使之仕，必其材可以仕矣。至于心术之微，则一毫不自得，不害其为未信。此圣人所不能知，而开自知之。其材可以仕，而其器不安于小成，他日所就，其可量乎？夫子所以说之也。”

※札记

人贵自知

知其可为而为之，知其不可为而即止，必为智者。知其不可为而强为之，必取其辱。知人者明，自知者胜。漆雕开确是一个具有自知之明的智者。

取信于世，其仕必达。“未之能信”不可以仕。取信于民，非有德者不可以致。言行不足以信天下，何以为仕？人生的岔道口，多半摆着诱惑。要经得住考验，莫为一些暂时的利益所驱使，更不能为了眼前利益而毁损自己的美德。勇于摒弃急功近利、好大喜功的思想，做踏踏实实的努力，使自己的人格趋于完美。

所谓自信，就是不仅知道自己想干什么，也知道自己能干什么，更知道自己是块什么料。自信必建立在德行才能的基础之上。那种自以为天下第一而又不学无术者，虽也自信，但只是盲目地蛮干。诚信是成就事业的先决条件。讲求信用是做人处世的基础。要使人信服，自己就得讲信用，说话算数。只有讲信用的人，才能获得人们的尊敬和信任，也只有讲信用的人，才是自信的。信任别人，也就是对自己有信心。只有自信的人，在为人处世中才能够使消极的不利因素，变成积极的有利因素。

世间急功近利之徒太多，有谁能如漆雕开之自律？

※原文

子曰：“道不行，乘桴浮于海。从我者，其由与？”子路闻之喜。子曰：“由也好勇过我，无所取材。”

※译文

夫子说：“我的主张如果不能被当政者实行，我就乘坐着竹木筏子，泛游海外。

能够跟从我远游的，那时恐怕就只有仲由一个人吧？”子路听后心里很高兴。孔子接着说：“只是仲由武勇好义胜过我，但是却不善于裁度事理。”

※历代论引

程子曰：“浮海之叹，伤天下之无贤君也。子路勇于义，故谓其能从己，皆假设之言耳。子路以为实然，而喜夫子之与己，故夫子美其勇，而讥其不能裁度事理以适于义也。”

※札记

心灵的流放

君子，在于乘时借势而动，否则便置身事外，明哲保身，不做不合时宜的无谓举动。

考究古人用世，得其时则行其道。“道不行，乘桴浮于海。”是的，没有必要去解释，走吧，转身离去，离开这个地方，越远越好，远远地离开这世界，默默无闻，以终此生。

自我流放固然不幸，但是，毕竟是命运的转折。手够不到的地方就是远，但我们还有思想。而连思想的触角都伸延不及的地方则是远之又远。当我们转过身去，或许面对的就将是另一番天地。

用之则行，舍之则藏。时也，势也，命也。

※原文

孟武伯问：“子路仁乎？”子曰：“不知也。”又问。子曰：“由也，千乘之国，可使治其赋也。不知其仁也。”“求也何如？”子曰：“求也，千室之邑，百乘之家，可使为之宰也。不知其仁也。”“赤也何如？”子曰：“赤也，束带立于朝，可使与宾客言也，不知其仁也。”

※译文

孟武伯问：“子路是有仁德的人吗？”孔子说：“我不知道。”孟武伯又问。孔子说：“仲由，一个拥有千辆兵车的国家，可以任用他率领军队，但是我不知道他是否有仁德啊！”孟武伯就问：“冉求这个人怎么样？”夫子说：“冉求呀，对于有千家居民的城邑或百辆兵车的卿大夫之家，可以让他承担管理之责。但是，我不知道他有没有仁德。”孟武伯就又问：“公西赤怎样？”夫子说：“公西赤呀，穿着礼服，束起绅带，仪表端庄立于朝廷之中，可以让他接待宾客，办理交涉，应对得体自如。只是我不知道他是否有仁德啊！”

※札记

人们都很关注品德高尚的人

三子各有所长，皆为可取之才。然而，仁德如何则难以一时一事妄下判断，而三子犹未能显露出令人叹服的卓行，其德犹不能通达于世，故无所称。孟武伯之问，大而不当。圣人之嘉许具体而明了。看似答非所问，实因问之不当。有才不一定有德，有德者处世必尽其才。三子皆学有所专，学有所长，只是终未及于仁德之境。

人不论具有多高的才能，重要的是要有德行，人生的真谛就在于仁德的修养。纵使我们有通天彻地之能，但是如果没有可为人称道的德行，最终也必将是一个失败者。人生在世，功名大小、成败如何，这些都不重要，也都不能说明什么。我们要在这个世间立足，必须首先具备良好的品德。只有你真正拥有良好的品德，真正具有某种卓越的才能，别人才会关注你。未来的一切如何，我们都不知道答案。只有努力培养自己的德行才是唯一的途径。处于一个讲求实际的时代，凡事都以现实的功利为唯一标准，但是，仁德是永远的，使我们可以从容立于天地之间。

※原文

子谓子贡曰："女与回也孰愈？"对曰："赐也何敢望回？回也闻一以知十，赐也闻一以知二。"子曰："弗如也！吾与女弗如也。"

※译文

孔子问子贡说："你与颜回相比谁更优秀？"子贡回答说："我又哪里敢奢望与颜回比高下？颜回听到一点就能推知很多，我充其量也只是能够由此及彼罢了，要想懂得更多就感到智力有所不及了。"夫子说："你是不如颜回啊！但就能够有自知之明这一点来说，我也不如你呀。"

※历代论引

胡氏曰："子贡方人，夫子既语以'不暇'，又问其与回孰愈，以观其自知之如何。闻一知十，上知之资，生知之亚也。闻一知二，中人以上之资，学而知之之才也。子贡平日以己方回，见其不可企及，故喻之如此。夫子以其自知之明，而又不难于自屈，故既然之，又重许之。此其所以终闻性与天道，不特闻一知二而已也。"

※札记

坦然面对别人和自己

老子说："知人者智，自知者明。"能够知人，能够了解别人的人，才是有大智慧的人；能够认识自己，才是明白人。人们的眼睛总是盯着别人，很少回视自己。人们总是自以为比别人高明，以己之长较人之短，不论自己是否具备比别人高的才智或德行，总认为别人不及自己。但是，真正有德能的人，却总是看到别人的长处，深知自己的不足。

能够嘉许别人，但并不看轻自己，既不妄自菲薄，也不自以为是；既不盲目崇拜，也不刻意贬损别人以抬高自己；既不妄自尊大，也不自贬身价；既不跪着仰望，更不无端嫉恨贤能。具有超人的器识，是胸襟光明磊落的人，必然也会赢得人们的敬重。能够坦然地承认自己不如别人，必然是心胸开阔、有修养的君子。

※原文

宰予昼寝。子曰："朽木不可雕也，粪土之墙不可杇也。于予与何诛？"

※译文

宰我大白天睡觉。夫子说："朽烂了的木质即使雕刻出精美的饰纹来能有什么用？用粪土所筑的墙壁又能粉刷成什么样子呢？对于你，我还能有什么要求呢？"

※历代论引

范氏曰："君子之于学，惟日孜孜，毙而后已，惟恐其不及也。宰予昼寝，自弃孰甚焉，故夫子责之。"

胡氏曰："宰予不能以志帅气，居然而倦，是宴安之气胜，儆戒之志惰也。古之圣贤未尝不以懈惰荒宁为惧，勤励不息自强，此孔子所以深责宰予也。"

※札记

宰予昼寝

好逸恶劳，贪图享受，是庸人的本性。耽醉于享乐，消磨的只能是自己的生命，蹉跎的只能是自己有限的岁月。因为当有一天你突然发现自己老了，而且是突如其来的，什么成就也没有的时候，那时你再奋起已经来不及了，日薄西山的感觉是残酷的。白日梦是该早点清醒了。要成就人生，一切在于自己的努力。一切都得靠自己，从源头开始一点一点干起。古人说：君子能勤小物，故无大患。别人许诺的生活前景无论多么美好，都是骗人的陷阱。只有通过自己努力所得到的，才是实实在在的生活。谁也不会给我们美好的生活，除了我们自己的努力。天才出于勤奋，学习要持之以恒。任何技巧与手段都不能代替自己的努力。

昨天是不可留住的，今天是不能放弃的，明天是需要积累的。今天的平庸，是昨天蹉跎的结果，更是明天的悲哀。永远不应放弃自己。自己不努力，别人又能怎样呢？放弃了今天，就意味着又要失去明天的一切了。

※原文

子曰：“始吾于人也，听其言而信其行；今吾于人也，听其言而观其行。于予与改是。”

※译文

夫子说：“先前我对待别人，听到他的话便相信他的行为；现在我对待别人，重视听取他的话，更重视考察他的行为，这是宰我给予我的启发，使我改变了以前的做法。”

※历代论引

胡氏曰：“听言观行，圣人不待是而后能，亦非缘此而尽疑学者，特因此立教，以警群弟子，使谨于言而敏于行耳。”

※札记

知人难

孔子说：“以貌取人，失之子羽；以言取人，失之宰予。”

真正认识一个人，不仅要听他的言论，而且要考察他的行为，深入他的精神世界。不仅要看他的衣饰容貌，而且要考察他内心的思想境界，不能褊狭而停留于表象的直感。

一个人成就事业的起点很重要，对人才的爱护、陶冶与栽培，尤其重要。有很多人才，当他没有机会施展的时候，只能是被埋没终生。这既是个人命运的悲剧，也是社会的悲哀。

※原文

子曰：“吾未见刚者。”或对曰：“申枨。”子曰：“枨也欲，焉得刚？”

※人物简介

申枨：孔子弟子。

※译文

夫子说："我还没有见到真正的刚毅不屈的人。"有人就说："申枨就是一个刚毅的人。"夫子说："申枨也有很多的嗜好和欲望，怎么能够做到刚毅不屈呢？"

※历代论引

程子曰："人有欲则无刚，刚则不屈于欲。"

谢氏曰："刚与欲正相反。能胜物之谓刚，故常伸于万物之上；为物掩之谓欲，故常屈于万物之下。自古有志者少，无志者多，宜夫子之未见也。枨之欲不可知，其为人得非悻悻自好者乎？故或者疑以为刚，然不知此其所以为欲尔。"

※札记

无欲则刚

惟学而知方，以行其义；惟简而无欲，以遂其刚。

荀子说："人生而有欲。"无欲即无生，欲望与人的生命一样是与生俱来的，人的一生都为欲望所纠缠，因欲望而苦恼。欲望本身无可厚非，只是欲望的层次和道德的境界不同而已，关键在于对待它的态度。有人肆意妄为，有人恪守规则。这世界上值得我们追求羡慕的东西实在太多了，欲望是生命延续的动力，没有欲望，就不会有需求；没有需求，就不会有发展。所以人的欲望也就没有止境。但是也要知道什么时候该回头，要有所自律，有所节制。不然，欲望发展成为贪婪，人就会在欲望中沉沦，迷失方向。

孔子说没有见到刚直之人，是因为这世间，奔走于途的皆是利欲之徒。惑于利，困于欲。欲则有隙，有隙则可乘，可乘则被制，何得为刚？"人到无求品自高"，人无所求则不阿。做到对一切名利无动于衷，才是真正的最高的定力。有所欲求，何得刚正？曾子也说："求于人者畏于人。"人要真正做到"君子坦荡荡"，养成"弃天下名利如敝屣"，达到无欲无求的境界。对于我们庸常之人来说，能怀有一颗本分善良的心，淡泊名利、对人宽容，对生活不挑剔、不苛求、不怨尤，富不行无义，贫不起贪心，就是智慧。

※原文

子贡曰："我不欲人之加诸我也，吾亦欲无加诸人。"子曰："赐也，非尔所及也。"

※译文

子贡说："我不愿意别人强加给我不愿意做的事，我也不愿意强制别人。"夫子说："子贡啊，这不是你所能够完全做得到的呀！"

※历代论引

程子曰："'我不欲人之加诸我，吾亦欲无加诸人'，仁也；'施诸己而不愿，亦勿施于人'，恕也。恕则子贡或能勉之，仁则非所及矣。"

朱子曰："子贡言我所不欲人加于我之事，我亦不欲以此加之于人。此仁者之事，不待勉强，故夫子以为非子贡所及。"又曰："'无'者自然而然，'勿'者禁止之谓，此所以为仁、恕之别。"

※札记

己所不欲 勿施于人

在现代社会，人们讲求个性独立，讲究人与人之间的"界限"，此时"己所不欲，勿施于人"的古训也显得尤为重要。这是人与人交往的一个尺度，也是尊重他人的一种表现。

"己所不欲，勿施于人"不仅仅意味着"自己不喜欢的不要强加给他人"，也意味着能尽量了解他人的"喜欢"或"不喜欢"，不"强人所难"。

尊重对方的见解、立场、信仰，乃至生活习惯，是独立、成熟人格的体现。

※原文

子贡曰："夫子之文章，可得而闻也；夫子之言性与天道，不可得而闻也。"

※译文

子贡说："夫子的道德修养是可以见到而效法的，夫子的文章也是可以得到而学习的。夫子对于人性与天理的奥妙的彻悟，我们却无从听得到啊！"

※历代论引

朱子曰："夫子之文章，日见乎外，固学者所共闻；至于性与天道，则夫子罕言之，而学者有不得闻者。盖圣门教不躐等，子贡至是始得闻之，而叹其美也。"

程子曰："此子贡闻夫子之至论而叹美之言也。"

※札记

人性无可回避

孔子很少谈论人的本性问题，不讲天道，对天和社会的关系存而不论，只注重于仁德。反躬求诸己，以仁为核心。后世儒者都有或善或恶的主张，孟子认为人性本善，而荀子认为人性本恶。孔子之于人性与天道，并非无言，实则谨言。仅只说过“性相近，习相远”，而未做深究。潜心修持仁德，则恶自去。不论做什么事，抓住了根本，则其枝叶自顺。

道以无为体，唯君子得之于心。故孔子不以道语人，其所以语人者必以礼。礼的外在形式就是所用的器具所深含的寓意。天理、仁德，实则不可割裂。仁者体现天道，天道泽被万物。仁慈惠泽，天道形诸外物。天道唯仁，仁以致天。仁则达乎天道，仁必循乎天理。

※原文

子路有闻，未之能行，唯恐有闻。

※译文

子路听到好的德行，必定见诸行动。如果还没有付诸行动，则唯恐听到新的善行。

※历代论引

范氏曰：“子路闻善，勇于必行，门人自以为弗及也，故著之。若子路，可谓能用其勇矣。”

※札记

子路勇于践行善事

知而不行，非真知；行而未果，非有德。子路勇于践行，言行一致，实为可佩。

自古至今，无处不有夸夸其谈之人，到处都是浮躁喧哗之徒。其为政则虚报浮夸，泛“政绩”泡沫；经商则制假售假，赚昧良心钱财；修己则假文凭、假学历充斥文牍，欺瞒失诚。世途于今，这种现象也仍存在。

※原文

子贡问曰：“孔文子何以谓之文也？”子曰：“敏而好学，不耻下问，是以谓之文也。”

※人物简介

孔文子：名圉。卫国大夫。

※译文

子贡问："孔文子凭什么谥为'文'呢？"夫子说："聪敏好学，又能虚心向地位低于自己的人求教自己不明白的问题，而不感到耻辱，因此谥号用'文'是可以的。"

※历代论引

朱子曰："凡人性敏者多不好学，位高者多耻下问。故谥法有以'勤学好问'为'文'者，盖亦人所难也。孔圉得谥为文，以此而已。"

苏氏曰："孔文子使太叔疾出其妻而妻之。疾通于初妻之娣，文子怒，将攻之。访于仲尼，仲尼不对，命驾而行。疾奔宋，文子使疾弟遗室孔姞。其为人如此而谥曰文，此子贡之所以疑而问也。孔子不没其善，言能如此，亦足以为文矣，非经天纬地之文也。"

※札记

敏而好学，不耻下问

不耻下问，谈何容易，尤其是身居高位者，自恃身份，自以为永远正确，总觉得高瞻远瞩、英明睿智，无所不通。自始至终透出的是一副居高临下、先知先觉、盛气凌人的指导神态，并无半点虚心与诚恳，周身所展示的除了傲慢与养尊处优、颐指气使的霸态外，只剩下可怜的虚荣与无知。由此可见，孔文子之"文"难能可贵，谥之为"文"名副其实，他是配得上"文"这个称号的。

不耻下问，不仅体现着做人的胸襟与修为，更有利于自身完善。

※原文

子谓："子产有君子之道四焉：其行己也，恭；其事上也，敬；其养民也，惠；其使民也，义。"

※人物简介

子产：即公孙侨。双姓太叔。郑国贵族子国之子。字子产，又字子美。谥成子。郑简公十二年（前554年）为卿，十三年执政。历定、献、声公三朝。时晋楚争霸，郑国弱小，处两强之间，子产周旋其间，卑抗得宜，保持无事。执政期间曾实行了农业、税赋、法令等一系列改革，曾平定贵族叛乱，使郑一时强盛。改革整顿贵族田地和农户编制，有利于农业生产，创立按"丘"征赋制度。把"刑书"铸在鼎上公布，不毁乡校，以听取国人意见，给郑国带来兴盛，世称其贤。

※译文

夫子认为："子产在四个方面有君子的修养：立身行事，谦逊有礼；侍奉君上，谨慎恪敬；治理政务，惠泽百姓；征用民力，抚恤重义。"

※历代论引

吴氏曰："数其事而责之者，其所善者多也，'臧文仲不仁者三、不知者三'是也。数其事而称之者，犹有所未至也，'子产有君子之道四焉'是也。今或以一言盖一人、一事盖一时，皆非也。"

※札记

严于律己

民众，国家的根本。使之以义，则勇赴急难。伟人之所以成为伟人，就在于他忠于他所处的时代，在他的时代打上了自己的烙印，并由于他的影响，使历史的发展呈现出盎然生机。

执政就在于坚持原则，不要总是想着讨好任何人，或是给别人留下好的印象，这是大可不必的，谁也不可能永远得到别人的赞美，任何的评价都是暂时的，不可能留下永久的记忆，重要的是维护共同的原则，从而建立正确的尊严。只要你坚持了公正的原则，即使是由于你的坚持而没有达到目的的那些人，也能够谅解。如果随意出卖原则，那么到头来被真正出卖的是自己的人格。纵览古今，真正为老百姓所拥戴传唱的，就是那些坚持了原则的人，而不是投机者。

※原文

子曰："晏平仲善与人交，久而敬之。"

※人物简介

晏平仲：夷维人。名婴。齐国大夫。春秋时齐国正卿，事齐灵公、庄公，相齐景公，以节俭力行，食不重肉，妾不衣帛。其在朝，君语及之，即危言；语不及之，即危行。国有道，即顺命；无道，即衡命。名显诸侯。

※译文

夫子说："晏平仲很好相处，与其交往，时间越长久，越发现他令人钦敬。"

※历代论引

程子曰："人交久则敬衰。久而能敬，所以为善。"

※札记

君子之交，历久而敬

朋友之交缘于义，虽淡如水，久而弥笃，令人敬之仰之。平淡之中蕴涵的是人性的真情。

小人之交囿于利，虽如醇醪，久之则生怨，利尽则远去。热热切切的交往只缘于利益的维系。

往往在我们困难的状况下，给我们施以援手的，是那些素来平淡的人，只有他们还能说出一句公正的话语。而经常与我们在一起的人中，远远观望者有之，落井下石者有之。

人生能够保持一个永久的友谊，是幸福的。

※原文

子曰："臧文仲居蔡，山节藻棁，何如其知也？"

※人物简介

臧文仲：臧孙氏，名辰。即臧孙达。鲁国大夫。

※译文

夫子说："蔡文仲在家里养大龟，养龟的屋子斗拱上雕着山峦，短柱上画以水草花纹，他的智慧究竟如何呢？"

※历代论引

张子曰："山节藻棁为藏龟之室，祀爰居之义，同归于不知，宜矣。"

※札记

人过留名，雁过留声

为官一任，是造福地方，还是搜括居奇，这是历来都无法回避的问题。由此而留下了汗牛充栋的史料记载，有的人被后世称颂，有的人被老百姓唾弃诟骂。雁过留声，人过留名，云过有影。为官一任，留下的是什么，取决于在位时取走了什么。

山节藻棁实可乱真，策划者的心思可算缜密，当初实施时可谓煞费苦心，藏龟其间，谁能窥知。然而，世事难料，意欲盖之，其实弥彰。虽加粉饰，终不能尽掩天下之耳目。就如现实中的隐瞒与粉饰，虽然竭力掩饰装扮，但总会给人心虚的感觉。吹尽浮沙自见真。即使总结经验写得再好，再天花乱坠，也不能永远掩盖真相。时间总会还历史以真实的面目，即使时过境迁，终会予以清算。不论是以何种形式做出何种高明的遮掩与巧饰，狐狸的尾巴最终还是要露出来的。概莫能外，无人能够逃脱。任何人的智慧都不能与时间相抗拒。正应了那句老话：若要人不知，除非己莫为。试看现实之中，那些贪得无厌之徒，有哪一个最终逃得了惩罚？尽管他挖空心思，潜行诡秘，相互勾结，同盟互惠，但是最终也无所遁形。

历一个人在这个世间走过，不论成就如何，总会有点什么留下来。那么，我们留下的将是什么？是用智造福百姓，还是谋取私利？还请三思。

※原文

子张问曰：“令尹子文三仕为令尹，无喜色；三已之，无愠色；旧令尹之政，必以告新令尹。何如？”子曰：“忠矣。”曰：“仁矣乎？”曰：“未知。焉得仁？”“崔子弑齐君。陈文子有马十乘，弃而违之。至于他邦，则曰：‘犹吾大夫崔子也。’违之。之一邦，则又曰：‘犹吾大夫崔子也。’违之。何如？”子曰：“清矣。”曰：“仁矣乎？”曰：“未知。焉得仁？”

※译文

子张问：“令尹子文三次出任令尹之职，没有得意的神态和颜色；三次被罢黜，

放鳜知德

也没有流露出懊恼的怨气和不平的愠怒；对已实施的政令事务，必定移交新的继任者。您以为如何？”

夫子说：“这是忠臣的行为啊！”

子张又问：“也是有仁德的吧？”

夫子说：“不得而知。只是忠守其职责而已，怎么能称得上仁德呢？”

子张问：“崔子弑杀齐国的君主。陈文子有兵车十辆，有马四十匹，但却遗弃他的君主，不战而逃，到别的国家去，说‘这里的执政者如同我们国家的大夫崔杼呵’便离去。到另一个国家，则又说：‘这里的执政者也如同我们国家的大夫崔杼呵’又离去。如此，您以为陈文子这个人怎么样？”

夫子说：“陈文子是清白的。”

子张问：“那么，陈文子是有仁德的吗？”

夫子说：“无从得知，他洁身去乱，是清白的，但是这与‘仁’又有什么关系呢？”

※历代论引

朱子曰：“文子洁身去乱，可谓清矣，然未知其心果见义理之当然，而能脱然无所累乎？抑不得已于利害之私，而犹未免于怨悔也？故夫子特许其清，而不许其仁。”又曰：“愚闻之师曰：当理而无私心，则仁矣。今以是而观二子之事，虽其制行之高若不可及，然皆未有以见其必当于理而真无私心也。子张未识仁体，而悦于苟难，遂以小者信其大者，夫子之不许也宜哉！”又曰：“于此，更以上章‘不知其仁’、后篇‘仁则吾不知’之语并与三仁、夷、齐之事观之，则彼此交尽，而仁之为义可识矣。今以他书考之：子文之相楚，所谋者无非僭王猾夏之事；文子之仕齐，既失正君讨贼之义，又不数岁而复反于齐焉。则其不仁亦可见矣。”

※札记

荣辱不惊，洁身自好

世途坎坷，虽然有腐败与不仁不义的现象存在，但是正直之士也大有人在。

如令尹子文者，不以个人荣辱进退为意，只以国家利益为重。如陈文子，洁身去乱以保持自身的清白。

※原文

季文子三思而后行。子闻之，曰：“再，斯可矣。”

※人物简介

季文子：姓季孙，名行父，谥文，鲁国大夫。

※译文

季文子每件事都经过多次考虑，然后付诸行动。孔子听到后，说："只须再次思考，就可以去做了。"

※历代论引

程子曰："为恶之人，未尝知有思，有思则为善矣。然至于再则已审，三则私意起而反惑矣，故夫子讥之。"

朱子曰："季文子虑事如此，可谓详审，而宜无过举矣。而宣公篡立，文子乃不能讨，反为之使齐而纳赂焉，岂非程子所谓'私意起而反惑'之验欤？是以君子务穷理而贵果断，不徒多思之为尚。"

※札记

多思无益

做事过分小心，就将贻误时机。凡事之行，重于义而贵于断，勿多疑。多思虽则谨慎，然则自多疑惑，影响决断，陷于优柔，则必失去时机而废于义。三思，慎重有余，而失于决断，蔽于疑惑，损于大义。当然，绝不能只看到眼前而不顾及身后。如果只盯着眼前的利益，而不注意前后左右的种种利害，则必然会顾此失彼，甚至为居心叵测者留下可乘之机，一旦时机成熟，反戈一击，自己便会一败涂地，曾经获得的胜利也将烟消云散。

我们每个人都生活在一定的社会中，都必须同形形色色的人打交道，也要和各种各样的人发生种种关系，这中间当然就会有主要矛盾和次要矛盾之分，我们在解决问题时自然会因轻重缓急的不同而有所取舍，而这种取舍是否合理则往往是决定胜负的关键。并不是每个人都能随时准确地把握时机。并且随着时间的变化、形势的发展，矛盾也将相互转化，如果不及时进行调整，说不定昨天的大赢家便成了今天砧板上的鱼肉，任人宰割。谁也不敢肆无忌惮地夸口自己将笑到最后。

※原文

子曰："宁武子邦有道则知，邦无道则愚。其知可及也，其愚不可及也。"

※人物简介

宁武子：名俞，卫国大夫。其仕于卫文公、成公之时。

※译文

夫子说："宁武子在卫文公时代，国家政事清明，他的智慧表现在无为而事，无事可做；在卫成公时代，国家历乱至于失国，武子不避艰险，周旋其间，尽心竭力，实在是不明智啊。他的智慧是谁都可以做到的，但他的这种力挽危势的不智之举却不是谁都能做到的。"

※历代论引

程子曰："邦无道，能沈晦以免患，故曰不可及也。亦有不当愚者，比干是也。"

朱子曰："文公有道，而武子无事可见，此其知之可及也。成公无道，至于失国，而武子周旋其间，尽心竭力，不避艰险。凡其所处，皆知巧之士所深避而不肯为者，而能卒保其身以济其君，此其愚之不可及也。"

※札记

什么是这个社会的良知

"欲知大道，必先知史。"唐代历史学家刘知几说："史之为用，其利甚博，乃生人之急务，为国家之要道。"古代的仁人志士大都讲究出处进退。有道则辅，无道则去。有道而辅则惠民，是其仁德诚心的行为；无道而去则不为虎作伥，也同样是其仁德诚心的体现。他们的原则主要看国家是否"有道"。

社会总是在矛盾的运动中发展的，对立与统一的斗争常常交替进行。社会既需要变革，也需要稳定。而稳定的局面，是社会发展的条件。如宁武子，邦有道则无为；邦虽无道却竭其心力奔走斡旋其间，独撑危局。处身矛盾重重的社会动荡局面，受制于诸多政治势力，能够经略下去，并在均衡矛盾中有所作为，应该说已经很不容易了。他所做到的，很多人都没有做到。他自始至终都是所在时代唯一的"在场"者与撑持者。

尽管生活的细节各不相同，但是我们对痛苦的感知却是相似的。

※原文

子在陈，曰："归与！归与！吾党之小子狂简，斐然成章，不知所以裁之。"

※译文

孔子在陈国，说："该回去了！该回去了！留在家乡的那些学生志大意远，皆可造之材，但是行为粗疏狂放，虽然文采斐然，却不知道如何持守中正，亟待指点栽培呵。"

※历代论引

朱子曰："孔子周流四方，道不行而思归之叹也。夫子初心，欲行其道于天下，至是而知其终不用也。于是始欲成就后学，以传道于来世。又不得中行之士而思其次，以为狂士志意高远，犹或可与进于道也。但恐其过中失正，而或陷于异端耳，故欲归而裁之也。"

陵阳黑役

※札记

魂兮归来

该回去了！该回去了！这世界是投机者的乐园，谦谦君子则格格不入。君子不患隐其姓而埋名于山林，患道之不行于世而身已殁。

回去吧！回去吧！回到埋葬着自己父母骨殖的家乡。那里青山绿水，那个太阳照耀下的村庄，那座青草萋萋的坟场，那里毕竟是给我果浆的家乡呵！

寻求新的位置，开始那更为长远的跋涉。何必在一条路上走到黑呢？大道朝天，各自去走自己的路，换个方向或许就是不朽。不必总是幻想着拯救世途。其实，任何一个方向上，都有太阳朗照，都可成就事业。

※原文

子曰："伯夷、叔齐不念旧恶，怨是用希。"

※人物简介

伯夷、叔齐：商末孤竹君墨胎初之二子。伯夷名允，字公信。叔齐名致，字公达。其父将死，遗命立叔齐。父卒，叔齐逊伯夷。伯夷曰："父命也。"遂逃去。叔齐亦不立而逃之，国人立其中子。

※译文

夫子说："伯夷、叔齐不计较过去的仇恨，别人对他们的怨恨也就因此慢慢减少了。"

※历代论引

程子曰："不念旧恶，此清者之量。"又曰："二子之心，非夫子孰能知之？"

※札记

宽恕别人，就是善待自己

大度能容，容天下难容之事。怨何由不息？化仇为友，弭干戈而为玉帛，大智大勇大仁。耿耿于芥蒂之琐屑，天长日久，必致深仇，友邻为壑，于生何益？

生活的内容是丰富的，生命的长度是有限的。重要的是寻求此生的乐趣与美妙，使生命更为绚烂而有意义。何必囿于旧怨，耿耿于心，使自己的心灵总是受到怨恨的煎熬？既没有必要在意恩义之回报，更不该陷于宿怨之计较。天地辽阔，太阳朗照，放弃恩怨，让生命精彩，用此生建立天长地久的事业，让心灵轻松地迎接面对的一切。

※原文

子曰："孰谓微生高直？或乞醯焉，乞诸其邻而与之。"

※人物简介

微生高：姓微生。鲁国人。素有直名。

※译文

夫子说："谁说微生高率直？有人来向他乞讨一点醋，他家里没有，就去邻居家讨来而给予行乞的人。"

※历代论引

程子曰："微生高所枉虽小，害直为大。"

范氏曰："是曰是、非曰非、有谓有、无谓无，曰直。圣人观人于其一介之取予，而千驷万钟从可知焉。故以微事断之，所以教人不可不谨也。”

※札记

刻意而为，实为虚伪

率直出于自然赤诚，而非虚假的逢迎，更不是为了博取虚名而刻意伪饰。

掠取虚伪的名声，这种曲意做作以盗名求售之人，能称得上直率吗？而世间这种虚假伪善之人却多的是。这种伪装的恶行需要警惕。

有就是有，没有就是没有，是则是，否则否，何必虚充其善？何必为区区虚名而损失自己的真诚？古话说：“有心为善，虽善不赏；无心为恶，虽恶不罚。”微生高的伪作，实在可怜。若令世间人都如此行事，则在哪里能够听到真话，在哪里能够见到真相，又在哪里能够找到真理？

※原文

子曰：“巧言、令色、足恭，左丘明耻之，丘亦耻之。匿怨而友其人，左丘明耻之，丘亦耻之。”

※人物简介

左丘明：春秋鲁国人，曾为鲁国太史。与孔子同时代人。为《春秋》作传，成《春秋左氏传》，简称《左传》。并有《国语》传世。

※译文

夫子说：“满嘴的花言巧语、满面伪善的神色、行为过分的恭顺，左丘明认为这是可耻的。我也以此为耻辱。内心深藏着怨恨，表面上却同他表现得十分亲近，左丘明认为这种行为很卑劣无耻。我同样也耻于这样的行为。”

※历代论引

谢氏曰：“二者之可耻，有甚于穿窬也。左丘明耻之，其所养可知矣。夫子自言‘丘亦耻之’，盖‘窃比老彭’之意。又以深戒学者，使察乎此而立心以直也。”

※札记

净化我们的心灵

当面奉承、背地毁损、口是心非之徒是可耻的，甜言蜜语的背后包藏着危险的祸心。

察言观色是必须具备的本领，是能否成事的首要条件。察言观色成了前行的通行证，巧言逢迎成为做事的入场券，前倨后恭成了进步的敲门砖。于是，趋炎附势之徒，溜须拍马之辈，就依靠着讲一些虚妄的、好听的话；装扮出好看的、讨人喜欢的媚态；做出对人很恭敬的样子，攀附权势，大行其道。此行径当为人所不耻，于内心深处存几分本真、几分纯净，乃能净化我们的心灵。

※原文

颜渊、季路侍。子曰："盍各言尔志？"子路曰："愿车马、衣轻裘，与朋友共。敝之而无憾。"颜渊曰："愿无伐善，无施劳。"子路曰："愿闻子之志。"子曰："老者安之，朋友信之，少者怀之。"

※译文

颜渊、季路恭侍孔子身旁。夫子说："何不谈谈你们各自的志向呢？"子路说："我愿意把车马、衣服，与朋友共同分享使用，即使用坏了，也没有什么可惜或值得抱怨的。"颜渊说："我愿意不夸耀自己的长处，不宣扬自己的功劳。"子路说："我希望知道老师的志向。"夫子说："我希望老人都得到很好的赡养而安享晚年，朋友能够互相信守誓约，年幼的孩子得到关怀。"

※历代论引

程子曰："夫子安仁，颜渊不违仁，子路求仁。"又曰："子路、颜渊、孔子之志，皆与物共者也，但有小大之差尔。"又曰："子路勇于义者，观其志，岂可以势利拘之哉？亚于浴沂者也。颜子不自私己，故无伐善；知同于人，故无施劳。其志可谓大矣，然未免出于有意也。至于夫子，则如天地之化工，付与万物而己不劳焉，此圣人之所为也。今夫羁靮以御马而不以制牛，人皆知羁靮之作在乎人，而不知羁靮之生由于马。圣人之化，亦犹是也。先观二子之言，后观圣人之言，分明天地气象。凡看《论语》，非但欲理会文字，须要识得圣贤气象。"

※札记

探索生命的约定

仁德也是有境界的。圣贤安仁，颜渊不违仁，子路求仁。修养不同，其精神的境界是有所不同的。立志，是人生走向成功的第一步，是人生为之奋斗的远大目标，如旗帜，引领着我们前行。曾几何时，在许多个日落黄昏，我们用神往的目光伫望着我们的目标。那个充满对现实责任感和对历史使命感的宏大心愿，总是激励着我们，鼓

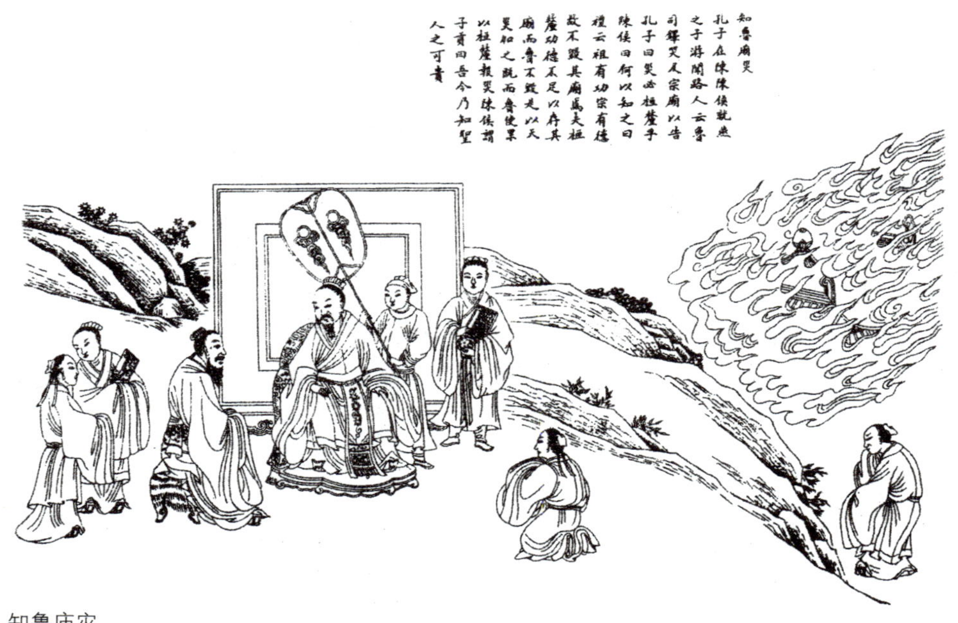

知鲁庙灾

舞着我们，常常令我们感奋不已。

我们这个民族崇尚的是仁德，志向是生命与我们的约定。志向远大，但是成就志向的道路是很长的，需要经历生活的磨砺，只有经历了各种干扰而坚持到底的人，才有成功的可能。这种成功，也许只是一个小小的生活目标的达成，与仁德的修养相差不可以道里计。但是，做人，就是首先要从这平凡的生活开始，在这平凡之中培养自己的仁德。

※原文

子曰：“已矣乎！吾未见能见其过而内自讼者也。”

※译文

夫子说：“算了吧！我还没有看见过一个人，能对自己的错误及时在内心自我审判、谴责啊。”

※历代论引

朱子曰：“人有过而能自知者鲜矣，知过而能内自讼者为尤鲜。能内自讼，则其悔悟深切而能改，必矣。夫子自恐终不得见而叹之，其警学者深矣！”

※札记

胜人者智，自胜者强

我们都是自己欲望的奴隶。我们总是“被迫”地投降于自己的欲望，为欲望所俘获。谁能够战胜自己？如果我们能够荡涤自己内心的杂念，那么天下还有什么事能够困得住我们呢？

※原文

子曰：“十室之邑，必有忠信如丘者焉，不如丘之好学也。”

※译文

夫子说：“即使是十户人家的小村落，也一定有忠诚守信如我一样的人，但是不如我好学善思啊。”

※历代论引

朱子曰：“美质易得，至道难闻，学之至则可以为圣人，不学则不免为乡人而已。可不勉哉！”

※札记

十室之邑

十室之邑，必有忠信之人。十步之内，必有芳草繁生。

天道正义总是存在的。希望总是美好的，重要的是要有好学的自信。

雍也

通向仁德的道路

子张向孔子问仁，孔子说：能在世上推行五种美德，就是仁了。这五种美德就是恭敬、宽厚、诚信、勤敏、慈惠。以恭敬尊重他人，以宽厚善待他人，以诚信取信他人，以勤敏服务于他人，以慈惠使用他人。这是一种自觉的爱，是推己及人的爱，是由爱心而升华的美德，是导引着我们的心灵走向仁德的圣殿。

君子具有了这种仁爱之心，就像山岳一样坚定，巍然耸立，气度恢宏。胸怀宽广博大，包容一切，始终以天下为己任，以国家民族大义为职责。

大仁大义，天下至德。不要一味地只想着自己的利益，也要替别人着想，更要忠实于天下人的利益。为了人民的利益，义无反顾，固守不移。

※原文

子曰："雍也可使南面。"仲弓问子桑伯子，子曰："可也简。"仲弓曰："居敬而行简，以临其民，不亦可乎？居简而行简，无乃大简乎？"子曰："雍之言然。"

※人物简介

冉雍：字仲弓，伯牛宗族，少孔子二十九岁。生于不肖之父，以德行著名。孔子称其可使南面。

桑伯子：鲁国人。其行为散漫。一说以为庄周所称子桑子。

※译文

夫子说："冉雍宽宏持重，可以承担治理国家的重任。"

仲弓请教夫子对桑伯子的行事风格如何评价，可否效法。

夫子说："有可取之处，政事简明，不烦扰百姓。"

仲弓进一步问道："平时严谨自律，敬事职责，政事清明、简要快捷，用这种办法治理百姓，不也是可以的吗？如果在平时简单潦草，存心轻率、简慢，不尽职守，以至于养成习惯。因而行动散漫舒缓，失去法度。岂不是简疏懈怠得太过分了吗？"

夫子说："你说得对。"

※历代论引

程子曰："子桑伯子之简，虽可取而未尽善，故夫子云'可'也。仲弓因言内主于敬而简，则为要直；内存乎简而简，则为疏略。可谓得其旨矣。"又曰："居敬则心中无物，故所行自简。居简则先有心于简，而多一'简'字矣，故曰'太简'。"

朱子曰："自处以敬，则中有主而自治严，如是而行简以临民，则事不烦而民不扰，所以为可。若先自处以简，则中无主而自治疏矣，而所行又简，岂不失之大简，而无法度之可守乎？"

※札记

为政在于简洁、高效、公开

政务清明的要诀，在于当政者对于所管区域的基本情况的稔熟，在于平时养成良好的调查研究习惯，掌握实际情况，了解民意；在于制定出顺乎民心、达乎民情、合乎民愿的政策。拯民灾，急民难，赈民饥，解民忧，除民愁，济民困。政简不繁，服务快捷，这是理想的政治体制。但是如何做才能达到政简而事功呢？这需要有一个较为先进的体制设计。

※原文

哀公问："弟子孰为好学？"孔子对曰："有颜回者好学，不迁怒，不贰过。不幸短命死矣！今也则亡，未闻好学者也。"

※译文

鲁哀公问："你教导的弟子中谁最热爱学习？"孔子回答说："只有颜回是善于学习的人，他从来不迁怒别人，也从来不重犯曾经犯过的错误。不幸的是他短命早夭，现在也还没有发现如此热爱学习的人，再也没有听到有像他那样好学的人了。"

※历代论引

程子曰："颜子之怒，在物不在己，故不迁。有不善，未尝不知，知之未尝复行，不贰过也。"又曰："喜怒在事，则理之当喜怒者也，不在血气则不迁。若舜之诛四凶也，可怒在彼，己何与焉？如鉴之照物，妍媸在彼，随物应之而已，何迁之有？"又曰："如颜子地位，岂有不善？所谓不善，只是微有差失。才差失便能知之，才知之便更不萌作。"

张子曰："慊于己者，不使萌于再。"

※札记

不迁怒，不贰过

一个人在同一个地方跌倒两次是不可思议的，重犯同样的过失是愚蠢的。

人的生命长短是有限的，在这有限的时间里，我们应当努力做出成绩，使自己的生命得以升华，使自己的历史放射出灿烂的火花，使自己的生活过得有意义，使我们的德行为人所效法，为人所称道。颜子虽"不幸短命死矣"，但其宅心仁厚，"不迁怒，不贰过"，孜孜以学的道德修养，堪称做人的楷模。

在平凡的人们中间，谁都可以把自己的过错（或工作的失误），轻而易举地归咎于外在原因（存在或不存在的客观因素），从而混淆视听、推卸责任，为自己开脱罪责、逃避惩戒。夸大客观困难，过分强调客观条件，借以掩盖主观的问题，这尤其明显地表现在我们的述职报告和工作总结之中。文过饰非是人们的通病。对缺点与问题遮遮掩掩、躲躲藏藏、避重就轻，已经是约定俗成的通则。

工作总是成绩很大，大肆渲染，天花乱坠。对于失误，总是竭尽心思地捂着盖着。而且对于成绩的强调，就可起到有意无意冲淡或掩饰问题的效果。至于查找出来的所谓问题，更是无关痛痒，且年年存在，永远如此，根深蒂固。虽似问题却更似理由，一个也不能解决，也没有谁去尝试解决。更有甚者，将成绩与过失生硬地割裂分离，所有的成绩都是自己的功劳和努力的结果，是自己的荣耀，而所有的问题都是客观的原因，是部属的素质太低造成的，与自己毫无关系。总是指责别人，惟独不检讨自己。只讲客观不讲主观，从不自我反省，年复一年总是如此。

※原文

子华使于齐，冉子为其母请粟。子曰："与之釜。"请益。曰："与之庾。"冉子与之粟五秉。子曰："赤之适齐也，乘肥马，衣轻裘。吾闻之也，君子周急不继富。"原思为之宰，与之粟九百，辞。子曰："毋！以与尔邻里乡党乎！"

※人物简介

公西赤：字子华。鲁国人。少孔子四十二岁。束带立朝，宾主之仪。

※译文

子华出使齐国，冉有为子华的母亲请求给予赡养的资粮。夫子说："就给六斗四升吧。"冉子请求增多一些。夫子说："那就给十六斗吧。"冉子实际给小米八百斗。夫子说："公西赤到齐国去，乘坐着肥壮的马驾的车子，穿着轻软贵重的华丽皮袍。（难道没有赡养老母的资粮吗？）我听古人说，君子周济处于困顿窘急的人，而不必接济富有的人。"

原思当孔子家的总管，孔子给他的薪酬是小米九百，原思不肯接受这么多而辞谢。夫子说："不必推辞了，有多余的，就给你们那个地方穷困的乡邻吧。"

※历代论引

程子曰："夫子之使子华，子华之为夫子使，义也，而冉子乃为之请。圣人宽容，不欲直拒人，故与之少，所以示不当与也；请益而与之亦少，所以示不当益也。求未达而自与之多，则己过矣，故夫子非之。盖赤苟至乏，则夫子必自周之，不待请矣。原思为宰，则有常禄。思辞其多，故又教以分诸邻里之贫者，盖亦莫非义也。"

张子曰："于斯二者，可见圣人之用财矣。"

※札记

君子周急不济富

圣贤说："君子周急不济富。"其实并非总是这样的。人们总是资富以取媚，而对急难之人冷漠观望，不愿施以援手。

也有人曾说："君子周急不济贫。"是说可以帮助处在急需帮助的人，但是不救济穷人。因为，穷人无力偿还，也就预示着有济而无还，到头来既得不到回报，又可能因贫穷而做出无赖的行为，使本来帮助的初衷变得尴尬。

这个世界就是这么现实而又功利，人们就是不愿帮助处于困穷境地的人，却总是寻找着攀附富人的机会。雪中送炭是赈济，锦上添花是阿附。虽然，前者体现的是高尚的美德，后者显露的是卑琐的媚态。但是，人们却仍然抱有如此的心态。

※原文

子谓仲弓曰："犁牛之子骍且角，虽欲勿用，山川其舍诸？"

※译文

孔子对仲弓说："杂色毛的耕牛的幼犊长着赤色的毛，整齐的角，虽然不愿用它作牺牲来祭祀，但是山川之神难道会舍弃它吗？"

※历代论引

范氏曰："以瞽瞍为父而有舜，以鲧为父而有禹。古之圣贤，不系于世类，尚矣。子能改父之过，变恶以为美，则可谓孝矣。"

朱子曰："仲弓父贱而行恶，故夫子以此譬之。言父之恶，不能废其子之善，如仲弓之贤，自当见用于世也。然此论仲弓云尔，非与仲弓言也。"

※札记

天生我材必有用

耕牛之子"骍且角"，谁又能断定平民的儿子不可能成就伟大的事业！

不要因为出身的卑微而自弃，也不必因为物质的贫穷而自卑，重要的是自己要有真正的德才，要能够真正站得起来。一个德行高尚的人总会给这个世界留下痕迹，功业或者德泽，影响着当世或者惠泽于后代。不要急于做出什么惊天动地的大事，也不要牢骚太盛而放弃努力。真正经历过挫折的人，才是历史所刻意造就的。静心等待，在等待中升华自己。任何人最终都将走到命定的位置，所不同的只是时间而已。因为，一些偶然的因素，往往促成了人生命运的转折。当你回过头来，所有的经历都是财富。

※原文

子曰："回也，其心三月不违仁。其余则日月至焉而已矣。"

※译文

夫子说："颜回呀，心地仁厚，他能够长期做到不违背仁义，其余的学生只能在短时间做到仁罢了。"

※又译

夫子说："颜回呀，心地仁厚，思想坚定，长期以来，他的心性能够坚持丝毫不受私欲的影响而违背仁义的要求。那么其余的岁月就自然而然地养成了良好的德行。"

※历代论引

程子曰："三月，天道小变之节，言其久也，过此则圣人矣。不违仁，只是无纤毫私欲。少有私欲，便是不仁。"

尹氏曰："此颜子于圣人，未达一闲者也，若圣人则浑然无闲断矣。"

张子曰："始学之要，当知'三月不违'与'日月至焉'内外宾主之辨。使心意勉勉循循而不能已，过此几非在我者。"

※札记

品行的磨砺不可有片刻的懈怠

品德的修养，譬如江河，汇涓滴之微，以成湖海。仁德的修养更是如此，需要以毕生的经历修养而成。假岁月之期，积勤修之功，以成其德。做一件好事并不难，做一天好人也不难，难的是长期做好事，一辈子不做坏事，永远做好人。一日之仁不足为仁，一月之仁心也未必即仁德，三月之久不产生私心杂念，实属难得，几近仁德，持续绵延，难能可贵，长此以往，日积月累，仁德自在我心。

※原文

季康子问："仲由可使从政也与？"子曰："由也果，于从政乎何有？"曰："赐也可使从政也与？"曰："赐也达，于从政乎何有？"曰："求也可使从政也与？"曰："求也艺，于从政乎何有？"

※译文

季康子问："仲由能够办理政事吗？"夫子说："仲由处事果决有魄力，处理区区政事有什么不能的呢？"

季康子又问："端木赐也能够承担重要政事的责任吗？"夫子说："子贡处世灵活练达，游刃有余，对于政事，有什么困难呢？"

季康子继续问道："冉求同样也可以参与政事的治理吗？"夫子说："冉求多才多

艺，治理政事有什么可以怀疑的呢？”

※历代论引

程子曰：“季康子问三子之才可以从政乎？夫子答以各有所长。非惟三子，人各有所长。能取其长，皆可用也。”

※札记

我们需要怎样的人才

天下并非无才，只是用非其所长。天下之才，并非不可大用，关键在于用才之人的德才。人各有长，皆为可用之材。世间有不可用之人，无不能用之材。知人委任，擢而用之。并非只有大才，才是人才，也不会因为才小而不能用。尺有所短，寸有所长。比如建房，既需要栋梁，也必须要有砖石。对于我们来说，有用的东西不一定是最好的，而最好的东西对于我们来说并不一定有用。比如一块抹布，你可以用它来清除污渍，这对你来说是有用的，但你却看着它很脏，不愿把它放在显眼的地方；一块白布，是很干净，你却不愿将它用来做抹布，一时又不知道用作什么，只好先把它放起来，那么这块白布对你来说，又有什么意义呢？

夫子从不同侧面，框定了执政者所必须具备的基本素质：果决、练达、才艺以及最重要的仁德。人各不同，其所处理事务的方法有别，所走的路线也不同，但是都可收到既定的效果，所得到的结果也都是符合其处世逻辑的，没有什么正确与否，也不是只有唯一正确答案的那种数学问题，只能沿着那个确定的方法和过程求解。虽有时效性差异，但又可以说是没有什么可供比较的标准，因为不可能让两个人同时任一个县的县长并行使职权，以验证其正误。这也正如古先哲所说，人不能同时踏进两条河流，也不能两次踏进同一条河流，两个人也不可能同时踏进同一河流的同一地方，任何行为都会引起相应的结果和相伴随的弊端，所以无所谓高下、正误、是非。其参照系统是不确定的，也是不存在的。我们不必在一些无谓的争议中徒耗口水，重要的是去做，去全身心地投入其中，竭其诚，尽其心，劳其力，做出自己的风格，做出自己生命的精品。

条条大道通罗马，就是这个道理。谁都可以用自己的方法取得自己想要的结果。“天子用人，有何不可。”并不存在谁能胜任、谁不能胜任的问题。之所以会产生这种问题，是出于私欲的托词和偏见。三人性格不同，才艺不同，但都可治理政事，而且没有什么不妥。难道不是如此么？治理政事又有什么难的呢？谁又能否认别人呢？谁又能说自己是唯一合适的人选呢？同样的事务，不同条件的人同样能够办理。

※原文

季氏使闵子骞为费宰。闵子骞曰："善为我辞焉。如有复我者，则吾必在汶上矣。"

※译文

季氏派人请闵子骞治理费邑。闵子骞对使者说："请你替我好好辞谢吧。如果再来找我，那时我已经移居到汶水岸边去了。"

※历代论引

程子曰："仲尼之门，能不仕大夫之家者，闵子、曾子数人而已。"

谢氏曰："学者能少知内外之分，皆可以乐道而忘人之势。况闵子得圣人为之依归，彼其视季氏不义之富贵，不啻犬彘；又从而臣之，岂其心哉？在圣人则有不然者，盖居乱邦、见恶人，在圣人则可；自圣人以下，刚则必取祸，柔则必取辱。闵子岂不能早见而豫待之乎？如由也不得其死，求也为季氏附益，夫岂其本心哉？盖既无先见之知，又无克乱之才故也。然则闵子其贤乎！"

※札记

远避世俗

时不我遇，"吾必居汶上矣"。慎初，婉辞，礼而拒之。

古有"良禽择木而栖，良士择主而仕"之说。所择者，德操。无德之人，我不事；缺德之徒，我不助；失德之人，我不友。

择才，择木；知人，自知。知人者明，知时者胜，自知者智，克己慎从者安。

古有伯夷、叔齐而为法，乱邦不入，危邦不居。

做人在于心安，功名、富贵于我如浮云。不义而富且贵，不为。

※原文

伯牛有疾，子问之，自牖执其手，曰："亡之，命矣夫！斯人也而有斯疾也！斯人也而有斯疾也！"

※人物简介

冉耕：字伯牛。鲁国人。孔子以为有德行。

※译文

冉伯牛病危，孔子去探问，从窗口握着他的手，说："无可救治了吗？这是命里注定的啊！这样的人却得了如此的病呀！上天不悯，让这样的人得了如此的病呀！"

※历代论引

侯氏曰："伯牛以德行称，亚于颜、闵。故其将死也，孔子尤痛惜之。"

※札记

无奈的感叹

礼仪制度，是国家的法度，更是人生的大事，是一辈子都必须谨遵而不得含糊的。礼的实质就在于明天下之分，严君臣、笃父子、彰孝悌、显仁义。在于相辅，在于相称，在于遵从，在于居心。在于敬，在于谦，在于序，在于不僭越，在于自警。即使命将决绝，虽师生之谊，犹避礼牖下，笃守不苟，谨行不忽。

死生有命，疾不择人。圣贤犹对命运无奈，只能徒呼慨叹。生老病死，人皆不免；贫富显达，过眼烟云，谁也不可能长久拥有。只是当我们老来独居牖下，面对夕阳沉落的时候，能够与过去的同学朋友握一握手，那是何等的福分！

※原文

子曰："贤哉，回也！一箪食，一瓢饮，在陋巷。人不堪其忧，回也不改其乐。贤哉，回也！"

※译文

夫子说："颜回贤明啊！一小竹筒饭，一瓢冷水，住在偏僻狭窄的街巷里，别人不能忍受那种生活的忧苦，颜回却一直乐观而无改变。颜回是真正的贤明之士啊！"

※历代论引

程子曰："颜子之乐，非乐箪瓢、陋巷也，不以贫窭累其心而改其所乐也，故夫子称其贤。"又曰："箪瓢陋巷非可乐，盖自有其乐尔。'其'字当玩味，自有深意。"又曰："昔受学于周茂叔，每令寻仲尼、颜子乐处，所乐何事。"

※札记

德之居，在陋巷

安贫乐道，无慕虚荣。虽贫穷困顿，无改于仁德之行。颜渊之乐，独乐其所乐。处其时世，自乐其道。世风腐靡，又有谁能独守清贫，乐处愁痛？岂君子独生于陋巷之间，而必得乐守其贫？

这是一幢陈旧的宅院，紧邻着一条狭窄而暗淡的街巷，一盏昏黄的路灯，一位年逾八旬的老者颤颤巍巍地站在这里，衣着简朴，面容清瘦。这是我的老师，围绕着他站立的是他的学生们，此时，我们众星捧月般地仰望着他满头的白发。一代又一代的学子从老师身边走过，老师仍然一年一年固守在这里，静候我们到来，又目送我们离去。我们中的一些人老师也许已不记得，但是，我们总是在年年这个时间来看望他，听几句教诲，其实只需要看一眼老师，心灵就会获得宁静。我们中的一些人经历曲折、跌宕起伏，也有一些人平步青云、扶摇直上，但是在我们的心灵深处，总也走不出这条陋巷，走不出这双眼睛的期待。

德之所居，何陋之有？

※原文

冉求曰："非不说子之道，力不足也。"子曰："力不足者，中道而废。今女画。"

※译文

冉求说："并非不爱慕夫子的道德学说，只是自感天资不及、力不从心呵。"夫子说："真正力不从心、欲进而不能的人，只能半途而废。现在，你这是先画地为牢、自我设限啊！"

※历代论引

胡氏曰："夫子称颜回不改其乐，冉求闻之，故有是言。然使求说夫子之道，诚如口之说刍豢，则必将尽力以求之，何患力之不足哉？画而不进，则日退而已矣，此冉求之所以局于艺也。"

※札记

放飞自己

旺盛的探求欲和积极的进取心，是成就事业的前提。自甘平庸，安于现状的任何闪念，都是危险的，都是对人生的不负责任。

成就人生的秘诀就在于屡败而屡战，愈挫而愈奋。遍观历史上任何成就事业的伟人，无不经历过无数的艰难困苦，在逆境中拼搏奋斗，最终方成就一番伟业，为人所敬仰。没有什么事情是一蹴而就的，凡事都需要艰辛的努力，乃至于付出相当大的代价。

实质上，我们往往不是被我们的敌人所战胜，也不是被所谓的命运所限定，而是被自己的懦弱击败，还未开始，就已经缴械，自己退出场去。这是我们自己的悲哀。其实，挫折是成就事业、塑造人生的真正动力。如果没有挫折，也许我们真的会失去对生活的信心。我们的生活会因此而缺乏很多相应的魅力。安于现状，苟且偷生，不思进取，丧失自信，是我们与生俱来的惰性，是我们成就事业的障碍。为了人生的灿烂多姿，我们应当有破壁奋飞的气势，去创立自己的精神境界。

※原文

子谓子夏曰："女为君子儒，无为小人儒。"

※译文

夫子告诫子夏说："你应该努力做君子式的学者，不要使自己流俗为小人式的市侩。"

※历代论引

程子曰："君子儒为己，小人儒为人。"

谢氏曰："君子、小人之分，义与利之闲而已。然所谓利者，岂必殖货财之谓？以私灭公，适己自便，凡可以害天理者皆利也。子夏文学虽有余，然意其远者大者或昧焉，故夫子语之以此。"

※札记

建立自己高尚的人格

所谓儒者，"衣冠中，动作慎，大让如慢，小让如伪。言必诚信，行必中正，道途不争险易之利，冬夏不争阴阳之和"。(《孔子家语·儒行解》)

君子儒，忠直报国，"用于君则忧君之忧，食于民则患民之患，在下而不用则修身而已"。

小人儒，奸佞逢迎，罗织罪名，诬陷构连。为政则祸国殃民，居乡则兴波逐浪，为祸惨烈。

谦谦君子，夙兴夜寐。何所取舍，存乎一心。

※原文

子游为武城宰。子曰："女得人焉尔乎？"曰："有澹台灭明者，行不由径。非公事，未尝至于偃之室也。"

※人物简介

澹台灭明：字子羽。武城人。少孔子四十九岁。有君子之姿。状貌猛恶，欲事孔子，孔子以为才薄。既已受业，退而修行。行不由径，非公事不见卿大夫。孔子尝以容貌望其才，其才不充孔子之望。然其为人公正无私，以取与去就，以诺为名。仕鲁为大夫。

※译文

子游担任武城的邑治。夫子说："你得到有才德的人的辅佐吗？"子游说："有一个叫澹台灭明的人，他的行为光明磊落，不曲意阿附，也不做私相授受的鄙行，没有公务，从来不到邑治长官的私居之所拜访。"

※历代论引

杨氏曰："为政以人才为先，故孔子以得人为问。如灭明者，观其二事之小，而其正大之情可见矣。后世有不由径者，人必以为迂；不至其室，人必以为简。非孔氏之徒，其孰能知而取之？"

朱子曰："持身以灭明为法，则无苟贱之羞；取人以子游为法，则无邪媚之惑。"

※札记

行不由径

为政在于得人。但是，当政者还须具备识人的慧眼和品格。

子游可谓识人。战国时代，战乱纷争，各国在政治、军事、外交方面机遇均等的情况下，都认识到人才至为重要，关乎国家存亡兴盛。燕昭王誓雪国耻，于是垒起黄金台，延请天下贤士，以至齐国的邹衍、赵国的剧辛、魏国的乐毅纷纷投奔，后来他采用乐毅的谋略，大败齐国。燕昭王在即位二十七年之后，终于报了破国杀父之仇，燕国也逐渐从战争创伤中复兴起来。由此可见，人才是关乎国家兴衰治乱的根本。

"天下之广，人物之众"，谁为贤才，谁当擢用，取决于当政者的德行。《易·乾》九三曰："君子终日乾乾，夕惕若，厉无咎。"孔子说："君子进德修业。忠信所以进德也。修辞立其诚，所以居业也。知至至之，可与言几也。知终终之，可与存义也。是故居上位而不骄，在下位而不忧，故乾乾因其时而惕，虽危无咎矣。"

※原文

子曰："孟之反不伐。奔而殿；将入门，策其马，曰：'非敢后也，马不进也。'"

※人物简介

孟之反：名侧。鲁国大夫。史载：在鲁哀公十一年，齐国军队进攻鲁国。双方在城外交战，齐国军队在稷曲布防。鲁国军队设阵河边。孟之反为统帅之一，孔子的学生冉有也参加战役为统帅。樊迟说："不是不能战胜，是对你这位统帅没有信心啊！

儒服儒行

请你明令三军即刻越过沟堑进攻，争取主动权。”孟之反照着这个意思下达命令，全军全力进攻，很快攻入齐国军队的阵地中。但是右翼部队却崩溃而逃，齐国军队便趁机追击，陈瓘、陈庄急切之下徒步渡过泗水而逃。孟之反掩护着侧翼，以保证全军侧后安全，最后一位入城。进入城门后，他拔出长箭，鞭策驱赶着他的战马，说：“这匹马跑不快呀。”孔子说：“能够随时拿起武器保卫国家，可以避免让更多的人战死啊！”冉有举着长矛与齐国军队作战，能够冲过外围，进入敌方阵地。孔子说：“这是道义啊！”然而却因此受到别有用心之徒的非议诬陷。

※译文

夫子说：“孟之反不夸耀其功绩。出师不利而败退，主动独任后卫；进入城门，却用箭杆鞭打着他的战马，说‘不是我担负了后卫的职责走在了后面，只是由于我的马跑得慢啊’。”

※历代论引

朱子曰：“战败而还，以后为功。反奔而殿，故以此言自掩其功也。”

谢氏曰：“人能操无欲上人之心，则人欲日消、天理日明，而凡可以矜己夸人者，皆无足道矣。然不知学者，欲上人之心无时而忘也，若孟之反，可以为法矣。”

※札记

不矜其功，必具大德

在历史的进程中，总是有人头顶光环，也得有人独任其咎。不矜功者，实怀栋梁之德才。然则总不得大用，尤须谨慎做人。

孟之反并非怨马，同样是在寻找客观的理由，只是在于借故避免受到逃奔者的嫉恨，是出于无奈中的自保之策。孟之反虽然庆幸没有伤在敌人的箭镞之下，但是，在腐败的环境中，则可能伤害在谗言构陷之中。尤其在逃跑的队列中，既有士兵，也必有将领，更可能有战役的统帅或国君。你的过人胆略，虽然独负重任，但也衬托出他人的渺小，那么，当他们从逃跑的惊慌中回过神来，意识到命保住了之后，又会面临着新的责任的追究，更要面对着英雄的行为的对比，他们的心里会是什么滋味，又会做如何感想呢？因此，他将成为胆小者的围攻对象，成为众矢之的。于是，他宁愿被人无视，也不能居功邀赏。试想，如果身处一个君子用世的政治集团，出征何至于落败，何至于刻意做出怨马之举！

不矜其功，已属难得，自掩其德，更为可贵，也实出无奈。颜回不贰过，孟之反不矜功，实乃难能而可贵者。没有深厚修养的人，是不能够做到这样的。以不正当手段，热衷于追逐名利之徒当感到赧然汗下。

※原文

子曰：“不有祝鮀之佞，而有宋朝之美，难乎免于今之世矣！”

※人物简介

祝鮀：字子鱼。有口才，是当时卫国的大夫。祝是当时的官名，管宗庙、国家祭祀的官，《左传》鲁定公四年“祝鮀长卫于祭”，各诸侯国于召陵会盟。祝鮀随卫灵公出使，据理力陈，维护了卫国在联盟中的地位和尊严。

宋朝：是宋国的公子。公子是世袭的官名，所谓“世家公子”，他的名字叫朝，长得很漂亮。

※译文

夫子说：“没有祝鮀的敏捷善辩，而仅有宋朝的容貌之美，在当今之世是很难避免灾祸的。”

※历代论引

朱子曰：“衰世好谀悦色，非此难免，盖伤之也。”

※札记

宋朝之美

美貌，人皆愉悦；美德，人皆称扬。秀外慧中，人皆追求。气质在于修养，学养可以弥补容貌的缺陷。缺乏修养的美貌，只能让人感到轻浮。纵有“宋朝之美”，如无才德，也只能是转瞬即逝的昙花。因此，与其刻意修饰外表的美丽，不如静心修养内在的品德。

在这物欲横流的世间，“宋朝之美”大有市场。脱衣秀、美女秀，以至于一些人为了成名，借用有伤风化的行为蔓成时尚，大行其道。裸肩带背，透明无遮，春色流泻，充斥于大庭广众间，各种媒体推波助澜、鼓噪喧哗，进行别有用心的炒作使一些既成名者也不耐寂寞，借其美色，标榜前卫，取媚于时。殊不知，只有美德是永恒的，也只有真才实学才是可靠的。

※原文

子曰：“谁能出不由户？何莫由斯道也？”

※译文

夫子说：“谁能走出屋子而不经过房门呢？为什么没有人经由我这条路走呢？”

※历代论引

朱子曰：“人不能出不由户，何故乃不由此道邪？怪而叹之之辞。”

洪氏曰：“人知出必由户，而不知行必由道。非道远人，人自远尔。”

※札记

做人的原则永恒不变

社会的演进与时尚的变化，不是个人的愿望所能左右的。但是，天地正道是永恒存在的，无论世俗何等喧嚣，做人的原则永远不能丢弃。

大道不行，将欲何往？“谁能出不由户？”

既然我道上体天心，为人间“木铎”，最终总被接受，“谁能出不由户”？我道自在，自有人走，这是必然的途径，只是人们还没有找到自由行走的途径。

正如我们亲眼所见：在我们居住的房间，总会有苍蝇、飞蛾、蜜蜂等不邀自来。

然而，它们却再也找不到出去的路，于是它们努力地寻找飞向阳光、飞向自然的自由之路。透过窗户，看见了它们向往的天地，于是就奋力奔赴。然而，无情的事实是，它们总被窗户的玻璃生生地挡回。它们很是不解，看到的是多么美妙的景观，而且也没有什么阻挡，为什么会被拒绝，而不能融入这美妙的世界？

平庸如我辈的人们，也莫不如此，心中崇尚着大同世界，向往着美好的境界。似乎就可看见，可是却无从抵达。内心告诉我们，就在我们身边，但却总是碰壁，找不到奔赴的路。天道自在，而我们却不知向哪个方向努力，只是盲目地奔走。而各种不和谐的喧嚣之声争吵不已。

于是先哲慨叹，门户大开，你们自由地走啊！我道自在，“何莫由斯道也”？

这不是门户的问题，而是行走者眼睛的问题，直到有一天行走者最终发现了门径。

※原文

子曰：“质胜文则野，文胜质则史。文质彬彬，然后君子。”

※译文

夫子说：“质朴信实胜于文采，便显得拙讷呆板。风度翩翩胜过质朴，就未免显得虚浮油滑没有诚意。只有文采斐然而又心地质朴仁厚，这才是君子的气质。”

※历代论引

杨氏曰：“文质不可以相胜。然质之胜文，犹之甘可以受和，白可以受采也。文胜而至于灭质，则其本亡矣。虽有文，将安施乎？然则与其史也，宁野。”

※札记

文质彬彬，然后君子

有礼则文，无礼则野。德才兼备然后君子。“质本洁来还洁去，不使玷污陷渠淖。”保持我们品质的高尚，信仰的坚定和人格的完美，应当是我们毕生奋斗的目标。

※原文

子曰：“人之生也直，罔之生也幸而免。”

※译文

夫子说：“人自生来就是纯真、率直的。只是由于成长的经历，渐渐滋生出虚伪的行为。但是，如果一味地以虚饰的形象处世，或许也能得到好处，那也只是出于侥幸而暂时逃避了灾祸，总有一天会被人识破。”

※历代论引

程子曰：“生理本直。罔，不直也；而亦生者，幸而免尔。”

※札记

保持美好的天性

人与生俱来的本质是坦诚的，只是由于生活的压力，我们学会了虚伪和掩饰。我们为了保护自己，为了得到更大的利益，于是丢下了我们的诚实，捡起了虚伪这个工具，百般隐藏自己的心事，将自己的感情埋藏得深沉，只以虚假的做作面对真实的生活。因为，现实是强大的，总是以不可抗拒的力量改变着我们，包括一切。

任何谎言，无论多么美丽，最终将被事实击得粉碎。任何的虚饰与刻意掩盖，最终将被事实无情地剥去画皮。一切的恶行最终都将得到清算，谁也不可能永远幸运，谁也不可能永远得到幸运之神的惠顾。因为，随着岁月的流逝，真相渐渐显露出不可辩驳的品质，于是，人们回归于对过往的忏悔。还是诚实一点的好，保持一份坦诚与率真，少一点虚伪和奸诈，相信我们的人生会更为轻松美好。

丑次同车

※原文

子曰："知之者不如好之者，好之者不如乐之者。"

※译文

夫子说："对于一种知识或技艺肤浅了解的人不如对此有兴趣爱好的人，有这种兴趣爱好的人不如以此为乐趣的人。"

※历代论引

张敬夫曰："譬之五谷，知者知其可食也，好者食而嗜之者也，乐者嗜之而饱者也。知而不能好，则是知之未至也；好之而未及于乐，则是好之未至也。此古之学者所以自强而不息者与？"

尹氏曰："知之者，知有此道也。好之者，好而未得也。乐之者，有所得而乐之也。"

※札记

兴趣和乐趣是成就事业的基石

做好某件事的内在动力为兴趣和乐趣。

要我学，不如我要学，我要学不如以学为乐。

人的修养所能达到的境界，人生的成就如何，皆取决于兴趣。

按照自己美好的梦想自由地去做，必然会取得成功并能做得更好。

※原文

子曰："中人以上，可以语上也；中人以下，不可以语上也。"

※译文

夫子说："具有中等以上天资的人，可以教给他较为高深的学问；智力在中等以下的人，是不可以要求他达到较高修养的。"

※历代论引

刑昺疏："语谓告语也；上谓上智之所知也。"

张敬夫曰："圣人之道，精粗虽无二致，但其施教，则必因其材而笃焉。盖中人以下之质，骤而语之太高，非惟不能以入，且将妄意躐等，而有不切于身之弊，亦终于下而已矣。故就其所及而语之，是乃所以使之切问近思，而渐进于高远也。"

※札记

因材施教，循序以进

人有贤愚，分为三六九等；官有大小，别于三六九品；职有贵贱，分为三六九流。由此可见，在古代等级观念是根深蒂固而不容忽视的，也是不容否认的。

人们智慧的差异，决定着其人生的成就。既有先天禀赋的不同，也因后天的努力不等所致。因此，只能因其材而诱导之，不可强求。唯德之修，被于苍生。唯礼之文，普施大众。唯乐之娱，融于心灵。唯有此是任何人都必须毕生用力的，是不分贤愚贵贱、为众生所必修的。

※原文

樊迟问知。子曰：“务民之义，敬鬼神而远之，可谓知矣。”问仁。曰：“仁者先难而后获，可谓仁矣。”

※译文

樊迟问什么是真正的大智慧。夫子说：“专心致力于人们切身利益相关的事务，敬奉鬼神而不迷信，这就是智慧。”樊迟又问什么是仁德。夫子说：“有仁德之心的人，不避艰难险急，功成身退、甘居人后。这就是‘仁’呀！”

※历代论引

朱子曰：“专用力于人道之所宜，而不惑于鬼神之不可知，知者之事也。先其事之所难，而后其效之所得，仁者之心也。此必因樊迟之失而告之。”

※札记

何须祷告

以国家民族大义为重，奔赴急难，义不容辞。为了维护人民的利益，不论遇到什么困难和危险，也勇于承担，义无反顾。以虔诚的心信仰神明伟大而神秘的力量，不做出亵渎神明的行为，以敬畏之心对待神灵，决不一味祷告祈求神明降福于自己，而自己却放弃努力。能够做到赴民之义，敬畏神明，礼而敬之，就是大智慧。

“先天下之忧而忧，后天下之乐而乐”，以天下为己任，遇险不避，知难而进，功成身退，不争功夺利，不求虚名显达，甘居人后，谦和达观。神明有知，自有惠顾，何须祷告？重民之事，大义；敬神明而远之，大智；求仁得仁，大仁。

※原文

子曰：“知者乐水，仁者乐山。知者动，仁者静。知者乐，仁者寿。”

※译文

夫子说：“智慧的人爱好是广泛的，就像流动的水，是善变的，智谋勇略层出不穷。仁德的人对于德行的崇尚是坚定的，就像山岳一样稳固，巍然屹立，气势磅礴。智慧的人达于事理而勇于实践，仁德的人安于义理、静思默运。智慧的人快乐逍遥，仁德的人长寿安泰。”

※历代论引

程子曰：“非体仁、知之深者，不能如此形容之。”

朱子曰：“知者达于事理而周流无滞，有似于水，故乐水；仁者安于义理而厚重不迁，有似于山，故乐山。动、静以体言，乐、寿以效言也。动而不括故乐，静而有常故寿。”

※札记

山高水长

面对沧海桑田，智者思，仁者观。仁者乐处其命，智者勇变其境。

生命总是值得赞颂，生活中总有很多乐趣，供我们享受，只是因各有所见而不同。

快乐是人皆追慕的，长寿是人人期望的。而真正的快乐就如山水，无处不在，就在我们的身边，就在我们的心里。借用一句人们常说的话，生活处处都有美，关键在于我们的眼睛是否有所发现。

快乐是一种心境，忧戚也是一种心绪。或忧或乐，在于我们自己的心灵。只要我们拥有仁者的胸怀、智者的心灵，我们又有什么忧愁不能释怀呢？

※原文

子曰：“齐一变，至于鲁；鲁一变，至于道。”

※译文

夫子说：“齐国的文化风尚经过改革重整，可以达到鲁国现行的风尚。鲁国的文化能够得以发扬光大，就可以达到先王制定的文化标准了。”

※历代论引

朱子曰：“孔子之时，齐俗急功利，喜夸诈，乃霸政之余习。鲁则重礼教，崇信义，犹有先王之遗风焉；但人亡政息，不能无废坠尔。”

程子曰：“夫子之时，齐强鲁弱，孰不以为齐胜鲁也？然鲁犹存周公之法制。齐由桓公之霸，为从简尚功之治，太公之遗法变易尽矣，故一变乃能至鲁。鲁则修举废坠而已，一变则至于先王之道也。”

※札记

文化精神长存

文化精神深深地根植于民族的血液之中，文化是当代社会思想的反映。社会历史的任何一次变革，无不深刻地体现在文化的传述中。它是社会历史的忠实记录，是时代愿望的体现，是社会良知的言说，是历史的活化石。任何社会形态都可以被打碎，只有文化长存。

在春秋战国时代文化的演变历程中，齐鲁两国在东西周时期，都具有核心影响力，齐鲁文化比较完整地保存了周代文化的精神。因而孔子从文化复古的思想出发，发出这样的感叹。但是，发展是必然的，文化思潮所体现的是社会发展的要求，新兴的文化必然代替陈旧的思想。文化风尚，取决于民俗风气，决定着政治进步的方向。在急剧变革的时代，新兴的生产力发展，带来了人们生活方式的根本改变。全新的思维模式已经深刻地融入了每个社会成员的生活。在一再轮回的宿命中人们并没有弄清楚到底发生了什么，旧的文明不可避免地被历史遗弃而衰落了。有衰微，就有新生，新的先进的文明应运而生，并将逐步发展壮大起来，走上历史的舞台，这是不可抗拒的。

时代是发展变化的，每个时代有每个时代的历史和主流思潮，时代的文化精神呼唤新的社会体制，一个新的历史时期已经开始了，何必孜孜固守旧俗？

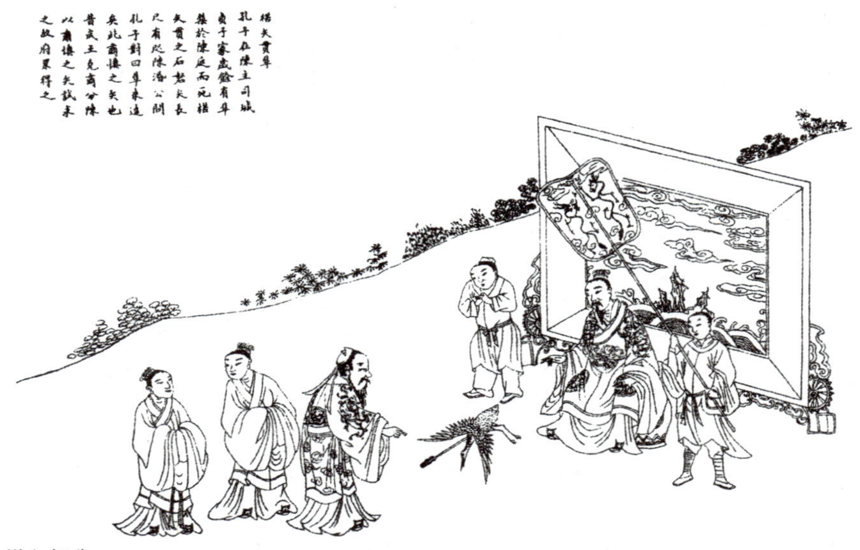

楛矢惯隼

※原文

子曰："觚，不觚，觚哉？觚哉！"

※译文

夫子说："觚，不像个觚的样子，还能算是觚吗？这哪里是觚啊！"

※历代论引

程子曰："觚而失其形制，则非觚也。举一器，而天下之物莫不皆然。故君而失其君之道，则为不君；臣而失其臣之职，则为虚位。"

范氏曰："人而不仁则非人，国而不治则不国矣。"

不对田赋

※札记

治国如制器

语云：无规矩不成方圆。失去礼仪法度，民众则手足无措。因此，圣哲观一物而发天下之慨。

名与实相依存，形与质相表里。制器须有形制，治国必立法度。天下之器皆有矩，失其棱角，则失其形制，则无规矩，也就丧失了其存在的意义和依据。举一器而立形制，何乐而不为？举一器而立法度，何为而不举？失其形制，则无法度可宗，何得而别其器。无法度则失其序，必陷于乱，民则无所适从。举一人，天下治。举一器而天下序，何不为之？举器而法，治国本道。

※原文

宰我问曰："仁者，虽告之曰'井有仁焉'，其从之也？"子曰："何为其然也？君子可逝也，不可陷也；可欺也，不可罔也。"

※人物简介

宰予：字子我，鲁国人。有口才，以言语著名。仕齐为临淄大夫，与田常为乱，夷其三族。孔子耻之，曰："不在利病，其在宰我。"

※译文

宰我问："有仁德的人，如果告诉他说'井里掉下了一个人'，他是不是会跟着跳下去？"夫子说："为什么要这样做呢？有仁德的人是可以前往救助的，但是不能陷自己于井中啊，虽往救何益。仁德之人是可以被人以正当的理由诳骗的，但是不可以被人欺昧、愚弄。"

※历代论引

朱子曰："身在井上，乃可以救井中之人；若从之于井，则不复能救之矣。此理甚明，人所易晓，仁者虽切于救人而不私其身，然不应如此之愚也。"

※札记

宰予之辩

井有人，往救，则为仁德之行。虽为救人，实则也是拯救自己的仁德，从而使自己不致深陷于"私"井。井中之人犹可救，"私"井之念无可涤。

不赴救助，失之仁德。即失井中之人，井上之人也必失其德。人而无仁，何言德行？仁者可欺，不可罔。以诡辩而捉弄、愚弄别人，既失之于促狭诡诈，也失其诚。其人虽未陷于"井"，而已自陷于"私"罔。所以，天下矫诳诡辩奸佞之徒当慎而戒之。

做人要有自己的信仰，在行为上要能够顺应变化，但并不是要放弃信仰而同流合污。一个有仁德的人，即使被时代遗弃也决无悔，但是决不能自陷于世俗的困扰。

真理就是真理，不需要辩驳。那种依靠辩解而获得人们接受的东西是靠不住的，也就在于想要说服别人的人的内心不踏实。仁就是仁，仁的精神无处不在，无物不附，为什么要以"井"为辞。"井"自有仁，何在于井上之人的行为，在于自己如何"打捞"。借口发难，是内心修养的不纯。如何摒除我们心灵的杂质，正是我们的仁德修养所要解决的问题。我们总会被自己的一些奇怪的想法左右，自以为更接近真理，于是自以为是，于是目无余子，于是辩驳诘问，这正是我们的悲哀。仁即仁道，是合乎人情至性至理的精神。仁就是仁，以仁人之心仁己，以仁己之心仁人。而不是借口外在的精神，要求别人如何做，仁的施行在于个人的自愿自觉。

仁的精神深存于我们民族的内心，如果井中真有仁而被陷，何须问，奔赴而已。孟子有“舍生取义”之训。这是我们民族传承久远的正义之气，也是中华文明悠久的内在品质。

※原文

子曰：“君子博学于文，约之以礼，亦可以弗畔矣夫！”

※译文

夫子说：“君子广泛地学习传统道德文献，用礼仪来规范自己，其言行也就不可能离经叛道。”

※历代论引

程子曰：“博学于文而不约之以礼，必至于汗漫。博学矣，又能守礼而由于规矩，则亦可以不畔道矣。”

朱子曰：“君子学欲其博，故于文无不考；守欲其要，故其动必以礼。如此，则可以不背于道矣。”

※札记

学风问题是不可忽视的重要问题

让读书支撑我们的生命，没有什么轻而易举的方法可以代替勤奋的苦读，自己不努力是成不了大器的。“书不贵多而贵精，学必由博而致约，果能精而约之，以贯其多与博，合其大而极于无余，会其全而备于有用，圣贤之道岂外是哉？”明代董其昌说“行万里路，读万卷书”。穷其毕生精力，读好一本书，也真是一种成就。

爱因斯坦说：“我从来不记忆和思考词典、手册里的东西，我的脑袋只用来记忆和思考那些还没载入书本的东西。”是的，拘泥于已有的成说，那是宗教徒式的愚行。墨守成规决不会有新的创见，只能让僵化的思想扼杀我们的未来。创新发展并不是离经叛道，而是在不断的扬弃中勇于冲破藩篱，走向新的天地。

※原文

子见南子，子路不说。夫子矢之，曰：“予所否者，天厌之！天厌之！”

※人物简介

南子：卫灵公夫人，操行失矩，行为有失检点，为时人所非。

※译文

孔子不得已去见南子，子路愤然不悦。夫子正告他说："我所否定的，也是天意都厌弃的，也是天地不能容忍的。（对于南子，你们没有必要这样固执偏见）"

※历代论引

朱子曰："圣人道大德全，无可不可。其见恶人，固谓在我有可见之礼，则彼之不善，我何与焉？然此岂子路所能测哉？故重言以誓之，欲其姑信此而深思以得之也。"

※札记

圣德昭日月

"众口铄金，积毁销骨，积羽沉舟。"人言可畏如此。

大道载物，无所不容。大德许人，犹存其善。凡事只求问心无愧，天地自有公心。不必过分苛求别人，也不要人云亦云。凡事要有自己的立场，不要因为别人对某人某事的毁誉而毁誉，要有自己的主见，不要做谣言的帮凶，更不要在不明是非的情况下，主观臆度别人，将自己的思想强加于人。

应该全面地评价一个人，不要执着于一斑之见，对于任何人的评价，都应存有善心，不能以自己的苛刻标准一概否定别人，不能听信传讹而固执偏见。更不要沦为谬误与私见的同谋。别抬举自己，也别为难别人，更不要蓄意贬损他人。要给别人向善的机会。

※原文

子曰："中庸之为德也，其至矣乎！民鲜久矣。"

※译文

夫子说："中庸作为一种道德标准，应该算是最高了吧！长期以来人们已经很少能够做到了。"

※历代论引

程子曰："不偏之谓中，不易之谓庸。中者天下之正道，庸者天下之定理。自世教衰，民不兴于行，少有此德久矣。"

※札记

中庸之德

什么是中庸？中庸是一种哲学思想，又是一种道德实践的原则和待人处世的方法。最早提出中庸概念的是孔子，其后的儒家学者又不断地完善，使之成为一种政治手段。中庸的核心是要求人们把握适当的限度，以保持事物的平衡，达到“和而不流”（谦和但不盲从）、“中立不倚”（中立无所偏颇）的境界，从而使社会秩序稳定，处于高位者不骄横，处于下层者不背叛，最终实现对立的平衡和矛盾的调和。近人多认为中庸是折中主义，这就将中庸简单化了，偏颇。

《易经·蒙》：“蒙亨，以亨行，时中也。”《礼记·中庸》：“君子之中庸也，君子而时中。”时中：指立身行事，合乎时宜，无过与不及。中庸的精神就在于取其正反两方面的中肯意见，舍弃其过激的不当的因素，寻求事物发展变化的方向。就是合乎时宜，恰到好处。达到“由乎中庸，所以致用”的目的。

※原文

子贡曰：“如有博施于民而能济众，何如？可谓仁乎？”子曰：“何事于仁，必也圣乎！尧、舜其犹病诸！夫仁者，己欲立而立人，己欲达而达人。能近取譬，可谓仁之方也已。”

※译文

子贡说：“如果有人对百姓广泛地施与好处，又能赈济大众，怎么样？这样的人就可以算是仁德之人了吗？”夫子说：“不论做什么事，都能做到仁德，那一定是圣人了！像唐尧、虞舜这样的圣人尚且有人提出非议，谁又能凡事做到毫无瑕疵呢？凡是仁爱的人，自己想要有所建树，必先帮助别人成就事业；自己想要显达，必先荐引帮助别人通达。这样凡事做到推己及人，就可以说是得到了仁爱的真谛和方向了啊。”

※历代论引

程子曰：“医书以手足痿痹为不仁，此言最善名状。仁者以天地万物为一体，莫非己也。认得为己，何所不至？若不属己，自与己不相干，如手足之不仁，气已不贯，皆不属己。故博施济众，乃圣人之功用。仁至难言，故止曰：‘己欲立而立人，己欲达而达人。能近取譬，可谓仁之方也已。’欲令如是观仁，可以得仁之体。”

吕氏曰：“子贡有志于仁，徒事高远，未知其方。孔子教以于己取之，庶近而可入。是乃为仁之方，虽博施济众，亦由此进。”

※札记

帮助别人就是成就自己

人人都在追求进步，人人都在谋求成就自己，人人都想建立功名事业，人人都力求使自己的人生辉煌。因此，要有宽广的胸襟和博大的气度。支持他人，就是更好地发展自己。要想成就自己，还是先尽力成全别人吧。“夫仁者，己欲立而立人，己欲达而达人。”

成全别人，成就的是自己的德行。品德高尚，自会得到世人的称誉。“水涨才能船高”，就是这个道理。不要总是想着自己，存心施与，虽善不赏，不要只沉湎于“予与取”的功利思想而无法息拔。只有全心全意地为人民服务，才能得到人民的拥戴。

“圣乎尧、舜！其犹病诸。”我们还是自己努力从细微处踏踏实实地做起吧！

述而

大道无言

真理是最朴实的。圣哲从不故作高论来炫耀才华，也不刻意危言耸听来惊世骇俗。大道至简，莫不以极简洁、极明晰的语言紧扣其真谛精髓而道出。纵使各有各的表述方式，但以极浅显的文字表达极深刻的思想，以极简练的语言表现极丰富的内容，是著述的科学之途。然以著书立说来传于后世的诸子中，有一部分人把心思放到写文章上，唯恐被淹没而不被世人所了解，所以喜欢创立新的论点。而现代一些人的立论，不去追求精当，却一定要努力地跟别人不一样，意在制造是非争端，引起思想的杂乱。“夫大道不言，而致远也。雀噪聒聒，何所见也。”文化的传承不在于刻意地标新立异，而在于继承和发展。

※原文

子曰："'述而不作，信而好古。'窃比于我老彭。"

※人物简介

老彭：老子和彭祖。

老子：即老聃。姓李，名耳，字聃，曾为周史官。后见周乱，隐居。著《道德经》，是道教文化的创始人。

彭祖：商朝贤大夫，见《大戴礼》，盖信古而传述者也。传说颛顼帝玄孙陆终氏的第三子。《世本》谓姓篯名铿，尧帝的臣子，封于彭城，因其道可祖，故谓之彭祖。历虞、夏至商、周，年八百岁。在商为守藏史，在周为柱下史。传言彭祖观井，自系大木之上，以车轮覆井，而后敢观。自爱而谨慎。

※译文

夫子说："我只是阐述前人成说，而没有创建新的理论，以虔诚的态度深信而且喜爱古代文化，我其实就像一个过时的老古董，只是力求像老子和彭祖那样谨慎地做着延续传承古代文化精华的工作。"

※历代论引

朱子曰："孔子删《诗》《书》，定《礼》《乐》，赞《周易》，修《春秋》，皆传先王之旧，而未尝有所作也，故其自言如此。盖不惟不敢当作者之圣，而亦不敢显然自附于古之贤人，盖其德愈盛而心愈下，不自知其辞之谦也。然当是时，作者略备。夫子盖集群圣之大成而折衷之。其事虽述，而功则倍于作矣，此又不可不知也。"

※札记

学贵创新

"故知礼乐之情者能作，识礼乐之文者能述。作者之谓圣，述者之谓明。"（《礼记·乐记》）述而不作，即对于古之礼制，只是做阐述的工作，而不是创作。彭祖之爱其身，不敢涉险，事无巨细，栗栗惕惕。夫子谨言，如彭祖之爱身，不妄作新论，必以述古而发。

学问在于求其精微，在于发乎前人之未发。名实相副，而不是装潢门面。不论从事什么职业，都需要切切实实的能力和脚踏实地的精神，这是打开成功之门的不二钥匙。没有真正的能力，何来在某个领域里的创新？

创新是文化发展的必然要求，也是社会发展的根本动力。积极营造创新的氛围，使一切有利于社会进步的创造愿望得到尊重，创造活动得到支持，创造才能得到发挥，创造成果得到肯定，那么社会的发展才有光明的前景。

※原文

子曰："默而识之，学而不厌，诲人不倦，何有于我哉？"

※译文

夫子说："默默地记住所学的知识，努力学习从不感到因满足而产生厌烦的想法，教诲别人或与人探讨疑问忘记疲倦，这些品德我做到了哪些呢？"

※札记

拙守中见精神

最笨拙的方法，其实是最为长远、最为有效的方法。

学习的人生，是充实美好的人生。我们每天都有新的知识需要学习，也每天都面临着需要应对的新情况，每天需要做出决断的新问题也很多。我们的知识是有限的，我们的时间是紧迫的，我们没有理由不学习，我们更没有资格厌倦学习，我们只能默默地将一切可以学习的东西留心记忆下来，将一切经历或听到的事实进行总结，再加以筛选汲取。

"朝闻道，夕死可也。"学习，既是继承，又是创新。学会学习，学会思考，是我们修养德能的基本功夫。"吾之生也有限，而知也无涯。"除了不懈地学习，我们又能如何呢？

天地浩荡，静默无言，何述焉，何作焉，万物备见，能不学习吗？

※原文

子曰："德之不修，学之不讲，闻义不能徙，不善不能改，是吾忧也。"

※译文

夫子说："品德修养不能长期坚持，研究学问不能持之以恒，听到正义的呼声不能及时地奔赴前去伸张，不好的行为不能够自觉地迅速改正。这些都是我深深感到忧虑的。"

※历代论引

尹氏曰："德必修而后成，学必讲而后明，见善能徙，改过不吝，此四者，日新之要也。苟未能之，圣人犹忧，况学者乎？"

※札记

君子忧德

原宪曰："无财谓之贫，学道而不能行者谓之病。"君子忧德，小人忧利。

德在修持，学贵探讨。能够做到的和已经做到的，都不足为人道，也不必沾沾自喜，因为我们的内心深怀忧虑。浑浑噩噩、无所用心的人是快乐的。太多的责任只能使自己活得更加沉重。国家的发展、民族的未来自有其内在的力量推动，奔涌向前，任谁也无法改变，更不可阻挡。我们并不能够影响社会，我们只能为自己负责，我们唯一能做的也只能是建立自己完美的人格，尽力做到自我完善。不要自以为能够拯救世界，其实我们能够救助自己就已经是难能可贵了。

※原文

子之燕居，申申如也，夭夭如也。

※译文

孔子在日常生活中的神态总是保持安详、快乐。

※历代论引

程子曰："此弟子善形容圣人处也，为'申申'字说不尽，故更著'夭夭'字。今人燕居之时，不怠惰放肆，必太严厉。严厉时著此四字不得，怠惰放肆时亦著此四字不得，惟圣人便自有中和之气。"

杨氏曰："申申，其容舒也。夭夭，其色愉也。"

※札记

生活的深度

独处见操守，居家见性情，赋闲见德行。

生活是一种境界，不疾不徐，不愠不火，始终保持一种从容恬静。其实，生活的真正意义并不在于事业的成败，也不在于仕途的穷达，更不在于占有金钱的多少，而在于拥有能够体悟快乐的美好心灵。知足无忧，胸襟坦荡，既不为个人的私欲而戚戚，也不为非分的企求而患得患失，淡泊宁居，安享生活的乐趣与美好。

心忧天下，并不需要整天做出一副忧心忡忡的苦相，表面的忧形于色，是肤浅的，是做给人看的，无助于现实问题的解决，只能是修养不足的作秀。承担文化传承的重任，为道德文化奠基，为天下苍生立命，并不与生活的快乐相矛盾。只有以积极的人生态度去思考、去实践，才是真正对所负使命有担当的精神。

令我们的生活快乐，使我们的心情保持愉快，轻松地度过每一个白天和夜晚，是我们尽力追求的生活常态。超脱于尘俗的琐屑与卑下，显示人生的境界与深度，是我们生活的理想。既能够平静地高居荣盛的热闹，也能够安然地静处退居的寂寞，始终以平常的心态对待面临的一切，既不为一时的所得而欢欣，也不为正常的付出而失去心理的平衡，努力使自己的生活保持恬静，是我们潜心修养以求达到的境界。“申申如也，夭夭如也。”

※原文

子曰：“甚矣，吾衰也！久矣，吾不复梦见周公。”

※译文

夫子说：“我已经十分老迈，衰弱到了如此地步！已经很久了，我没有再能于梦中见到周公了。”

※历代论引

朱子曰：“孔子盛时，志欲行周公之道，故梦寐之间，如或见之。至其老而不能行也，则无复是心，而亦无复是梦矣，故因此而自叹其衰之甚也。”

程子曰：“孔子盛时，寤寐常存行周公之道；及其老也，则志虑衰而不可以有为矣。盖存道者心，无老少之异；而行道者身，老则衰也。”

※札记

生命的质量

人生匆匆，如白驹过隙，蓦然回首，岁月已远。少年时代的志向，已成过眼云烟；青年时期梦寐以求的辉煌，也已如黄花零落；中年的艰难跋涉也转眼成为过往；不经意间老之将至。呜呼，人之生也何堪？一切的经历，不论其初衷如何，都已作为既成之事实，凝固在时间的链环中，成为一个个突兀而扎眼的疤痕，不容改变。只能任凭他人说东道西。因此，我们必须在有生之年，尽力、尽心、尽责地将自己承担的每一件事做完美。

不要让自己失望，也不要让自己后悔。呜呼，生命短促，岂不勉哉？

※原文

子曰：“志于道，据于德，依于仁，游于艺。”

※译文

夫子说：“立志探寻天地人伦的内在规律，固守着道德操守，依恃着仁心厚德的荫庇，博古通今，知晓各种技艺。”

※历代论引

朱子曰：“人之为学当如是也。盖学莫先于立志，志道，则心存于正而不他；据德，则道得于心而不失；依仁，则德性常用而物欲不行；游艺，则小物不遗而动息有养。学者于此，有以不失其先后之序、轻重之伦焉，则本末兼该，内外交养，日用之间，无少间隙，而涵泳从容，忽不自知其入于圣贤之域矣。”

※札记

人的基本素质是什么

孔子说：“志于道，据于德，依于仁，游于艺。”就是说：人哪，先要有高远的志向，为了实现这一目标，应该始终以美好的德行作为自己行动的依据。这种美好的德行从哪里来呢？它是发自内心的自然仁爱之情，绝非外在的矫揉造作。仅仅如此还不够，还要博古通今，知晓各种技艺。

志当存高远，“志”是一个人道德修养的基础，任何人的成就，无不是从立志开始的。志之所向，无往不达，一个人能够树立坚定的志向，有志于远大的目标，固守高尚的品质德操，心存仁厚宽恕，并能够抵御物质欲望的诱惑，持之以恒地为之奋斗，具备多种技能智慧，自然能够有所成就。人生贵拙，拙守其志而不改变；恶于取巧，毋存投机心理；恒守其初，那么必然会有所成。人与人的不同就在于：君子之行，拙守道德，心存仁厚；小人之智，工于心计，巧言令色。“士之致远，当先器识而后才艺。”一个人的成功需具备才华、技能，性格的因素是关键。德行高远是首要的，智力只是从属的基本条件。才艺本于学，道德仁心本于质。

※原文

子曰：“自行束修以上，吾未尝无诲焉。”

※译文

夫子说：“凡是那些能够自我约束又有自觉进取精神的人，我从没有不给予悉心指点教诲的。”

※历代论引

朱子曰：“盖人之有生，同具此理，故圣人之于人，无不欲其入于善。但不知来学，则无往教之礼，故苟以礼来，则无不有以教之也。”

南怀瑾先生说：“凡是那些能反省自己，检束自己而又肯上进向学的人，我从来没有不教的，我一定要教他。”“所谓自行束修，就是自行检点约束的意思。”

※札记

教育问题

对于国民教育所存在的现实问题，几乎没有人有所怀疑。有人撰文称：一是教育投入不足；二是教育体制滞后；三是教育公平问题；四是教育乱收费；五是教育的国际竞争力弱；六是民办教育的发展问题；七是应试教育“生命力顽强”；八是学术腐败和学术浮躁。

这是一个令人无奈的事实。而中国教育走到今天这个地步，我们不得不去深思。毋庸讳言，这是教育指导思想所致，特别明显地表现在指导教育走向的高考制度本身的致命性误导。我们总是从一个极端走向另一个极端，古代先哲崇尚中庸，但是我们却总是矫枉过正。我们总是试图突破现行的框架，但是我们总也走不出既定的怪圈。同时，我们的教育还需面对一个新的尴尬：分数与钱。

诚然，单纯注重分数，或者单纯看重钱，都不是真正的教育。尤其钱在一定范围和程度上的作用，使教育的长远发展受到伤害。对于未来，我们还一无所知，只是就流露出的苗头来分析，自会发现一些令我们忧心的端倪。谁又能拒绝那种灿烂的诱惑呢？

任何求取或给予都是需要付费的，教育同样也不例外。只是对于教育的目的应当明确，教育是为提高民族素质，还是为培养虚伪的贵族？是培养为国为民有用的人才，还是以教育为手段，聚敛钱财？教育的市场化与商业化，无形中剥夺了普通平民受教育的权利，是一种变相的教育歧视。现今风行的贵族学校，更将教育导入一种金钱的攀附之途。社会上各种文凭和学位的买卖行为，使教育处于一种十分尴尬的境地。有真才实学者，无用武之地；无德能才艺者，却可以占据重要的职位，而且也有相应的身价——某种“学位”。

任何人都有学习的权利，任何人都应当追求高的学历，并掌握与此对应的能力和知识，这无可厚非。但是生活的贫困，却使相当数量的人失去了受教育的权利。所谓的义务教育，只是一句美好的空话。而金钱则助长了不学无术、买卖文凭的行为。那种交了费就给文凭的做法必须杜绝，只有这样，我们的教育才能真正走上为国为民的正途。

生存是第一要义。在贫穷的农村，只有解决了生活问题，才有可能发展教育。虽然教育可以使我们的生活更趋美好，但是，贫困使得教育资源稀缺。在这个世界上，穷人是艰难的。而在迈入人民当家做主的时代之后，再搞“贵族学校”，再根据钱袋

克傅传颜

的分量来取舍人才、培养后进，就是对历史的嘲讽。

※原文

子曰："不愤不启，不悱不发。举一隅不以三隅反，则不复也。"

※译文

夫子说："不到想要求得明白而不得要领的时候，不去开导他。不等到他想说而说不出来的时候，就不去启发他。教给他一个侧面的知识，不能类推理解到其他几个方面，我就暂时不再教给他新的东西。直到他对已学的知识融会贯通再开始教授新的内容。"

※历代论引

程子曰："愤、悱，诚意之见于色辞者也。待其诚至而后告之。既告之，又必待其自得，乃复告尔。"又曰："不待愤、悱而发，则知之不能坚固；待其愤、悱而后发，则沛然矣。"

王安石曰："以谓其问之不切，则其听之不专；其思之不深，则其取之不固。不专不固，而可以入者，口耳而已矣。吾所以教者，非将善其口耳也。"

刘宝楠《正义》："人于学有所不知不明，而仰而思之，则必兴起志气，作其精神，故其心愤愤然。"

※札记

解惑与质疑

立人为先，授业其次。《大学》开篇就说："大学之道，在明明德，在亲民，在止于至善。"就是说：学习的目的，首先是要建立做人的美德，这种美德就是亲近民众，融入生活，努力达到德才兼备的最高境界。因此，教育者的首要任务就是要着眼于修正受教者的行为，帮助他建立良好的德行。

在教育的方法上，孔子提出了因材施教、悉心指导的原则，充分地尊重和调动学生的天资与潜能，而不是一刀切式的以相同的时间进度衡量一切。孔子说"不愤不启，不悱不发"，意在充分发挥求知者个人的天资和潜在的学习能力，以求知者为主体，将解惑与质疑相统一，不进行"一刀切"式的强制训练。我们现行的教育，在这个问题上不仅丢弃了古人的经验，而且背离了教育的目标。采用着一套标准教材，却不考虑学生的个体差异，只是大家都坐在一个教室里，在一个规定的学期内，学完大纲中确定的内容。即使天资很高，也不能多学一页，一学期就是这一本书，不能超前。如果是反应稍显迟钝的，也必须在这个学期学完这本书，至于到底学到什么程度，只是表现为一个以偏概全的分数。下学期就要读另一本书。而对于一般才智的人，就是这本书，少读一页也不行。如此下来，经过几年的学校教育，大家都用了同样的时间，学完了规定中相同的课程，结果天才的锐气被磨掉了，可提升的迟钝之人的信心被磨灭了，正常天资的人的自信被磨疲了。于是，假以时日，经过这个教育程序的标准，大家的水平都一样高了，没有太大的差别。而古人则不同，选定教材后，你可以三年读完，达到相应的水平，也可以三十年读完，再给予承认，充分考虑了每个人不同的状况，只以达到的知识水平为评价标准，而不以时间为标尺。

让求学者学会读书。"举一隅不以三隅反，不复"，给求知者以充分的自由和时间，任其自由思考，自主学习，从而充分调动学生的主动求知精神、探索意识、创新能力。"发现问题往往比解决问题更重要。"只要能够发现问题，就有可能对已有的结论提出疑问；而通过自己的求证，就能够提出自己的不同意见，并通过自己的探索，"发现"知识。在探索研究的过程中，老师给予指导，自己学会学习，学会思考，学会求异，学会创新。

※原文

子食于有丧者之侧，未尝饱也。子于是日哭，则不歌。

※译文

孔子吊丧时，在居丧的人旁边吃饭，从来都不吃饱。孔子在这天为吊丧哀哭过，就不唱歌。

※历代论引

谢氏曰："学者于此二者，可见圣人情性之正也。能识圣人之情性，然后可以学道。"

※札记

致丧以哀

深致哀悼，食则难以下咽，何有心欢乐？仁德以人性为本，人性，并非善恶之分，实则推己之心及于人情。人居丧亲之哀痛，何有心于乐？人情天伦同此一理。同情之心，人皆有之，天下人皆同此情。无同情之心，则何言情性，何以为人，何谈德行？

※原文

子谓颜渊曰："用之则行，舍之则藏，唯我与尔有是夫！"子路曰："子行三军，则谁与？"子曰："暴虎冯河，死而无悔者，吾不与也。必也临事而惧，好谋而成者也。"

※译文

孔子对颜渊说："国家任用我，我就推行我的政治主张，并一丝不苟地实施；不能任用我，我就退隐静处，远避世事。只有我和你能够做到这样！"子路说："夫子如果统率军队，那么与谁同行呢？"夫子说："赤手空拳和老虎搏斗，不用船只徒步涉水渡河，这样死了都不后悔的人，我是不赞同的。一定要找面临大事谨慎小心、细致、善于谋略而又能不屈不挠地付诸行动的人共事。"

※历代论引

刑昺曰："言时用之则行，舍之则藏，用舍随时，行藏不忤于物，唯我与汝有是夫!"

尹氏曰："用舍无与于己，行藏安于所遇，命不足道也。颜子几于圣人，故亦能之。"

※札记

舍我其谁

兵法曰："将者民之司命，国家安危之主也。"不计后果，恃勇蛮干之徒是不足取的，处世必有原则，用世必当灵活，深谋而远虑，慎微而知著，洞悉几微之即萌，才是可靠的依托。“子行三军，则谁与”虽然有“舍我其谁”的进取精神，但却缺少“用之则行，舍之则藏”的机变。度时之为宜，行所当行，止所当止，决不犹疑苟且，更不为一时的得意而屈节卑媚、刻意逢迎。欧阳修说：“士之所负者愈大，则其自顾也愈重；自顾愈重，则其合愈难。然欲与共大事，立奇功，非得难合自重之士不可为也。古之魁雄之人，未始不负高世之志；故宁或毁身污迹，卒困于无闻，或老且死而幸一遇，犹克少施于世。”庸常之人，处事用世，清以济世，浊则洁身自好。虽无匡挽天下颓势之力，也无违于自身之志。保持自己品质的高洁也是难能而可贵的，比之于同流合污、为虎作伥之徒，实不失正直气度。然而，世道倾颓，人心涣散，法度衰微，积重难返。虽然声望很高却不用，虽用而又制衡，你又有何话可说，又能向何处去说？

※原文

子曰：“富而可求也，虽执鞭之士，吾亦为之。如不可求，从吾所好。”

※译文

夫子说：“财富的取得如果是合乎义理道德的，即使是替别人执鞭、守门的下等差役，我也愿意去做。如果是以不合道义的手段而轻易取得的，我宁愿舍弃它，去做自己所爱好的事。”

※历代论引

朱子曰：“设言富若可求，则虽身为贱役以求之，亦所不辞。然有命焉，非求之可得也，则安于义理而已矣，何必徒取辱哉？”

苏氏曰：“圣人未尝有意于求富也，岂问其可不可哉？为此语者，特以明其决不可求尔。”

杨氏曰：“君子非恶富贵而不求，以其在天，无可求之道也。”

※札记

道义为先

君子爱财，取之有道。富而无义，不如安于贫穷。予取与求，当以道义为先。无义，虽得之何益？守道，虽不取何惜？

天下事有可为、不可为之分，与富不富无关。应该得到的，就坦坦荡荡地获取，不该拥有的，就毅然决然地舍弃。面对利益，能够守住自己，不被诱惑。财富的占有

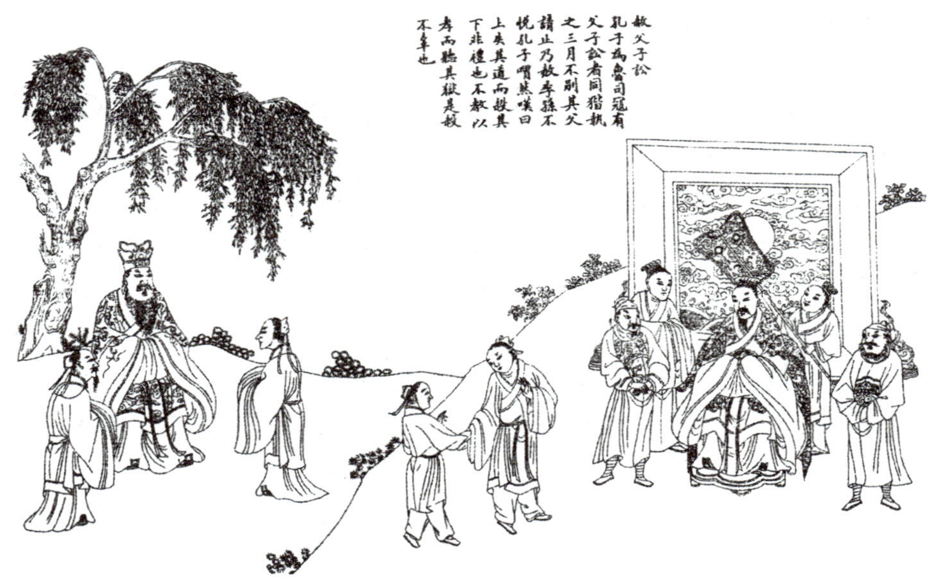

赦父子讼

只是生活的一种物质形式，并不是人生的全部。如失道义，富贵何益？为了信仰，要坚定地走自己的路。如果只是为了财富而放弃了做人的原则，即使富可敌国，内心也是空虚的，生活又有什么乐趣？

劳动是求得生活的必要方式，是创造财富的唯一途径，也是改变生活现状的唯一正常途径，只有劳动才能创造生活。劳动的成果，不论好坏如何，都是值得尊重与赞美的。职业的不同只是劳动的分工不同，虽有劳累不均之别，但并无贵贱高下之分。所贵者，在于诚敬，在于其平凡中蕴含的伟大，只有那种自我轻贱而失去自信自尊的人，才将劳动看作劳役或贱差。职业是我们生活的依据，敬其业、艺其技，以自己的劳动赢得社会的敬重。那种不付出劳动而奢望取得享受者，是可耻的。只要我们是利用自己的双手和聪明才智所创造的财富，不苟取，虽执鞭之职何卑？如果失德损义而致倾覆，虽王侯将相何贵？困守道义，虽执鞭之士吾亦为之。富而无行导致亡国败家，虽锦衣玉食耻而不为。

※原文

子之所慎：齐，战，疾。

※译文

夫子认为应该谨慎地处理好这三件事：斋祭，征伐，瘟疫。

※历代论引

尹氏曰："夫子无所不谨，弟子记其大者耳。"

朱子曰："齐之为言齐也，将祭而齐其思虑之不齐者，以交于神明也。诚之至与不至，神之飨与不飨，皆决于此。战则众之死生、国之存亡系焉，疾又吾身之所以死生存亡者，皆不可以不谨也。"

※札记

国之大事，不可不慎

齐家治国，重在修德。征伐之事，劳民伤财，久则必致倾覆。治国之道在于厚积德义，而不是铺张的形式，更不是挑动战争进行掠夺，也不是愚弄民众。对于关乎民众的事务，必当公示于众。大规模的祭祀（当然也应当包括后来的各种庆典、节会活动）、征伐战争、瘟疫灾患等，皆国之大事，不可不慎重地预做应对之策。

为政重在富民，并不在于神明。祭天祈福，旨在交通神明，体现的是对职事的诚敬，表达一种敬畏的心态，意在为民祈福。但是，这种徒具形式而无实效的行为，后来却渐渐变味，成为历代投机之徒用来欺蒙民众的手段，只是用于塑造执政者"为民"的形象，而并不具有多少诚意，不仅于事无补，而且沦为劳民伤财的借口。所以，对于以各种所谓的理由举行的庆典或节会，宜十分审慎。

征伐战争，靡费资财，劳伤民力，关乎国家存亡兴衰。更当慎而又慎，非不得已而为之。

瘟疫灾患关乎民众生死存亡，千万大意不得。必须深为关注，统筹全局。

※原文

子在齐闻《韶》，三月不知肉味。曰："不图为乐之至于斯也！"

※译文

孔子在齐国听到《韶》乐，潜心学习，沉浸在其优美的音律之中，以至于有三个月的时间吃饭都不曾尝到肉的滋味。他感慨地说："不曾想到音乐的美妙意境竟然达到了如此奇妙的境界啊！"

※历代论引

范氏曰："《韶》尽美，又尽善，乐之无以加此也。故学之三月，不知肉味，而叹美之如此。诚之至，感之深也！"

※札记

三月不知肉味

“一个艺术家是天生的，而不是培养的。”但是，一个有天赋的人，不经过艰苦的学习，也是不可能成就事业的。很多的天才就因为浮躁，不艰苦学习，终致流于平庸。这样的人与事并不鲜见。先天的条件应当与后天的努力相结合。艰苦的学习是成就一切事业的必由之路，用心专一，心无旁骛，神游其间，乐而忘忧，舍此别无捷径。

学之三月，实为“速成”之经典。无怪乎今世之各种“速成教育”充斥于我们周围，令人眼花缭乱、目醉神迷而不知今夕何夕。我们现今只有速成之“文凭”，潜心学问的专注却是没有的，更缺乏“不知肉味”的刻苦精神。

仔细考虑古人之速成与今人之速成，实不可同日而语。古人潜心其间，不知肉味，不被诱惑，其用心之专、用力之深，天地为之惊叹。而今人一般所见之速成，神游乎物外，在于一夜间的包装。昨日之阿斗，今日之英才，只需一堆纸币就行。其诀窍就在于欺瞒：欺人、自欺、欺天、欺理、欺心。其目的在于攫取某种利益。学问之道在于积累，在于坚持。俗语云：板凳要坐十年冷。

风花雪月何其美妙，游戏人生何其快乐！虽《韶》乐，又如何？

※原文

冉有曰：“夫子为卫君乎？”子贡曰：“诺。吾将问之。”入，曰：“伯夷、叔齐何人也？”曰：“古之贤人也。”曰：“怨乎？”曰：“求仁而得仁，又何怨！”出，曰：“夫子不为也。”

※人物简介

卫君：即卫国国君出公。卫出公，蒯聩之子，名辄，灵公之嫡孙。公元前 492 年即位，《左传》哀公二十五年和二十六年，被以公孙弥牟为首的叛乱者赶出卫国。

※译文

冉有说：“夫子是否有治理卫国的打算？”子贡说：“嗅？我去问一问就知道了。”子贡进去问孔子，说：“伯夷、叔齐是什么样的人呢？”夫子说：“是古代有贤德的人啊。”子贡问：“他们有怨恨后悔的意思吗？”夫子说：“伯夷、叔齐追求‘仁’的境界，结果达到了，既然如此，他们又怨悔什么呢？”子贡出来，说：“夫子是不会做的。”

※历代论引

朱子曰：“君子居是邦，不非其大夫，况其君乎？故子贡不斥卫君，而以夷、齐为问。夫子告之如此，则其不为卫君可知矣。盖伯夷以父命为尊，叔齐以天伦为重。其逊国也，皆求所以合乎天理之正，而即乎人心之安。既而各得其志焉，则视弃其国犹敝蹝尔，何怨之有？若卫辄之据国拒父而惟恐失之，其不可同年而语明矣。”

程子曰：“伯夷、叔齐逊国而逃，谏伐而饿，终无怨悔，夫子以为贤，故知其不与辄也。”

※札记

语言的艺术

“欲知大道，必先知史。”历史虽然无言，但它却会说话，能够听见历史说话，已经很了不起了，而能够听懂历史在说什么，就是伟人的智慧。

任何语言，都力求用最简洁的方式，表达丰富的内容，传述深刻的寓意；任何行为，都只能以行为的结果来表明它的指向。有时，往往越是浅近的话，越能给我们带来深远的启发。

同样，我们也应学会倾听。倾听来自心灵的邈远之音。

※原文

子曰：“饭疏食，饮水，曲肱而枕之，乐亦在其中矣。不义而富且贵，于我如浮云。”

※译文

夫子说：“虽然吃的是粗疏的饭食，饮用的只是清水，弯曲着臂膀做枕头，但是心中从容安然，乐趣也就在其中了。如果用不正当的手段、做出了不正当的事，即使享受到了富贵，在我看来这就像浮云一样虚缈啊！”

※历代论引

朱子曰：“圣人之心，浑然天理，虽处困极，而乐亦无不在焉。其视不义之富贵，如浮云之无有，漠然无所动于其中也。”

程子曰：“非乐疏食饮水也，虽疏食饮水，不能改其乐也。不义之富贵，视之轻如浮云然。”又曰：“须知所乐者何事。”

※札记

务实、质朴的生活态度

生活是经不起粉饰的，还是平庸朴实一点的好，让人心安。

读书万卷为了什么？吃着糙米饭苦读圣贤书，上不能济世救民，下不能养家谋生，又有何用？只要能领会圣贤的道理，即使粗茶淡饭、曲着手臂做枕头，也感到心情愉快。在享受物质的现代，我们更应守住心中那份难得的清贫，弯臂枕于头下，腹内要饱足而不妄求，守住心志，固守做人做事的准则。唯有如此，才不致被滚滚洪流所吞没，使自己的人生立于不败之地。

※原文

子曰："加我数年，五十以学《易》，可以无大过矣。"

※译文

夫子说："假设让我年轻数年时间，五十岁开始研究《易经》，那么我就可以避免《大过》所告诫的危机了。"

※历代论引

朱子曰：此章之言，《史记》作"假我数年，若是我于《易》则彬彬矣"。"加"正作"假"，而无"五十"字。盖是时，孔子年已几七十矣，"五十"字误无疑也。学《易》，则明乎吉凶消长之理、进退存亡之道，故可以无大过。盖圣人深见《易》道之无穷，而言此以教人，使知其不可不学，而又不可以易而学也。

※札记

假如年轻几岁

人生不可能重新来过。只有当我们经历过，才明了本该如何，就会更好，但是，一切都已时过境迁，永远也不可能有修正的机会了。人生的意义也就在于此，在这短暂的过程中，那些必然上演的内容按照时间的序列一幕紧接着一幕匆匆上演，中间没有休场，每一个段落都只有一次。不论留下的是什么，无愧还是遗憾，都只是一晃而过。无所留恋，也不回头。岁月易逝，悔其无及。正如蘧伯玉所言："吾年五十方知四十九之非。"我们总是在时过境迁之后，悔其所非，叹之不及。人生就是如此充满奥妙。当你有所认知的时候，已经是明日黄花，空余悲叹，无复挽回。当一切都已成过往，我们才发现那时潜伏着很多的契机，有着扭转乾坤的机缘。只是当时我们没有洞察其幽微，做出的选择可能不是最好的。我们没有把握住机会。于是我们后悔、懊恼。于是我们总幻想着要是能够重新开始，我们会做得更好。由衷地感叹，假如年轻十岁，可以如何如何，但却不做当即的努力。那么，即使真如所愿，仍然是一如既往。因为，只是空叹，根本没有付诸努力的决心。

与其后悔，何不珍惜现在。只要尽力了，何悔之有？

※原文

子所雅言：《诗》，《书》，执礼，皆雅言也。

※译文

夫子在诵读《诗》《书》、执赞礼仪的时候，都是用标准规范的语言。

※历代论引

谢氏曰："此因学《易》之语而类记之。"

程子曰："孔子雅素之言，止于如此。若性与天道，则有不可得而闻者，要在默而识之也。"

朱子曰："《诗》以理情性，《书》以道政事，礼以谨节文，皆切于日用之实，故常言之。礼独言执者，以人所执守而言，非徒诵说而已也。"

※札记

《诗》三百及其他

孔子说："六艺于治一也。《礼》以节人，《乐》以发和，《书》以道事，《诗》以达意，《易》以神化，《春秋》以义。"意思是说："六经对促使政治修明、社会安定来说，都是一样有作用的。《礼》用以规范人们的言行，《乐》用以促进人们的和谐，《书》用以记述前言往行和典章制度，供人借鉴，《诗》用以表达古代圣贤的思想感情，《易》用以说明事物的变化（神妙），《春秋》用以让人知道判断是非的标准。"

《诗经》属于文学，是对道德、伦理的解释。《尚书》属于史学，是上古史料的记载。《周礼》属于政治学，是古代政治制度的集大成者。《易经》属于哲学，是古代人认识自然的基础。《春秋》属于史学，是对古代历史的记述。

"夫子雅言之教，称引诵说，惟诗最多。"诗歌同当时的社会政治紧密相关。《左传》中有不少记载，在宗庙祭祀及重大的国事活动中，歌唱酬答，以诗言志，以诗证言，以诗达意的史实，是当时社会活动的时尚特色。

诗歌的产生，同当时人们的生活紧密相关。同当时社会礼仪紧密相关。它是待人接物的一种仪式内容。《诗》三百所留下的篇章中，真实地反映了人们的生活状态。人们运用诗句干预生活，或讽刺丑恶的事物，或颂扬美好情操，直接反映了人民的思想、感情、愿望和理想。

※原文

叶公问孔子于子路，子路不对。子曰：“女奚不曰：其为人也，发愤忘食，乐以忘忧，不知老之将至云尔。”

※人物简介

叶公：楚国叶县尹沈诸梁。字子高。僭称公。

※译文

叶公向子路询问孔子是怎样的人。子路没有回答。夫子说：“你为什么不告诉他：我的为人，发愤追求学问，专心致志到了忘记吃饭的程度，沉醉于学有所得的快乐而忘记了忧虑。不知道衰老将要到来了，如此而已。”

※历代论引

朱子曰：“叶公不知孔子，必有非所问而问者，故子路不对。抑亦以圣人之德，实有未易名言者与？未得，则发愤而忘食；已得，则乐之而忘忧。以是二者，俛焉日有孳孳，而不知年数之不足，但自言其好学之笃耳。然深味之，则见其全体至极、纯亦不已之妙，有非圣人不能及者。盖凡夫子之自言类如此，学者宜致思焉。”

※札记

发愤求学，不被他人的评价所左右

平庸的人永远难以理解圣贤的行为。

真正的好学，与徒具虚名的爱好，有本质的区别。“叶公好龙”并非真心喜爱，只是为了虚名，借虚名以自抬身价而已。

真正的好学精神，就是好学不厌，乐以忘忧，不知老之将至。只是好学不懈，并不因别人的评价而有所动摇。借用一句经典的话：“走自己的路，让别人去说吧。”不必因为顾忌别人的评价而耽误了自己的行程。重要的是不断向着自己的目标趋近。

※原文

子曰：“我非生而知之者，好古，敏以求之者也。”

※译文

夫子说：“我并不是生来就有知识、深明义理，只是喜欢古老的文化，孜孜而学，努力探求深奥的学问和隐藏在事物内部的义理。”

※历代论引

尹氏曰："孔子以生知之圣，每云好学者，非惟勉人也。盖生而可知者义理尔，若夫礼乐名物、古今事变，亦必待学而后有以验其实也。"

※札记

学问是亲身经历体验所得

人们获得知识的方式是不同的，有生而知之、有学而知之、有困而学之，但是都离不开学习与实践的经验，一切成功都是学习的积累和思考的结果。对于既定的目标，要坚持深入地研究到底。要有独立思考的能力，以批判性的思辨方法，努力丰富自己的经历和体验，从不同的方向寻求新的认识事物的途径，脚踏实地地求学，提高自己的学识和智慧。在今天这个科学技术飞速发展的时代，知识显得尤其重要，知识更新的速度超出了我们的想象。因此，只有坚持不懈地学习新知识，在当今社会日益剧烈的竞争中才能立足。

※原文

子不语怪、力、乱、神。

※译文

孔子语言谨慎，从来不谈论怪异之事、恃勇逞力之人、悖逆祸乱之术、荒诞无稽的鬼神之谶。

※历代论引

谢氏曰："圣人语常而不语怪，语德而不语力，语治而不语乱，语人而不语神。"

朱子曰："怪异、勇力、悖乱之事，非理之正，固圣人所不语。鬼神，造化之迹，虽非不正，然非穷理之至，有未易明者，故亦不轻以语人也。"

※札记

信仰、语言、文化

人们的一切行为都是受思想的指引。思想信仰的危机，是所有人生危机中影响最为严重、最为深远的危机。做人没有坚定的思想信仰，其行为处世就没有原则，只能是一棵墙头草，随风俯仰。一个人如果失去了正确思想的引导，他的心灵必然空虚，其精神萎靡，怪、力、乱、神就会乘虚而入。尤其是在社会转型的阶段，思想的引导是首要的，任何一项事业的兴起，必须先做好充分的思想工作，在思想上形成确定的方向。否则，思想的混乱必然导致所倡事业的失败。思想的准备是一切行为的先锋。只有树立了坚定正确的思想路线，一切的事业才有望得以实现。怪、力、乱、神不仅扰乱和影响人们的思想，而且具有极大的破坏性，它总是迎合人性中的那种固有的迷信思想和恶意不平的怨气，从而可能将人们已经建立起来的道德结构、行为规范、思想体系冲垮。所以，一个有责任感的人不能不对此深切关注。而往往大加挞伐不仅不能取得预期的禁止效果，反而助长其势之蔓延。建立我们正确的思想信仰，纯洁我们民族的语言，弘扬我们优秀的传统文化，开辟我们民族的美好未来，这是一代又一代传承不息的责任和义务。只有建立了坚定正确的思想信仰，那些莫可名状的怪、力、乱、神之事，才能消弭于无形。

※原文

子曰："三人行，必有我师焉。择其善者而从之，其不善者而改之。"

※译文

夫子说："三人同行，必然有我所可以师法而学习的方面。选择他们的长处学习，将他们的不足引为警戒，作为借鉴而改正。"

微服遇宋

※历代论引

朱子曰："三人同行，其一我也。彼二人者，一善一恶，则我从其善而改其恶焉。是二人者，皆我师也。"

尹氏曰："见贤思齐，见不贤而内自省，则善恶皆我之师，进善其有穷乎？"

※札记

三人行，必有我师

世间善恶并存，为善为恶，只在一念之间。

我与善、恶同行，我志为仁。因此，二者皆可师法。善者，我所从之；恶者，我所警之、改之。万事皆善恶所由，万物皆善恶所用。

世间虽无完人，但是任何人皆有所长，有可供别人学习的方面。关键在于我们自己要善于发现和善于学习。

※原文

子曰："天生德于予，桓魋其如予何？"

※人物简介

桓魋：宋司马向魋。司马牛之兄。魋：兽名。通"魁"，大。用于人名。出于桓公，故又称桓氏。宋国大夫。桓魋曾经想要谋害孔子。学生们得到消息，告诉孔子，促其尽快避开，可是孔子满不在乎，于是发此感叹。

※译文

夫子说："上天赋予我如此的德行，桓魋又能把我怎么样？"

※历代论引

朱子曰："魋欲害孔子，孔子言天既赋我以如是之德，则桓魋其奈我何？言必不能违天害己。"

※札记

拷问自己的良心

天予圣德，我命自在天赋。邪之能够害正，在于侵蚀其心，心邪则百魅生。

心正无邪，诸邪皆远避，其如我何？襟怀坦荡，何惧宵小之徒！

※原文

子曰："二三子以我为隐乎？吾无隐乎尔。吾无行而不与二三子者，是丘也。"

※译文

夫子说："你们认为我对你们有所隐瞒而没有悉心教诲吗？我没有什么要对你们隐藏的。我的为人你们是知道的，我在躬身践行方面给你们做出了具体的示范，这是我的天性啊，你们要善加体会，除此别无捷径。"

※历代论引

朱子曰："诸弟子以夫子之道高深不可几及，故疑其有隐，而不知圣人作、止、语、默无非教也，故夫子以此言晓之。"

吕氏曰："圣人体道无隐，与天象昭然，莫非至教。常以示人，而人自不察。"

※札记

言传与身教

学问的精神在于体验，生活无时无刻无处不体现出学问的真谛与精髓。

被人猜忌与中伤，是十分痛苦的，而更为令人痛心的是被自己悉心重视的人所疑忌。圣人德昭日月，犹被疑忌，何况我辈！教育只是外在的方法，真正的学问在于自己的积累与彻悟，善学者，在于体察幽微。

※原文

子以四教：文，行，忠，信。

※译文

孔子从四个方面教育学生：历代经典文献，道德品行，忠心耿耿，与人交际诚信笃实。

※历代论引

程子曰："教人以学文、修行而存忠、信也。忠、信，本也。"

※札记

直面教育落差

社会的发展取决于教育的导向，教育问题是我们目前乃至一个相当长的时期所面临的一切问题中最为重大的问题，也是一个根本的问题。教育对于社会的发展影响深刻地左右着民族文化的未来发展方向。

孔子以《诗》《书》《礼》《乐》教育弟子，注重人内心修养的提高和人格的塑造。这是值得我们深思的，也是值得我们现今的教育所取法的。

古人的教习讲授是自由的，既没有升级之说，也没有相应年级的课本。他们只是以确定的教材，让其自行学习，充分发挥自己的天资和付出努力。故人之教法，或有我们可借鉴之处。

※原文

子曰："圣人，吾不得而见之矣；得见君子者，斯可矣。"子曰："善人，吾不得而见之矣；得见有恒者，斯可矣。亡而为有，虚而为盈，约而为泰，难乎有恒矣。"

※译文

夫子说："圣人，我没有缘分见到啊；那么能够见到才德出众的君子也是值得高兴的。"又说："完美无缺的人，在这个世间我已不能够见到了，那么能够见到固守德操的人，也就了却心愿了啊。然而，世间尽多的是假冒为善之人：缺少德能却冒充德高望重、徒有虚名而无实学却炫耀其博学多识、穷困潦倒却虚张声势假装富足等，这些人是很难保持好的操守的。我哪里能够看到固守平常之心而不受外界诱惑干扰的人呢！"

※历代论引

张敬夫曰："圣人、君子以学言，善人、有恒者以质言。"

张子曰："有恒者，不贰其心。善人者，志于仁而无恶。"

※札记

贵在有恒

一个人专业上的成就，取决于他的学品。只有一步一步地从细小处努力，日积月累，才能达到渐进的成果。只有经历长久的踏实努力，终其一生不敢懈怠，不放弃自己的追求，谨慎而勤勉，才能使其人生有所造就。虚夸浮躁的轻佻之徒，不可能有所建树。

人在法律上是平等的，但是，人的修养是有层次的。由于修养所达到的程度不同，就有圣人、君子、善人以及平庸的普通人的分别。做人是一辈子的事，是一刻也不可放任的。人贵在坚持不懈地学习提高，一层一层地深化其学养，提升其道德境界。

天才出于勤奋，我们仰慕圣贤，圣贤并非生而如此。所以，我们应当倍加努力，对于自己的修养能够做到持之以恒，才能够成为一个有道德情操的人；并进一步深入学习，提高修养，才能够成为君子；再由君子成为圣贤。这就是想要提高人生修养必须经历的步骤，是由点滴的积累而自然形成的，没有半点取巧的可能。因此，人必须约束自己，自强不息，使自己的言行符合道德规范，循序渐进，不存有任何苟且心理，这样才能在每天不断进步的基础上有所进益。所以孟子说“五谷者，种之美者也。苟为不熟，不如荑稗。夫仁亦在乎熟之而已矣”。(《孟子·告子》)

※原文

子钓而不纲，弋不射宿。

※译文

夫子钓鱼但不用网捕捞，射猎飞禽但不捕捉夜间归巢栖息的鸟。

※历代论引

洪氏曰：“孔子少贫贱，为养与祭，或不得已而钓、弋，如猎较是也。然尽物取之，出其不意，亦不为也。此可见仁人之本心矣。待物如此，待人可知；小者如此，大者可知。”

※札记

厚德载物

天地的盛大功德在于化生万物。无论花木还是杂草，都是天生地长，无论虫鱼鸟兽，都是大自然的精灵，都有自由生存的理由。随着夜幕的渐渐降临，明月隐现，宿鸟归飞，自然界和谐的乐章令人沉醉。一切的生命都在此刻融入适意，谁还会在乎渔猎的多少，又怎忍心捕捉回家的飞禽？何况还有“劝君莫打三春鸟，子在巢中望母归”的古训。

万物具有其独特的性情，存在于自然界，拥有同我们一样值得珍惜的生命。因此，古代圣贤对于祭祀所需要的禽和鱼，捕获则顺应时令，享用则按照礼节，正是体现天地仁厚之德。

爱护动物是人类应有的道德，然而，人们却一度以山珍海鲜、珍禽异兽为时尚美味。为了口腹的满足而肆无忌惮地去捕杀、烹煮动物。以至于有人戏言：除了天上飞的飞机，地上跑的汽车不可以吃外，什么都可以吃，致使这个小小星球上的生物种类锐减，使生态平衡招致严重的破坏。于是，大自然开始了它无情的报复：温室效应、龙卷风、沙尘暴，乃至于2003年SARS病毒的蔓延，这给人类敲响了警钟！然而一些饕餮之徒却仍然难改其本性，在略事收敛过后，又张开了血盆大口……生命就是这样被残杀着，以至于最终将轮到人类自己。

物竞天择。由于自然的力量，许多美好与高贵的东西消失了，人类日渐孤独。但是我们还在执迷不悟，以万物之灵自居，做着戕害自然的勾当，无所顾忌地破坏着生态环境。人哪，请高抬贵手，不要做出以牺牲他物的生命来满足自己贪欲的事，请让一切生命自由地呼吸，自由地享受太阳的光辉。

※原文

子曰："盖有不知而作之者，我无是也。多闻择其善者而从之，多见而识之，知之次也。"

※译文

夫子说："世间真有那么一些不知其理而妄加作为的人，但是我是不会这样做的。广泛地听取各种见解，选择好的吸取它，广泛地观察而增加见识，这就是求得知识的顺序和方法呀！"

※札记

每个人都必须对自己的良心和言论负责

不懂装懂，装腔作势，借势压人，是庸人的通病。正是由于这个原因，孔子才教导说："知之为知之，不知为不知，是知也。"

读书是为了明白事理，作文是为了阐发所得。只有心有所得，发前人之所未发，才作文。否则，还是免了罢。有这样的一些人，只凭道听途说，便加以主观杜撰，互相予以传播。更有人以之为据，演义戏说，以致谬种流传，贻害于世。不穷深究，便随口传讹，贻笑于世，"不知而作之者"当深戒之。因为，文字是能够流传于世的，也是能够贻害于人的。因此，圣人对于述作是很谨慎的，只在有不得不作之文，有不得不作之得时，方援笔而作，且又言简意约，行文谨慎，孔子告诫说"慎辞哉"。然而，现今的人们，则是无述也作，无得也作，无学也作，以至于为了所谓的"名"，用钱请人代为捉刀……把自己打扮成一个所谓的"文化人"形象，实则是借了"文化"的名头，对文化进行践踏和糟害。文字是天地之间最圣洁的创制，既可将精深微妙的思想流传下来，也可记录为人不齿的恶行；既能成就人们的功名，辅佐人们的事业，开拓人们的识见，同时也能够令作恶者遗臭万年。岂可妄作！慎之！

※原文

互乡难与言。童子见，门人惑。子曰："与其进也，不与其退也，唯何甚！人洁己以进，与其洁也，不保其往也。"

※译文

互乡的人很难与他们交流沟通。但是却有一个来自互乡的少年求见孔子，孔子接待了他。弟子们感到困惑不解。夫子说："我们赞赏他的进步，不赞成他的落后。何必做得太过分呢？如果人都能够修正了自己过去的过错，就像洗干净了身上所染的污迹，我们就应该称赞他的进步，给予他进步的机会，赞同他的好行为，而不要牢记他的错误，人们为什么要拒他于门外呢？"

※历代论引

朱子曰："人洁己而来，但许其能自洁耳，固不能保其前日所为之善恶也；但许其进而来见耳，非许其既退而为不善也。盖不追其既往，不逆其将来，以是心至，斯受之耳。'唯'字上下，疑又有阙文，大抵亦不为已甚之意。"

程子曰："圣人待物之洪如此。"

※札记

雅量容人

开阔我们的胸襟，发扬我们的情怀。不要斤斤计较以往的过错，也不要有地域的偏见。以发展的眼光看待人和事，给人以进步的机会。

天地无物而不容，故能成其大；沧海无流而不纳，故能成其深。那么，还是宽厚一点好，留一条路给大家走。

※原文

子曰："仁远乎哉？我欲仁，斯仁至矣。"

※译文

夫子说："仁距离我们很远吗？只要我诚心为仁，仁就到来了。"

※历代论引

朱子曰："仁者，心之德，非在外也。放而不求，故有以为远者；反而求之，则即此而在矣，夫岂远哉？"

程子曰："为仁由己，欲之则至，何远之有？"

※札记

仁德自在我心

仁岂远哉，仁就在我心。"佛祖心中留。"我心向仁，则仁自在。我欲行仁，则仁爱之心立生。

※原文

陈司败问："昭公知礼乎？"孔子曰："知礼。"孔子退。揖巫马期而进之，曰："吾闻君子不党，君子亦党乎？君取于吴为同姓，谓之吴孟子。君而知礼，孰不知礼？"巫马期以告。子曰："丘也幸，苟有过，人必知之。"

※人物简介

陈司败：陈，即陈国。司败，官名，即司寇。就如我们现今以官职称呼人。

昭公：鲁君。名裯。习于威仪之节，当时以为知礼。

巫马期：名施。字子旗。陈国人。少孔子三十岁。曾任单父宰，披星戴月，事必躬亲，单父治。

※译文

陈司败问："鲁昭公是懂得礼法制度的吗？"孔子说："懂得礼仪。"孔子离开后，陈司败揖请巫马期走近自己，说："我听说真正了不起的君子是不结党而互相包庇的，君子也有其党羽并包庇别人的缺失吗？鲁昭公迎娶吴国的同姓女子为妻子，称为吴孟子。（吴国与鲁国是周公之后，依礼是不能通婚的）如果鲁君因此而称其是知晓礼仪的，那么，还有谁不知礼呢？"巫马期把这些话告诉给孔子。孔子说："我真幸运，如果有错误，世人一定就会知道。"

※历代论引

朱子曰："孔子不可自谓讳君之恶，又不可以娶同姓为知礼，故受以为过而不辞。"

吴氏曰："鲁盖夫子父母之国，昭公，鲁之先君也。司败又未尝显言其事，而遽以'知礼'为问，其对之宜如此也。及司败以为有党，而夫子受以为过，盖夫子之盛德，无所不可也。然其受以为过也，亦不正言其所以过，初若不知孟子之事者，可以为万世之法矣。"

※札记

苟有过，人必知

孔子说：“丘也幸，苟有过，人必知之。”圣人之过错如日月，光明磊落地袒露在世人面前，不存刻意的遮掩和虚伪的矫饰。古语云：若要人不知，除非己莫为。既为之，人必知之。众目睽睽，朗朗乾坤，谁能尽掩天下人之耳目而杜其口？唯其修养自己，省己之非，养己之德，泽被后世，荫庇苍生，皇天后土，不负其心。

※原文

子与人歌而善，必使反之，而后和之。

※译文

孔子与人唱歌，如果歌曲优美，一定让人反复咏唱，然后酬答唱和。

※历代论引

朱子曰：“此见圣人气象从容，诚意恳至，而其谦逊审密，不掩人善又如此。盖一事之微，而众善之集，有不可胜既者焉。”

※札记

人生短暂，艺术长存

君子之行，不掩人善，不议人非。德行，见之于日常生活细微之忧、乐、言、行中，于人所长，虚心学习。

学而不厌，故能诲人不倦。学之虚怀若谷，诲之悉心相授，圣人之美德盛意如此。

由此观之，世人之挟技邀功，恃长傲物，蓄意卖弄，实愚者所为，并非大器。

※原文

子曰：“文，莫吾犹人也。躬行君子，则吾未之有得。”

※译文

夫子说：“文章，我没有什么胜过别人的，身体力行君子之道，我也没有什么特别的成就。”

※历代论引

谢氏曰："文，虽圣人，无不与人同，故不逊；能躬行君子，斯可以入圣，故不居。犹言'君子道者三，我无能焉'。"

※札记

读书和养性相结合

"读书以明理。"所谓学问，就是指做人处世的道理，并不仅仅指知识渊博、头脑聪明。

闭上眼睛倾听我们心灵的回声。不论我们做得如何，我们有什么可以炫示于人？

※原文

子曰："若圣与仁，则吾岂敢？抑为之不厌，诲人不倦，则可谓云尔已矣。"公西华曰："正唯弟子不能学也。"

※译文

夫子说："如果说到'圣'和'仁'，那我怎么敢当！我只不过在学习和力行圣和仁之道方面从不感到满足，教导别人总不感到厌倦，只能说如此罢了。"公西华说："正是因为这样，弟子不能够学得到啊。"

※历代论引

朱子曰："圣者，大而化之。仁，则心德之全而人道之备也。为之，谓为仁圣之道。诲人，亦谓以此教人也。然不厌不倦，非己有之则不能，所以弟子不能学也。"

晁氏曰："当时有称夫子圣且仁者，以故夫子辞之。苟辞之而已焉，则无以进天下之材，率天下之善，将使圣与仁为虚器，而人终莫能至矣。故夫子虽不居仁圣，而必以为之不厌、诲人不倦自处也。'可谓云尔已矣'者，无他之辞也。公西华仰而叹之，其亦深知夫子之意矣。"

※札记

前进中的收获，平实中的突破

人格是货真价实的，人格成就事业，事业铸造人品。凡事唯当以诚，无务虚名。

大凡古今中外的仁人志士，都把自己的忧国之思、对民之爱，倾注到对人民生活的现实关怀之中，肩负着现实的责任和历史的使命，倾心参与对社会未来和人的美好心灵的构建，毕生为之而不厌，切切教诲而不倦。

※原文

子疾病，子路请祷。子曰："有诸?"子路对曰："有之。《诔》曰：'祷尔于上下神祇。'"子曰："丘之祷久矣。"

※译文

孔子患病。子路请求为夫子向神祇祈祷禳病。夫子说："有这种道理吗?"子路回答说："有的。《诔》记载有：'为你向天地神祇祈祷'。"夫子说："如果果真如此的话，我祈祷已经很久了。"

※历代论引

朱子曰："祷者，悔过迁善，以祈神之佑也。无其理则不必祷。既曰有之，则圣人未尝有过，无善可迁，其素行固已合于神明，故曰：'丘之祷久矣。'又《士丧礼》疾病行祷五祀，盖臣子迫切之至情，有不能自已者，初不请于病者而后祷也。故孔子之于子路，不直拒之，而但告以无所事祷之意。"

※札记

丘之祷久矣

做人，如果时时处处事事都能够做到诚敬，"不亏暗室"，不妄求达，不欺良心，何必祈佑于鬼神?普通人到了急难的时候，就去求神、拜佛、祷告，有愧于心，忏悔其往，请求改过向善，以祈求得到佑护。这完全是一种功利的行为，并不是仁德的修养精神。人们只有当处于危机的时候才去求神，而在他得意时，有谁会想到神的意志的存在，神需要什么?人是一天一天地活着的，今天的荣耀是一个个昨天的努力积累的结果，而今天的每一个具体的行为，都是为明天的荣誉做着准备，铺设道路。所以还是认真地过好每一天，不要等事到临头，才想到祈求鬼神保佑，自己不努力，鬼神又哪里能够保佑得了?韩愈曰："凡君子行己立身自有法度，圣贤事业，具在方册，可效可师，仰不愧天，俯不愧人，内不愧心，积善积恶，殃庆自各以其类至。"何须祈祷?

无贪身外之财，不做亏心之事，未存非分之念，勿占妄求之利，中道直行，何必祈祷?

吾之命造在天，吾之盛德在心，吾之惠泽于世，坦坦荡荡，何愧哉?何为祈祷?

宇宙是对称的，那么既然有生的世界，就应当存在死的归宿。生死是生命运动的法则，是不可避免的，生则无愧，何惧于死，缘何祈祷?

归田谢过

我们还是努力洁净自己的灵魂，做仁德之事。如果我们一心向仁，诚实笃敬，何所祈祷？

※原文

子曰：“奢则不孙，俭则固。与其不孙也，宁固。”

※译文

夫子说：“过度的奢侈则会养成骄横不逊。但是，过分的俭约则显得保守。与其失于桀骜不驯，我宁可固守俭朴。”

※历代论引

朱子曰：“奢、俭俱失中，而奢之害大。”

晁氏曰：“不得已而救时之弊也。”

※札记

奢与俭，两种不同的人生态度

崇尚节俭、反对奢侈，是中国传统生活观念的基本特点，在中华文化里，俭朴是做人的美德、幸福的源泉，返璞归真和知足常乐，是生活的境界。为此，历代先贤留下了诸多箴言。孔丘说："礼与其奢，宁俭。"老聃说："我有三宝，持而保之。一曰慈，二曰俭，三曰不敢为天下先。"韩非也说："侈而惰者贫，力而俭者富。"《朱子治家格言》说："一粥一饭，当思来之不易；半丝半缕，恒念物力维艰。"

财富和积累有关，然而智慧与心灵相通。我们的生活中充满了奢侈的行为，缺少的是生活的智慧。

奢侈以最大限度地满足感官需要为目的，建立在"人生苦短""及时行乐"的享乐观上。英国经济学家孟德维尔·贝尔纳德在《蜜蜂的寓言》一书中写道：蜜蜂的贪欲、虚荣，促进了蜜蜂社会的繁荣，而蜜蜂的道德、满足，却导致了蜜蜂社会的贫困衰落。更有一些人在制售着浪费是促使经济发展的怪论。现代社会创造出了各种先进的技术文明，使我们的物质生活资料愈来愈丰富精致，但是生活的安逸使我们离自己的心灵愈加遥远。

贪婪与奢侈是人所共有的惰性特点。"从俭入奢易，由奢入俭难。"好逸恶劳是潜藏在人的意识里的懒惰因子，骄奢的习气一旦养成，就很难改变。奢与俭，对人的生活观、世界观的形成有着深刻的影响，左右着人们行为处世的方式。历史发展的实践，反复地证明着一个哲理，"成由勤俭败由奢"。曾经盛极一时的古希腊就是在骄奢淫逸的靡费中土崩瓦解、彻底衰落的；隋文帝和隋炀帝父子的俭奢与兴亡实为最有说服力的诠释。

※原文

子曰："君子坦荡荡，小人长戚戚。"

※译文

夫子说："君子心胸宽广坦然，小人则常常局促忧愁。"

※历代论引

程子曰："君子坦荡荡，心广体胖。"又曰："君子循理，故常舒泰；小人役于物，故多忧戚。"

※札记

我们可以选择高尚

无论得意还是困穷，都能够保持达观，胸襟开阔，无所怨尤。为君子或是做小人，我们自己可以做出选择。

良好的心理素质，是成功的重要因素之一。人生充满乐趣，也到处都是障碍，关键在于你以怎样的心态面对。所以我们要学会放弃，放弃了那些令我们沉重的奢求，就会有意想不到的收获。只要我们有一个宽广而坦荡的胸怀，只要我们能够放弃患得患失的狭隘。其实，只要着力于“忠恕”，又有什么不能过得去？认真地过好每一天，用心灵感受那无声的昭示，让平凡的东西变得生动起来，这就是值得欢庆的人生。无论成败穷达，只要生命还在，我们都应该为之举杯。时间、人生和岁月一天一天魔术般地流逝了，虽然一无所有，一无所得，但是只要拥有生命，就已经足够。只要生命还在，我们就没有理由哀哀戚戚，因为也许此时有人的生命即将结束，而我们还有可以预期的明天，难道不应该快乐吗？

快乐是生活，悲观也还得活着，那么，我们为什么不快快乐乐地活着呢？何必为一些杞人之思而戚戚烦忧呢？努力使自己高尚，那么又有什么值得忧戚的？

※原文

子温而厉，威而不猛，恭而安。

※译文

孔子温和厚道但仪容肃穆，庄重但不显得粗暴，谦恭而安详。

※历代论引

朱子曰：“人之德性本无不备，而气质所赋，鲜有不偏。惟圣人全体浑然，阴阳合德，故其中和之气见于容貌之间者如此。门人熟察而详记之，亦可见其用心之密矣。抑非知足以知圣人而善言德行者不能也，故程子以为曾子之言。学者所宜反复而玩心也。”

※札记

追寻圣者的足迹

圣哲的伟业注定让你一辈子刮目相看，就像一个标杆，高高地立起，不可企及。

真正的权威建立在人品和学问修养的基础之上，是尊重他人而自然形成的不可侵犯的尊严，是人们发自内心的钦敬与尊崇，并不是靠玩弄手段或是利用权力压制建立起来的。

气质取决于修养，胸藏诗书气自华。

泰伯

至德无称

天道刚健，周而复始，春秋代序。地道厚实，承载山川，养育万民。天地不言，然有化成万物之功。圣人效法天地，恩惠施与四海，然从不言其盛德。可谓“天地有大美而不言”。

孔子从道德修养和事业成就的角度，赞美上古圣明帝王尧，指出其对民众的表率作用，阐述了“大德不言，民无得而称”的道德修养之至高境界。

※原文

子曰："泰伯，其可谓至德也已矣！三以天下让，民无得而称焉。"

※人物简介

泰伯：周大王古公亶父之长子。有弟仲雍、季历。太王欲立季历为后，泰伯、仲雍奔避荆越，文身断发。泰伯自号句吴，为春秋吴国始祖。

※译文

夫子说："泰伯，可以说是具有最崇高道德的人，他再三地逊让，把国君的位置让给了季历，老百姓简直找不出恰当的词语来赞颂他。"

※札记

真正值得称扬的是无名的实干者

大德不显，至德无言，大隐不扬，大智不彰。

天下大位，唯有德者居之。德而不居，而举有德，是为至德。但是，那些卑微琐屑之人，无所修养，却尚虚名，大肆渲染，自我吹嘘，努力地提高知名度，以求成名，唯恐人们不知道。本来小事一件，或者根本就没有做出什么值得为人称道的事，也要竭力宣扬。

历代大奸大恶之徒，在其东窗事发之前，总是极尽掩饰标榜之能事，总是头顶着这样那样的荣誉。这些荣耀的得来，往往并非靠实干、靠群众真心拥戴而得，靠的是他们的霸道、卑劣与厚颜。他们为了一己之虚荣可谓处心积虑，不惜采取一切手段，依仗着攫取的权势，当仁不让地占有。如果他们真有此德，可当得此荣誉，为什么无人称念其德，却拍手称快者众？由此可见，显德者并不一定有此德，有德者并不需要存心彰显。

※原文

子曰："恭而无礼则劳，慎而无礼则葸，勇而无礼则乱，直而无礼则绞。君子笃于亲，则民兴于仁；故旧不遗，则民不偷。"

※译文

夫子说："虽然谦恭，但是如果没有按照礼仪的规范处世，则是徒劳的；谨慎小心，但是如果没有礼仪的支持，则沦为畏缩；勇于行动而无所畏惧，但是如果没有礼仪的约束，则可能导致祸乱发生；虽然为人正直，但是如果没有礼仪的修饰，则会失之于尖刻而引起争执。君子对于自己的宗族亲厚友爱，那么老百姓的行为就将受到好的引导而渐趋仁厚。不遗弃自己的老同事、老朋友，那么老百姓就不致对人冷漠无情。”

※历代论引

张子曰：“人道知所先后，则恭不劳、慎不葸、勇不乱、直不绞，民化而德厚矣。”

※札记

仓廪实而知礼节

司马迁《史记·管晏列传》有言：“仓廪实而知礼节，衣食足而知荣辱，上服度则六亲固。四维不张，国乃灭亡。下令如流水之原，令顺民心。”治国的关键在于让百姓丰衣足食，如此这般，礼、义、廉、耻才能巩固维持，依照礼仪规范行事，君之为君，民之为民，上下通达，不令则行。

泱泱五千年中华文明，礼仪之邦的美名时刻牢记于心。

※原文

曾子有疾，召门弟子曰：“启予足！启予手！《诗》云：‘战战兢兢，如临深渊，如履薄冰。’而今而后，吾知免夫！小子！”

※译文

曾子病了，召集他的学生们到他身边，说：“看看我的脚，看看我的手！《诗》谕示我们：‘小心谨慎啊！就像来到深渊边，就像行走在薄冰上。’（回顾一生）从今以后，我知道我可以解脱了！你们懂得了吗?!”

※历代论引

程子曰：“君子曰终，小人曰死。君子保其身以没，为终其事也，故曾子以全归为免矣。”

尹氏曰：“父母全而生之，子全而归之。曾子临终而启手足，为是故也。非有得于道，能如是乎？”

范氏曰：“身体犹不可亏也，况亏其行以辱其亲乎？”

※札记

生命诚可贵，此身当珍惜

人生多艰，人不但要受到来自生活的压力，更要受到各种疾病等天灾人祸的催迫，能够平安度过一生是值得庆幸的。生死不可避免。走到今天，已经很是难得，“算是真正落幕了”，应当感到快乐。因为我毕竟到达了终点，可以说是完成了所负的使命，尽管不尽如人意，总算是到解脱的时候了，可以休息了。对于生命来说，那些过去的磨难都是不足道的，不论当时多么困难，毕竟都走过了，有什么理由不为之欣慰呢!

不论我们的处境多么困难，为了我们自己，为了关爱我们的人，就应当好好地活着，好好活下去。只要活着，就有希望。孔子说：“身体发肤，受之父母，不敢毁伤，孝之始也。立身行道，扬名于后世，以显父母，孝之终也。夫孝，始于事亲，中于事君，终于立身。《大雅》云：‘无念尔祖，聿修厥德。’”(《孝经》)此生此身受之于父母，不可不珍惜，只有兢兢业业，谨慎小心，这样才可能渡过那一个个的陷阱和危难，使自己生命的航船安全驶抵彼岸。当我们回顾平生所走过的路，在挥手告别人生之时，能够完整地去见我们的父母，无愧地面对后人，无所牵挂，心安理得地离开，是多么令人感到欣慰啊。因此，对于生命赋予我们的每一天，都应当珍惜，并为之努力奋斗，在这世间留下我们的痕迹。

※原文

曾子有疾，孟敬子问之。曾子言曰：“鸟之将死，其鸣也哀；人之将死，其言也善。君子所贵乎道者三：动容貌，斯远暴慢矣；正颜色，斯近信矣；出辞气，斯远鄙倍矣。笾豆之事，则有司存。”

贵黍贱桃

※人物简介

孟敬子：仲孙氏。名捷。鲁国大夫。

※译文

曾子卧病，孟敬子来看望他。曾子说："飞鸟在将要死去的时候，鸣叫声充满着哀婉的音韵；人到了快要死去的时候，他说的话也都饱含着深情和善意。君子在待人接物方面要注意三点：加强学问修养，严肃自己的仪态风度，避免粗暴傲慢的神态，使自己的气质表现得谦和安详；内心平和，态度诚恳，就容易建立起信任和友谊；言谈举止，多考虑措辞和语气，就可以避免鄙陋粗野和错误。如此则修身持正，政事公正，那么那些芝麻绿豆类的具体的琐屑事务，自然不需要分心应付，交由职责部门负责办理就行了。"

※历代论引

程子曰："动容貌，举一身而言也。周旋中礼，暴慢斯远矣。正颜色则不妄，斯近信矣。出辞气，正由中出，斯远鄙倍。三者正身而不外求，故曰'笾豆之事则有司存'。"

尹氏曰："养于中则见于外，曾子盖以修己为为政之本。若乃器用事物之细，则有司存焉。"

※札记

修身之要，为政之本

"动容貌、正颜色、出辞气"三者皆修身之要、为政之本，不可有造次、颠沛之违。举手投足之间，体现着一个人的修养程度。言辞语谈之中，自然流露着一个人的品德境界。一颦一笑之际，传达出一个人的内在本质。因此，只要内心存有纯正的道德修养，不论从事何种职业，都能得心应手。

※原文

曾子曰："以能问于不能，以多问于寡；有若无，实若虚，犯而不校，昔者吾友尝从事于斯矣。"

※译文

曾子说："虽然自己多才多能，但能够虚心向不如自己全面的人咨询某一方面的学问；尽管自己的知识已经相当渊博，但仍然好学不倦，遇到不懂的方面就及时向对此有专门研究的人请教；已形成自己的见解和思想，却还能诚恳地听取别人的意见，就如同自己没有什么主见一样；对于面临的问题已经成竹在胸，但是还能够怀着谦敬的态度征求他人的高见，就像自己心中无把握似的；虽然因此也有时受到不明所以的人的轻视或顶撞冒犯也并不计较，宽宏大度。从前我的朋友就是这样做的。”

※历代论引

谢氏曰：“不知有余在己，不足在人；不必得为在己，失为在人；非几于无我者不能也。”

※札记

真诚倾听

身处高位的执政者，应多听取群众的意见，群众只知具体的事由，相对于全局而言是“不能”，但是，执政者如果能够虚心听取，有时，虽然是十分浅近的话，也往往能给以深远的启迪。学会倾听，学会倾听群众的声音，是解决一切现实难题的有效方法。

※原文

曾子曰：“可以托六尺之孤，可以寄百里之命，临大节而不可夺也，君子人与？君子人也。”

※译文

曾子说：“能够托付未成年的幼君，能够代理百里之国的政务，面临生死存亡的关头不动摇。君子是这样的人吗？君子是这样的人啊！”

※历代论引

程子曰：“节操如是，可谓君子矣。”

朱子曰：“其才可以辅幼君、摄国政，其节至于死生之际而不可夺，可谓君子矣。”

※札记

君子立世，气节为重

君子守其节、成其德，小人趋其炎、附其势。君子济世，小人凌弱。

托孤寄命，非君子安承其责？操守气节，做人立世之根本，非君子何能固守其志？士可杀，不可辱。人可以无才，但不可以丧失做人的气节。苏轼说：“夫欲有所立于天下，击搏进取以求非常之功者，则必有卓然可见之才，而后可以有望于其成。至于捍社稷、托幼子，此其难者不在乎才，而在乎节，不在乎节，而在乎气。”

※原文

曾子曰：“士不可以不弘毅，任重而道远。仁以为己任，不亦重乎？死而后已，不亦远乎？”

※译文

曾子说：“读书人不能不心胸宽广、意志坚定。因为所承担的责任深重、前程远大。以仁德为己任，这难道不是很重大的吗？并且毕生为之奋斗，直到死去才停止，难道承担着重责所走过的道路还不够远吗？”

※历代论引

朱子曰：“非弘不能胜其重，非毅无以致其远。”“仁者，人心之全德，而必欲以身体而力行之，可谓重矣。一息尚存，此志不容少懈，可谓远矣。”

程子曰：“弘而不毅，则无规矩而难立；毅而不弘，则隘陋而无以居之。”又曰：“弘大刚毅，然后能胜重任而远到。”

※札记

君子任重而道远

宽深不测的气量，是古今成大事业者必备的素质。古人注重修养这种品质，用以临大事、挽危局，用以镇世俗人的急躁，立中流之砥柱。欧阳修曰：学笃而志大。虽在畎亩，不忘天下之忧。以谓“时无不可为，为之无不至，不在其位，则行其言。吾言用，功利施于天下，不必出乎己；吾言不用，虽获祸咎，至死而不悔。”

人的德行和才能，不可能各方面都完美无缺。但是，我们必须对历史负起责任，至少也应当为我们自己的历史负起责任。

※原文

子曰：“兴于《诗》。立于礼。成于乐。”

※译文

夫子说：“德行的修养从《诗》开始，依靠礼仪立足于世间，经过音乐的熏陶使之达到和谐完美。”

※历代论引

程子曰：“天下之英才不为少矣，特以道学不明，故不得有所成就。夫古人之诗，如今之歌曲，虽闾里童稚，皆习闻之而知其说，故能兴起。今虽老师宿儒，尚不能晓其义，况学者乎？是不得兴于《诗》也。古人自洒扫应对，以至冠、昏、丧、祭，莫不有礼，今皆废坏，是以人伦不明，治家无法。是不得立于礼也。古人之乐：声音所以养其耳，采色所以养其目，歌咏所以养其性情，舞蹈所以养其血脉。今皆无之，是不得成于乐也。是以古之成材也易，今之成材也难。”

王应麟曰：“夫子之教必始于《诗》《书》而终于《礼》《乐》，杂说不与焉。”

※札记

人生应当是美好的

诗，发乎情，止乎礼。礼，约束我们的行为不逾矩，守护着我们的心灵不受玷污。乐，陶冶我们的情操，滋养我们的性情，愉悦我们的心灵，净化我们的思想，成就我们的德行，使我们能够清廉纯正地立于世间。

生活虽然面临各种疑难与困扰，但是，同样充满着激情和乐趣。我们不仅仅只是为了活着而活着，我们更是为了成就人生而做着我们热爱的事业，我们为了事业献出一切，乐于为此奋斗，我们因此而享受到了生活的乐趣，生活也将因为我们的奋斗而变得美好、充满情趣。

孔子说：“《诗》可以兴。”又说：“不学礼，无以立。”《书》说：“诗言志，歌咏言。”诗、礼、乐是修身养性的根本。《诗》使我振奋，《礼》助我立身，《乐》使我的人生升华到纯美的艺术之境。这是传统文化中理想的人格境界。

※原文

子曰：“民可使由之，不可使知之。”

※译文

夫子说：“老百姓，可以让他们按照我们的指令去做，却不能使他们懂得为什么要这样做。”

※历代论引

朱子曰：“民可使之由于是理之当然，而不能使之知其所以然也。”

程子曰：“圣人设教，非不欲人家喻而户晓也，然不能使之知，但能使之由之尔。若曰圣人不使民知，则是后世朝四暮三之术也，岂圣人之心乎？”

※札记

国以民为本

现代法制社会强调人民有知情权，参与权。现代社会赋予人们更多当家做主的权利，强调以民为本，以法治国，社会法律体系也日臻完善。人民既可以用法律武器来保护捍卫自己的权利，也知道如何去遵守法律法规而不触及底线。

康有为改句读为“民可，使由之；（民）不可，使知之”，将孔子民主化。《集释》刘开《论语补注》：盘庚迁殷，民皆不欲，盘庚决意行之，诰谕再三，而民始勉强以从其后。子产治郑，都鄙有章，郑民始怨而后德之。故使之行其事，可也；而欲使明其事，则势有不能。看来，“不可使知之”的说法在古代不足为怪。古之“民主”是“为民做主”，“民为贵”，而并非人民做主的现代民主。（见《论语今读》李泽厚著 三联书店 2004 年 3 月北京第 1 版）

※原文

子曰：“好勇疾贫，乱也。人而不仁，疾之已甚，乱也。”

※译文

夫子说：“好勇斗力，憎恶贫穷，这是引起社会动乱的根源。人如果没有能够包容一切的仁德，嫉恶太过，则必然导致祸乱发生。”

※历代论引

朱子曰：“好勇而不安分，则必作乱。恶不仁之人而使之无所容，则必致乱。二者之心，善恶虽殊，然其生乱则一也。”

※札记

穷则思变

人到途穷则拼命，贫穷则无所顾忌。

任何人都是生活在现实之中，经济的现实性是十分重要的。民众的生活状况决定着整个国家经济基础的稳固程度。民众的生活问题都不能保证，如何能够实施政治统治？任何一个政权不论其性质如何，首先要解决人民的生活问题，要体恤人民的疾苦和灾难，政治清明、为民谋福利，才能得到民心的支持；只有让人民的生活安定富裕，才能得到百姓的拥护，那么这个政权才有存在的基础和理由。因此，社会的治乱在于经济的发展，并不取决于政治形态。当然，政治制度的优劣对于经济发展有着重要的影响，而政治制度的设计，必须体现经济的发展要求。

历代有识之士，其用于世，首先是重视富民。民众富裕了，然后实施教化。

※原文

子曰："如有周公之才之美，使骄且吝，其余不足观也已。"

※人物简介

周公：名旦，姓姬。正礼乐。周武王之弟。因其采邑在周（今陕西省岐山），故称周公。其子封于鲁。十三年，武王崩，子诵立，是为成王，成王年少，周公旦恐诸侯叛周，乃摄政辅成王。奉成王命，伐诛武庚、管叔，流放蔡叔。建洛邑，制定礼乐制度。

※译文

夫子说："一个人即使有周公那样令人叹服的美好才华，假若他既骄傲又促狭，纵然其他方面再好，也是不值得称道的。"

※历代论引

程子曰："此甚言骄、吝之不可也。盖有周公之德，则自无骄、吝；若但有周公之才而骄、吝焉，亦不足观矣。"又曰："骄，气盈。吝，气歉。"

朱子曰："骄、吝虽有盈歉之殊，然其势常相因。盖骄者吝之枝叶，吝者骄之本根。故尝验之天下之人，未有骄而不吝，吝而不骄者也。"

※札记

骄傲观

古人云：人必先器识而后才具。心胸与器识，是成就人生的主要因素。才、德、学三者全部具备的人并不多。但是，在某一领域有精湛造诣的人是值得钦佩的，也是足以引为自豪的。然而，中国人可以忍受胯下之辱，却绝对不能容忍别人的骄傲。一句骄傲就可将其打入冷宫，而埋葬掉其一生的前程。这是一些嫉谄之徒的惯用伎俩。

真正骄傲的人，仔细考察之，必有其可恃为骄傲的资本。其骄傲之所以不能为人所容忍而招致中伤，实则是由于某些人的心胸狭窄与嫉恨，是那些卑鄙无行之人对才能高过己者的暗算。因而，骄傲的代价是昂贵的。

虽然，骄傲对于我们这个以谦让为美德的民族来说不是一个优点，或许是一个不可忽视的缺点，但也绝不是不可容忍的恶行，更不应以一个人一生的前途来为其骄傲

杏坛礼乐

“埋单”。

从另一个方面考察，骄傲之人必为有识之士，必拥有不甘平庸的积极进取之心，必为坦荡无诈之人。那些唯唯诺诺、终其一生的奴颜逢迎之辈，实则居心叵测，包藏着不可告人的祸心，他们有意见不当面讲，却专在背后施放暗箭。

骄傲之人，实不失其光明磊落之行，表现出的也是耿直的自信。比之于那些只会打小报告的听话的奴才来，其品质不知要高出多少倍。

骄傲带给人的伤害是深刻的，进而对社会的发展造成恶劣的影响。但是谦让所导致的我们民族的退缩与安于现状，使我们失去了很多发展的机遇，历史的教训是深刻的，更应引以为鉴。从个人来说，如果言不由衷的一句谦辞，令我们失去争取更好的命运和前景的机会，甚至于令我们丧失了积极的进取心和以天下为己任的勇担责任的精神，则实在令人感到悲哀。由于崇尚谦让的社会心态造就了一代又一代的虚伪狡诈之徒，使得诚实处境尴尬。与其赞赏虚伪的谦虚，不如容忍诚实的骄傲。即使被一个有水平的骄傲的人批评，也比听到无能之辈的夸赞要顺耳许多。

虽然骄傲不值得肯定，但是，也不必大加挞伐。重要的是要有真正的才能，要有宽容的气度。当然，一个人有才能而且很努力，并且又具有弘毅的胸襟，深厚的美德，不骄不吝，同时还具有同情、包容之心和宏大气魄，是值得称赏的，但是这世间谁又能够做到十全十美呢？既然人都是有缺点的，那么我们何不多一点宽容呢？

※原文

子曰：“三年学，不至于榖，不易得也。”

※译文

夫子说：“读书三年，还不想做官，这种人是很难得的。”

※历代论引

朱子曰：“为学之久，而不求禄，如此之人，不易得也。”

杨氏曰：“虽子张之贤，犹以干禄为问，况其下者乎？然则三年学而不至于榖，宜不易得也。”

※札记

为谁读书

读书之目的就在于明理达礼修德。一句话，就是做人。

那种借读书之名攀求名利的行为，对于学问是不会有任何益处的，即使其谋求得以实现，也不可能做出什么有益于社会的成果。这种人如果遂其所愿而被任用为官，实为国家之灾，百姓之祸，社会之悲。因为，他们的动机本就不纯，其结果必致祸国殃民。

※原文

子曰：“笃信好学，守死善道。危邦不入，乱邦不居。天下有道则见，无道则隐。邦有道，贫且贱焉，耻也。邦无道，富且贵焉，耻也。”

※译文

夫子说：“坚定我们的信仰，努力学习，矢志固守自己的德操。不去政局动荡危险的国家游历，不在纲纪紊乱的国家居住。天下太平则出任事务，政事昏乱则隐居林泉。国家兴盛，如果不能为国尽力而生存在贫贱之中，这是读书人的耻辱；国家政治黑暗、混乱腐败，却以不正当的手段独享富裕奢侈的生活，这更是可耻的。”

※历代论引

晁氏曰：“有学有守，而去就之义洁，出处之分明，然后为君子之全德也。”

《礼记·中庸》云：“国有道，其言足以兴；国无道，其默足以容。”孔颖达疏：“国有道之时，尽竭智谋，其言足以兴成其国。……若无道之时，则韬光潜默，足以自容其身，免于祸害。”

※札记

有道则见，无道则隐

心事宜明是做人的原则，才华须藏是处世的铁律。木秀于林，风必摧之，高才招嫉，历来如此。首先要保护自己，充实自己，固守自己的信仰。否则你的任何努力都将是徒劳，都会受到诋毁。人们都在努力寻找适宜自己的幸福生活，但是，人生在世也必须面对各种现实问题。

“君子者虽无所处而不安，然其于自处也，未尝不择。”选择怎样的时机、以怎样的姿态，成就自己的人格，是一个十分重要的问题。孔子说：“君子安其身而后动，易其心而后语，定其交而后求，诚为至理。”但是，民族和国家的未来高于一切，对于一个有大德茂才，高远志向的人来说，在国家需要的时候讨价还价是可耻的。

※原文

子曰：“不在其位，不谋其政。”

※译文

夫子说：“不处在那个位置上，就不谋划有关的事务。”

※历代论引

程子曰：“不在其位，则不任其事也。若君大夫问而告者，则有矣。”

※札记

努力扮演好自己的角色

不谋别人的政，是对别人的尊重，也是对自己尊严的维护。正如我们常说的各司其职、各负其责。这是做人处世的基本原则。重要的是说好与自己位置相关的话，做好与自己身份相符的事。一个有修养的君子，总是兢兢业业于自己的事业，不做非分之想，不做超越自己职守权限以外的事，专心履行自己的职责，“有所为，有所不为”。

责任，对于每一个人来说，是法律、道义所赋予的义务，必须担当，是必谋之政。一个人不论是什么身份或是处在什么地位，都要摆正自己的位置，定位好自己，对自己所处的角色地位有清醒的认识，从而认真履行好所承担的角色职责。只有准确地定位自己所处的位置，才能够更好地做事，更好地发展自己。

※原文

子曰："师挚之始，《关雎》之乱，洋洋乎盈耳哉！"

※译文

夫子说："当鲁国的音乐大师挚开始演奏，直到结尾演奏《关雎》之曲，美妙动听的音乐充满双耳，真是好听极了。"

※历代论引

朱子曰："孔子自卫反鲁而正乐，适师挚在官之初，故乐之美盛如此。"

※札记

《关雎》之乱

礼、乐相辅，相得而益彰，无限和谐美好。

社会历史的发展更替，所发生的那种波澜壮阔的战争画卷，是惨烈的，也是令人振奋的；是旧时代的终结，也是新时代的开启，是变革的高潮。其时上演的话剧，如火如荼，轰轰烈烈，既推动旧王朝寿终正寝，又拉开新的历史纪元的帷幕。稳定发展的社会只是历史的过程，是一种铺陈与渐积的"叙述"。

社会的变革，必定以文化为先导，从文化现象渐萌其兆。礼乐文化的兴盛衰靡，直接影响着社会发展的趋向。

※原文

子曰："狂而不直，侗而不愿，悾悾而不信，吾不知之矣。"

※译文

夫子说："狂放而不直率，貌似忠厚而不朴实，浅薄无识却不讲信用，我实在不能理解这种人为什么要这样做。"

※历代论引

苏氏曰："天之生物，气质不齐。其中材以下，有是德则有是病，有是病必有是德。故马之蹄啮者必善走，其不善者必驯。有是病而无是德，则天下之弃才也。"

※札记

人生成就取决于自己

人的天资不同，智愚参差不齐，本无可厚非。但是每个人都有其可取之处，有其可以造就的方面。之所以结果不同，关键在于自己的努力程度。

在人之初生和孩提时代，原本没有什么贤愚高下的区别。随着年龄的增长，只是由于学与不学，差别慢慢增大，学习使各自的天资与潜能得以发挥，以致有的大有作为，有的沦为平庸。由此可见，学习非常重要，影响深远。

人总有缺陷，而且与生俱来。只有通过学习才能得以补救，不学终将一事无成。谁都存在着令人诟病的方面，只要为人淳朴自然，诚实不欺，谦虚好学，就是一个值得敬重的人。虚伪佞巧、依靠玩弄小聪明、小手段在背后打鬼主意的人，不仅品性卑劣，而且最终只能搬起石头砸自己的脚。才之高下，在于学习。所谓的生而知之，是不现实的。人如果只依靠天资而不学习，同样将沦为平庸之辈。

※原文

子曰："学如不及，犹恐失之。"

※译文

夫子说："深入学习的人总是感到自己的能力不及，对于时间的流逝更加感到紧迫，唯恐失去机会而落在后面被时代淘汰。"

※历代论引

朱子曰："人之为学，既如有所不及矣，而其心犹竦然，惟恐其或失之，警学者当如是也。"

程子曰："学如不及，犹恐失之，不得放过。才说姑待明日，便不可也。"

※札记

面对我们生活的空间

人类已经进入了信息化、网络化时代，一切事物都被赋予了全新的意义，昨天还在孜孜以求的东西，一夜之间变得无足轻重；今天奉为圭臬的典范，顷刻之际已显得陈旧而被遗弃。创新的理念更令人眼花缭乱。生活观念的剧烈冲撞和急剧变化往往使我们不知所措，仿佛置身于一片迷茫的星空，几许惆怅、几许失落。不学习就会有被时代淘汰的危险，一种生存的危机意识与紧迫感，令我们的心灵难以承受。当然，无论技术如何进步，若要增长知识，增长才干，还是要靠我们自己的勤奋求进。因此，只有学习，不断地学习，才能更好地跟上时代的步伐。否则，就会被时代进步的潮流所遗弃。

※原文

子曰："巍巍乎！舜、禹之有天下也，而不与焉。"

※译文

夫子说："伟大啊！舜和禹得到天下！谦恭礼让，以德而治，而不必动用干戈争持。"

※札记

积德深厚，天下归心

古代治理天下，首先修养自己的德行，躬行对民众有德行的事业。

舜之孝为天下人所称扬，他的德义感动天地。舜的孝行出于内心的至诚，并不是现今的一些人用以在他人面前标榜自己的矫饰。禹以天下为重，三过家门而不入，人民感念他的恩泽而衷心拥戴他。

舜、禹之有天下，在于积德深厚，天下归心，盛德自成，不强求而自然得到拥护。得之以德，治之以德，以仁继仁，民被其泽。巍巍乎！舜、禹之德天下。

舜、禹并没有为了当皇帝而去做事的想法，只是全身心地服务，以其至诚，履行自己的责任。因此，孔子称赞说："巍巍乎！"这是真正伟大的境界，是真正崇高的品德。

※原文

子曰："大哉！尧之为君也。巍巍乎！唯天为大，唯尧则之。荡荡乎！民无能名焉。巍巍乎！其有成功也。焕乎！其有文章。"

※译文

夫子说："伟大啊，尧帝！巍然焕然，不可仰视！只有上天最伟大，也只有尧能效法做得到。尧的恩惠真是博大浩荡呀，百姓找不到恰当的词语来称颂赞美他。伟大啊！他的事业；光辉啊！他的礼乐法度。"

※历代论引

尹氏曰："天道之大，无为而成。唯尧则之以治天下，故民无得而名焉。所可名者，其功业文章巍然焕然而已。"

※札记

尧之盛德

巍乎高哉！天道浩荡，无为而无不为。

上苍的恩泽普施，只有尧能够效法做得到。然而，尧却不以为德，民亦无所颂扬。

至德者无言，也无须言，以民之言为言，以天地之意为意。

"巍巍乎！其有成功也。焕乎！其有文章。"

※原文

舜有臣五人而天下治。武王曰："予有乱臣十人。"孔子曰："才难，不其然乎？唐、虞之际，于斯为盛。有妇人焉，九人而已。三分天下有其二，以服事殷。周之德，其可谓至德也已矣。"

※译文

舜帝时任用五位有德行的人，天下大治。周武王说："我任用具有安邦戡乱之才的贤明人士十位。"孔子说："有才能的人难得啊，难道不是这样吗？唐尧、虞舜的时代之后，周武王的时代最是人才济济。《书》中记载，这十位大臣中有一位是妇女，所以只能说是九个人罢了。当初周文王三分天下拥有其中之二，仍然以臣属之礼服从敬事殷纣王。周文王的德义，可以说是做到了至仁至义了。"

※历代论引

包咸曰："殷纣淫乱，文王为西伯而有圣德，天下归周者三分有二，而犹以服事殷，故谓之至德。"

范氏曰："文王之德，足以代商。天与之，人归之，乃不取而服事焉，所以为至德也。孔子因武王之言而及文王之德，且与泰伯皆以'至德'称之，其旨微矣。"

※札记

才难

人才难得。更难得的是其才得为所用。兴衰治乱之机，社会安宁的重心在人才。

李贺说："江山代有才人出，各领风骚数百年。"

李白说："天生我材必有用。"

天下非无才也，而乏识之者，更鲜能用之者。

真正的才德之士少之又少。然而，真正的才德之士，也只有同样具备慧眼而大度的有大德、有过人才识的人才能够识别而举擢之。

诚然，才难也。难在人才少，难在人才难识。

※原文

子曰："禹，吾无间然矣。菲饮食，而致孝乎鬼神；恶衣服，而致美乎黻冕；卑宫室，而尽力乎沟洫。禹，吾无间然矣！"

※译文

夫子说："夏禹啊，我无从非议他。吃的饭菜粗疏，却把祭品办得很丰盛；穿的衣服很破旧，而祭祀的礼服却做得十分考究华美；居住的房屋低矮窄小，却把力量完全用在农田水利上了。大禹啊，我无从非议啊。"

※历代论引

朱子曰："或丰或俭，各适其宜，所以无罅隙之可议也，故再言以深美之。"

杨氏曰："薄于自奉，而所勤者民之事，所致饰者宗庙朝廷之礼，所谓'有天下而不与'也，夫何间然之有！"

何晏《集解》："孔子推禹功德之盛美，言己不能复间厕其间。"

※札记

大德，无从非议

中国是一个农业文明的国家，一切都打着土地的烙印。因此，自古以来，改变

农山言志

生产条件、改善自然面貌，改造思想观念一直是人们关注的重要方面。千百年来，人们一代一代地做着不懈地努力，从未稍有停息。

执政的关键在于所推行的创举是不是符合民众的心愿，是不是百姓生活中所急需要改变的事情。东坡说：“天下所在陂湖河渠之利，废兴成毁，皆若有数。惟圣人在上，则兴利除害，易成而难废。”“唯天道难知，而民心所欲，天必从之。”

人心是知善恶的，也是知恩必报的。给老百姓做过一点有益的事情，人民是不会忘记的。真正为人民做出丰功伟绩的人，自己的生活却总是非常清苦，自奉节俭。谁是真正为人民谋利益的，不必去做别的考察，更不必去听他们的所谓述职报告。百姓心中自有一杆秤，民心从来都是公正的。

子罕

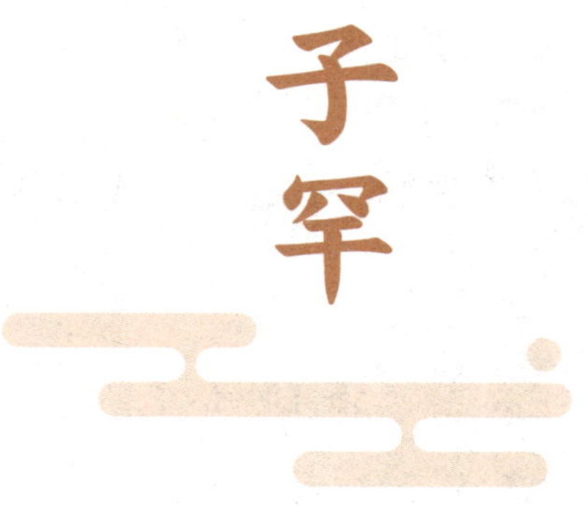

天命是什么

命运是“存在”的，但是重要的是孜孜不倦的努力，如果放弃奋斗，一切所谓的“好运”都会改观。奋斗是我们求得美好人生的唯一途径。不做艰苦的工作，而幻想着得到命运的厚赐，是十分可笑的。

“天之未丧斯文也，匡人其如予何？”河不出图，岂非天意？逝者如斯，命矣夫？命既如此，就该如此。自欺犹可，何敢欺天？

秀而不实，名而不称，德薄无树，岂能无悲？人生世间，碌碌奔波而不得用，非生不得其时，实乃天降之任。砺金而利，历练而达。人生只有经历砥砺，德乃昭著天地。只有经历霜雪，然后知松柏之材美。一切都须经过岁月的洗礼与研磨，方显其本色。

无论穷达，乐处其命，诚敬天命。让我们记住：谋事在人，成事在天。不求一定功成名就，只求不虚度人生。

※原文

子罕言利与命与仁。

※译文

夫子很少谈论私利、天命与仁义。

※历代论引

程子曰："计利则害义，命之理微，仁之道大，皆夫子所罕言也。"

※札记

谨言躬行

精神是永存的吗？灵魂是不死的吗？天命是存在的吗？仁是可以尽言的吗？

君子敬畏天命，赞同仁义。私利，不屑于言谈。斤斤于利害得失，何暇修德？

天命，其义深广而又奥妙无穷，易多歧义，多言与修养无益。谁也不能把握命运，谁也不能改变命运，谁的一生都是注定的，无可摆脱，不可抗拒，是众多假设的可能性中唯一的实在；而且始终不容忽视地存在着，无从确知，只能向着一个目标默默地奋斗。关于命运，谁也无从找到最终的结论。只有修养仁德，或且有所助益。

仁德，笃行谨言。躬行仁德，天命自在我心，何必言利，斤斤于市朝？

君子不言利与命，只是努力践行。只要努力做了，结局的成败自然分明，盖棺而后定论，空言何益？还是脚踏实地地去践行自己的人生，不论是谁，最终都将走向自己的终点，中途无所滞留。要想获得成功，就得自己努力，谁也不能指望别人替自己的人生付出代价。

※原文

达巷党人曰："大哉孔子！博学而无所成名。"子闻之，谓门弟子曰："吾何执？执御乎？执射乎？吾执御矣。"

※译文

达巷党的一个人说："孔子伟大啊！学识渊博通神，可并不是在某一方面有特别的专长而出名的。"孔子听说后，告诉他的学生说："我的专长是在哪个方面呢？是驾车呢？还是射箭呢？我专门驾车吧！"

※历代论引

朱子曰："欲使我何所执以成名乎？然则吾将执御矣。闻人誉己，承之以谦也。"

尹氏曰："圣人道全而德备，不可以偏长目之也。达巷党人见孔子之大，意其所学者博，而惜其不以一善得名于世，盖慕圣人而不知者也。故孔子曰：'欲使我何所执而得为名乎？然则吾将执御矣。'"

※札记

握在我们手中的是什么

我们的命运掌握在谁的手中？

虽博学却无所成名，无所其用，难道不是命定的吗？

我们有很多的愿望，但是我们又成就了什么？只是因为我们没有确定一个具体的方向。

世道发展的潮流掌握在谁的手中？"问苍茫大地，谁主沉浮？"

※原文

子曰："麻冕，礼也；今也纯，俭。吾从众。拜下，礼也；今拜乎上，泰也。虽违众，吾从下。"

※译文

夫子说："用麻料编织丧祭的礼帽，这是合乎传统礼制的；今天大家选用丝料，

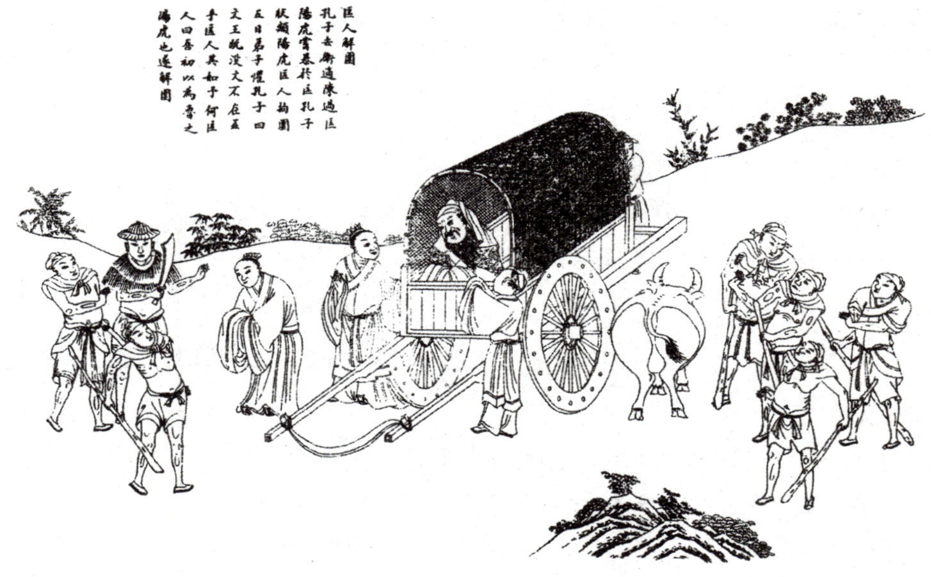

匡人解围

这样俭省些，我赞同大家的做法。古礼的约法，致拜，深怀诚意。而现在的时代，简慢到了见面只是拱拱手而已，这是骄慢的行为呀！虽然与众人的行为相违拗，我仍然坚持认为应当深躬礼拜。”

※历代论引

程子曰：“君子处世，事之无害于义者，从俗可也；害于义，则不可从矣。”

《太平御览》曰：“臣祭于君，酬酢授爵，当拜于堂下。时臣骄泰，故拜于堂上。”

※札记

孤独的坚守

人有时要坚持自己的见解，总是困难的，很多时候会陷于孤立无援的境地。诚如夫子所言“虽违众，吾从下”。就以这句话为例，解读时必须遵循原意。而运用时，完全可以有所引申，另做别解，太拘泥，只能是教条。而且，原文在这里并没有说是在“君臣互见”，只是后世解经的大师们依据礼制的原则所做的说明。所以，“拜下”，有礼贤下士之意。对下，诚恳有礼。虽然，这有违于多数贵族傲慢的看法。

现今的人们，“拜乎上”已成时尚，总是把眼睛盯在居于上位的权贵，为了求得一己私欲的满足，为了安泰而做出献媚的行为。

由于礼仪的这种变化，总是令我们感到心中不是滋味。无论是形式的改变还是内容的改变，都必须遵循相应的原则。“必畏天，必从众，必法祖宗。”

君子处世，当为则为，从善如流，害义则止。坚持自己的原则，虽与众意相背，陷于孤独，也义无反顾。

※原文

子绝四：毋意，毋必，毋固，毋我。

※译文

孔子拒绝四种行为：不凭空揣测，不绝对苛求完美，不固执偏见，不自以为是。

※历代论引

张子曰：“四者有一焉，则与天地不相似。”

杨氏曰：“非知足以知圣人，详视而默识之，不足以记此。”

程子曰：“此‘毋’字，非禁止之辞。圣人绝此四者，何用禁止？”

朱子曰：“四者相为终始，起于意，遂于必，留于固，而成于我也。盖意、必常在事前，固、我常在事后，至于我又生意，则物欲牵引，循环不穷矣。”

※札记

平和中正

不要主观臆测别人的动机，也不要听信别人的闲言碎语，只以平静而宽容的心境对待面临的一切。认真地做事，客观公正地面对事实。既不要人云亦云，也不要求全责备，对别人过分的苛求则显得胸襟狭隘。仁德的修养重在“克己”，在于摒除私念。不要以自我为中心，天下的事不可能尽遂自己的心意，固执己见只会导致偏激。人人都从自己的角度出发，只会造成更多的是非偏见。思想要有原则，任何的先入之见都是不明智的。

保持一份平和的心态，享受生命带给我们的乐趣。并非自己满足了就是快乐，尝试着施与吧，你会感到自己富有而且崇高。

※原文

子畏于匡。曰：“文王既没，文不在兹乎？天之将丧斯文也，后死者不得与于斯文也；天之未丧斯文也，匡人其如予何？”

※译文

孔子被匡地的人围困。夫子说：“周文王已经故去很久了，难道礼乐文化就将在这里失传了吗？天若要湮灭这种文化，那我也就注定不可能听闻了。上天如果还不愿让这种文化消失，那么匡地的人又能把我怎么样呢？”

※历代论引

马氏曰：“文王既没，故孔子自谓后死者。言天若欲丧此文，则必不使我得与于此文；今我既得与于此文，则是天未欲丧此文也。天既未欲丧此文，则匡人其奈我何？言必不能违天害己也。”

※札记

命运的昭示

天命不可违！作恶不可赦。天理昭彰，善人者，天必佑之。逆天而行，天必殛之。

承天旨意，行天之道，弘天之德，以天道为己任，任重而道远，岂可中途而止？虽处危难，不忘责任。

天降厥德，吾命自在上天。命运的昭示引领着我们到达这里，宵小之徒，谁又能阻挡得了？天命如此，谁岂可违？

※原文

太宰问于子贡曰："夫子圣者与？何其多能也？"子贡曰："固天纵之将圣，又多能也。"子闻之，曰："太宰知我乎！吾少也贱，故多能鄙事。君子多乎哉？不多也。"牢曰："子云：'吾不试，故艺。'"

※人物简介

琴牢：字子开，一字子张。孔子弟子。

※译文

太宰问子贡说："夫子真是圣人吧，为什么会有那么多的才能呢？"子贡说："当然是天生的圣人，博学多识。"孔子听到这件事，说："太宰哪里能够了解我呀！因为，我出身贫贱，所以必须学会做那些琐细的劳作事务。世间真正的君子多吗？不多啊。"子开说："夫子曾经说过：'我不曾被国家所用，所以学得一些技艺。'"

※历代论引

朱子曰："由少贱故多能，而所能者鄙事尔，非以圣而无不通也。且多能非所以率人，故又言君子不必多能以晓之。"

※札记

吾不试，故艺

此生虽然不被任用，但是，生活并不是暗淡的。生活中仍然有很多东西值得我们去奋斗，有很多事情不能放弃，而且更为精彩。当然，生活就其本身来说是世俗的，具体的，琐碎的。所谓的阳春白雪，并非普通百姓的享受，他们也没有这种矫情的心境去消磨时日。因此，生活所必须掌握的技能是不能忽视的。圣人异于常人之处，在于有一颗高贵而不流于世俗的心，在于能够顺应时势，在平凡中坚持，在困厄中固守，自励自奋。

贫贱出孝子，磨难铸圣贤。孔子说："人君不困不成王，士不困不成行。昔者汤困于莒，文王困于羑里，秦穆公困于肴，齐桓公困于长勺，勾践困于会稽，晋文困于骊姬。夫困之道，从寒之暖，暖之及寒也。唯贤者独知其难而言之也。《易》曰'困亨贞，大人吉'。"(《孔子集语》)只有经历人生的艰难困苦，才能体味人情世故，从而有助于仁德的修养。同样地，人的品德修养也须经历艰苦的磨难检验。只有那些经受了考验的人，才是值得敬佩的。

※原文

子曰："吾有知乎哉？无知也。有鄙夫问于我，空空如也，我叩其两端而竭焉。"

※译文

夫子说："我是有学问的吗？其实是没有多少学问的。如果一个卑陋无知的人问我什么事，我觉得自己是什么也不知道的。我只是将我所知道的事物正反两个方面的可能都告诉给人们，借以启发人们去探求事物所深含的真义。"

※历代论引

程子曰："圣人之教人，俯就之若此，犹恐众人以为高远而不亲也。圣人之道，必降而自卑，不如此则人不亲。贤人之言，则引而自高，不如此则道不尊。观于孔子、孟子，则可见矣。"

尹氏曰："圣人之言，上下兼尽。即其近，众人皆可与知；极其至，则虽圣人亦无以加焉。是之谓两端。如答樊迟之问仁、知，两端竭尽，无馀蕴矣。若夫语上而遗下，语理而遗物，则岂圣人之言哉？"

※札记

空空如也

对于广漠的世界，我们究竟知道什么？知道多少？我们确实茫然无知，空空如也。正如苏格拉底所说："我知道什么！我唯一知道的，就是我一无所知。"

现实之中，的确有一种大而无当，貌似深刻的学问家，他们滔滔不绝地空谈，实在不知在论述着什么，对具体问题有什么见解，只是照搬成说或以套话搪塞，就是没有一句可用的合乎实情的鲜活的语言，似乎言之凿凿，有理有据，而本质上则为空头理论，言之无物，毫无用处。以己之空空，使人之昏昏，招摇撞骗，喋喋度日。真正的学问在于竭其两端，向着某一方向深入地追问下去，穷究其理。

※原文

子曰："凤鸟不至，河不出图，吾已矣夫！"

※译文

夫子说："凤凰不再飞来了，黄河也没有图谶呈现了，天象不兆，我这一生恐怕也就如此了。”

※历代论引

何晏曰：“孔氏曰：圣人受命，则凤鸟至，河出图。今天无此瑞。吾已矣夫者，伤不得见也。”

张子曰：“凤至图出，文明之祥。伏羲、舜、文之瑞不至，则夫子之文章，知其已矣。”

王安石曰：“以余观之，《诗》三百，发愤于不遇者众。而孔子亦曰：‘凤鸟不至，河不出图。吾已矣夫！’盖叹不遇也。”

※札记

穿透时空，明达天命

历史是沉默的，但历史并不是无言的，历史总是以其固有的方式叙述着、暗示着。不论后人以何种方式任意打扮它，历史永远是历史，它就是那样被定格在过去和现实中。

历史的发展不以任何个人的意志为转移。如江河之东去，滔滔而不可复返。

圣人之叹，温文如此。不怨天，不尤人，不自伤。明达天命。

※原文

子见齐衰者、冕衣裳者与瞽者，见之，虽少必作；过之，必趋。

※译文

孔子会见穿丧服的人、穿戴着礼帽礼服的人以及眼睛失明的人，一定整肃容颜。相见的时候，即使他们年轻，孔子也一定庄重地站起来；经过这些人面前的时候，一定快步而行。

※历代论引

范氏曰：“圣人之心，哀有丧，尊有爵，矜不成人。其作与趋，盖有不期然而然者。”

尹氏曰：“此圣人之诚心，内外一者也。”

※札记

深怀悲悯

虽草木，也知春发而秋成，人岂无感于心？

感之于心，发乎为情，情见于衷，“虽少必作，过之必趋”，诚其礼敬之心。

※原文

颜渊喟然叹曰：“仰之弥高，钻之弥坚；瞻之在前，忽焉在后。夫子循循然善诱人，博我以文，约我以礼。欲罢不能，既竭吾才，如有所立卓尔。虽欲从之，末由也已。”

※译文

颜渊喟然感叹说：“仰望更加高大，钻研更加艰深。抬头似乎就在前面，忽然又如在后面，高深精微莫可测知。夫子善于循序渐进地引导我，用各种文献来丰富我多方面的知识，又用一定的（礼节）规矩制度来约束我的行为，使我想停止学习也不可能。我已竭尽我的才智，好像卓然而立能有所成就，然而想要追随他，却无从做起。”

※历代论引

程子曰：“到此地位，功夫尤难，直是峻绝，又大段著力不得。”又曰：“此颜子所以为深知孔子而善学之者也。”

吴氏曰：“所谓卓尔，亦在乎日用行事之间，非所谓窈冥昏默者。”

侯氏曰：“博我以文，致知格物也。约我以礼，克己复礼也。”

※札记

思想的引领者

道无所不在，无处不有。仰观之而显得更加高大，钻研之则显得更为艰深，言在此而意及于彼，“瞻之在前，忽焉在后”。奥妙无穷，包罗万象，但是却没有确定的答案，常常会有出乎意料的结果呈现。而我们现实的教育精神却只满足于那个所谓唯一正确的解答。我们总是在各种芜杂的语言的旷野里盲目地追寻，找不到真正的思想，有时甚至随意地捡拾起西方过时的思潮作为自救的稻草，以为令箭，大肆地喧哗鼓噪，把它当作救国救民的箴言。这无疑是值得我们反省的。

※原文

子疾病。子路使门人为臣。病闲，曰：“久矣哉，由之行诈也！无臣而为有臣，吾谁欺？欺天乎？且予与其死于臣之手也，无宁死于二三子之手乎？且予纵不得大葬，予死于道路乎？”

※译文

孔子病情危重，子路让孔子的弟子们组织治丧处。后来，孔子的病渐渐好转了，说道：“仲由干欺诈的勾当太久了。没有职衔就是没有职衔，却虚荣地以有官职来组织治丧处，我能欺瞒谁？欺骗上天吗？况且，与其死在那个治丧处的人手中，我宁可死在弟子们的面前。况且我纵然不能够得到大葬，难道连死在道路上也没有人安葬我吗？”

※历代论引

杨氏曰：“非知至而意诚，则用智自私，不知行其所无事，往往自陷于行诈欺天而莫之知也：其子路之谓乎？”

范氏曰：“曾子将死，起而易箦，曰：‘吾得正而毙焉，斯已矣。’子路欲尊夫子，而不知无臣之不可为有臣，是以陷于行诈，罪至欺天。君子之于言行，虽微不可不谨。夫子深惩子路，所以警学者也。”

※札记

从容行走在天地之间

人生为责任，离去也是因为走过了该走的路，做好了该做的事，尽了职守和责任，到达了终点站，那个既定的时间也到了，我如期地赶到了家，也累了，是该休息的时候了。那么你该为我高兴。

人之一生，贵在守诚。不论生死，没有必要摆虚架子，借以唬人，其实也是唬不了人的，又何能欺天，只是自欺而已。虚荣不实之行，害德至大。皇天高高在上，明澈蔚蓝如镜。我的生命，曾得到它的佑护；我的作为，也曾得到它的昭示；我的归来，它也必定关注，岂可相欺？我之有德，也会相应地得到荣耀；我之不才，又岂可强为攀附，徒取非议？虚荣的人，其实是因为自身修养不纯，内心虚弱，丧失自信，期借外物以自持。

天地不可欺，瑕瑜不可掩。君子坦荡，何须虚饰？既有美德如此，何在乎虚名浮誉哉？

※原文

子贡曰：“有美玉于斯，韫椟而藏诸？求善贾而沽诸？”子曰：“沽之哉！沽之哉！我待贾者也。”

※译文

子贡说：“假如这里有一块美玉，是把它放在匣子里收藏起来呢，还是要高价卖出去呢？”孔子说：“卖掉吧！卖掉吧！我是在等待慧眼卓识的人啊！”

※历代论引

范氏曰：“君子未尝不欲仕也，又恶不由其道。士之待礼，犹玉之待贾也。若伊尹之耕于野，伯夷、太公之居于海滨，世无成汤、文王，则终焉而已，必不枉道以从人，衒玉而求售也。”

※札记

审时度势，待价而沽

欧阳修说：“自古圣贤有韫于中而不见于外，或穷居陋巷，委身草莽，虽颜子之行，不遇仲尼而名不彰，况世变多故。”人生其实就是一场交易，待价而沽，无非在于是否得其时与得其识者，非必售也。岂天命乎？

※原文

子欲居九夷。或曰：“陋，如之何？”子曰：“君子居之，何陋之有？”

※译文

孔子想要到东方的少数部族中去居住。有人说：“那里非常落后，如何能够长久居住呢？”夫子说：“君子居住，德行化育，还有什么简陋的呢？”

※札记

君子居之，何陋之有

任何一块土地都生长庄稼，任何一个地方都可以建设村庄，任何一方天空下，都有奇花异卉，任何一群人中都有德馨流芳。

君子所居恭敬和蔼，处世端肃，一丝不苟，待人忠厚笃诚。即使身处不开化的夷狄之中，又有什么不可呢？哪里的黄土不养人？“埋骨何须桑梓地，人间处处有青山。”哪里的土地都可做坟场。天地化育，人为其灵。虽陋而夷之能居，君子何居不可？居则砺德。德而化之，何陋哉？

※原文

子曰：“吾自卫反鲁，然后乐正，《雅》《颂》各得其所。”

※译文

夫子说："我从卫国返回鲁国，然后将礼乐修订校正，《雅》《颂》都得到参阅订正，各得其所。"

※历代论引

朱子曰："鲁哀公十一年冬，孔子自卫反鲁。是时周礼在鲁，然《诗》、乐亦颇残阙失次。孔子周游四方，参互考订，以知其说。晚知道终不行，故归而正之。"

※札记

发展文化必须思想纯正

昔者，孔子知不可为而为之不已，足迹遍及诸侯之国，然其道终不可行。

"乐也者，情之不可变也者；礼也者，理之不可易也者。乐统同，礼辨异。礼乐之说，管乎人情矣。"孔颖达疏："乐主和同，则远近皆合；礼主恭敬，则贵贱有序。"(《礼记·乐记》)

※原文

子曰："出则事公卿，入则事父兄，丧事不敢不勉，不为酒困，何有于我哉？"

萍实通谣

※译文

夫子说："出任国事尽力侍奉君主、公卿大臣，在家尽心侍奉父母、兄长。哀丧祭奠的事不敢不勉力而为，平日不因为酒醉而误事，还有什么可以用作借口来指责我呢？"

※札记

上天有知，何有于我哉

虽有大德，尤被人谗，古亦如此。"君子之行非无诬也。诬之入者，在于可间。其可间者，缘于其出乎其类，在于人心之嫉由生。"于是，"莫须有"之罪即可成立。既然欲定其罪，岂患乎无辞？彼以小人之情，度君子之心，亦何所不至。罗织罪名，造其罪责，诬捏坐实，岂能比修德更难乎？自古以来，此种先例不可胜数。而君子之受害其间，往往无可辩白，无处辩白，无人听其辩白，即使他们知道你是无辜的，但因其利益或阴险的用心，也不给你辩白的机会，此即为不白之冤。君子只可求其心安，固守其德。

※原文

子在川上，曰："逝者如斯夫！不舍昼夜。"

梦奠两楹

※译文

孔子面对涌流不息的河水叹息说："时光一去不复返就像这河水呀，日夜不停地流走。"

※历代论引

程子曰："此道体也。天运而不已，日往则月来，寒往则暑来，水流而不息，物生而不穷，皆与道为体，运乎昼夜，未尝已也。是以君子法之，自强不息。及其至也，纯亦不已焉。"又曰："自汉以来，儒者皆不识此义。此见圣人之心，纯亦不已也。纯亦不已，乃天德也。有天德，便可语王道，其要只在谨独。"

朱子曰："天地之化，往者过，来者续，无一息之停，乃道体之本然也。然其可指而易见者，莫如川流。故于此发以示人，欲学者时时省察，而无毫发之间断也。"

※札记

逝者如斯夫！不舍昼夜

时光在流逝，岁月在变幻，天地悠悠。

人生如水，覆而难收，逝者不返，来者犹继，奔赴不息。草木荣枯，朝花凋敝，寒来暑往，日居月渚，循行不已。流去的是时间，流逝的是生命，我们的血液也是这样地流淌着，生命就是如此地奔流不息，直至远去。

历代仁人志士，正因为有感于人生短促，事物变化无常，主张及时抓住当前的时机，或奋发学习，或创功立业。"少壮不努力，老大徒伤悲"；"老骥伏枥，志在千里，烈士暮年，壮心不已"，直到今天，这些格言仍然激励着我们去拼搏、去奋斗。

君子生立斯世，自当自强不息。时不我与，岂可殆哉。数十年的岁月，转瞬间流逝而去，一切都来不及反思，就已经无可挽回。

一条河流其实就是一部流动的历史。我们听见了那条河流喧嚣的水声，似乎要把一切裹挟而去，不敢在这条河边停留太久，也没有理由踯躅不去，远远地倾听就已经足够。何况此时的河水已经流了许久，且仍在汹涌奔流。那个曾经不经意的驻足，几乎令我们将此生丧失殆尽。是的，我们没有理由做长久的停留，已经没有多少时间可供挥霍等待，我们要为了心中的理想和应尽的责任不舍昼夜地劳作。

虽然，一个人匆匆而又潦草的一生，不足以证明什么，但毕竟让我们有许多体味。那千篇一律的生活总是令我们有一些东西割舍不下。人生最终还是不免于怆然放弃。那流去的是什么，流来的又将如何，令人困惑不已，向往不已。

生命是由许多琐屑不足道的事构成的，有时甚至是不堪的，但是只要所有的琐事都朝着一个正确的方向，就像这河水，百折不回地向着既定的目标流去，你的生命就是有价值的。

※原文

子曰："吾未见好德如好色者也。"

※译文

夫子说："我从来也没有见到过热爱仁德胜过喜爱美色的人啊。"

※历代论引

谢氏曰："好好色，恶恶臭，诚也。好德如好色，斯诚好德矣，然民鲜能之。"

※札记

至性至情不逾矩

情欲、物欲、嗜好，人性之常情。人之为人，或者说所谓的人情世故，尽皆缘于此。一个心智健全的人，任谁都不可能做到完全没有任何嗜好。而一个人之区别于他人，或者事业的成败，就在于其趣味的高下与自我节制的能力。

人皆好色，人也好德。色者情也，德者义也。好色，人之天性。好德，人之至情。在人性与道德面前，何必虚伪。诚实就是道德修养的一个境界，无诚何以为德。好色而囿于礼，诚为有德；好德而不否定人情至性，诚为圣哲。德与色，并非势同水火。人皆自矜其德，其人所言，吾信之，因我愿其诚如所言，如其君子，善其是心，养其是德。人皆称其恶色，吾信其所言，因我愿其人高行守礼。

※原文

子曰："譬如为山，未成一篑，止，吾止也。譬如平地，虽覆一篑，进，吾往也。"

※译文

夫子说："德行的修养，就像平地建造一座山，缺少一笼土而未能成山，此时停止，是我自己没有坚持下去而停止了，问题在于我自己。又比如平整一块土地，虽然刚倾倒一筐土，如果需要继续去做，我就坚持下去完成它，也是在于自己。功败垂成，系乎己心。"

※历代论引

朱子曰："山成而但少一篑，其止者，吾自止耳；平地而方覆一篑，其进者，吾自往耳。盖学者自强不息，则积少成多；中道而止，则前功尽弃。其止其往，皆在我而不在人也。”

※札记

功败垂成，进止由心

无论做什么，都要有一条路走到底的坚持精神，那种固守不易的执着毅力是值得钦佩的。

为山九仞，功亏一篑，中途而废，缺乏坚持的精神，一篑之止则废，而致憾恨，至痛也。一篑之继则成其功，至悦也。功败垂成，往往系于一念之间。

要想成就事业，就要有行百里而半九十的自励自警，更要有百折不挠、义无反顾的勇气。

一个人不论坚持做什么，都要有敬业精神，要有坚韧不拔的毅力。不要管别人在做什么，只是一味地埋头努力，做好自己的事情，别人的成就永远是别人的荣耀。只有自己的努力，才是实实在在的。

坚持恒久地努力做下去，也让别人为我们的成功欢呼喝彩。不论多么艰难，一旦开始就不要放弃。一切的成功或失败，关键在于我们自己，在于我们是持之以恒还是中途放弃。

※原文

子曰：“语之而不惰者，其回也与！”

※译文

孔子说：“听我说话，能够聚精会神，始终不懈怠的，只有颜回一个人。”

※历代论引

范氏曰：“颜子闻夫子之言，而心解力行，造次、颠沛未尝违之。如万物得时雨之润，发荣滋长，何有于惰？此群弟子所不及也。”

※札记

贵在不懈

德之进境，如春雨润泽，渐次而浸，非一日之功。颜子好德，诚好德者。始终如一，是以夫子数称之。做一件事情是容易的，不论其困难多大。但坚持下去需要超常的毅力。这也就是平庸与杰出的分水岭。

※原文

子谓颜渊，曰："惜乎！吾见其进也，未见其止也。"

※译文

孔子评价颜回，说："可惜啊！我总是见到他的进步，没有见到他有一日停止过。"

※札记

无论结果如何都在不断努力

人生中有很多的愧憾，总是令我们难以承受。他是如此努力追求，理应取得成就，只是由于命运，还没有来得及做出成果。可惜啊！

不论命运如何，我们没有理由放弃努力。即使此生无所成就，也当奋力追求。

只要我们在春天播下了种子，那么在秋天就有收获的希望。

※原文

子曰："苗而不秀者有矣夫！秀而不实者有矣夫！"

※译文

夫子说："庄稼生长了，却不吐穗开花，有过这样的情况吧！吐穗开花了，却不凝浆结实，有过这样的事实吧！"

※历代论引

朱子曰："谷之始生曰苗，吐华曰秀，成谷曰实。盖学而不至于成，有如此者，是以君子贵自勉也。"

※札记

努力成就人生

古人说："无寿非夭，无述乃为夭。"苗而不秀，指庄稼生长却不吐穗开花，比喻才质佳美却没有什么成就；秀而不实，指庄稼开花却没有结果，比喻虽然也有好的发展势头，但最终没有大的成就。天资聪慧而不努力，最终流于平庸的人是有的。虽然资质绝佳，但是不善加努力，终自误。虽受之天时，实在是由于自己心里浮躁，没有恒久的坚持精神所致。凡事不可心存侥幸，踏实努力才是唯一正途。那种靠取巧而想要获得较大成绩的侥幸是不可靠的，只有通过实实在在的努力才有可能得到丰收。奋斗，但是没有成果，这样的事也是有的，而且很多。虽然付出了很多努力，但是取得的成绩有限。

其实，真正有所成就、将自己的名字写入史册的人是很少的。我们总是想象着取得一个骄人的成绩，于是我们急急慌慌地奔忙。忙碌的一天结束了，紧接着而来的依旧是同样忙碌的一天，却不知道我们到底在忙什么？总是忙于这种无足轻重的琐事，忽视了真正应该努力的目标，在芸芸众生中，大多数人都是这样。虽然理想宏大，终其一生也还是无所建树。

不是每一粒种子都能发芽、都能得到收获。也不是每一次努力都能取得成功、都一定有结果。只要有奋斗、能不停地奋斗下去，就有可能取得进步，也才有成就事业的可能。当然，只要竭尽全力去做了，就可无怨无悔。是的，我已经尽力了，那么就将一切交由上天决定吧。

※原文

子曰：“后生可畏，焉知来者之不如今也？四十、五十而无闻焉，斯亦不足畏也已矣。”

※译文

夫子说：“青年人是让人敬畏的，怎么能断定他将来赶不上现在的人呢？四十、五十岁还默默无闻的人，是不足以敬畏的了。”

※历代论引

尹氏曰：“少而不勉，老而无闻，则亦已矣。自少而进者，安知其不至于极乎？

化行中都

是可畏也。”

朱子曰：“孔子言后生年富力强，足以积学而有待，其势可畏，安知其将来不如我之今日乎？然或不能自勉，至于老而无闻，则不足畏矣。言此以警人，使及时勉学也。曾子曰：‘五十而不以善闻，则不闻矣。’盖述此意。”

※札记

后生可畏

毛泽东说：“世界是你们的，也是我们的，但归根结底是你们的。你们就像早晨八九点钟的太阳，希望寄托在你们的身上。”是的，世界永远年轻，永远是年轻的后来者的舞台，我们只是过客。我们唯一所能做的和应该做的就是努力做好自己的事情，完成历史赋予我们的责任，然后离去。谁也不可能永远地占据着世界中心的舞台。

未来的一切都充满变数，但未来的世界永远是令人振奋的，只有年轻是永远的胜者。

努力当惜少年时，莫待来日叹白头。一个人如果年到四十、五十还没有做出成绩，没有什么大的作为，也没有什么值得人们称道的德行，实在是令人感到痛憾的。“功废名灭，后世无称，非智也。”(《战国策·齐策六》)“少壮不努力，老大徒伤悲。”后生可畏，努力吧！

※原文

子曰：“法语之言，能无从乎？改之为贵。巽与之言，能无说乎？绎之为贵。说而不绎，从而不改，吾末如之何也已矣。”

※译文

夫子说：“富于哲理的格言，能够不听从吗？比照反省，改过自新，是可贵的。婉转地给予劝导，能够不乐意听取吗？对于听到的话能够深入思索、寻究原因，是难能可贵的。盲目高兴而不加分析推敲，表面顺从实际却不改正，我对这样的人实在失望啊。”

※历代论引

朱子曰：“法言人所敬惮，故必从；然不改，则面从而已。巽言无所乖忤，故必说；然不绎，则又不足以知其微意之所在也。”

杨氏曰：“法言，若孟子论行王政之类是也。巽言，若其论好货、好色之类是也。语之而不达，拒之而不受，犹之可也。其或喻焉，则尚庶几其能改、绎矣。从且说矣，而不改、绎焉，则是终不改、绎也已，虽圣人其如之何哉？”

※札记

勤于思考，提高分析辨别能力

对工作和生活中的各种言论和行为不加分析地服从或抵触都是不恰当的，应当养成勤于思考的习惯。凡事都要经过独立的思考，形成自己的观点，不要盲目顺从，也不要意气用事，要多用自己的头脑分析思考。有些事既然发生了，就必然有其依据，要多角度地进行综合分析，不要固执于一己之见，要全面地进行推理研究，力求探寻到其内在的联系，从而找到症结之所在。古人说："巧辩纵横而可喜，忠言质朴而多讷，此非听言之难，在听者之明暗也。谀言顺意而易悦，直言逆耳而触怒，此非听言之难，在听者之贤愚也。"真正要做好一件事，就要学会深入地思考，多做调查研究的工作，努力寻求自己的方法，使面临的问题得到妥善的解决。

※原文

子曰："三军可夺帅也，匹夫不可夺志也。"

※译文

夫子说："一国的军队，是可以很轻易地强制撤换它的主帅；但是，对于一个普通百姓，却不能够强迫要他改变志向。"

※历代论引

侯氏曰："三军之勇在人，匹夫之志在己。故帅可夺而志不可夺，如可夺，则亦不足谓之志矣。"

※札记

有尊严地活着

世界观的形成是长期修养的结果。世界观决定着人的行为取向。做人要有骨气，人争一口气，树活一层皮，没有骨气，就是没有脊梁，就永远也不能站起来。蝇营狗苟地活着，是窝囊的，即使锦衣玉食，其精神必然空虚而懦弱。人的精神思想的形成对于人生的成就与修养至关重要，这是做人的根本。人如果在精神上不能站起来，那么他的人生是暗淡的。一个有气节的人，虽然可以从肉体上被消灭，但是不可能从精神上被摧毁。不论面临怎样的挫折，都不能丧失气节。人应该拥有自己的尊严和权利，这是极为重要的。

※原文

子曰："衣敝缊袍，与衣狐貉者立，而不耻者，其由也与？'不忮不求，何用不臧？'"子路终身诵之。子曰："是道也，何足以臧？"

※译文

夫子说："穿着破旧的麻絮袍子，同穿着狐貉皮裘衣的人站在一起，态度从容、不卑不亢的，恐怕只有仲由有这种自信吧？正如《诗》中的'不忮不求，何用不臧？'（不妒忌，不贪求，为什么不褒扬称赞呢？）"子路终身都在诵读体悟着这句话。夫子说："能够做到这样原本就是道义啊，何足褒扬称赞？"

※历代论引

谢氏曰："耻恶衣恶食，学者之大病。善心不存，盖由于此。子路之志如此，其过人远矣。然以众人而能此，则可以为善矣；子路之贤，宜不止此。而终身诵之，则非所以进于日新也，故激而进之。"

吕氏曰："贫与富交，强者必忮，弱者必求。"

※札记

不忮不求，何用不臧

人生立世，贵在道德的修养，并不在于贫富的差距。自信是我们立于人世的精神钙质。胸无大志，不修德行，虽身着名牌，实则金玉其外，败絮其中。

"人到无求品自高"，内心没有非分的奢求，恬淡平静。既不曲意奉承别人，也自然没必要奴颜婢膝，何必底气不足？

恭行正道，自然也不必因旁人的毁誉而动摇；存心正直，不必因个人名利得失而改变初衷。

秉持大义，光明磊落。并不因为贫穷就认为自己矮人一截，也不必因为出身低微而自卑。虽处庙堂之高而不气怯；纵居富豪之列亦不自低身价；混同夷狄之中尤不自骄其矜。平和雍容，坦荡典雅。

※原文

子曰："岁寒，然后知松柏之后凋也。"

※译文

夫子说："只有经过严寒的季节，才知道松树、柏树凋零得最晚。"

观象知雨

※历代论引

范氏曰："小人之在治世，或与君子无异。惟临利害、遇事变，然后君子之所守可见也。"

谢氏曰："士穷见节义，世乱识忠臣。欲学者必周于德。"

※札记

士穷乃见节义

四季常青的松柏，年复一年地展示着它们顽强的生命力。

历忧患，而后知德之修纯；经霜雪，然后知松柏之茂盛。

"疾风知劲草，板荡识忠臣。"只有经历过岁月的霜雪砥砺，方见松柏精神。

也只有经历危难的考验，人品的高贵与卑微方始显现出本来的光泽。

※原文

子曰："知者不惑，仁者不忧，勇者不惧。"

※译文

夫子说："智慧的人没有疑惑，仁德的人心不烦忧，勇敢的人无所畏惧。"

※历代论引

朱子曰：“明足以烛理，故不惑；理足以胜私，故不忧；气足以配道义，故不惧。此学之序也。”

※札记

人生的境界

完美的人格修养，必须具备三个方面：智慧、勇武、仁德。内心没有仁德的精神，就不是一个智慧的人。没有智慧的佐助，勇武充其量也就是一介赳赳武夫，甚至于可能沦为强盗。

生活是有缺陷的，总不尽如人意，永远也不可能完美。因而，以自我为中心，人们常常处在忧烦之中。如果以“恕”道面对一切，一切的纷扰和烦忧都将显得无足轻重。仁德的修养就在于使我们从自我中解脱出来，以天地之大、有为精神，神游乎物外，何忧何惧。透彻地理解人生，深刻地体悟生命，心怀仁厚之德，胸藏经世大智慧，又有何惧！仁者就是智慧，仁者自有以天下为己任、舍生取义的勇武。

※原文

子曰：“可与共学，未可与适道；可与适道，未可与立；可与立，未可与权。”

受饩分惠

※译文

夫子说："可以与之共同学习的，未必可能与之志同道合；虽然有共同的信仰，但是，未必能够同心同德；即使具有相同的立场，共同开创事业，却也未必能够与之分享成就。"

※历代论引

程子曰："可与共学，知所以求之也。可与适道，知所往也。可与立者，笃志固执而不变也。权，称锤也，所以称物而知轻重者也。可与权，谓能权轻重，使合义也。"

杨氏曰："知为己，则可与共学矣，学足以明善，然后可与适道。信道笃，然后可与立。知时措之宜，然后可与权。"

※札记

人都是有个性的

同学数载，其志各异，性情不同，其所求益远，所成相殊。

合作共事者，各怀异心，所求不同，互为竞强。

虽有朋友之谊，总也有利益相激，终致颠荡，难以分享。

人之为人，圣之为圣，自此而分。

※原文

"唐棣之华，偏其反而。岂不尔思？室是远而。"子曰："未之思也。夫何远之有？"

※译文

"唐棣花开，摇摇摆摆，花影舞荡映春光，怎么能不思念呀我的故乡？只是家乡太遥远。"夫子说："恐怕本来就没有思念过。如果真正地思念着，那么还会感到远吗？"

※历代论引

程子曰："圣人未尝言易以骄人之志，亦未尝言难以阻人之进。但曰：'未之思也，夫何远之有？'此言极有涵蓄，意思深远。"

※札记

唐棣花开

青春的色彩是易变的。人们常说：青春易逝。其实青春并没有离我们远去，它只是换了一种色彩，长久地留在了我们的心里。在不经意间，我们的生命落在了时间的后面。青春弃我们而去了，许多美好与高贵的东西也都随之消失了，我们所将面对的只是一堆废墟，我们感到一阵难言的不堪。生命原本是最自然、最美好的，花开花落、阴晴圆缺，都是生命固有的规律和形式。其实每个人在生活里都有幸运或不幸的事发生，只是有人体会深刻，有人木然无觉；在命运降临时，有的人预先谋划，游刃有余，有的人被打蒙了，束手无措。

不要被表面的东西蒙住了眼睛，也蒙住了心灵。生活应该有更多的幸福和欢乐。只要心中存有一份挚爱，总能感知到鸟语花香。不知不觉中春去夏来，秋去冬来，岁月不可阻挡地更替着。莫要沉迷于表象的华美而留恋不已，以至于误了行期。

人生注定是一场漂泊。父母远逝，游子的心便远了，这是无奈的。纵使故乡很好，毕竟隔了一层。“室是远而”，虽然只是借口，但却是实情，是心远而不是路远。“何远之有?”如果真决心去做，那个目标还会远吗?

乡党

生活从琐细开始

礼，国家治乱之本。治国的纲领在于严格遵守礼制。

礼，关乎修身齐家治国平天下之大体，深入于我们生活的每一个琐细之中。日常起居、饮食、动作，虽则小事，但是，莫以善小而不为，莫以恶小而为之。假若没有礼仪的规范，也许我们的生活就显得杂乱无序。因此，必须时时循乎礼仪的约束。

《乡党》记载圣哲的乡居言行，集中展示了其在生活的每一个琐细事情上的严谨态度，原来我们的生活应该如此精致。也正是基于一个个或精致或潦草的细枝末节，生活才显露出独特的魅力，而礼的精神就蕴涵在这样的细节之中，并深刻影响着人生。失之毫厘，谬以千里，不慎细末，巨大成就往往因此受到影响。历史存在于一个个细节的链环之中，任何一个微小的细节都将影响深远。人生无论成功或失意，都不能忽视礼的作用。

※原文

孔子于乡党，恂恂如也，似不能言者。其在宗庙朝廷，便便言，唯谨尔。

※译文

孔子回到家乡，非常恭顺，好像不善言辞的样子。而他在宗庙祭祀或朝廷政议的时候，却雄辩滔滔。但是他的言辞谨慎明确、合乎礼仪。

※札记

家山万里情真切

家乡，祖宗故居，家庙所立，是我生于斯，长于斯，养育我成长的地方，是我亲情血统的根本。无论我走出多远，也无论我什么时间归来，都走不出那个深情的注视，那深入骨髓的泥土味总是令我们感动不已。

※原文

朝，与下大夫言，侃侃如也；与上大夫言，誾誾如也。君在，踧踖如也，与与如也。

敬入公门

※译文

在朝廷议事，同官阶比他低的官员谈话，态度直率、辞色温和。与上大夫讨论国事，态度从容、言辞和悦。国君临朝，言行恭敬、神态安详。

※札记

平和雍容

既不虚伪，又不失仪，坦荡磊落，不以威仪气势压人，也不以卑辞阿谀取悦权贵。既不屈己以就下，也不卑膝以媚上，安详从容，笃诚有矩。

现实中的势利之徒，总是欺上凌下，奴颜婢膝。对待下属，态度跋扈张扬；面对上级，吹拍溜须，以至于丧失人格。只要我们心底无私，何必曲意奉承别人的错误，更不必奴颜婢膝阿谀上司。只有礼，使我们能够站立。

※原文

君召使摈，色勃如也，足躩如也，揖所与立，左右手。衣前后，襜如也。趋进，翼如也。宾退，必复命曰："宾不顾矣。"

※译文

国君接见外宾，孔子出任接待的礼宾官，他仪容庄重，行动敏捷，致礼揖让，衣裳俯仰摆动，潇洒飘逸。趋步前行，姿态优雅美好，就像鸟儿舒展翅膀。接见结束，宾客告辞，送其离去，他一定向国君回报说："宾客已经送走了。"

※札记

迎来送往，礼仪为先

礼，邦国外交大事，亲邦国，结党友，树外援。

礼，治乱世，存危邦，救急难，兴废业。

挫强寇于域外，除祸乱于即萌。观其礼而知其政。

※原文

入公门，鞠躬如也，如不容。立不中门，行不履阈。过位，色勃如也，足躩如也，其言似不足者。摄齐升堂，鞠躬如也，屏气似不息者。出，降一等，逞颜色，怡怡如也。没阶，趋进，翼如也，复其位，踧踖如也。

※译文

孔子走进朝廷的大门，仪容恭敬、谦逊，好像没有自己容身之地一般。不在门中间站立停留；进门时不踩踏门槛。从国君的御座前面经过，肃穆恭敬，快步无声，其神态似乎表示自己卑微不该从此经过。提起衣服的下摆向堂上走，弯腰低头，显得恭敬谨慎。憋住气就像不呼吸似的。出来时，走下一级台阶，脸色才舒展开来，表现出和顺的样子。逐级而下，神态渐趋放松，恢复常态。和悦从容，温文尔雅。下完台阶，快步而行，衣袂飘飘如羽，回到自己的位置，方始渐渐恢复恭敬安详的神态。

※札记

正容谦恭

公门穆穆，威势森森。《诗》曰：“维此文王，小心翼翼。”

※原文

执圭，鞠躬如也，如不胜。上如揖，下如授。勃如战色，足蹜蹜，如有循。享礼，有容色。私觌，愉愉如也。

夹谷会齐

※译文

受聘，执圭出使邻国，参加典礼，恭敬谨慎，似乎感到不能胜任一样。执圭中正，仪容肃穆，小步谨慎前行，好像在按着预先规定了的尺度行走。在互赠礼物的仪式上，面容谦和。和邻国君臣以个人名义会见，仪容和悦欢愉，不卑不亢。

※历代论引

晁氏曰：“孔子，定公九年仕鲁，至十三年适齐，其间绝无朝聘往来之事。疑‘使摈’‘执圭’两条，但孔子尝言其礼当如此尔。”

※札记

中正德邻

接受出访通使、睦邻友邦的使命，深感责任重大而有不能胜任的自警，因此，在重大的国事活动中严谨执礼，举止有度，仪容和平。不以威凛，不以卑行。以个人的名义相会，以国家民族大义为重，不卑不亢，不做私相授受的勾当，既不挟威而自重，也不据援以自固。

自骄、矜功自夸之人或倚老卖老而又平庸无能之辈，当以此为诫。不要总是感到社会亏待了自己，其实是自己无所奉献于社会；不要总是想着要得到超值的报偿。

※原文

君子不以绀緅饰。红紫不以为亵服。当暑，袗絺绤，必表而出之。缁衣羔裘，素衣麑裘，黄衣狐裘。亵裘长。短右袂。必有寝衣，长一身有半。狐貉之厚以居。去丧，无所不佩。非帷裳，必杀之。羔裘玄冠不以吊。吉月，必朝服而朝。

※译文

孔子不用天青色和铁灰色给衣服镶边。浅红色和紫色的布料不用作平常居家所穿的便服。在夏天，穿着粗的或者细的葛布单衣，但一定穿着衬衫。天寒时节，黑色的羊皮裘，白色的鹿皮袍，黄色的狐皮大衣，皆配以相应颜色的罩衣。平时在家里穿的衣服做得略长，右边的袖子较短，以方便做事。斋祭之事，必定准备寝衣，长为一身过半。狐貉皮制的服装因为厚重，只在闲居时穿用。服丧期满之后才佩戴饰物。不是上朝和祭祀时穿的礼服，也一定要剪裁得体。绝不穿着皮裘戴着黑里夹杂红色的帽子去吊丧。告朔之时，必定穿着朝见的官服参加。

※札记

衣饰纯正有致

衣饰，体现着一个人的精神情趣。不论贫富，必当干净整洁，顺应节令，冠冕顶礼，不着奇装异服。保持思想的纯正与纯粹，不以杂色给人以缭乱的惊异。

※原文

齐，必有明衣，布。齐，必变食，居必迁坐。

※译文

斋戒前，一定先沐浴，穿戴着用布缝制的洁净的浴衣。斋戒的时候，一定改变平常的饮食，不饮酒，不茹荤，搬移居住到洁净的清静房间。

※历代论引

杨氏曰："齐所以交神，故致洁变常以尽敬。"

※札记

斋戒的实质是诚敬

素食，意在保持生命的平和自然。沐浴，体现灵魂的圣洁。静处，重在除去心底的杂质。

斋戒，虽只是仪式，体现的则是内心的诚笃。形式既举，必致虔诚，否则只能是儿戏。

※原文

食不厌精，脍不厌细。食饐而餲，鱼馁而肉败，不食。色恶，不食。臭恶，不食。失饪，不食。不时，不食。割不正，不食。不得其酱，不食。肉虽多，不使胜食气。惟酒无量，不及乱。沽酒市脯，不食。不撤姜食。不多食。祭于公，不宿肉。祭肉不出三日。出三日，不食之矣。食不语，寝不言。虽蔬食菜羹，瓜祭，必齐如也。

※译文

饭食尽可能地以精美为好，肉食也当进行精细的加工。食物经久霉变，鱼和肉腐烂了，都不吃。饭菜的色泽不新鲜，不吃。变质发出异味，不吃。食物烹饪得不好，不吃。果实没有成熟，不吃。不是按规矩宰割的肉，不吃。没有一定的调味酱汁，不吃。肉食的品类虽然很多，但不宜吃得太多而超过了饭量。食以谷为主，不使肉胜食气。只有饮酒不作限量，只要能饮，不到醉倒就行。从市肆店铺买的酒和熟肉，不饮用也不吃，宜饮家酿。姜通神明，去秽恶，宴席没有结束，不撤去。食以充饥为要，适量而止，不宜贪多伤食。参加国君的祭祀和典礼，担任助祭，所领得的祭肉，回家即当分食，不能再放置过夜，以领受神明的恩惠。家庙敬献的祭肉，献置时间不能超过三天，宜当即时分领食用。超过三日，就不吃了。因为超过三日，肉必定腐败变质，如果人不吃而弃之，是亵渎所祭之鬼神。吃饭的时候不交谈，睡觉的时候不说话。平时生活，即使是粗茶淡饭清汤，也一定先献祭。时令饮食、蔬果，敬献、恭置在所种植的土地上，敬祭先代恩泽，因为不敢忘本。

※历代论引

谢氏曰："圣人饮食如此，非极口腹之欲，盖养气体，不以伤生，当如此。然圣人之所不食，穷口腹者或反食之，欲心胜而不暇择也。"

程子曰："不及乱者，非惟不使乱志，虽血气亦不可使乱，但浃洽而已可也。"

范氏曰："圣人存心不他，当食而食，当寝而寝，言语非其时也。"

杨氏曰："肺为气主而声出焉，寝、食则气窒而不通，语、言恐伤之也。"

※札记

生活是具体的

深怀着我们内心的诚敬，努力使我们的生活精致起来，不使其有任何瑕疵。

一滴水也折射太阳的光芒，伟大蕴涵于平凡的生活之中，修养无小事，在乎一点一滴之间。注重小节，才能保持大节不受玷污。道德的修养就是从日常生活中的每一个细节中体现出来、积累起来的。酒席上最容易看出一个人的水准，不分场合地胡吹海喝，蝇营狗苟，依红偎绿，纸醉金迷，多半不是贪婪之辈就是庸才。

道德的理念深植于我们日常的生活之中，小事精细，大事必定谨严诚敬。能勤细微，必致大功。谁能不食人间烟火？圣人也不例外。然而，圣人之所以为圣，就在于生活细节上的严谨与认真，在于对待生活的态度一丝不苟；注重从生活的每一件具体的小事做起，中规中矩，力求尽善尽美，而不是得过且过、凑合应付。

※原文

席不正，不坐。

※译文

席位摆放不端正，不坐。

※历代论引

谢氏曰："圣人心安于正，故于位之不正者，虽小不处。"

※札记

修身正心

君子"席不正，不坐"，不饮盗泉之水，不为苟且之事，不怀非分之想。

※原文

乡人饮酒，杖者出，斯出矣。乡人傩，朝服而立于阼阶。

※译文

乡邻们聚集饮酒，欢饮结束，必定先礼送老年人起身，然后才依次站起来走出。乡下人举行驱逐疫鬼的风俗活动，就穿起官服恭敬地在东边的阶梯站立。

※历代论引

朱子曰："傩虽古礼而近于戏，亦必朝服而临之者，无所不用其诚敬也。"或曰："恐其惊先祖五祀之神，欲其依己而安也。"

※札记

乡情如醇醪

《诗经·七月》："朋酒斯饗，曰杀羔羊。跻彼公堂，称彼兕觥：'万寿无疆'。"农事既毕，禾稼归仓。走亲访友，迎来送往。男婚女嫁，民事和畅，乡饮欢聚，宰烹羔羊，兴学教化，敬祝寿长。

※原文

问人于他邦，再拜而送之。康子馈药。拜而受之，曰："丘未达，不敢尝。"

观乡人射

※译文

孔子托人向在异国他乡的朋友问候，便向受托的人致拜两次然后送别。季康子馈赠药品，孔子拜谢然后接受。说：“我不了解药性功用，所以不敢尝，请谅解。”

※历代论引

朱子曰：“拜送使者，如亲见之，敬也。”

范氏曰：“凡赐食，必尝以拜。药未达，则不敢尝。受而不饮，则虚人之赐，故告之如此。然则可饮而饮，不可饮而不饮，皆在其中矣。”

杨氏曰：“大夫有赐，拜而受之，礼也。未达不敢尝，谨疾也。必告之，直也。”

※札记

远山阻隔情未已

朋友远处，万水千山，音信阻隔，托致问候，深情款款，诚意殷殷。

人情往来，互所馈赠，授受如药石，或鸩而害之，或拯之危境。赠人以忠言，助养其德行。授人以金钱，纵其以贪婪。康子之馈，必有用心，无由而受，情非得已，未达其意，岂可尝乎？欣然而受，必陷不义。行贿受贿，岂如此乎？能无戒欤？

※原文

厩焚。子退朝，曰："伤人乎？"不问马。

※译文

马棚起火烧毁。孔子从朝廷回家，说："伤到人了吗？"不询问马匹是否受到损失。

※历代论引

朱子曰："非不爱马，然恐伤人之意多，故未暇问。盖贵人贱畜，理当如此。"

※札记

以人为本

灾变事故的发生不以个人的意志为转移，但是不同人对待灾患的态度却千差万别，令人感慨。

事故的发生出乎意外，但是事故发生后所采取的态度却是检验一个人品质的试金石。意外之灾，无所避易，既成事实，当恤孤弱。

※原文

君赐食，必正席先尝之。君赐腥，必熟而荐之。君赐生，必畜之。侍食于君，君祭，先饭。疾，君视之，东首，加朝服，拖绅。君命召，不俟驾行矣。

※译文

国君赏赐食物，必定先摆置正席而品尝。君王赏赐的生肉，一定煮熟了先晋献供奉先祖。国君赐予活着的动物，一定要养着它。在旁边侍奉陪伴君王饮食，君王祭告，则先为君王尝食。孔子生病了，国君来看望他，他就抬起头面朝向东方表示迎接，把上朝穿的礼服披盖在身上，拖着大带。君王传命召见，急趋君命，不及驾车，立即当先步行而出。

※札记

急赴危命

荣耀不忘祖宗恩荫，君赐先敬献祖宗神灵。"凡君召以三节，二节以走，一节以趋。在官不俟屦，在外不俟车。"(《礼记·玉藻》)急国家所急，义无反顾。

※原文

朋友死，无所归，曰："于我殡。"朋友之馈，虽车马，非祭肉，不拜。

※译文

朋友故世，无所归属，说："由我来为他送殡，办理丧事。"朋友馈赠的纪念物品，即使是车马之重礼，只要不是祭祀的肉，接受的时候不行大礼。

※历代论引

朱子曰："朋友以义合，死无所归，不得不殡。朋友有通财之义，故虽车马之重，不拜。祭肉则拜者，敬其祖考，同于己亲也。"

※札记

朋友之义

朋友，道义之交。朋之为谊，生之以义，死而相托。虽临祸患，不避不惧，同心共赴，高谊义，重然诺。抚恤幼弱，敬奉祖考，亲及其亲，致达情谊。

※原文

寝不尸，居不容。见齐衰者，虽狎，必变。见冕者与瞽者，虽亵，必以貌。凶服者，式之。式负版者。有盛馔，必变色而作。迅雷风烈，必变。

※译文

寝卧的姿势忌如僵尸一样直挺着；居家时仪容自然，不刻意修饰。见到斋祭或身负重孝的人，虽然平素来往很密切亲近，也一定要整肃容颜。遇见穿着盛服的官员和盲人，即使很熟悉，也一定有礼貌地揖让。看见送死人衣物的人，乘车时手扶着车前的横木以致同情。见到背负国家地图、户籍、典册的人，必以手扶车前的横木表示敬意。出席盛大的宴会，必定向主人致以礼敬。如果忽起疾风、迅雷、大雨，则必定肃容以待，即使是在夜间，也一定起来，衣冠而坐，敬畏天怒。

※历代论引

范氏曰："寝不尸，非恶其类于死也。惰慢之气不设于身体，虽舒布其四体，而亦未尝肆耳。居不容，非惰也。但不若奉祭祀、见宾客而已，'申申''夭夭'是也。"

※札记

向天地致敬

人为万物之灵，故《周礼》中说“献民数于王，王拜受之”。君子畏惧天命，所以见到反常现象，就想到一定有导致这种现象的原因，从而引起警惕。因此，遇到疾雷大风，庄重神色，表达对上天的敬畏。

自古以来，由于农业生产受自然条件的制约，祭天、祀地为人们所重视。凡天地灾异之变，必被引为省察施政得失，反躬自省、自责。只是在近代以来，随着科学认识的深入，人们对造成自然灾害的客观原因有了更深的了解，所以将祭祈天地视为迷信。这虽然是一种进步，但是却也抛弃了祭祈天地中所隐含的积极的人文寓意：人们不再对自己有所怵惕，觉得成灾的一切缘由都不再与自己有关系，丢弃了自觉和负责精神，令人遗憾。

※原文

升车，必正立，执绥。车中，不内顾，不疾言，不亲指。

※译文

上车，一定端正站立，手挽绳索。车在行进中，不回头顾盼，不高谈阔论，不指画催迫。

※历代论引

范氏曰：“正立执绥，则心体无不正，而诚意肃恭矣。盖君子庄敬无所不在，升车则见于此也。”

※札记

生活无小事，仪礼无小节

仪容、举止、走路、站停、坐下、卧俯每一个细节都是重要的，无不体现着人品。

※原文

色斯举矣，翔而后集。曰：“山梁雌雉，时哉！时哉！”子路共之。三嗅而作。

※译文

孔子来到郊外，飞鸟见到有人来了，感觉处境有危险，就仓皇地高高飞起在空中，回旋翱翔，经过观察后又飞降下来，停集在那里，伸颈舒羽地在附近嗅啄寻觅。孔子感叹地说："山野里的鸟儿尚且知道逃避危险，识时务呀！识时务呀！"子路向它们肃然拱手致礼。鸟儿们惊叫着振翅飞走了。

※历代论引

朱子曰："鸟见人之颜色不善，则飞去，回翔审视而后下止。人之见几而作，审择所处，亦当如此。"

刑氏曰："梁，桥也。'时哉'，言雉之饮啄得其时。子路不达，以为时物而共具之。孔子不食，三嗅其气而起。"

※札记

君子因时而动，乘势而进

山野鸟雀尚且知道趋避择就，因时而动，识时而作，人更当善谋去就。

人生处处风险潜藏，所行每一步，宜当慎之又慎，尤其是第一步，更须慎重。安则就，危则离，见机而作，振翮而起。徘徊容与，必致丧失时机。识时务者，真豪杰。

先进

取法乎上仅得其中

君子立于世，应当用于世，而要用于世，首先志当存高远。志取乎上，有时仅得其中，取乎中，仅得其下，难道我们立志的起点能轻易降低吗？立于世、用于世之本在修德，这也是完善人格的根本，治国安民的基础。“修身慎行，敦方正直，清廉洁白，恬淡无为。”德行修养，就从大事上着眼、小事上着手，扎扎实实在细微之处下功夫，耐心地做好每一件小事，不矜细行，方可成就大德。眼高手低、不愿做具体事务的人永远成就不了任何事业。故古人谆谆告诫：“思慎微眇，早防未萌。”力求将每一件事情做好，做到极致、做出精品的人是可以依靠的，能够担当大任。“在乡必达，在国必达。”

※原文

子曰："先进于礼乐，野人也；后进于礼乐，君子也。如用之，则吾从先进。"

※译文

夫子说："先学习礼乐然后服务国家的，是出身平民阶层的质朴的人。既已做官然后能够学习礼乐的人，是有修养的世袭子弟。如果需要选用贤才，那么我主张任用前者。"

※历代论引

朱子曰："孔子既述时人之言，又自言其如此，盖欲损过以就中也。"

程子曰："先进于礼乐，文质得宜，今反谓之质朴，而以为野人。后进之于礼乐，文过其质，今反谓之彬彬，而以为君子。盖周末文胜，故时人之言如此，不自知其过于文也。"

※札记

谁也不能代替自己努力

黄金终归要发出光芒，任谁也难以掩盖。一个人只要真正有才能，或迟或早总会脱颖而出，干出一番事业。就怕自己既没有才能，又缺乏百折不挠的奋斗意志，不努力。志大才疏，大事做不来，小事不愿做，却随时摆出一副怀才不遇的样子，处处怨天尤人。

东坡在《谢馆职启》中说："进有后先，名有隐显；命有穷达，时有重轻。或已践庙堂之崇，或已登侍从之列。或反流落于远郡，或尚滞留于小官。或死生之乖睽，已为陈迹；或摈斥于罪戾，仅齿平民。虽曰功名富贵所由之途，亦为毁誉得丧必争之地。名重则于实难副，论高则与世常疏。"（见《唐宋八大家文钞·东坡文钞》一〇四卷）

国人向来爱炫耀自己的父母，以显赫的家势来压服别人，以期引起别人对自己的注意，以自己出身的高贵来代替自己的努力。即使是一些出身平平的人，也要尽力攀附某一贵戚，以显得自己与众不同。其实，即使父母是英雄，儿子也未必能干事。人生的任何成就，都要靠自己的努力，是自己不懈努力的结果，其他一切投机取巧都是不可靠的，最终贻误的是自己。

在这个世间立足，首先必须正确地认识自己，只有清醒地认识自己，才能摆正自己在社会中的位置，也才能坦然地面对尘世间所有的纷纷扰扰，守住自己那块宁静而神圣的领地，最大限度地挥洒出自己的智慧，完成自己来到人世间的使命。

※原文

子曰："从我于陈、蔡者，皆不及门也。"德行：颜渊，闵子骞，冉伯牛，仲弓。言语：宰我，子贡。政事：冉有，季路。文学：子游，子夏。

※译文

夫子说："曾跟随我到陈国、蔡国游历的人，此时都已不在我的身边了。"以德行著称的有颜渊，闵子骞，冉伯牛，仲弓。擅长辞令的有宰我和子贡。谙熟政事的是冉有和季路。以文学著名的有子游和子夏。

※历代论引

程子曰："四科乃从夫子于陈、蔡者尔，门人之贤者固不止此。曾子传道而不与焉，故知十哲世俗论也。"

※札记

英才济济

每个人都各有专长，谁也不可能是全才。只要在某一方面有所突出，就是人才，都是可用的。相传孔子弟子三千，得其真传者七十二贤人，以德行、言语、政事、文学此四科成名的人，仅此数人而已。何况我辈平庸之人，不必奢望太高。

人才难得，难在培养，难在善用。我们现时的社会教育可谓普及，我们对人才可谓重视，各行各业都在竞相求才。但是，对人才的评价标准和认知水平，却令人不敢苟同。有时人们总是把人才等同于文凭，以文凭代替人才，却忽视了这个职业所需要的专业能力与可塑造因素。唯文凭论人才，是不会找到真正的人才的。全民重视知识，重视文凭毕竟是好事，但是，一味地以文凭代替学识水平实在偏颇。片面地以文凭来判断人才，只会助长各种伪文凭、假学历之风的盛行。

※原文

子曰："回也，非助我者也。于吾言，无所不说。"

※译文

夫子说："颜回啊！不是对我有启发帮助的人。他对于我说的话，没有不心悦诚服的。"

※历代论引

朱子曰："颜子于圣人之言，默识心通，无所疑问。故夫子云然，其辞若有憾焉，其实乃深喜之。"

胡氏曰："夫子之于回，岂真以'助我'望之？盖圣人之谦德，又以深赞颜子云尔。"

※札记

疑问相与析

不仅要乐于听到别人认同自己的意见，与自己保持一致的看法。更为难得的是能够容纳与自己意见相左的人。众口一词并不能证明自己真理在握。伟人之所以伟大，就在于能够容纳与自己见解相反的意见。任何人不可能洞察一切，因而我们自己的见解往往褊狭。唯唯诺诺者总是令人高兴的，但是对于真理的探求却毫无助益。往往贻误事业的，正是那些唯命是从的人。

只有在争执论证中，我们才得以逐步接近真理。真知就是在辩驳与创新中发展，拘于成说，必然导致思想的僵化与保守。因此，应当勇于提出不同的假说，并不断进行反诘辩论，使我们对客观世界的认识得到深化，取得进步。

※原文

子曰："孝哉闵子骞！人不间于其父母昆弟之言。"

※译文

夫子说："真正可称为有孝道的人是闵子骞啊！有自己的主见，不听信别人离间自己与父母兄弟的话。"

※历代论引

胡氏曰："父母兄弟称其孝友，人皆信之无异辞者，盖其孝友之实，有以积于中而著于外，故夫子叹而美之。"

※札记

不间其亲

我们都知道曾母投梭的故事，曾参是一个品德高尚的人。但是，有另一个与曾参同名的人杀了人。当时曾参的母亲在家织布。第一个人来向曾参母亲说曾参杀人了。曾母不相信，从容地织布。第二个人又来向曾母说曾参杀了人，曾母仍然不相信曾参杀人，照样织布不停。但是第三个人来告诉她说曾参确实把人杀了。于是，曾母放下正在织的布，下机询问。她的信心动摇了。以曾子的贤德和曾母对儿子的信任，尚且会受到谣言的中伤，我们这些平凡人，往往更容易受到"莫须有"的谣言的中伤。因此，做人处世，要有自己独立的主见，要有坚定的信心，不要轻信别人貌似关心的话，要能够固守自己仁德的心态，即使人们的传言是真的，在没有得到事实的确证前，不要轻言放弃。

现代社会，各种信息在传播过程中，往往会出现与事实大相径庭的现象，其原因就在于传播者在传说的过程中，进行了想当然的加工和主观臆断。所以，在听到评论别人的话语时，要予以甄别。很多家庭矛盾并不发生在家庭本身，往往是由亲戚、朋友、邻里之间的议论，导致兄弟、夫妇、婆媳之间产生误会。单位同事之间更是如此。有时一句玩笑话，经过大家的传言，便会造成是非，以至于毁掉一个人的前程。因此，应当加强自身修养，时时处处谨言慎行，中伤之语勿传，是非之言勿听。

※原文

南容三复“白圭”，孔子以其兄之子妻之。

※人物简介

南容：即南宫适。三复白圭：孔子曰“独居思仁，公言仁义，其于诗也，则一日三覆白圭之玷，玷缺也。《诗》曰：‘白圭之玷，尚可磨也；斯言之玷，不可为也。’一日三覆之，慎之至也。是宫绦之行也。”孔子信其能仁，以为异士。殊异之士也，《大戴》引之曰：以为异姓婚姻也。以兄之女妻之者也。（《孔子家语·弟子行第十二》）

※译文

南容每天都再三反复诵读《诗·大雅·抑》篇的诗句，借以警诫自己，谨言慎行，使自己的品德像白圭一样清白无瑕。孔子把哥哥的女儿许配给南容为妻。

※历代论引

范氏曰：“言者行之表，行者言之实，未有易其言而能谨于行者。南容欲谨其言如此，则必能谨其行矣。”

※札记

三复斯言，意味无穷

白璧微瑕，总令人抱憾。人的品德有一点瑕疵，就将负累一生。因此，宜当自珍，不要令自己的品质受到不必要的玷污。白圭遭受玷污，还可洗涤干净；诬陷的玷污却不可洗刷，正所谓跳进黄河也洗不清，而且也无从解释，无从辩白。即使解释，却也是越描越黑。在小人的口中你是什么，在他人心目中你就成为什么。而往往所传言的那些诬陷不实之词，其实就是搬弄是非之人的污点，你只是代人承担。因此，保持我们品格的完美纯正，绝对不容轻忽、不容苟且，一事苟则事事皆苟。

※原文

季康子问："弟子孰为好学？"孔子对曰："有颜回者好学，不幸短命死矣，今也则亡。"

※译文

季康子问："先生的学生中谁最具有好学的精神？"孔子回答说："只有一个叫颜回的人好学不辍，只是很不幸，他年纪轻轻地就已死去了！现在还没有再发现有如此好学的人。"

※历代论引

范氏曰："哀公、康子问同而对有详略者：臣之告君，不可不尽。若康子者，必待其能问乃告之。此教诲之道也。"

※札记

自古大才多短命

面对浩瀚的沧海，掬取一瓢饮，行走在陋巷，聊以为生，何苦？复何乐？

死生之命，其天乎；富贵之数，其天乎；穷达之途，其天乎？

颜子安贫、乐道、守得，却不幸短命如此。坡公说："贤者不必贵，仁者不必寿。"诚哉斯言！

※原文

颜渊死，颜路请子之车以为之椁。子曰："才不才，亦各言其子也。鲤也死，有棺而无椁，吾不徒行以为之椁。以吾从大夫之后，不可徒行也。"

※人物简介

颜路：名无繇。颜渊之父。少孔子六岁，孔子始教而受学。

孔鲤：字伯鱼，孔子之子，先于孔子死。他卒于公元前483年（鲁哀公十二年），时年孔子69岁。

※译文

颜渊夭逝，颜路请求卖掉孔子的车给颜渊买棺材。夫子说："不管有才能或者没有才能，作为父母，谁都喜爱自己的儿子。鲤也早早地就死了，当时也只有一副简易的棺材，我不能为了置办一副豪侈的棺材而卖掉车子。因为我要办理政务，不可能徒步跟在大夫们的车子后面啊。”

※历代论引

胡氏曰：“孔子遇旧馆人之丧，尝脱骖以赙之矣。今乃不许颜路之请，何邪？葬可以无椁，骖可以脱而复求，大夫不可以徒行，命车不可以与人而鬻诸市也。且为所识穷乏者得我，而勉强以副其意，岂诚心与直道哉？或者以为君子行礼，视吾之有无而已。夫君子之用财，视义之可否，岂独视有无而已哉？”

※札记

车辚辚

古往今来，轿子、车子是从政之人所必需的，“当官坐轿”的特权观念在中国可说是根深蒂固，已成为中国官场约定俗成的通则，任谁也改变不得。这是权力、地位、身份的硬件特征，是“门面与体面”，不可或缺。配备的理由冠冕堂皇，不可辩驳——“以吾从大夫之后，不可徒行也”。现今社会，买车的理由更为充足，曾有官僚大言不惭：大家都骑马来开会，院子也拴不下呀，真是精彩的说辞。财政再困难，香车豪宅是不可降低等次的。他们还认为，在现代社会的快节奏之下，没有车怎么能够提高办事效率呢？于是互相攀比，渐成风气。外地外县的车，性能如此高级，假如不能同步，会影响工作效率。说得振振有词。车就是效率，车子的高级程度就是效率的高低水平。

然而，事实又是如何呢？车一辆比一辆高级奢华，但是就是未见办事效率的提高，仍然未见奢华的车发挥了什么效益，财政困难的状况仍然未见改观，人民生活的水平仍然未能得到应有的改善。

更有“聪明睿智”之人，嫌上一届领导者选用的车不够档次，将其进行拍卖，大出风头，做足了廉政的文章。然后，紧接着的一波便是竞相购采新车、高级车。这样，就既有了政治资本，又有了更新换代超标准享受的实惠，实为“过人之举”。

※原文

颜渊死。子曰：“噫！天丧予！天丧予！”

※译文

颜渊死了。夫子说：“哎呀！这是上天在要我的命呵！上天这是在要我的命啊！”

※历代论引

朱子曰：悼道无传，若天丧己也。

※札记

苍天呵！何不佑我

大道未传，谁来继承？哀颜子，实自伤。借他人灵堂，哭自己忧伤。

这是上天的意旨，不可抗拒。

※原文

颜渊死，子哭之恸。从者曰："子恸矣。"曰："有恸乎？非夫人之为恸而谁为？"

※译文

颜渊死了，孔子哭得特别伤心。跟随的人说："夫子哀伤过度了。"夫子说："我恸哭过吗？像这样好学的人死了，实在是可惜啊，我不为这样的人哀伤，还能为谁而哭呢？"

※历代论引

胡氏曰："痛惜之至，施当其可，皆情性之正也。"

※札记

为谁歌唱，为谁恸哭

命运加载于我们身上的负重是不容推拒的。

平庸的长寿毫无意义，重要的是生命的质量。

※原文

颜渊死，门人欲厚葬之。子曰："不可。"门人厚葬之。子曰："回也视予犹父也，予不得视犹子也。非我也，夫二三子也。"

※译文

颜渊死后，同学们想给他举行一个隆重的葬礼。夫子说："不可以那样做。"学生们却以优厚的规格埋葬了他。夫子说："颜回呀！你把我当作父亲一样对待，我却不能把你如同儿子一样看顾。不是我不愿意呀，只是因为这些人不听我的啊。"

※札记

外表华丽，莫若至诚

《中庸》说：“素富贵，行乎富贵；素穷贱，行乎穷贱。”贫穷时，就过贫穷的生活，不要做本分以外的事，不可僭越。丧葬规格高低，礼仪是否隆重，祭品致献厚薄，并不是实质，无须虚浮的形式，只需出于至诚。

※原文

季路问事鬼神。子曰：“未能事人，焉能事鬼？”“敢问死。”曰：“未知生，焉知死？”

※译文

季路请教祭祀鬼神的事情。夫子说：“不能够以诚敬与人相处，又怎么能够敬祭神灵呢？”子路又问：“人死后是怎么回事。”夫子说：“不能够确切地预知活着的事情，又怎么能够知道死后的事情呢？况且知道又有何用？”

※历代论引

程子曰：“昼夜者，死生之道也。知生之道，则知死之道；尽事人之道，则尽事鬼之道。死、生、人、鬼，一而二，二而一者也。或言夫子不告子路，不知此乃所以

脱骖馆人

深告之也。”

朱子曰：“问事鬼神，盖求所以奉祭祀之意。而死者人之所必有，不可不知。皆切问也。然非诚敬足以事人，则必不能事神；非原始而知所以生，则必不能反终而知所以死。盖幽明始终，初无二理，但学之有序，不可躐等，故夫子告之如此。”

※札记

生死相因果

春天播种了什么种子，秋天必会有什么收获。只有生得灿烂，死时才能安然，死后才能了无遗憾。

※原文

闵子侍侧，訚訚如也；子路，行行如也；冉有、子贡，侃侃如也。子乐。“若由也，不得其死然。”

※译文

闵子在旁边站立时，神态和悦恭敬。子路刚强桀骜。冉有、子贡温和从容。孔子很高兴。说：“像子路这样，怕是不得善终吧。”

※札记

仁人与志士

坡公说：“人之难知也，江海不足以喻其深，山谷不足以配其险，浮云不足以比其变。”然而圣人识之。訚訚孝子，行行志士，文士侃侃，气度恢宏。“譬如北辰，居其所而众星拱之。”

人固有一死，只要是自己的选择，是为了信仰和荣誉，虽赴汤蹈火，也义无反顾。重要的是死得其所。

※原文

鲁人为长府。闵子骞曰：“仍旧贯，如之何？何必改作？”子曰：“夫人不言，言必有中。”

※译文

鲁国有一个人出任掌管国家财政经济的职务（提出对当时的经济制度进行改变的

想法）。闵子骞说："仍然沿用现行的体制，不行吗？为什么一定要进行重新设计变动呢？"夫子说："闵子骞这个人轻易不发表言论，但是，说出的话一定深中要害实质。"

※历代论引

王氏曰："改作，劳民伤财。在于得已，则不如仍旧贯之善。"

※札记

真理的品质在于坚持

言之无物，言不及义，言语大忌。古人说："用言既难，献言者亦不为易。论小事者既可鄙而不足为，陈大计者又似迂而无速效，欲微讽则未能感动，将直陈则先忤贵权。建一言而致兴废，殊为不易。"

改革与守旧，创新与继承，剧变与渐变，发展与故步自封，历来是矛盾的。社会的前进就是在这种矛盾斗争中渐渐变化的。新的体制代替旧的秩序，是需要进行一番艰苦卓绝的斗争的，不可能一蹴而就。

这是进步与维护旧制的交锋与辩论。

※原文

子曰："由之瑟，奚为于丘之门？"门人不敬子路。子曰："由也升堂矣，未入于室也。"

※译文

夫子说："仲由的琴瑟弹奏，怎么能够称得上出自我孔丘之门？"于是，孔子的学生们就表现出对子路的不恭敬。夫子说："仲由也已得到我的真传了，只是还没有达到自成风格的境界。就好比一个人已经到达了宫室的前厅，尚未进入内室一样。"

※历代论引

程子曰："言其声之不和，与己不同也。"

※札记

思想的方向

虽已达登堂境界，犹未足恃，自然不可以此自骄，尚须进一步努力。

以圣人之言为金科玉律，以经验为依据，以教条为权威，不加分析地以别人的结论作为自己的判断，没有自己的主见，僵化而无见识，见风使舵，这都是小人惯常的行径。他们权威的一言半语，加以引申并针其传播，贬低别人，抬高自己。

仲由之瑟，虽然差强人意，但也毕竟是师从圣人，有所实学。那些势利者的行为实在令人感到可笑。没有自己的见解和做人原则，只是以别人的话语为行为方向，无异于木偶。真正令人可悲的就是这样一些人，在生活中令人感到可恶的也就是这样一些人。

※原文

子贡问："师与商也孰贤？"子曰："师也过，商也不及。"曰："然则师愈与？"子曰："过犹不及。"

※译文

子贡问："子张与子夏相比谁更贤明？"夫子说："子张处世常常有点过分，子夏却总是不到位。"子贡说："那么子张比子夏强点吗？"夫子说："超越界限和达不到标准同样不好。"

※历代论引

朱子曰："子张才高意广，而好为苟难，故常过中。子夏笃信谨守，而规模狭隘，故常不及。道以中庸为至。贤知之过，虽若胜于愚不肖之不及，然其失中则一也。"

尹氏曰："中庸之为德也，其至矣乎！夫过与不及，均也。差之毫厘，谬以千里。故圣人之教，抑其过，引其不及，归于中道而已。"

※札记

把握好限度，过犹不及

"过犹不及"是现在用得非常普遍的一个成语，意思是"事情办得过火，就跟做得不够一样，都是不好的"，这其间蕴含着一种深层的智慧，需要我们细心体悟，用心实践。

※原文

"季氏富于周公，而求也为之聚敛而附益之。"子曰："非吾徒也。小子鸣鼓而攻之，可也！"

※译文

"季康子比周公还富有，而冉求还替他聚敛财富，追随他，帮助他。"夫子说："冉求的行为不是我的学生所应当做的，你们可以大张旗鼓地声讨他。"

※历代论引

朱子曰："圣人之恶党恶而害民也如此。然师严而友亲，故已绝之，而犹使门人正之，又见其爱人之无已也。"

范氏曰："冉有以政事之才，施于季氏，故为不善至于如此。由其心术不明，不能反求诸身，而以仕为急故也。"

※札记

季氏之富

富非所宜，必起为乱之心。聚敛之行，必为祸败之端。春秋后期，鲁国贵族掌握实权，季孙氏、叔孙氏和孟孙氏瓜分宫室，鲁襄公时，三分宫室，季氏有其一。鲁昭公时，四分宫室，季孙氏有其二。如季氏之富，得之非正道。专权窃国，僭越谋叛。而冉求为其幕僚，不能匡正其失，而尤为虎作伥，是故孔子深责之。

追求幸福快乐，是人的天性。人人都有权力追求更加美好舒适的生活。但是，真正的生活，是建立在劳动获得财富的基础之上，通过不正当行为所获得的，最终必将以同样的非常手法送还去。所以，还是做出实实在在的努力可靠，不要有非分之想，更不要贪求"季氏之富"。得之容易失之疾。只有阳光下的财富，才能够长久地享有。

※原文

柴也愚，参也鲁，师也辟，由也喭。

※译文

柴高生性拙厚，曾参显得鲁钝，颛孙师孤僻偏激，仲由性情急躁豪爽。

※历代论引

程子曰："参也竟以鲁得之！"又曰："曾子之学，诚笃而已。圣门学者，聪明才辩，不为不多，而卒传其道，乃质鲁之人尔。故学以诚实为贵也。"

尹氏曰："曾子之才鲁，故其学也确，所以能深造乎道也。"

杨氏曰："四者性之偏，语之使知自励也。"

※札记

个性决定风格

学贵诚实，表面的鲁钝，其实显示的是用心的专一。只有踏踏实实地苦守寂寞，方可有所成就。

切忌浮躁，那种靠投机取巧、热衷于炒作包装而名噪一时的所谓“明星”“名家”，是经不起时间检验的，必然短命，如过眼之浮云，只会引起一时的喧嚣与聒噪，别的什么也不可能留下。

※原文

子曰：“回也其庶乎！屡空。赐不受命，而货殖焉，亿则屡中。”

※译文

夫子说：“颜回的学问道德相当不错了吧，可是常常贫穷得没有办法。端木赐不安守本分，囤积货物、经营谋利，对行情发展趋势往往能猜中。”

※历代论引

程子曰：“子贡之货殖，非若后人之丰财，但此心未忘耳。然此亦子贡少时事，至闻性与天道，则不为此矣。”

范氏曰：“屡空者，箪食瓢饮屡绝而不改其乐也。天下之物，岂有可动其中者哉？贫富在天，而子贡以货殖为心，则是不能安受天命矣。其言而多中者，亿而已，非穷理乐天者也。夫子尝曰：‘赐不幸言而中，是使赐多言也。’圣人之不贵言也如是。”

※札记

两种人生

为仁者不富，为富者不必有仁。不仁，而后能富。

君子固贫。如颜子之德行，却总也难以摆脱生活的困顿潦倒。中国知识分子历来就是如此，寒窗苦读，固守寂寞，穷其一生，略有成就，但是他们的生活毫无色彩。学富五车，却一贫如洗，饭不过箪食，饮不替清水，居之陋室，默默奉献，为世人所耻笑。难道潜心学问与道德修养就该长守清贫吗？子贡谋利于市，但是，其人生却轰轰烈烈，富裕安泰，游刃有余。

道德的重建与物质的追求，对人生的影响如此不同。现阶段，脑体倒挂的现象仍然存在。投机、妄佞、猾诈、腐败之徒，胸无点墨，却家财豪巨，过着优裕的生活，前呼后拥，宝马香车招摇过市，为人所羡。

积极谋取的人生与被动顺应的生活就是这样实在，颜子与子贡就是如此不同。贫富如命？或由人为。孔子说："君子安其身而后动，易其心而后语，定其交而后求。"然而人生能够在一个方向上有所成就就是了不起的，平均使用精力，必将无所成就。

※原文

子张问善人之道。子曰："不践迹，亦不入于室。"

※译文

子张问怎样做一个诚心帮助别人的真正的好人。夫子说："帮助别人不图得到感激回报，给人施以援手或恩惠而不留痕迹，也不必让人知道。"

※历代论引

程子曰："践迹，如言循途守辙。善人虽不必践旧迹而自不为恶，然亦不能入圣人之室也。"

张子曰："善人，欲仁而未志于学者也。欲仁，故虽不践成法，亦不蹈于恶，有诸己也。由不学，故无自而入圣人之室也。"

※札记

积善由心，无迹于室

有心为善，虽善不赏；无心为恶，虽恶不罚。

当今社会的风尚是崇尚"钱"，热衷大肆炒作。不论做一件什么事，都要大张旗鼓地宣扬。更有一些人为了出名，精心策划、包装，做足了出场的炒作功夫，借以唬人。

做一件好事，并不难，难的是默默而处，不求人知，不刻意宣扬，不求扬名于世，不求彰显己德。真正的无名英雄，才是真正令人敬佩的。那些没有做好事却要制造出所谓的好事来宣扬的人实际是品行低劣的社会残渣。

做一件好事，不必刻意让人看出是善行，如果只是出于博取一个被人称道的好名声的目的，并希望因此一事而成为别人崇敬的榜样，其动机就不纯，其心中是否存有善念，非常值得怀疑。

※原文

子曰："论笃是与，君子者乎？色庄者乎？"

※译文

夫子说："只以一个人的言论或著作来判断其是否诚实忠厚，是不可靠的。怎么能如此武断地认为他是有较高品德修养的君子？还是表面庄重的伪君子呢？"

※历代论引

朱子曰："言但以其言论笃实而与之，则未知其为君子者乎？为色庄者乎？言不可以言貌取人也。"

※札记

伪善者的忠厚宜加警惕

不以言取人，也不能因言废人。一言以兴之，一言以废之，同样都是偏见，是不足为法的。孔子说："以言取人，失之宰予；以貌取人，失之子羽。"

忠厚者的忠厚，是拙朴的，坦荡无私；伪善者的忠厚，是佞巧的，以藏其奸。表面上过度的亲近，必然隐藏着内心的用意。言辞的精辟，并不能确定其行为的高尚。

仅以一言之见来对一个人的品行做出判断是片面的、武断的。观察一个人，不能仅听其言，更要考察其行为。虚伪者，总是伪装出一副庄重的形象来蒙骗别人，以期达到自己的目的，宜多提高警觉。

※原文

子路问："闻斯行诸？"子曰："有父兄在，如之何其闻斯行之？"冉有问："闻斯行诸？"子曰："闻斯行之。"公西华曰："由也问'闻斯行诸'，子曰'有父兄在'；求也问'闻斯行诸'，子曰'闻斯行之'。赤也惑，敢问。"子曰："求也退，故进之；由也兼人，故退之。"

※译文

子路问："有所闻即当有所行吗？"夫子说："你有父兄健在，责任未了，宜当慎重。纵有所闻，自当有所秉命，何必立即而行？"冉有问："有所闻必当付诸行动吗？"夫子说："是的，闻知则行，言行统一。"公西华感到疑惑，于是就问："仲由也问'闻其言即当付诸实践吗'，您回答说'有父兄在，宜当慎重'；冉求也同样问'听到好的教诲就应效仿吗'，您却回答说'既知其言自当奉行'。我实在不明白，同样的问题，回答却大相径庭。请问这是为什么呢？"夫子说："冉求禀性柔弱退让，所以激励他进取；仲由莽勇，所以抑制警诫他。”

※历代论引

张敬夫曰：“闻义固当勇为，然有父兄在，则有不可得而专者。若不禀命而行，则反伤于义矣。‘子路有闻，未之能行，唯恐有闻。’则于所当为，不患其不能为矣；特患为之之意或过，而于所当禀命者有阙耳。若冉求之资禀失之弱，不患其不禀命也；患其于所当为者逡巡畏缩，而为之不勇耳。圣人一进之，一退之，所以约之于义理之中，而使之无过不及之患也。”

※札记

唯义所在，勇于践行

我们每个人都肩负着自己的责任，不仅要对自己的生命负责，更要为我们所承担的责任珍惜生命。我们无理由放弃，也无权自专。责任和生命为我们所有，但是什么时候放弃它们并不能由我们私自决定。

为了国家，为了民族，为了人民的事业，为了维护正义，我们没有退让的借口，我们必须勇于进取，必须以积极的行为和果敢的决心付诸实践。

哀公立庙

※原文

子畏于匡，颜渊后。子曰："吾以女为死矣。"曰："子在，回何敢死？"

※译文

孔子被匡地人围攻，颜渊从后面赶到。孔子说："我以为你死了。"颜渊说："老师仍在固守，我怎么敢轻易放弃？"

※历代论引

胡氏曰："先王之制，民生于三，事之如一。惟其所在，则致死焉。况颜渊之于孔子，恩义兼尽，又非他人之为师弟子者而已。即夫子不幸而遇难，回必捐生以赴之矣。捐生以赴之，幸而不死，则必上告天子、下告方伯，请讨以复仇，不但已也。夫子而在，则回何为而不爱其死，以犯匡人之锋乎？"

※札记

谁也无权中途放弃努力

生死以义，去就于礼。为了我们的责任，我们必须奋起，必须坚持到底。

※原文

季子然问："仲由、冉求可谓大臣与？"子曰："吾以子为异之问，曾由与求之问！所谓大臣者：以道事君，不可则止。今由与求也，可谓具臣矣。"曰："然则从之者与？"子曰："弑父与君，亦不从也。"

※人物简介

季子然：季氏子弟。

※译文

季子然问："仲由、冉求可以做承担国家重要职责的大臣吗？"夫子说："我以为你问其他什么特别的问题呢，原来是问仲由与冉求呀！我可以告诉你，真正的大臣以正道侍奉君主，如果不能得到信任和重用，就自然适可而止。至于仲由和冉求二人，只能说是个从属的臣子而已。"季子然问："既然是这样，那么可以让他们成为顺从的人吗？"夫子说："如果有违正道，弑杀生父与国君的事，即使要他们死，也是不会服从的。"

※历代论引

尹氏曰："季氏专权僭窃，二子仕其家而不能正也，知其不可而不能止也，可谓具臣矣。是时季氏已有无君之心，故自多其得人，意其可使从己也。故曰：‘弑父与君，亦不从也。’其庶乎二子可免矣。”

※札记

以道事君，不可则止

用之则行，舍之则藏，不可则止。真正的大臣，不是为地位、为功名富贵、为做官、为待遇而来的。那些尸位素餐、好大喜功、投机钻营、蝇营狗苟之徒，却并非如此。他们苟且其位、窃取权柄，领取着丰厚的薪俸，却不做为民谋福利的事业。枉自占着编制，却不干事情。进不以事业为重，也不为国家而忧，退又不愿舍弃既得的利益而贪图不劳而获之俸禄，斤斤于自身所求，上不能匡正，下不能惠民，中不能修其身而进其德，不唯充数，实为蠹害。

※原文

子路使子羔为费宰。子曰：“贼夫人之子。”子路曰：“有民人焉，有社稷焉。何必读书，然后为学？”子曰：“是故恶夫佞者。”

※人物简介

子羔：即柴高，字子羔。其为人忠厚。《孔子家语》载：“足不履影，启蛰不杀，方长不折。执亲之丧，泣血三年，未尝见齿。避难而行，不径不窦。”

※译文

子路推举子羔做费邑的长官。夫子说：“你这是害别人的孩子。”子路说：“那里也有人民，也有土地呀，何必一定要先读书，然后才做事呢？”夫子说：“所以我才最讨厌那种疾言巧辩的人呐。”

※历代论引

范氏曰：“古者学而后入政，未闻以政学者也。盖道之本在于修身，而后及于治人，其说具于方册；读而知之，然后能行，何可以不读书也？子路乃欲使子羔以政为学，失先后本末之序矣。不知其过而以口给御人，故夫子恶其佞也。”

※札记

为何读书

读书为了什么？有的人为了父母的期待；有的人为了一官半职；有的人为了理

想；有的人为了过上有品质的生活。

龙应台则对她的孩子说：“孩子，我要求你读书用功，不是因为我要你跟别人比成绩，而是因为，我希望你将来会拥有选择的权利。选择有意义、有时间的工作，而不是被迫谋生。

“当你的工作在你心中有意义，你就有成就感。当你的工作给你时间，不剥夺你的生活，你就有尊严；成就感和尊严，带给你快乐。”

龙应台的这番话或许值得我们好好思考一番我们读书的意义又在哪里。

※原文

子路、曾皙、冉有、公西华侍坐。子曰：“以吾一日长乎尔，毋吾以也。居则曰：‘不吾知也！’如或知尔，则何以哉？”子路率尔而对曰：“千乘之国，摄乎大国之间，加之以师旅，因之以饥馑；由也为之，比及三年，可使有勇，且知方也。”夫子哂之。“求，尔何如？”对曰：“方六七十，如五六十，求也为之，比及三年，可使足民。如其礼乐，以俟君子。”“赤，尔何如？”对曰：“非曰能之，愿学焉。宗庙之事，如会同，端章甫，愿为小相焉。”“点，尔何如？”鼓瑟希，铿尔，舍瑟而作。对曰：“异乎三子者之撰。”子曰：“何伤乎？亦各言其志也？”曰：“莫春者，春服既成。冠者五六人，童子六七人，浴乎沂，风乎舞雩，咏而归。”夫子喟然叹曰：“吾与点也！”三子者出，曾皙后。曾皙曰：“夫三子者之言何如？”子曰：“亦各言其志也已矣。”曰：“夫子何哂由也？”曰：“为国以礼，其言不让，是故哂之。”“唯求则非邦也与？”“安见方六七十、如五六十而非邦也者？”“唯赤则非邦也与？”“宗庙会同，非诸侯而何？赤也为之小，孰能为之大？”

※人物简介

曾皙：名点。曾参父。

※译文

子路、曾皙、冉有、公西华拥围在孔子坐前。

夫子说：“我虽然年龄长于你们，但是你们也不要因为我年长而感到为难而有所保留，可以畅所欲言。你们平时总是抱怨说‘人们不了解我啊’！现在，如果有人知道并想重用你们，那么，你能做什么呢？”

子路率先应声回答道：“拥有千辆兵车的国家，夹处在几个大国之间。国外有军队来侵犯，并且国内又发生了灾荒。这时让我去治理，只需三年时间，可以使老百姓人人勇武，并且明辨是非道理。”

夫子轻轻地一笑，没有做什么评价。只是问冉有道：“冉有，你将如何做？”

冉有回答说："一个纵横大约六七十里，或者说五六十里的国家，让我去治理，三年之中，可以让百姓富足。至于礼乐教化方面，那就要等待有德行修养的君子来实行了。"

"公西华，你能做什么？"公西华回答说："我不敢说有本领做好它，但我愿意在这方面学习。举行祭礼或者诸侯会盟，我穿上礼服，戴上礼帽，愿意做一个小司仪。"

"曾皙，你有什么打算呢？"弹奏琴瑟的声音渐渐慢下来，发出最后一个有力的击弦声，然后曾皙将瑟放下，跪直了身子。回答说："我没有他们三位所言的能力，也与他们三位的想法不同。"

夫子说："那有什么关系呢，这并不妨碍什么，也都是各自谈谈自己的志向。"

曾皙说："春光和煦的日子里，换上轻盈舒适的春装。邀集五六位朋友，领着六七个天真烂漫的孩子，在沂水里游泳，在岸边踏青散步，在舞雩台上吹风乘凉。然后一路唱着歌走回家。"

夫子深深叹息说："我赞同曾皙的想法啊！"

子路、冉求、公西华走了出去，曾皙留在最后。

曾皙说："夫子对刚才三位的话如何评价呢？"

夫子说："也只是各自谈谈自己的志向罢了。"

曾皙说："那么，老师为什么却笑仲由呢？"

夫子说："治理国家应该推崇礼让，可是他的话却一点不谦逊，所以笑他。"

曾皙又说："那么只有冉求治理国家的方法可取吧？"

夫子说："怎见得方圆六七十里或者五六十里的地方，就够不上一个国家呢？"

曾皙说："是不是只有公西华所说的才是治理国家的方法呢？"

夫子说："宗庙祭奠，诸侯会盟，不是为了国家又是什么呢？如果公西华只能担当司仪之事，那么又有谁能够做大事呢？"

※历代论引

《孟子·万章下》："天子之制，地方千里，公侯皆方百里，伯七十里，子、男五十里，凡四等。"

※札记

了解自己，认识自己

人生最是舞春华，人之志向不同，则所成就的人生也就各异。

性格决定命运。子路崇尚个人英雄主义，其人生是积极奋进的，所以言谈之间充满自信和豪侠的逼人之气，有建立功勋、天下舍我其谁的胆略与担当。

志当存高远。人生际遇不同，其用世之志迥然相差万里。心者，志之所居，所存者大，则达者远；所立者小，则抵乎近。凡所成就事业者，必有过人之大志宏图，古今不易。且为之奋斗，百折不回，矢志不渝。老子说“治大国如烹小鲜”，不论国家大小，治理之道都是一样的。政治家的作为，不仅要富民强国，更重要的是文化建设，要有建立民族文化的执着精神，一个没有文化历史的民族，其未来是不会长久的。同样地，不论我们职位大小，都有责任为文化建设努力，问题在于如何去做。做而学，学而致用。“非曰能之，愿学焉。”一个不断学习的人，就是一个有着积极进取精神的人，也是一个可担当大任的人。

颜渊

仁者爱人

儒家学说以“仁”为中心，所谓“仁”就是爱人，提倡“祖述尧舜，宪章文武”之道，就是弘扬爱人之道，崇尚“仁义”，重“亲亲尊尊”之恩，行“忠恕”“孝悌”之道，政治上主张实行“仁政”“德治”。儒家的爱人，有泛爱：四海之内皆兄弟；有等级的爱：“君君、臣臣、父父、子子。”儒家的爱人，就是做人的艺术。我心向仁，“则仁斯至矣”。虽然他们推行的“仁道”是为其利益服务的，但是，在客观上对于维护社会的发展与稳定不无积极意义，也与我们当今提倡的构建和谐社会不无契合之处，自有其合乎历史发展的合理内核。

※原文

颜渊问仁。子曰："克己复礼为仁。一日克己复礼，天下归仁焉。为仁由己，而由人乎哉？"颜渊曰："请问其目。"子曰："非礼勿视，非礼勿听，非礼勿言，非礼勿动。"颜渊曰："回虽不敏，请事斯语矣。"

※译文

颜渊问什么是仁。夫子说："克制自己，使言语行为合乎礼仪法度，就是仁。每天都能够做到以礼仪约束自己的言行，天下也就大同，风气也就回归到仁的正轨上了。能不能做到仁，这取决于自己，而不是决定于别人。"颜渊说："请问具体如何理解。"夫子说："不合乎礼制的事情不要去看，悖逆礼仪的言辞不要听信，有损于礼规的话语不要说，超越礼法的事情不要动手去做。"颜渊说："我颜回虽然不是很聪明的人，但也有志于仁德的修养，那么就让我按照这样的标准去做。"

※历代论引

程子曰："非礼处便是私意。既是私意，如何得仁？须是克尽己私，皆归于礼，方始是仁。"又曰："克己复礼，则事事皆仁，故曰天下归仁。"

谢氏曰："克己，须从性偏难克处克将去。"

朱子按："此章问答，乃传授心法切要之言。非至明不能察其几，非至健不能致其决。故惟颜子得闻之，而凡学者亦不可以不勉也。程子之箴，发明亲切，学者尤宜深玩。"

※札记

一切取决于我们自己

"为仁由己"，善恶由心，苦乐自知。仁就是人，是通权达变、做人处世的艺术，并非僵化的教条。存乎其心，形诸外。无可无不可，无及无不及，无中无不中，无得无不得，无是无不是，无非无不非。

"仁"之微言大义。只可意会，不可言传。形诸语言则失其本意，诉诸外物则失其本相。天下之事无不可，为仁为恶，取决于我们自己。"无论是一个人，一个企业，还是一个民族，乃至一个国家，其最大的敌人不是竞争对手，而是自己。老子认为：'胜人者力，自胜者强'。也是强调，战胜别人的人只是有力量之人，能够战胜自己才算真正的强者。战胜自己的什么？当然是自己的弱点，比如过度膨胀的欲望，短期利益的诱惑，得意时的忘形，失意中的自馁，以及人性的种种不足。战胜了这些弱点和毛病，就能够成为真正的强者。战胜的办法就是用深植于我们内心的'仁'来消解萌生的欲望。"

仁德，就在于克己。眼睛不看不合乎礼仪的现象，耳朵不听不合乎礼仪的声音，嘴巴不说不合乎礼仪的话，脚不踏不合乎礼仪的地方。“人非善不交，物非义不取，亲贤如就芝兰，避恶如畏蛇蝎。”其实，“仁”就是一种自然自在的心态。

※原文

仲弓问仁。子曰：“出门如见大宾，使民如承大祭。己所不欲，勿施于人。在邦无怨，在家无怨。”仲弓曰：“雍虽不敏，请事斯语矣。”

※译文

仲弓问怎样做才能体现仁的精神。夫子说：“走出家门，仪容整肃，如同去接见贵宾；役使民力就像承办重大的祭礼一样慎重。自己所不愿做的事，便不要（强）加在别人身上。在国家任职的时候不做令人怨恨的事，在家居住也没有让乡邻厌恶的行为。”仲弓说：“冉雍我虽然是一个愚钝的人，请让我依照这句话去做吧。”

※历代论引

程子曰：“孔子言仁，只说‘出门如见大宾，使民如承大祭’。看其气象，便须心广体胖，动容周旋中礼。惟谨独，便是守之之法。或问：‘出门、使民之时，如此可也；未出门、使民之时，如之何？’曰：此俨若思时也，有诸中而后见于外。观其出门、使民之时，其敬如此，则前乎此者敬可知矣，非因出门、使民然后有此敬也。”

朱子曰：“敬以持己，恕以及物，则私意无所容而心德全矣。内外无怨，亦以其效言之，使以自考也。”又曰：“克己复礼，乾道也；主敬行恕，坤道也。颜、冉之学，其高下浅深，于此可见，然学者诚能从事于敬恕之间而有得焉，亦将无己之可克矣。”

※札记

德，在于得人心

在邦无怨，在家无怨。行为中正则无怨，无怨则亲睦和顺，人心和顺则能够统一思想行为。那么在邦则政通人和，居家则笃亲睦邻，远人敬服，近者效仿。

怨之所生，在于私心。克己复礼为仁，克己，在于去私，在于养德。能够不以私心为念，秉持公正，以大义为先，虽识见各异，也必能达成共识，在邦必有政声，在家则必有爱心。去私则正立，己身正则人无所怨怼。要与周围的人平等友爱，融洽相处，和谐互助。事实上，人都希望得到尊重和支持。这是建设和谐社会的基础。

※原文

司马牛问仁。子曰："仁者其言也讱。"曰："其言也讱，斯谓之仁矣乎？"子曰："为之难，言之得无讱乎？"

※人物简介

司马牛：名犁。向魋之弟。

※译文

司马牛问仁德。夫子说："仁德的人，他的语言慎重温婉。"司马牛说："只要语言谨慎，就可以认为是达到了仁德的修养境界了吗？"夫子说："任何事情做起来都很不容易，难以实现，说话能不慎重吗？"

※历代论引

朱子曰："牛之为人如此，若不告之以其病之所切，而泛以为仁之大概语之，则以彼之躁，必不能深思以去其病，而终无自以入德矣。故其告之如此。盖圣人之言，虽有高下大小之不同，然其切于学者之身，而皆为入德之要，则又初不异也。读者其致思焉。"

※札记

持重谨言

"言无所益，众亦未信，只足以招谤忤物，于道无明，故不言也。"那么，喃喃讷讷之徒，就是有仁德的人吗？

做人必当言行一致，言必有行，做不到，就不要说。空话连篇，虚语沸沸，不仅无益，而且有损于德行的修养。最令人不齿的行为莫过于当面信誓旦旦，暗中却另做打算。大言阔谈，实为谎言，欺人欺世误己。为政则失民心，居家则亲友不信。

谨言，在于所说的话合乎天理道义，而不是凡事吞吞吐吐，更不是不计是非的无原则的沉默。仁德之人，其德就在于坚持原则不动摇，其仁就在于处置得当不违礼，其诚同是体现为成人之美。

当今之世，确实也"为之难"。缺乏求实求真的严肃精神，崇尚声势，疏于落实。嚣嚣空谈代替了实干，洋洋空话冲淡了实事求是。空谈一二三四五，却很少有能付诸行动的操作性。既然难以做到，何不谨其所言？

※原文

司马牛问君子。子曰："君子不忧不惧。"曰："不忧不惧，斯谓之君子矣乎？"

子曰："内省不疚，夫何忧何惧？"

※译文

司马牛问怎样的人可以称为君子。夫子说："君子胸怀坦荡，既不因私欲而忧虑也无所畏惧。"司马牛又说："无忧无虑也无所恐惧，就可以认为是君子吗？"夫子说："自己问心无愧，又有什么可以忧愁和恐惧的呢？"

※历代论引

晁氏曰："不忧不惧，由乎德全而无疵。故无入而不自得，非实有忧惧而强排遣之也。"

※札记

内省不疚，何忧何惧

无忧，是无私心之忧。无虑，是克服自己行为中自私的念头。

平日所为无愧于心，故内省不疚。内省无疚，心怀坦荡，自然天地广大，无所忧惧。内心光明磊落，一片清净、祥和，无愧于人，无憾于天地，何忧何惧？

君子，当为天下忧，而不耿耿于一己之私欲。常怀天下之大忧，时刻谨记国家之忧、民众之忧，不为一己之私利而忧，其为忧也，民之幸也。只有常怀百姓之忧，把人民的困难、大众的疾苦系于心间，才会尽职尽责，为民解忧。

苟无奢欲，何忧焉？无为己私，何惧哉？为民代言，为民意民情民心而忧，何愧哉？乐不忘忧，喜不忘惧。夫唯忧于未然，惧于无形，故卒乎无忧惧也。

※原文

司马牛忧曰："人皆有兄弟，我独亡。"子夏曰："商闻之矣：死生有命，富贵在天。君子敬而无失，与人恭而有礼，四海之内，皆兄弟也。君子何患乎无兄弟也？"

※译文

司马牛忧心忡忡地说："人们都有兄弟，唯独我没有。"子夏说："我听夫子说：人的死生是命中注定的，富贵决定于上天。君子礼敬又没有失误，与人交往恭敬谦和，那么四海之内，都是兄弟啊。君子的德行高尚又何必忧虑没有兄弟呢？"

※历代论引

胡氏曰："子夏'四海皆兄弟'之言，特以广司马牛之意，意圆而语滞者也。惟圣人则无此病矣。且子夏知此而以哭子丧明，则以蔽于爱而昧于理，是以不能践其言尔。"

※札记

死生有命，富贵岂天乎

谁能逃避自然规律的约束呢？有生就有死。其实我们的人生，就是从生到死的旅程，无论是惧怕还是顺应，都得义无反顾地奔赴；无论我们对生活是希望还是绝望，我们都在一天天地接近死亡；无论贫富或者贵贱，生命都是平等的。只是在向死亡进发的旅途上，我们一路所观赏的人生风景有些不一样，但是谁都不可滞留在后。

“命”是什么？谁又主宰着我们的生活？命运就掌握在自己的手中，用自己的手去创造自己的生活，何忧乎无妄的想象。对于这神秘莫测的命运，我们知道多少，又在多大的程度上能够施加助力？为他人或者我们自己。努力地过好到来的每一天，何必为那不确定的未来忧心忡忡？或许即将到来的一切要比今天美好很多，而事实上，我们都认为明天一定比今天美好。

奋斗在于自己，成败乃由天意。只要奋斗了、努力了，就可以无悔，坦然地接受结果，成败都无所谓。

那么，面对命运，我们何去何从？

小哉，司马牛之忧。大丈夫当忧天下，以天下为己任，忧事业之无所成就，忧人生之无所成名，忧对国家对人民无所称颂，何患乎无兄弟哉？

富贵并非与生俱来，何必忧忧戚戚？放开胸怀，冥冥中自有安排，这是注定的。

※原文

子张问明。子曰：“浸润之谮，肤受之愬，不行焉，可谓明也已矣。浸润之谮，肤受之愬，不行焉，可谓远也已矣。”

※译文

子张问怎样才能够做到明察幽微。夫子说：“对于那种如水般暗中浸润渗透、诋毁他人的谮言，犹如切肤之痛般让人感同身受的申诉和诬陷，像这样的事在他的跟前没有市场，他能够公正地对待，就可以说是明察了。谮言和诬陷得以杜绝，使其行不通，不偏听、偏信，就可以说是具有远见卓识而做到了明察深远啊。”

※历代论引

杨氏曰：“骤而语之，与利害不切于身者，不行焉，有不待明者能之也。故浸润之谮、肤受之愬不行，然后谓之明，而又谓之远。远则明之至也。《书》曰：‘视远惟明’。”

※札记

贵在自知

人都是有缺陷的，谁也不可能完美。人都有着同样的弱点。谁都喜欢听到别人说自己的好话，赞歌总比贬斥容易入耳。听到别人说自己的好话产生的第一反应自然是对说自己好话的人报之以好感，如此必然助长了人们虚假的奉迎，久而久之，便偏离正直、公正愈加远了，社会风气由此渐趋没落。其实，取悦别人，目的在于取悦自己，以期获取更大的利益；在于觊觎着某种好处，掩饰着某种不可告人的动机。这完全是出于功利的需要。其实，任何人首先看重的都是自己。不要因为别人的几句好话就忘乎所以，就自我膨胀到不知天高地厚的程度。

※原文

子贡问政。子曰："足食，足兵，民信之矣。"子贡曰："必不得已而去，于斯三者何先？"曰："去兵。"子贡曰："必不得已而去，于斯二者何先？"曰："去食。自古皆有死，民无信不立。"

※译文

子贡问处理政事应注重的核心。夫子说："粮食充足，军备完善，老百姓信任而上下同心。"子贡说："如果发生了不得已的情况，需要做出取舍，应当先舍去哪一种？"夫子说："削减军队。"子贡说："如果情况进一步恶化，应当再舍去哪个？"夫子说："降低粮食储备。自古以来，人死无可避免，但是，如果失去了民众的信任，那么也就什么都没有了。"

※历代论引

程子曰："孔门弟子善问，直穷到底。如此章者，非子贡不能问，非圣人不能答也。"

朱子曰："以人情而言，则兵食足而后吾之信可以孚于民。以民德而言，则信本人之所固有，非兵食所得而先也。是以为政者，当身率其民而以死守之，不以危急而可弃也。"

※札记

民心不可失

为政之要，首在足食。孔子说国家的治理在于：足食，足兵，民信。一个国家有充足的粮食储备，又有强大的国防力量，而且在政治思想上取信于人民，就是一个真正意义上的强大国家。“足食”是第一重要的事情。可见，从古到今，在任何情况下都不能放松粮食生产。民以食为天，民生问题若不能得到解决，其他的任何政治宏图都只是画饼。民者，国之本，一个国家所能依靠的就是百姓，百姓安定了，国家也就安定了。

※原文

棘子成曰：“君子质而已矣，何以文为？”子贡曰：“惜乎！夫子之说，君子也。驷不及舌。文犹质也，质犹文也。虎豹之鞟犹犬羊之鞟。”

※人物简介

棘子成：卫国大夫。他认为一个人只要天性好，有才能，就不必学习。

※译文

棘子成说：“所谓君子，主要是就其笃厚朴实的本质而说的，为什么要以礼仪文采辞藻来修饰呢？”子贡说：“先生这样谈论君子，就说错了。一言既出，驷马难追。礼仪的文采体现着内在的品质，质朴的内心世界决定着形式的礼仪文采，二者同样重要。就像虎豹的皮去掉毛的文饰以后与狗羊的皮去掉毛以后没有分别一样啊。”

※历代论引

朱子曰：“夫棘子成矫当时之弊，固失之过；而子贡矫子成之弊，又无本末轻重之差，胥失之矣。”

※札记

虎豹之鞟犹犬羊之鞟

虎豹的皮与犬羊的皮，同样是兽皮，在本质上没有两样。但是，可以根据其表面上所附着的毛色纹饰的不同，区别出其种类的差异。

人有异能，才有大小。但是，决定一个人成就大小的很重要的一个方面，是后天的努力，最根本的是学习。学习是不能偷巧的，一靠积累，二靠思考，综合起来，才有了创造。一个人知识的获得、品行的养成，大多取决于他所受到的教育。人只有不断地学习，不断地进取，才有可能成就事业，建立功勋。

有才干的人不一定是科班出身，正如不能把有无文凭当作有无才干、有无学识、读书多少的判定标准。古今历史上，大凡成就大事业、建立大功勋的人无不是后天努力的结果。真正的学识，来源于日积月累的学习。爱因斯坦说：“人的差异产生于业余时间。”能够利用一切可以利用的时间，坚持恒久地学习的人，就会成就不同的人生。

※原文

哀公问于有若曰：“年饥，用不足，如之何？”有若对曰：“盍彻乎？”曰：“二，吾犹不足，如之何其彻也？”对曰：“百姓足，君孰与不足？百姓不足，君孰与足？”

※译文

鲁哀公问有若说：“年景不好，国家用度不足，怎么办？”有若回答说：“为什么不实行十分抽一的田税制度呢？”鲁哀公说：“十分抽二的田税，我尚且感到不能保证足够，如果像你说的，又怎么能够保证用度呢？”有若回答说：“老百姓富足了，国君又怎么能够用度不足呢？老百姓贫穷了，国君又怎么能够丰足呢？”

※历代论引

杨氏曰：“仁政必自经界始。经界正，而后井地均、谷禄平，而军国之需皆量是以为出焉。故一彻而百度举矣，上下宁忧不足乎？以二犹不足，而教之彻，疑若迂矣。然什一，天下之中正，多则桀，寡则貉，不可改也。后世不究其本而惟末之图，故征敛无艺，费出无经，而上下困矣，又恶知‘盍彻’之当务而不为迂乎？”

※札记

民贫则国弱

贫穷就意味着没有发言权。落后就意味着被宰割。

富国之道，不在聚敛，在于养民。聚敛搜刮，只能是一时的权宜，长此以往只会自毙。

民贫积弱，则国势颓萎。所以，治国之要，首在富民。百姓足，则孰为不足？民富国强，这是千古颠扑不破的真理。没有经济的支持，任何宏伟的设想都只能是空谈。

国之财富，非天不生，非地不长，非民不育。取之有法，用之有度，必先民足而后国富。减轻农民负担，使农民休养生息，使人民更多地得到发展的实惠，是强国富民的唯一选择，也是巩固政权的有效措施。

※原文

子张问崇德、辨惑。子曰：“主忠信，徙义，崇德也。爱之欲其生，恶之欲其死；既欲其生，又欲其死；是惑也。‘诚不以富，亦祇以异。’”

※译文

子张问如何提高品德修养、辨别疑惑。夫子说：“心存忠厚诚信，唯义是从，这就是提高品德修养的方法啊。喜爱一个人的时候就盼望他长寿，憎恨他的时候就诅咒他快点死去。一会儿想让他活着，一会儿又恨不得让他立即死去，这就是惶惑啊！就如古诗所说‘尽管不像嫌贫爱富那样势利，但也是如同见异思迁、喜新厌旧一样的可笑’。”

※历代论引

杨氏曰：“‘堂堂乎张也，难与并为仁矣。’则非诚善补过、不蔽于私者，故告之如此。”

程子曰：“此错简，当在第十六篇‘齐景公有马千驷’之上。因此下文亦有‘齐景公’字而误也。”

※札记

爱、恶，人之常情

诚信的深层基础是道德，道德依靠信念、习惯、传统发生作用。人格的修养，贵在忠，贵在信。忠诚于自己的信仰，自信而又固守诚信。“忠信，礼之本也；义理，礼之文也。无本不立，无文不行。”以天下大义为重，不以个人的爱憎为准，不能以个人的好恶来代替是非标准，更不能以一己之好恶而违背是非原则。天地间的一草一

观蜡论俗

木，不论你喜欢与憎恶，都有其生长规律，企图人为地斩尽杀绝，都是徒劳，愈是你不喜欢的东西愈是这样。

※原文

齐景公问政于孔子。孔子对曰："君君，臣臣，父父，子子。"公曰："善哉！信如君不君，臣不臣，父不父，子不子，虽有粟，吾得而食诸？"

※人物简介

齐景公：姓吕，名杵臼。春秋时齐国君主，公元前547—前490年在位。

※译文

齐景公向孔子咨问政事治理的道理。孔子回答说："君就是君，臣就是臣，父亲就是父亲，儿子就是儿子，各行其道。无僭越，无冒犯。"齐景公说："说得好啊！诚然如果国君不像个国君，臣子不像个做臣子的，父亲不像个父亲，儿子不像儿子，即使有粮食，我能吃得到吗？"

※历代论引

杨氏曰："君之所以君，臣之所以臣，父之所以父，子之所以子，是必有道矣。景公知善夫子之言，而不知反求其所以然，盖悦而不绎者，齐之所以卒于乱也。"

※札记

尊尊亲亲

君臣父子，"人道之大经，政事之根本也"。各以其道行之，则必上下有序，尊卑有位，贵贱有礼。无僭越，无逆乱，则家治而邦宁。

民主制度是人格的平等，而不是无原则、无秩序、庸俗的平等。组织观念和组织纪律是建立在民主基础之上的责任与义务的体现，而不是简单地以民主代替一切，也不是武断地以秩序否定民主。一个良好的社会秩序的建立，就是努力建设人格平等，没有封建的高贵与卑贱之分。个人对社会负有一定的责任，个人应该自觉遵守社会的公约，个人有义务维护社会的秩序。社会为个人提供公平公正的发展与生存环境，那种以张扬民主为借口，精心包装，以掩盖其本来之目的，行扰乱社会基本运行秩序之实的人，是别有用心的。

虽然封建伦理道德是封建社会秩序的基础，但人伦文化是整个中华民族的人文精神核心。任何时代都不可能没有应该发挥作用的伦常道德。任何事情都是关于人的问题，不论是民主政治的建立，还是法制制度的建立，都是因为人的因素。因此，

景公尊让

尊尊亲亲之礼之义是不可否认的，应该汲取其合乎时代、合乎人伦发展的合理的积极因素，为现代社会服务。这是中华文化继承与发展并传承永远的精神实质。

※原文

子曰：“片言可以折狱者，其由也与？”子路无宿诺。

※译文

夫子说：“能够依据诉请者一方的话语就可以判断出是非真相的人，只有仲由能够做到这样啊？”子路履行自己的诺言从不拖延逾期一天。

※历代论引

尹氏曰：“小邾射以句绎奔鲁，曰：‘使季路要我，吾无盟矣。’千乘之国，不信其盟，而信子路之一言，其见信于人可知矣。一言而折狱者，信在言前，人自信之故也。不留诺，所以全其信也。”

※札记

君子重然诺

诚是一种智慧，信是一种品格，诚信是一种修养。诚实、信用、执着的信念是一个人立世的支点。侠义精神之所以为人所称道，就在于其能够信守诺言，择是非而恪守诚信。言必信，行必果。诚信是最基本的社会公德之一，是整个社会赖以存在和发展的基础。“君子一言，驷马难追”，“一诺千金”是人们立身处世最基本的行为准则。什么是诚信？诚，即真诚、诚实；信，即守承诺，讲信用。诚信的基本含义是守诺、践约、无欺。以诚相待，以信相处，互帮互助，平等友爱，融洽和谐。近年来由于社会转型、经济体制变化、市场经济冲击，一些人往往把诚信置之脑后，为了一时的眼前利益，淡忘而放弃了做人的基本原则，出现诚信缺失，各种假冒伪劣、欺蒙坑骗等现象盛行，各种不正之风泛滥。因此，提高公民诚信意识尤其显得紧迫。其实，社会之所以发展，就是因为诚信；事业之所以能够发展壮大，就是因为诚信。因为，骗术虽可以收效于一时，但是不可能长久。诚信不仅给我们带来朋友，同样带给我们利益，更馈赠给我们美德。只有讲信用的人，才能获得人们的尊敬和信任，甚至能使消极的不利因素变成积极的有利因素，也才能获得事业的最终成功。

※原文

子曰：“听讼，吾犹人也。必也使无讼乎！”

※译文

夫子说：“审理诉讼，如同我就是那个申诉的人。必须使诉讼的事件根本不发生啊！”

※历代论引

范氏曰：“听讼者，治其末，塞其流也。正其本，清其源，则无讼矣。”

杨氏曰：“子路片言可以折狱，而不知以礼逊为国，则未能使民无讼者也。故又记孔子之言，以见圣人不以听讼为难，而以使民无讼为贵。”

※札记

建设和谐社会

社会是各种矛盾运动的载体，矛盾的存在是不可否认的。任何学说思想的形成，都是在争论与求证中完成的。只有互持相反的观点，才能使事物的发展更接近真理。千人同声，万众一语，对真理的发展是没有用的，只能自我封闭。利益的竞争，个人的得失，是人们共同面对的问题。我们的社会充斥着太多的矛盾，也孕育了许多伟大思想和滋生出无数卑劣行为。争讼诉怨，从来就没有止息过。而社会就是在这种争执中前进。不可能无讼，只可以使之达成共识，取得相对的均衡，达到和谐相处。

※原文

子张问政。子曰："居之无倦，行之以忠。"

※译文

子张问治理政事的要则。夫子说："身处其位一刻也不能懈怠，处理具体事务心怀忠敬。"

※历代论引

程子曰："子张少仁。无诚心爱民，则必倦而不尽心。故告之以此。"

※札记

树立敬业的精神

劳动是生命存在的前提。工作带给我们生活的一切，生活与工作不可分割，我工作着，因而我感动着。工作之于生活的重要性，只有在失业的时候才能真正刻骨铭心地体会到。所以，不论我们干什么，都要怀着虔敬的心情去尽力做好。

工作的成绩和事业的成功，需要一个长期积累和奋斗的过程。在每天的时间中，有相当的部分是可以自己自由支配的，能否成就事业，就在于如何运用这部分时间。大多数人在工作之余、休闲之暇，沉迷于生活的娱乐之中，这无可厚非，但是，只有那些埋头苦干、挚爱事业的敬业的人，孜孜以求，不知疲倦地利用一切时间进行长期的努力，才有可能取得最后的成就。任何功业的建立都是如此，只有劳动才是创造幸福生活的唯一正途。

※原文

子曰："君子成人之美，不成人之恶。小人反是。"

※译文

夫子说："君子帮助别人成全其美德，不帮助别人去做坏事。小人却与此正好相反。"

※札记

君子成人之美

成人之美，乐人之善，是美好的情操。一个人的任何成就，都需要他人的支持。支持别人，就是最好地发展自己。没有别人的支持，自己的发展必然受到制约。不愿支持别人，自己的努力也不会收到实效，路也就会越走越窄。

在日常的生活与交往中，我们往往希望得到别人的认同与赞美，而不是否定与诋毁。有时一个赞赏的眼神，一句信任的话语或是一瞬默默的注视，都会给人莫大的帮助，都是一种支持，都有可能鼓励成就一个人的人生。

君子善待他人。即使我们不能帮助别人成就什么大事，也不要诋毁打击别人的奋斗与努力。我们虽然没有更多的东西可以给予别人，但是，由衷的赞美应该能够做到。其实，不必刻意地去为别人做什么，也许他并不需要。只要怀着善意的、美好的心意，你就会有动人的发现，也同样会收到馈赠。

在这个物欲横流的世界，竞争是激烈的，人们为了利益不择手段。对于许多人来说，不为恶、不设陷阱和障碍就已经难能可贵，何敢苛求更多？其实人不能只是为了竞争而竞争，有些竞争是必需的，有些竞争是应该放弃的，而竞争的手段与行为更应该是正当的。今天成全他人，明天就会得到他人对自己的支持。传颂中的管鲍之交，就是令人向往的成全他人的风范。在春秋乱世，管仲和鲍叔牙共同经商。管仲因为家庭贫困，鲍叔牙就多分财物给他，从不计较。鲍叔牙也不因为管仲当过逃兵而取笑他，他理解管仲这样做是因为有高堂老母需要赡养。管仲深为感动，他说："生我者父母，知我者鲍子也。"管鲍之交成为千古美谈。

成人之美是一种气度，一种胸怀，一种君子风范。

※原文

季康子问政于孔子。孔子对曰："政者，正也。子帅以正，孰敢不正？"

※译文

季康子向孔子询问治理政事的要旨。孔子回答说："所谓政事，就是正的意思啊。上位者行为中正，做出表率，有谁敢违抗而为非作歹？"

※历代论引

范氏曰："未有己不正而能正人者。"

胡氏曰："鲁自中叶，政由大夫，家臣效尤，据邑背叛，不正甚矣。故孔子以是告之，欲康子以正自克，而改三家之故。惜乎康子之溺于利欲而不能也。"

※札记

政就是"正"

所谓政治，就是领导社会走上正道。

这世间混事的人很多，他们混得也很滋润、很容易。但是我们不行，我们不能混，我们也混不下去，我们必须踏踏实实地做事，认认真真地做人。

即使我们一无所有，一无所得，我们也不能苟且，我们必须固守着、高扬着旗帜，走在前列，这是社会赋予我们的职责，我们不能放弃，我们应当勇于承载。

※原文

季康子患盗，问于孔子。孔子对曰：“苟子之不欲，虽赏之不窃。”

※译文

季康子忧虑盗贼盛行，向孔子求教治理的办法。夫子回答说：“只要你自身不贪图财物，那么，即使你进行奖赏，也不会有人去干偷窃的勾当。”

※历代论引

朱子曰：“子不贪欲，则虽赏民使之为盗，民亦知耻而不窃。”

胡氏曰：“季氏窃柄，康子夺嫡，民之为盗，固其所也。盍亦反其本耶？孔子以‘不欲’启之，其旨深矣。”

坡公曰：“乃知上不尽利，则民有以为生，苟有以为生，亦何苦而为盗。”

※札记

上行下效

范祖禹说：“君者本也，民者末也，君者原也，民者流也，本正则末正，源清则流清矣。是以先王之治，必反求诸己，己正而物莫不应矣。夫重法以止盗，法繁而盗愈多，则有之矣，未见其能禁也。去奢省费，轻徭薄赋。此清源正本，止欲之道也。”

※原文

季康子问政于孔子，曰：“如杀无道，以就有道，何如？”孔子对曰：“子为政，焉用杀？子欲善，而民善矣。君子之德风，小人之德草。草上之风，必偃。”

※译文

季康子向孔子询问治理政事的方法，说：“如果以重刑惩罚那些不走正道的人，树立有德行的人，怎么样？”孔子回答说：“您治理国家，何必动用严酷的刑罚呢？你如果想要建立美好的社会，那么百姓自然互相亲善。君子的德行对世俗的影响就像风，平民百姓的德行行为就像草。风吹草动，草必定随风而俯仰啊。”

题季札墓

※历代论引

尹氏曰：“杀之为言，岂为人上之语哉？以身教者从，以言教者讼，而况于杀乎？”

《孟子·滕文公上》：“君子之德，风也；小人之德，草也。草尚之风必偃。”

※札记

君子的德操就像风

为政者的言行是一个国家秩序和信用的源泉，如果为政者有法不依、有令不行，哪怕是一两件小事丧失信用，也会把社会风气带坏、民众道德水平随之下滑。社会风气的形成在于政治文化思想的倡导，一个国家，一个社会，必须要有正确的政治思想路线，必须要有社会主流文化，引导、影响和带动社会风气走上正轨，使社会意识趋向一致。文化思想纯正，社会风气必然清正，教化施行，百姓一心。如果文化思想芜杂混乱，主流被淹没，或者形成不了强大的声音，就将导致社会风气涣散，世风沦丧，经济发展也将失控，政治路线的贯彻必将陷入虚浮。所以思想的引导极为重要。

从历史上看，大凡真心为民为国者，必当务实，不求虚名，不务求彰显政绩，诚使民尽力耕田，则社会风气淳厚清明。

※原文

子张问："士何如，斯可谓之达矣？"子曰："何哉，尔所谓达者？"子张对曰："在邦必闻，在家必闻。"子曰："是闻也，非达也。夫达也者，质直而好义，察言而观色，虑以下人。在邦必达，在家必达。夫闻也者，色取仁而行违，居之不疑。在邦必闻，在家必闻。"

※译文

子张问："有才识和修养的人如何做，才可以使前途通达呢？"夫子说："什么？你所认为的通达是什么样的呢？"子张回答说："在国家担任政事职务则一定显贵而扬名天下，在家修行也必定名誉传播于乡邻远近。"夫子说："这只是闻名，并不是通达呀。真正的通达，必须品质正直，崇尚礼义，洞察他人话语中所传达的意思并观察其辞色，很有远见，谦虚礼让，思考问题能够听取他人的意见。这样，他在国家任职必然通达，在家修行也必然通达。所谓的那些名誉显扬的人，只是表面上装出一副仁人君子的模样，而行为却违逆不实，却又自以为是，心安理得地对自己的行为毫不怀疑，也无所忌惮。只求虚名而不务实德的修养，骗取虚名，徒然在乎在邦有名，在家有声，是没有意义的。"

※历代论引

程子曰："学者须是务实，不要近名。有意近名，大本已失，更学何事？为名而学，则是伪也。今之学者，大抵为名。为名与为利，虽清浊不同，然其利心则一也。"

尹氏曰："子张之学，病在乎不务实。故孔子告之，皆笃实之事，充乎内而发乎外者也。当时门人亲受圣人之教，而差失有如此者，况后世乎？"

※札记

闻人与达者

"在邦必达，在家必达。"在国家，自己的主张能够被采纳而通行；在家乡，自己的行为受到敬仰而为人们效法。这样的人，必定是本质正直、有远见卓识的人。

不论我们显达还是潦倒，故乡之人一样地盛情接待，并不因为我们的富贵而逢迎，也不因为我们的贫贱而拒绝，故乡是宽厚的，总是对我们怀有亲切的眷顾。

衣锦还乡，是浅薄而又庸俗可笑的，是对故乡的真情的亵渎，是对家乡父老的羞辱。

只要我们对家乡的山水故旧深怀眷念，只要有真情在，就不必在意自己的境况。

追名求利，并不丢人，因为名是社会的需要，利是生活的凭借。不过，名利应取之有道。勿务虚名而获实祸。

求名当求实名，只要我们拥有高尚的德行，何必刻意于闻与达的表象？

※原文

樊迟从游于舞雩之下，曰："敢问崇德、修慝、辨惑。"子曰："善哉问！先事后得，非崇德与？攻其恶，无攻人之恶，非修慝与？一朝之忿，忘其身以及其亲，非惑与？"

※译文

樊迟跟随孔子游历，在祈雨祭天的祭坛下散步。樊迟说："请问如何提高品德修养、驱除邪恶的想法、明辨疑惑？ "夫子说："问得好啊！先做好事情，然后取得报酬，不就是提高品德修养吗？自我反省过失，消除那些不该有的邪恶念头，而不是眼睛盯着别人，指责他人的恶劣行为，不就是修正了自己邪恶的行为吗？因为一时的气愤忘记了自身的安危，甚至牵连自己的父母，不就是糊涂吗？"

※历代论引

范氏曰："先事后得，上义而下利也。人惟有利欲之心，故德不崇。惟不自省己过而知人之过，故慝不修。感物而易动者莫如忿，忘其身以及其亲，惑之甚者也。惑之甚者必起于细微，能辨之于早，则不至于大惑矣。故惩忿所以辨惑也。"

※札记

只问耕耘，自有收获

不必过分注重将要得到什么报偿，只要努力去做就行了。

过分功利，会使自己因犹豫而失去机会。任何完美的计划，如果不能得到实施，等于空话。只有切实地做好具体的工作，做出努力，才会得到报偿。只有春天播下了种子，秋天才有望取得收获。如果春天考虑天灾人祸等客观因素而不务耕作，那是一粒成果也不会收到。真正有实干精神的人，总是把责任放在首位，把报酬放在后面。这样的人，最终必会取得成功。

现代社会，是效益社会，人们每做一件事之前，会首先考虑对自己是否有好处，计算所能获取的利益如何。而以我为中心，以我的利益为评价标准，以我的欲望满足为目的的物欲追逐，如果代替了精神的诉求，就是本末倒置。

子羔仁恕

※原文

樊迟问仁。子曰：“爱人。”问知。子曰：“知人。”樊迟未达。子曰：“举直错诸枉，能使枉者直。”樊迟退，见子夏，曰：“乡也吾见于夫子而问‘知’，子曰：‘举直错诸枉，能使枉者直’，何谓也？”子夏曰：“富哉言乎！舜有天下，选于众，举皋陶，不仁者远矣。汤有天下，选于众，举伊尹，不仁者远矣。”

※人物简介

伊尹：名挚。商代开国君主成汤之相。

※译文

樊迟问什么是仁，夫子说：“爱人。”樊迟又问什么是智慧，夫子说：“知人。”樊迟没有能够理解。夫子说：“推举正直的人，斥退那些邪恶的人，就能够使邪恶的人改邪归正。”樊迟退出来，找到子夏，说：“刚才我拜见夫子并请教什么是‘智慧’，夫子说：‘举直错诸枉，能使枉者直’，这是什么意思呢？”子夏说：“这句话语意丰富啊！虞舜拥有天下，从众人中选拔贤能的人，任用皋陶，于是那些有损于仁德的人就离开了。商汤拥有天下，从众人中选拔有德才的人，重用伊尹，那些没有仁德的人就离开了。”

※历代论引

程子曰：“圣人之语，因人而变化。虽若有浅近者，而其包含无所不尽，观乎此章可见矣。非若他人之言，语近则遗远，语远则不知近也。”

尹氏曰：“学者之问也，不独欲闻其说，又必欲知其方；不独欲知其方，又必欲为其事。如樊迟之问仁、知也，夫子告之尽矣。樊迟未达，故又问焉，而犹未知其何以为之也。及退而问诸子夏，然后有以知之。使其未喻，则必将复问矣。既问于师，又辨诸友，当时学者之务实也如是。”

※札记

事业兴衰，关键在人

“选于众，不仁者远矣。”国家之根本，百姓之安危，诚系任人之一举。君子晋用则世风清明，小人竞进则天下颠摇。唐朝魏玄同说：“伊、皋既兴，不仁咸远。”

舜、汤选择了皋陶、伊尹这样的贤相，能使人化而为仁，不见有不仁的行为，好像引不仁者远去，也即所谓使枉者直。可见贤才之用，对世风影响的深远。

挑选德才兼备的人，以人为本，人尽其才，才尽其用，社会必然安定繁荣。人才并不是学历、资历可以简单说明的。才德之用，关键在于知人。老子说：“知人者智，自知者明。”能够知人，能够了解任何一个人，是真正的智慧。唐朝魏玄同说：“然而人有异能，才有大小。且惟贤知贤。”皋陶、伊尹之擢于众人之中，就是因为遇有虞舜、商汤这样的圣明之君。

天下非无才德之士，天下之人皆非愿为恶，向善之心人人同此，只是在于世风所化，在于思想引导，在于执政者的德行。上之所倡，下必附从。

※原文

子贡问友。子曰：“忠告而善道之，不可则止，毋自辱焉。”

※译文

子贡问与朋友如何相处。夫子说：“忠诚地劝告他的过失，并用恰当的方法善意地引导他，如果不接受，就停止劝导，不要自取其辱而又失去友谊。”

※历代论引

朱子曰：“友所以辅仁，故尽其心以告之，善其说以道之。然以义合者也。故不可则止。若以数而见疏，则自辱矣。”

※札记

不可则止

朋友之交在于信、在于义，但是之所以能够维持友谊，在于保持适度的距离，不要以为自己的识见就是唯一，对方就必须听取。我们的意见可以坦诚提供给朋友参考，我们有义务为朋友提供帮助，但是我们没有权利要求朋友一定服从我们的意志。

强人所难，是谁也不愿接受的。适可而止，是维系友谊以至于一切社会关系的艺术。凡事总有一定的限度，朋友之谊、同事之道，取决于我们的真诚与胸襟。

人们都有自己的计划和目标，都知道自己该如何去做，都有自己的主见。朋友只可相互勉励，坚定其志向，并不是相互依从与服从的关系。

※原文

曾子曰："君子以文会友，以友辅仁。"

※译文

曾子说："君子以文章学问来结交志同道合的朋友，朋友之间互相帮助，提高仁德修养。"

※历代论引

朱子曰："讲学以会友，则道益明；取善以辅仁，则德日进。"

※札记

君子之交"文"而已

子曰："君子以文会友，以友辅仁。"俗语则说"君子之交淡如水"。人是社会动物，在社会中生活，总是难免与人交往，常人相交，无非亲情、友情、乡情、人情。而在各种交往中，无不体现着交往者的人品。于是有酒肉之交、货财之交、公务之交、情谊之交、狗马之交……

然而真正长久为人称颂的，只有君子之交。君子之交，是一种见识相类，志同道合的相互敬重与支持，不需要条件，也不附加报偿，以义为准则。不在于有无金钱，也不在于出身贵贱，更不在于困穷还是通达，只注重人品与"文"质，与利益无关，与报答无涉，只要互相学习而有助于仁德的修养。

"文"在辞书中的解说是"礼节仪式"。就是说君子之交以礼为前提。朋友相聚，始终谨守礼仪的规范，不做逾礼苟且的行为。与君子交往，久则如入芝兰之室，潜移默化，自然受到影响而使自己的人格得以提升，辅助自己向仁德的正途趋进。

子路

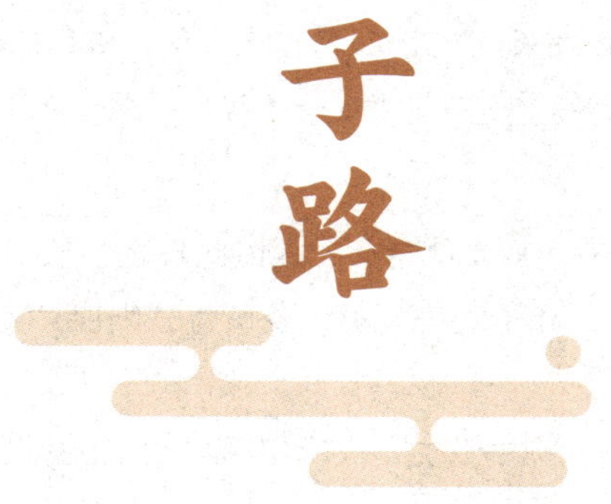

以苍天的名义

天下之事，各有定分。名正则言顺，言顺则令行，令行则政通，政通则事功。名正，天下归心！

然则还需求名而责实，名正本于身正，身不正，虽言而不听，虽令而不从。身居高位而无德无行，天下视之如仇寇。

※原文

子路问政。子曰："先之，劳之。"请益。曰："无倦。"

※译文

子路请教办理政务的要领。夫子说："率先垂范，自己做出榜样。为民谋利的事，全身心地操劳，则政事自治。"子路请求进一步解释。夫子说："勤于做事，不知厌倦。"

※历代论引

吴氏曰："勇者喜于有为而不能持久，故以此告之。"

程子曰："子路问政，孔子既告之矣。及请益，则曰'无倦'而已。未尝复有所告，姑使之深思也。"

苏氏曰："凡民之行，以身先之，则不令而行。凡民之事，以身劳之，则虽勤不怨。"

※札记

先天下之忧而忧

古人云："凡事预则立，不预则废。"(《礼记·中庸》)任何工作或具体事务，只有首先考虑成熟，确立一个原则，制定一个可行的计划，实施起来才会得心应手，成竹在胸。科学的论证、决策十分重要。对于可能出现的相关问题做好防范，对于意外的突变能够有一个既定的预案，就不会在面临危急时束手无策，造成损失。

工作争为人先，享乐甘居在后，"鞠躬尽瘁，死而后已"的精神，是我们一贯倡导的为人民服务的行为准则。领导者能够率先行动，"进亦忧，退亦忧"，心忧天下。进亦有为，退亦有为，为了群众。为国分忧，为民众尽力，才是真正的公仆，必然会得到群众的拥护，在群众中必然享有真正的威望，自然会有号召力。

树立长期为人民服务的思想。一个当政者，如果真正能够做到为群众的事尽心竭力，没有自己的私心杂念，心中想的是群众的饱暖，行动中做的是群众盼望解决的困难，情为民所系，利为民所谋，无怨无悔，真正做到全心全意为人民服务，那么还有什么事不能办好呢？

※原文

仲弓为季氏宰，问政。子曰："先有司，赦小过，举贤才。"曰："焉知贤才而举之？"子曰："举尔所知。尔所不知，人其舍诸？"

※译文

仲弓出任季氏私邑的管理职务，请教治理事务的轻重缓急。夫子说：“首要的是设立公职，明确职责，宽容赦免小的过失，选拔贤德有才能的人并任用到合适的位置上。”仲弓说：“怎样才能知道所有贤能的人而任用呢？”夫子说：“任用你所知道的。你所不知道的，自然会受到推荐，这样天下贤能的人就会相互引荐而不会被遗弃。”

※历代论引

程子曰：“人各亲其亲，然后不独亲其亲。仲弓曰：‘焉知贤才而举之’，子曰‘举尔所知，尔所不知，人其舍诸’，便见仲弓与圣人用心之大小。推此义，则一心可以兴邦，一心可以丧邦，只在公私之间尔。”

范氏曰：“不先有司，则君行臣职矣；不赦小过，则下无全人矣；不举贤才，则百职废矣。失此三者，不可以为季氏宰，况天下乎？”

※札记

去除私心，举尔所知

治国，就是人才的问题，国家的治乱与用人之道休戚相关。任贤则兴，弃贤则亡。同样，一个地方的发展乃至具体到一个部门、一个企业的兴盛与散乱，无不与其用人的原则相关。能够用其所长，救其所短，自然人皆乐于为其所用，那么事业必然兴盛，其精神风貌给外界以积极的景象。反之，则必然人心涣散，处处被动。

四子侍坐

任何人都有其优点也有其不足。谁都难免有错误，因此，要有能原谅人的胸襟和气度，给予人发展的机会，这才是真正地爱护人才。一个地方之所以人才济济，人才之所以能够各得其用，取决于用才之人是否有宽广的胸襟，还在于用人者的品质是否能够吸引人才，善于让每一个人发挥其长处。嫉贤妒能之徒不可能任用贤才。

选贤任能是领导者的必备素质。衡量、评价一个人，要不拘一格，考察其所作所为也不要苛求细枝末节。更重要的是，人才是后天锻炼出来的，在实践中增长才干，也是在实际工作中陶冶成长起来的。“天下之患，不患材之不众，患上之人不欲其众；不患士之不欲为，患上之人不使其为也。夫材之用，国之栋梁也，得之则安以荣，失之则亡以辱。”如何才能知道一个人是贤才而举荐他呢？选贤任能，由谁选，由平庸者吗？那只能是武大郎式的招聘。

任人，历来争议最多，也是国家治乱之源。孔子说举其所知，就在于不为私心杂念所左右，以是否胜任、是否有才能为标准，客观公正地任用人才，而不是任之唯亲或者是任之唯钱。

※原文

子路曰：“卫君待子而为政，子将奚先？”子曰：“必也正名乎！”子路曰：“有是哉，子之迂也！奚其正？”子曰：“野哉由也！君子于其所不知，盖阙如也。名不正，则言不顺；言不顺，则事不成；事不成，则礼乐不兴；礼乐不兴，则刑罚不中；刑罚不中，则民无所措手足。故君子名之必可言也，言之必可行也。君子于其言，无所苟而已矣。”

※人物简介

卫君：卫出公辄。是时鲁哀公十年，孔子自楚返卫。

※译文

子路说：“假若卫国国君请您去治理国家政事，您的第一件事打算做什么？”夫子说：“首要的是要把各种名分辨别确定下来！”子路说：“名义有这样重要吗？老师的迂腐竟然这么严重！名正不正有什么关系，况且在这个是非不分的混乱时期什么又是正呢？”夫子说：“粗野啊，仲由！君子对于他不懂的事，大概采取保留的态度吧！并不妄下断语，你却如此粗莽。凡做一件事，必须要有正当的名义，如果名分不正当，那么就不可能有令人信服的理由；不能以理服人，事情就不可能做好；事情做不好，礼乐教化就不可能得到推行；礼乐不能得到振兴，那么就可能导致刑罚出现偏差而致冤屈；刑罚使用不公正，老百姓就会惶恐不安，不知道该怎么办才好。因此，君子做事必定要有正当的名分，名分确立了自然就可以以正当的理由发号施令了，政令所出也就必定可以付诸行动。君子与平常人的区别就在于：对于自己的言行，没有一点马虎勉强的态度罢了。”

※历代论引

杨氏曰："名不当其实，则言不顺。言不顺，则无以考实而事不成。"

范氏曰："事得其序之谓礼，物得其和之谓乐。事不成则无序而不和，故礼乐不兴。礼乐不兴，则施之政事皆失其道，故刑罚不中。"

谢氏曰："正名虽为卫君而言，然为政之道，皆当以此为先。"

程子曰："名实相须。一事苟，则其馀皆苟矣。"

王安石曰："孔子曰：'必也正名乎！'正名也者，所以正分也。然且为之，非所谓正名也。身不能正名，而可以正天下之名者，未之有也。"

※札记

替天地立正义

凡举大事，必须要有正当的名义。名正则理直，理直则人心服，人心服则倡呼必顺应。没有正当的名分，就没有发表见解的权利，没有发言权，就不可能有所倡导。名义就如旗帜，就在于把离散的思想统一起来，达成共识；将散乱的人心聚拢起来，形成合力；因此所举之事才有付诸实施的条件。没有正当的名义，何以号令民众？因此，古之为政者，兴师征伐，必师出有名，总是打着"替天行道，匡世济民"的旗号。

名是做人处世的要义，是人在社会活动中以自己的人格魅力所形成的声望与影响，默默无闻其实就是，没有为人所称道的事迹。然而，求名当通过自己的努力，有所建树，得到为人称颂的实名，而不是通过炒作与包装，博取一时的伪名。对于名的求取，体现的是人品。

夫子论名，言近而意蕴。其用心深且远，其用意简而直，其用世切中时弊。天下之事，莫不囿于名，名实相副则言顺理直，其言则必可付诸实践，实至而名归。

※原文

樊迟请学稼，子曰："吾不如老农。"请学为圃，曰："吾不如老圃。"樊迟出。子曰："小人哉，樊须也！上好礼，则民莫敢不敬；上好义，则民莫敢不服；上好信，则民莫敢不用情。夫如是，则四方之民襁负其子而至矣，焉用稼？"

※译文

樊迟请教如何种庄稼。夫子说："我不如种地的老农。"请求学习种菜。夫子说："我不如老园丁。"樊迟退出后。夫子说："胸无大志的人呀，就是樊迟这样的人！居于上层执政地位的人提倡礼仪，则老百姓没有敢于不恭敬的；在上位的人倡导正义，则民众没有人敢于违抗而不服从的；处于上位的人崇尚诚信，则平民百姓没有谁敢不诚实的。能够做到这样，则四方的百姓自然背负着他们的孩子投靠而来了，哪里用得着自己去种庄稼呢？”

※历代论引

杨氏曰：“樊须游圣人之门而问稼圃，志则陋矣，辞而辟之可也。待其出而后言其非，何也？盖于其问也，自谓农圃之不如，则拒之者至矣。须之学疑不及此，而不能问。不能以三隅反矣，故不复。及其既出，则惧其终不喻也，求老农老圃而学焉，则其失愈远矣。故复言之，使知前所言者意有在也。”

※札记

志当存高远，用心须专一

业精于专而毁于杂，行成于思而毁于随。博学而不精研，则无所得。

凡事专则精，杂则无所成就。用心专一，则学必有成。农夫之于稼禾，则有心得。稼穑之事，老农所长。园圃技艺，老圃所专。君子重在修德，技艺其末也。当志存高远，诚砺以进，以成盛德。然而流弊蜿蜒，致千百年来，腐儒以劳力为耻，以不劳而食为荣，实非圣人本意。

宋人伐木

※原文

子曰："诵《诗》三百，授之以政，不达；使于四方，不能专对；虽多，亦奚以为？"

※译文

夫子说："虽然能够背诵《诗》三百首，但是，如果交给他国家政务，他却不会治理；让他出使到其他诸侯国，又不能独立地办理外交事务；那么，背得虽多而不会运用，又有什么用呢？"

※历代论引

程子曰："穷经将以致用也。世之诵《诗》者，果能从政而专对乎？然则其所学者，章句之末耳，此学者之大患也。"

朱子曰："《诗》本人情，该物理，可以验风俗之盛衰，见政治之得失。其言温厚和平，长于风谕。故诵之者，必达于政而能言也。"

※札记

学贵致用

《诗》亦称《诗经》，是我国最早的诗歌总集，共收自西周初期至春秋中叶的诗歌三百零五篇，分为"风"（十五国风）、"雅"（大雅、小雅）、"颂"（周颂、商颂、鲁颂）三部分。它被儒家奉为五经之一，包括了春秋战国以前的一切知识，所谓虫鱼鸟兽的名称，以及人情风土的知识，在该书中都可以了解到。所以，"《诗》上通乎道德，下止乎礼义。放其言之文，君子以兴焉；循其道之序，圣人以成焉。"其篇目中多讽喻、记时世、喻政事之什。《诗》之于政治，则更是理想的工具，记载了先朝政事之得失，是培养政治人才的良好教科书。

政治家的基本素质是他首先必须具有充分的学识，博学而多识，成为通才。其次，他必须善于运用知识，具有灵活地处理事务的能力。因此，政治家不仅要有渊博的知识，而且要学会思考，重在能够善加运用，具备应变能力，能够解决具体问题。

※原文

子曰："其身正，不令而行；其身不正，虽令不从。"

※译文

夫子说："自身正直，不用号令则自然有人执行；自身行为不正直，虽然命令也无人服从。"

※札记

正人，必先正己

政与令在于正。政治家个人的修养十分重要，己正则人正。

任何一种制度，都是人在起着决定性作用，执政者本身端正（即思想纯正，行为中正），就是一个良好的楷模，用不着严厉的法令，社会风气自然会随着转化而归于正道。如果执政者行为无矩，本身不正，仅靠权力命令，去要求别人遵从，结果是没有用的。

※原文

子曰："鲁卫之政，兄弟也。"

※译文

夫子说："鲁国与卫国的政事很相似。"

※历代论引

朱子曰："鲁，周公之后。卫，康叔之后。本兄弟之国，而是时衰乱，政亦相似，故孔子叹之。"

※札记

世间之事，皆有渊源

鲁、卫，兄弟之邦。兴衰荣辱，其相类似。非人力所为，实大势所趋。

奴隶主专制统治渐趋没落，其治道必也随之湮没，其世袭之特权也必将渐趋衰败。新兴封建之世将渐趋兴盛，这是历史发展的必然公理，虽欲回天，岂奈无用。正如古语所说："富不过三代，贫极必有达者。"天下之事，鲜有万世不竭之荣耀。

※原文

子谓卫公子荆善居室。"始有，曰：'苟合矣。'少有，曰：'苟完矣。'富有，曰：'苟美矣。'"

※人物简介

公子荆：卫国世家公子，名叫荆。其生活的态度知足随和，超脱豁达。

※译文

孔子认为卫国大夫公子荆维修居室的做法，是深有喻义的。“刚开始有一点可以居住的房间，他便说：‘将就将就可以住了，不必要求太高。’人口增多，住不下时，就又在旁边加盖一小间，他就说：‘马马虎虎可以住了，不必太要求完备了。’后来又扩大了一些，他又说：‘已经相当好了，够了够了，不必再奢求太好了。’”

※历代论引

杨氏曰：“务为全美，则累物而骄吝之心生。公子荆皆曰‘苟’而已，则不以外物为心，其欲易足故也。”

馈食欣受

※札记

简单自然

生活是前进的，生活的发展是有层次的，始有、少有、富有是人们生活所经历的三个阶段。对生活的态度，决定着我们拥有欢乐的多少，决定着人生快乐的程度。不论出生在哪个阶层。广厦万间，夜眠数尺。金银累积，死不相属。古语谆谆告诫，世人却总也沉迷不悟，贪得而不知节制。人心不足蛇吞象，最终落得个匆匆忙忙皆虚枉。斤斤于物欲的无止境追求，劳心累身，又无益于德行的修养，何乐而为之？世俗之人，皆相类属，谁能超脱如公子荆者？现今的一些腐败贪婪之徒更当有所醒悟。

无论个人，还是群体，单纯富裕并不难，难的是富足。在富裕与富足之间，是有层次的。富足是人间极乐，富裕只是表示物质的数量由小趋大。

惯守清贫的生活，其实就是一种对待生活的态度，总是在一种很拮据的窘促状况下得过且过。当略微富有之后，也只是略做修缮，还保持着既往的生活习惯。即使是十分富裕了，也是有所节制，仍以困守为美德。这就是中国人的生活态度。虽然理智，却缺乏激情。只知创造，不会享受，这样的生活是没有质量的。而这样的生活观念还在引导着我们，是我们生活的主流。

平庸，是我们生活的常态，是恒久的，隐蕴着渐变的契机。轰轰烈烈的业绩，只是生活之波所激荡起的暂时的浪花，随之又必趋于平静。因此，能够保持一种安然处之的心态，是一种境界。生活之富有，学问之高深，皆不足恃，也不必强求。不以物累，不生贪吝，只顺乎自然，达乎天理，其德自成。“不以物喜，不以己悲。”放任心灵，游乎万仞，不羁于个人的得失荣辱，只求心灵的悠游闲适自得，进则济世，退则养德，其人生必也其乐无穷，何斤斤于蝇利，以扰吾心之清纯，何戚戚于穷达贫富？

※原文

子适卫，冉有仆。子曰：“庶矣哉！”冉有曰：“既庶矣，又何加焉？”曰：“富之。”曰：“既富矣，又何加焉？”曰：“教之。”

※译文

孔子到卫国，冉有驾车。夫子说：“人口众多，真繁荣啊！”冉有说：“人丁兴旺，然后该如何做呢？”夫子说：“让他们生活富裕。”冉有又问：“老百姓富裕了以后，又该做什么呢？”夫子说：“兴学重礼，教化他们。”

※历代论引

胡氏曰：“天生斯民，立之司牧，而寄以三事。然自三代之后，能举此职者，百无一二。汉之文、明，唐之太宗，亦云庶且富矣。西京之教无闻焉。明帝尊师重傅，临雍拜老，宗戚子弟莫不受学；唐太宗大召名儒，增广生员，教亦至矣，然而未知所以教也。三代之教，天子公卿躬行于上，言行政事皆可师法。彼二君者，其能然乎。”

※札记

执政的三个境界：繁荣、发展、教化

“国家的根本在于民，民富则天下安，民乐则天下和，民顺则天下兴。”

真正的政绩：经济繁荣，生活富裕，社会安定，礼仪文明。因此，对官员政绩的考核，应当重在“兴良废邪”，教化所成，而不是轻视或忽略于此。

让农民富裕起来至关重要，富有、稳定，全面建设小康社会的目标才有可能实现。而一个地方发展的水平，重要的和最终的目标是文化教育发展的程度。

※原文

子曰：“苟有用我者，期月而已可也，三年有成。”

※译文

夫子说：“如果能够任用我主持国家政事，一年的时间便可初具规模，三年就可见到成效了。”

※历代论引

尹氏曰：“孔子叹当时莫能用己也，故云然。”

※札记

人总是对自己期许过高

世间之人，总以为自己高人一筹。不在其位时，总以为自己的大才得不到发挥，委屈怨尤。及其擢用，多平平而已。其实，非天纵之才，皆相若也。天下之事，并非一蹴而可成就，必得数载之渐易而有端倪。期月之望，三年之期，实为空言，由此而开大言空谈之先河。当今的一些官员，上任伊始，大谈为政之道，施政之略，滔滔如悬河。然而，匆匆一届数载，却了无所成，更有甚者，为出政绩，掘地三尺，造成“政疾”。不仅面貌无所改变，还导致遍地疮痍，遗民后患。

人生多蹇，命运无羁，孔子感叹自己的政治抱负无处实施，得不到实践。一生东奔西走，孜孜以求用，行不及履，坐不暖席，惶惶急急，但却又每每碰壁，困顿无着。天下之大，诸侯众多，却无用圣人者，实在是时代的悲哀。然而，春秋乱世，宜当整肃，岂迂腐之化可致太平哉？以夫子之圣，不明如此，我辈之碌碌以苟活者又何必怨天抢地呢？

※原文

子曰：“‘善人为邦，百年亦可，以胜残、去杀矣。’诚哉是言也！”

※译文

夫子说：“‘善良的人治理国家，兴盛延续百年也是可能的。因为善良可以同化消

灵公郊迎

弭人的残暴心理，使他们归于善良而不再作恶；并使百姓得到教化，就可以不用刑罚了。’确实就像这句话所说的呀！”

※历代论引

尹氏曰：“胜残去杀，不为恶而已，善人之功如是。若夫圣人，则不待百年，其化亦不止此。”

程子曰：“汉自高、惠至于文、景，黎民醇厚，几致刑措，庶乎其近之矣。”

《太平御览》注曰：“善人居中不践迹，不入室也。此人为政不能早有成功，百年乃能无残暴之人。”

※札记

仁慈与善行，可以感化众生

“善人为邦百年亦可”是句大实话，教化的实行与推广，急进是不行的。建立一种理想的社会政治风气，需要经过相当长时期的孕育，进而演化成为国民的文化底蕴，不是一朝一夕间就可达成的。那种“期年而已，三年有成”的想法是不可能实现的，是一种梦呓。文化历史的积淀与改变，起码要经历百来年的过程，需要经过好几代人的努力才能够做到。所以急求事功，往往只能是半途而废，得不到预期的效果。

佛曰：普度众生。因其善行的积累。圣人坚信，实行仁政，是可以使残暴的人受到同化而弃恶从善的，因而可以废除刑罚，使社会达到治化，这是圣人的政治理想。

※原文

子曰："如有王者，必世而后仁。"

※译文

夫子说："假如有承受天命而统御天下的君主兴起，也必定需要三十年的时间才能使仁政得以推行。"

※历代论引

程子曰："周自文、武至于成王，而后礼乐兴，即其效也。"或问："'三年''必世'，迟速不同，何也？"程子曰："'三年有成'，谓法度纪纲有成而化行也。渐民以仁，摩民以义，使之浃于肌肤，沦于骨髓，而礼乐可兴，所谓仁也。此非积久，何以能致？"

※札记

中正是仁德的本源

秉天承命，所得至正，尚且需要经过三十年的治理然后才可能达到仁政。非天命而僭越，或者恃勇力、使诡诈而夺取政权的，又怎么可能致达仁政呢？

仁德之政，世相崇尚，却从未能展现于当世。人们所见到的，大都是奸佞谄媚之风日盛，无行无耻之徒相庆，有德有识之士蹇促。

上古帝王，让于德，居以德，民戴之以德，是故民风淳厚，仁德布泽于天下。

后世君主，使诈恃力，谋诡术，重威权，上下激荡，所以人心不古。

正而后仁。后世治理天下的统治者，总是费尽口舌以粉饰，竭力标榜自己为正统，斥逐他人为寇仇。实在是偏离仁德太远了。故近代正当活动家黄遵宪说："天下之大害者，君而已。"

人之一生，能有几个三十年，又能经历几次的世途颠沛呢？

※原文

子曰："苟正其身矣，于从政乎何有？不能正其身，如正人何？"

※译文

夫子说："如果能够使自身行为正直，那么从事政务又有什么难的呢？如果不能端正自己的行为，又怎么能够纠正别人呢？”

※札记

公正是为政之根本

领导者的修养是决定一切工作绩效的主要因素。

政，天下至公。为政而不能出于公心，不能秉持正道，如何能够率领民众？

为政之要，唯在得人。一个单位或者一个企业，如果领导者廉洁正直，那么这个单位必然正气蓬勃，办事效率高，所在企业必然发展兴盛。如果领导者私欲膨胀、贪赃枉法，必然财务混乱，人心涣散，最终将致破产。

※原文

冉子退朝。子曰：“何晏也？”对曰：“有政。”子曰：“其事也。如有政，虽不吾以，吾其与闻之。”

※译文

冉子退朝回来。夫子说：“为什么这么晚呀？”冉子说：“有政务要办理。”夫子说：“那无非是一般的私事罢了。如果国家有重要的政务，虽然不用我了，我也会参与听到的。”

※历代论引

礼：大夫虽不治事，犹得与闻国政。

朱子曰：“是时季氏专鲁，其于国政，盖有不与同列议于公朝，而独与家臣谋于私室者。故夫子为不知者而言：此必季氏之家事耳。若是国政，我尝为大夫，虽不见用，犹当与闻。今既不闻，则是非国政也。语意与魏征献陵之对略相似。其所以正名分，抑季氏，而教冉有之意深矣。”

※札记

立国威而杜私恩

国事为公，必当议于公廷。季氏擅权僭越，公事私议，损国威而树私恩；或私议国事，谋于密室；二者皆非正道。私相授受，必为阴谋，所以孔子疾之。

私门树而公义绝。观当今世，一些有着某种权力的人，也将公事当作私事办，在这些人中凡事皆凭私人关系，重人情往来，搞钱权交易，互为利用，置政策、法律、道德原则于不顾，把人民给予的权力当作私有财富，谋取非法利益，败坏社会风气。

※原文

定公问："一言而可以兴邦，有诸？"孔子对曰："言不可以若是其几也。人之言曰：'为君难，为臣不易。'如知为君之难也，不几乎一言而兴邦乎？"曰："一言而丧邦，有诸？"孔子对曰："言不可以若是其几也。人之言曰：'予无乐乎为君，唯其言而莫予违也。'如其善而莫之违也，不亦善乎？如不善而莫之违也，不几乎一言而丧邦乎？"

※译文

鲁定公问："一句话就可以使国家兴盛，有这样的事吗？"孔子回答说："任何话都不能如此玄妙，治理国家也不至于如此简单吧。人世间流传着这样一句话：'做君王很难，做臣子的也同样不容易啊。'如果知道做国君的难处，谁不期望着一句话就能够让国家兴盛起来呢？"

鲁定公又问："一句话就可以导致丧失了国家政权，有这样的事吗？"孔子回答说："话也同样不至于这样的危言耸听啊，一国之政不是说一句话就可以颠覆得了的。人们常说：'我没有什么别的乐趣，只乐于做国君，因为国君的话没有人敢于违背。'如果他的话是好的，而不去违背，不也是好的吗？但是，如果他的话不正确而不能违背，那么政权丧失的根源就在于此，这不也就等于一句话而丧失了国家吗？"

※历代论引

范氏曰："言不善而莫之违，则忠言不至于耳，君日骄而臣日谄，未有不丧邦者也。"

谢氏曰："知为君之难，则必敬谨以持之。惟其言而莫予违，则谗谄面谀之人至矣。邦未必遽兴丧也，而兴丧之源分于此。然此非识微之君子，何足以知之？"

※札记

一言兴邦，一言丧邦

大乱是由小乱开始的。国势兴衰是一个渐变的过程，在于一件件具体政事的得失。其兴衰缘于一些毫不起眼的细微之事。历史有很多的偶然，往往悬决于某件事或某句话或某个人的一念之间。不经意间的一句话或一个动作，就改变了一切，就导致历史的进程出现了转折。之所以会如此，其实是由于累积渐深，将要发生突变，而这个突变则由一句话或一闪念点燃了。当我们回溯历史的时候，无不为其悬于微妙的一刻而担忧。

"为君之难"，坡公说："天子者，以其一身寄之乎巍巍之上，以其一心运之乎茫茫之中，安而为泰山，危而为累卵，其间不容毫厘。是故古之圣人，不恃其有可畏之资，而恃其有可爱之实；不恃其有不可拔之势，而恃其有不忍叛之心。何则？其所居者，天下之至危也。"（见《唐宋八大家文钞·东坡文钞》卷一一五）知其难，则当有所惕砺，则当励精而图治，则当有所作为、有所建树。不加分辨地恭行不违，则必然导致当权者的为所欲为。当政者不受监督和约束地滥用权力，必然破坏国家法律和原则，其国之兴丧难道不是悬于私己的一念之间吗？

※原文

叶公问政。子曰："近者说，远者来。"

※译文

叶公问成功的为政之道是什么样的。夫子说："亲近的人感到喜悦，远方的人慕名而来。"

※历代论引

朱子曰："被其泽则说，闻其风则来。然必近者说，而后远者来也。"

※札记

仁德之政

先立仁于己，然后大夫忠而士信，民敬俗朴。士怀其德，近者悦服，远者来附。

一个人的成功，很大程度上取决于群众的评价。能够令周围的人称赞，即使没有什么建树，也是值得称道的，至少其人品是可以令人称赞的。对领导者来说，个人的品德修养对于国家政事显得更加重要。

※原文

子夏为莒父宰，问政。子曰："无欲速，无见小利。欲速，则不达；见小利，则大事不成。"

※译文

子夏任莒父长官，问如何施政。夫子说："办事不要只想着在短时间内就做出成绩而获得成功，也不要贪图眼前的局部利益。急于求成，必然显得忙乱，忙乱就可能出现失误，反而难以达到目的；贪图眼前的局部利益，受小利的诱惑，必然就会影响全局性计划的实施，就可能贻误时机而一事无成。"

过蒲赞政

※历代论引

程子曰：“子张问政，子曰：‘居之无倦，行之以忠。’子夏问政，子曰：‘无欲速，无见小利。’子张常过高而未仁，子夏之病常在近小，故各以切己之事告之。”

苏轼曰：“若有始有卒，自可徐徐，十年之后，何事不立。”

※札记

无欲速，无见小利

为政治事，要有远大的目光，要有长远的发展规划，要注意百年大计，非一蹴而就。做一个地方或一个部门的负责人，一切事务、制度，都需要统筹规划，切忌急功近利。凡事不可急取，只宜慢慢图谋。不要总是想着在短时间内拿出成果来表现自己的能力，也不要为一些小利益花费太多的心力，要高瞻远瞩顾全整体大局，要顾及一方百姓长远的发展利益。

※原文

叶公语孔子曰：“吾党有直躬者，其父攘羊，而子证之。”孔子曰：“吾党之直者异于是。父为子隐，子为父隐，直在其中矣。”

※译文

叶公告诉孔子说："我们那里有个坦荡直率的人，他的父亲偷了羊，他便去告发了。"孔子说："我们这里人的正直与你说的这样的事不同。父亲为儿子遮掩承担责任，儿子为父亲隐讳，而正直就在这其中啊。"

※历代论引

谢氏曰："顺理为直。父不为子隐，子不为父隐，于理顺邪？瞽瞍杀人，舜窃负而逃，遵海滨而处。当是时，爱亲之心胜，其于直不直，何暇计哉？"

朱子曰："父子相隐，天理人情之至。故不求为直，而直在其中。"

※札记

父子相隐，直在其中

我们曾经普遍经历过的社会历史时期，不正与叶公所言的一模一样吗？人人自危，处处阶级斗争。父子划清界限，夫妻阵线分明，朋友之间互相揭发，同学之间相互告密，邻里之间互相觊觎，以彰显自己的革命信念、自己的纯粹。这样破坏了亲情关系，酿成了不可弥补的社会悲剧。这样的教训是深刻的。

亲亲当于义，求名宜循礼。人伦亲情，无可厚非。非为相隐，实则相代。父代子承担责任，子为父补偿过失，实为人伦义理大道。隐恶伪善，非为正道；萁豆相煎，天理难容。隐过虽出于人之至情，不改非孝；扬恶以成一己之直名，更为害义。隐过不改、扬恶求名，二者皆损德行，实不足取，更不值得张扬。

直与义，必本人伦。所谓大义灭亲，其人谁敢与交？不计人伦，何其为人？正如《乐羊为魏将而攻中山》(见《战国策·魏策》)所载："乐羊为魏将而攻中山。其子在中山，中山之君烹其子而遗之羹，乐羊坐于幕下而啜之，尽一杯。文侯谓睹师赞曰：'乐羊以我之故，食其子之肉。'赞对曰：'其子之肉尚食之，其谁不食！'乐羊既罢中山，文侯赏其功而疑其心。"人毕竟是人，异于禽兽，就在于亲情人伦。人与人之间，不要说父子，即使是朋友之间，也不免有一定的感情。如果人不重视这种珍贵的感情、不注重这种值得尊崇的道义，只是为了自己的目的而不择手段，这样的人是值得怀疑的，这种人又怎么能够承担得起国家、民族的大义呢？

※原文

樊迟问仁。子曰："居处恭，执事敬，与人忠。虽之夷狄，不可弃也。"

※译文

樊迟问仁。夫子说："平常居家言行恭敬而端肃，为国家做事尽心负责任，与人交往忠厚诚恳。恭、敬、忠，这三点必须坚持去做，即使处于落后愚昧的夷狄之中，也不能放弃恭敬忠诚。"

※历代论引

胡氏曰："樊迟问仁者三：此最先，'先难'次之，'爱人'其最后乎？"

程子曰："此是彻上彻下语。圣人初无二语也，充之则睟面盎背；推而达之，则笃恭而天下平矣。"

※札记

永葆内心的纯粹

做人应该保持自己的风格，坚持自己的原则，绝不轻言放弃。努力奋斗，认真去做，以自己的行为影响和改造社会，而不应被环境所同化以至于淹没了自己的个性。

可是，面对这熙熙攘攘的世界，谁能坚持到最后？我们有多少信心？又能够坚持多久？

人之为仁，在于恭，在于敬。那种"见了富人就摇尾，见了穷人就狂吠"的行为是没有仁义的。人不可势利，不能因为贫富或是穷达来看人待物。

社会是不停发展变化的，人也在不断进步。今天的穷达并不能就此限定一个人未来的成就，此时的贫富并不能就此保持永久。因此，在上帝的眼中，人是赤裸的，平等的。仁者待人同样是没有差异的，并不以外物之虚浮来确定自己的行为，而是以人的本质赤诚相待。不论身处何境，都当恭敬诚信。

"仁者，诚也。"实不可弃。

※原文

子贡问曰："何如斯可谓之士矣？"子曰："行己有耻，使于四方，不辱君命，可谓士矣。"曰："敢问其次。"曰："宗族称孝焉，乡党称弟焉。"曰："敢问其次。"曰："言必信，行必果，硁硁然小人哉！抑亦可以为次矣。"曰："今之从政者何如？"子曰："噫！斗筲之人，何足算也！"

※译文

子贡问："如何做才可以称之为有才识修养的人呢？"夫子说："对自己的行为能

够以礼仪进行约束，避免遭受耻辱；出使于四方诸侯国家，不辜负国君的使命，就能够称得上有才德的人了。”子贡问：“请问比这较低一个层次的人是什么样的呢？”夫子说：“在自己所处的家族中被人称赞其孝敬的德行，在乡邻中间人们称赞其兄弟亲睦友爱。”子贡又问：“请问更低一个层次的呢？”夫子说：“说话讲信用，做事有结果，谨小慎微、没有雄心壮志的人，也可称作次一等的人。”子贡说：“那么，当今执政的人是什么样的人呢？”夫子说：“嗨！才识短浅，算得什么！”

※历代论引

程子曰：“子贡之意，盖欲为皎皎之行，闻于人者。夫子告之，皆笃实自得之事。”

※札记

斗筲之人，何足算也

为了领几斗米、拿点薪水、占点小便宜而沾沾自喜，这种人算不了什么。他们只为了找个工作吃饭，哪里把国家天下事放在心上？见识浅薄，器量狭小，这样的人太多了，不必谈。“斗筲之人”，虽算不得什么，但是，你绝不可轻而视之，更不可得罪。彼以群小中伤之辞，私以趸腹度人，凿空构陷，非议于朝市，阿附攀结，私党憎爱，巧造语言，安敢轻视哉？尤其当他们渐成气候，混迹于一定的位置之上时，其能量更不可轻忽，其危害程度相当厉烈。

忠信济水

国家兴盛，人才为本。政以德治，业以才兴，事以智成。要用作风正派、秉公办事的人，而不能用那些不辨是非、丧失原则、不干实事、却专事逢迎拍马的谄媚之徒。要用真抓实干、锐意创业之人，不能用那些只图虚名浮利、苟且钻营的人。

※原文

子曰："不得中行而与之，必也狂狷乎！狂者进取，狷者有所不为也。"

※译文

夫子说："找不到合乎中庸之道的人，那么也得找到那种性格进取与拘谨保守的人。志高狂放的人能够积极进取，保守拘谨的人能够固守信念，有所不为。"

※历代论引

朱子曰："圣人本欲得中道之人而教之，然既不可得，而徒得谨厚之人，则未必能自振拔而有为也。故不若得此狂狷之人，犹可因其志节而激厉裁抑之，以进于道，非与其终于此而已也。"

《论语集解》引："狂者进取于善道，狷者守节无为。"

※札记

有所不为

班固说："昔仲尼称不得中行，则思狂狷。"(《杨王孙传》)是说当初孔子因为找不到合乎中庸之道的人，就希望得到那种性格进取与拘谨保守的人。

中行之人，就是行中庸之道的人。孔子认为这种人太少，不易得到。所谓中庸，是指人的修养境界，喜怒不形于色，凡事能够保持中正，不偏不倚，无过无不及。对于任何人或事，都不表露感情，不讲任何带有倾向性的意见。

狂狷之士，不与世俗同流合污，往往是中流砥柱之人。在这举世尽皆浑噩之时，狂狷之士尤为难能可贵。朱子曰："知耻自好，不为不善之人也。"

※原文

子曰："南人有言曰：'人而无恒，不可以作巫医。'善夫！""不恒其德，或承之羞。"子曰："不占而已矣。"

※译文

夫子说："南方人有句谚语说：'人做事假如没有恒心，连巫师、医生都做不了。'这话说得好啊！"《易经》说："不能够持之以恒地修养德行，就有可能承受羞辱。”夫子说：“不至于那么严重，其实，只是不能够占卜罢了。”

※历代论引

杨氏曰：“君子于《易》苟玩其占，则知无常之取羞矣。其为无常也，盖亦不占而已矣。”

※札记

用毕生之力做好一件事

任何迷信活动都是骗人的把戏。之所以能够欺蒙世人，实际上根据的是他敏锐的眼光和丰富的人生经验，从而做出符合事物发展逻辑的判断。

民间有句谚语说：人如果不能长久地向着一个方向努力，是不会有什么成绩的。那时即使是做充当交通鬼神的巫师或是替人祈禳疾病的低贱事务也是不能够的。用心不专，去就无常，无所成就，必然会蒙受被人歧视的耻辱。

不论做什么事，如果没有持之以恒的坚持精神，是不会取得成绩的。人如果一生中没有什么可供称道的方面，将会被人所藐视，处处被人看不起，既伤“面子”，又可能受到意外的羞辱。因此，人当努力自强。

※原文

子曰：“君子和而不同，小人同而不和。”

※译文

君子相处谦和敬重，能够容纳不同的见解而不盲目苟同。小人之间虽然容易取得一致，但是却不能够长久相处。

※历代论引

尹氏曰：“君子尚义，故有不同。小人尚利，安得而和。”

※札记

日久见人心

时间是检验德行、人品的试金石。任何虚伪与包装，在时间的洗涤下，都将无所遁形。

君子相交，道义相待，日久益敬。小人之间，利益相结，利尽则去，日久则怨怼相生。

君子出于忠厚诚实，不放弃原则，但是也不相忌恨。小人则阳奉阴违，以利益为最高准则，斤斤于蝇头之利而积怨难消，构祸无穷。

※原文

子贡问曰："乡人皆好之，何如？"子曰："未可也。""乡人皆恶之，何如？"子曰："未可也。不如乡人之善者好之，其不善者恶之。"

※译文

子贡问："同乡的人们都称赞他，怎么样？"夫子说："不能就此认可他很好啊。"子贡又说："那么，同乡的人们都憎恶他，怎么样？"夫子说："这也不能认为他就不可救药啊。这一切都不如他同乡中有德望的人们称赞他而有恶行的人憎恨他。这才说明他是一个有正直品德的人。"

※历代论引

朱子曰："一乡之人，宜有公论矣，然其间亦各以类自为好恶也。故善者好之而恶者不恶，则必其有苟合之行，恶者恶之而善者不好，则必其无可好之实。"

※札记

做人必须要有原则

物以类聚，人以群分。好人称道，必然恶者忌恨；坏人认同，必有恶行。

善与恶之间，是不可调和的，泾者自清，渭者混沌。

世间之事也必然是非界限分明，谁也不可能示好于所有人。

※原文

子曰："君子易事而难说也：说之不以道，不说也；及其使人也，器之。小人难事而易说也：说之虽不以道，说也；及其使人也，求备焉。"

※译文

夫子说："君子容易相处，但是难以取得他的喜欢。用不合乎道义的行为取悦他，他是不会高兴的。他使用人的时候，重视德才。小人难以侍候，但是却容易讨得他的喜欢。虽然是以不合乎道德的行为讨好他，他却感到高兴。他在使用人的时候，总要求别人是个完备的人。"

※历代论引

朱子曰："君子之心公而恕，小人之心私而刻。天理人欲之间，每相反而已矣。"

※札记

君子用人所长

君子奉行忠恕，用人所长，容人之短。小人嫉人所长，非人之短，依恃其势，苛求完备。

※原文

子曰：“君子泰而不骄，小人骄而不泰。”

※译文

夫子说：“君子处之泰然但不骄矜恣肆，小人蛮横放肆但是不能安适自处。”

※历代论引

朱子曰：“君子循理，故安舒而不矜肆。小人逞欲，故反是。”

※札记

心底无私天地宽

君子处于世间，泰然自若，不以显达骄人，不以富贵傲物，也不以困穷沮丧。谨守中正，所行恭敬，安然而处，心底泰然。

小人心胸促狭势利，“位卑则足羞，官盛则近谀”，仗其势而欺人。小人潦倒时，则卑膝攀附；显贵时，则狂妄放肆。其为人，自我膨胀，为达目的，其手段无所不用其极。因其欲望无所节制，所以，小人总是心底不安。

君子秉持大义，故所行皆正，立身行事，必合乎时宜，光明磊落，就事论事，以公理道义为准则。小人则就事论仇怨，耿耿于宿怨仇雠。

君子磊落坦荡，处变不惊；小人心虚魄散，草木皆兵。

※原文

子曰：“刚、毅，木、讷，近仁。”

※译文

夫子说：“刚强、果决、质朴、谨言，有这四种品德的人近于仁人。”

※历代论引

程子曰：“木者，质朴。讷者，迟钝。四者质之近乎仁者也。”

舞雩从游

杨氏曰："刚毅则不屈于物欲，木讷则不至于外驰，故近仁。"

何晏曰："刚，无欲。毅，果敢。木，质朴。讷，迟钝。有斯四者，近于仁。"

※札记

察人言行操守，识人于微

仁者正直无私，长久坚守，忠厚无欺，默默不辩。谨言慎行，然而，讷于言，则不能达其意，往往被人误解，替人背黑锅却无从辩白，受到无端的伤害，也许这就是"仁"的代价。

仁者，勇于承担责任，代人受过而无怨；既不愿彰显其德，也不图其报答，始终以宽恕之心容纳万物，容纳其过错，给其以自新的机会。

奸佞谄巧之徒，雄辩滔滔。其处事用世，总是看见荣誉就抢，见到责任就推；总是想着独占好处，迁怒他人。

※原文

子路问曰："何如斯可谓之士矣？"子曰："切切、偲偲，怡怡如也，可谓士矣。

朋友切切、偲偲，兄弟怡怡。”

※译文

子路问：“如何做可以称之为有才识的人呢？”夫子说：“恳切、督勉，和悦，如此可以称为有修养的人啊。就是说：朋友之间互相规劝、互相督促，兄弟之间和睦相处。”

※历代论引

胡氏曰：“切切，恳到也。偲偲，详勉也。怡怡，和悦也。皆子路所不足，故告之。又恐其混于所施，则兄弟有贼恩之祸，朋友有善柔之损，故又别而言之。”

※札记

何为君子

这世间还有君子吗？

这世间似乎只存在交易，不存在道义。兄弟之情，朋友之意，在今人看来似乎与修养无关，与人生无益。如何引导他人重树仁义之心，已经不单单是教育者的责任，而是整个社会亟待解决的问题。

※原文

子曰：“善人教民七年，亦可以即戎矣。”

※译文

夫子说：“有良好德行的人教导民众七年，人民能够知礼义有诚信，如遇战事，也可以立即转为军队使用。”

※历代论引

程子曰：“‘七年’云者，圣人度其时可矣。如云‘期月’‘三年’‘百年’‘一世’‘大国五年’‘小国七年’之类，皆当思其作为如何乃有益。”

坡公曰：“夫民既富而教，然后可以即戎。”

※札记

强大在于国家实力的积累

任何强大都是建立在经济实力之上的，任何占领都必须是人的占领。没有人的实施，一切都只是虚幻的空话。孔子说过，“苟有用我者，期月而已可也，三年有成”。善人教民七年，则必民富国强，必然积累起雄厚的经济力量。拥有了强大的经济实力，就可以建立强大的国防。没有强大的经济基础，就不可能有强大的国防力量。国富兵强就是这个道理。

经济建设是一切社会发展的基础，没有经济的发展，一切的蓝图都是空话。超级大国之所以到处伸手，就在于其强大的经济实力和技术能力。贫穷，只能被动挨打。这是被历史再三证明的。所以，不论何种情况之下，都不能停滞经济建设，为国为家都应如此。

※原文

子曰："以不教民战，是谓弃之。"

※译文

夫子说："用没有经过训练的人进行战争，必然失败而致亡国，这是遗弃他的人民。"

※历代论引

朱子曰："用不教之民以战，必有败亡之祸，是弃其民也。"

※札记

武备决不可轻易放弃

一个太平已久的国家，随时都面临外族入侵的危险，因此时刻保持高度的警惕，经常整兵练武，很有必要。天下太平，忘战必危。不教民战，是放弃战争，放弃胜利。巩固的政权是邦家兴盛发展的先决条件。政权的巩固，在于教化民众。民心向背，是政权存在的根据。

现今时代，处在各种复杂国际力量的互相影响之下，如果没有自己巩固的强有力的国防与经济实力，必然仰人鼻息，是没有尊严的。那种将自己的安全寄托于外邦不确定的保护的允诺之下，是一种耻辱和幼稚的幻想，也是不可能长久的，这是一种傀儡行为。别人既然可以扶持它，也必然可以遗弃它，只是随其所好而已。成之由人，弃之更不由己。

宪问

操守的信仰是人生的基础

人生立世，必须要有坚定的操守，必须要有坚定的信仰，必须要有为信仰而献身的坚定精神，在任何境况下都不动摇。“居天下之广居，立天下之正位，行天下之大道；得志，与民由之；不得志，独行其道。富贵不能淫，贫贱不能移，威武不能屈。”

※原文

宪问耻。子曰：“邦有道，谷；邦无道，谷；耻也。”

※人物简介

原宪：即原思。字子宪，又字子思。鲁国人。孔子弟子。清静守节，贫而乐道。孔子相鲁，曾为其邑宰。孔子卒后，他隐居卫国。

※译文

原宪问人应当引以为耻的是什么。夫子说：“国家政治清明时，只是领取俸禄而无所作为；国家动乱时攫取国家的薪俸，而不做有益的事情。这两种行为都是可耻的。”

※历代论引

朱子曰：“邦有道不能有为，邦无道不能独善，而但知食禄，皆可耻也。宪之狷介，其于‘邦无道，谷’之可耻，固知之矣；至于‘邦有道，谷’之可耻，则未必知也。故夫子因其问而并言之，以广其志，使知所以自勉而进于有为也。”

※札记

食其禄而无所作为者可耻

我们要在这个世间立足，必须首先正确地认识自己，摆正自己在社会中的位置，坦然地面对世间所有的纷纷扰扰，守住自己那一块宁静而神圣的领地，最大限度地运用自己的智慧，完成自己来到人世间的责任。当然，一个人怎么生活，别人无权干涉，但不劳而获永远会受到社会的唾弃。

历史上，任何一个时代，总有一些人是抱着投机的心理，在国家太平时，靠着各种关系、动用各种手段，投机钻营，谋取与其德才不相符的职位，尸位素餐，享受着优厚的待遇，索取着优越的薪俸，做太平官，享逍遥福，优哉游哉地度日月，整日无所事事，不为人民做事；在国家危急时，他们仍然占据着一定的位置而无所作为或者本就无能力作为，更有甚者还要压制打击有所作为者，不做对国家有益的事情，只是一味地攫取着国家的财富，发国难财。他们只是心安理得地享受着生活的赐予，厚颜无耻地索取着社会对他们的厚赐，却不以为耻，反而沾沾自喜。

谁都有权力享受生活，但是生活的真谛在于创造，在于通过劳动获取。那种只是依靠一些外在因素而取得生活惠顾的人是渺小的。一个有良知的人，始终不忘自己对社会、对生活的责任，不论是在安定的时代，还是在变乱期间，总是以天下为己任，以自己的力量做着力所能及的努力，耻于占着高位，拿着俸禄，庸碌度日，无所作为。

※原文

“克、伐、怨、欲不行焉，可以为仁矣？”子曰：“可以为难矣，仁则吾不知也。”

※译文

“好胜、自夸、怨怼、贪心的毛病不曾有过，可以说是仁德的人吧？”夫子说：“这可以说是难能可贵的，但是，是否可以说是仁德的人我就不知道了。”

※历代论引

程子曰：“人而无克、伐、怨、欲，惟仁者能之。有之而能制其情，使不行，斯亦难能也，谓之仁则未也。此圣人开示之深，惜乎宪之不能再问也。”或曰：“四者不行，固不得为仁矣。然亦岂非所谓克己之事，求仁之方乎？”曰：克去己私以复乎礼，则私欲不留，而天理之本然者得矣。若但制而不行，则是未有拔去病根之意，而容其潜藏隐伏于胸中也。岂克己求仁之谓哉？学者察于二者之间，则其所以求仁之功，益亲切而无渗漏矣。

※札记

难能可贵者

在这个以利益为目的，追逐利益最大占有量的社会，能够守护自己的心灵：不怨天，不尤人，而且没有非分的欲望，没有过分的奢求，保持清心寡欲的处世心态，能克制自己的私念，谨守自己做人的原则，实在是难能可贵，值得人们敬重和尊崇。

问礼老聃

只要我们认真地生活着，何必孜孜以求所谓的“仁”呢？何必在意虚无的，或者说空泛的“仁”呢？还是实实在在地生活，尽力做到无愧于天地良心，这就行了。能够把人做明白，就已经很难得了，还要求什么呢？企求太高毫无意义。

※原文

子曰：“士而怀居，不足以为士矣。”

※译文

夫子说：“用心于求田问舍，而不注重道德的修养，这种人胸无大志，不足以被称为有学问的人。”

※札记

问舍求田不足为凭

“士而怀居”，是政治上的短视者。一个人如果只为个人打算，整天斤斤计较个人利益的多寡得失，安于享乐，贪图安逸，不能以天下事作为自己的责任，没有远大的抱负，终难有所成就，是不足以称道的。

※原文

子曰：“邦有道，危言危行；邦无道，危行言孙。”

※译文

夫子说：“国家政治清明，语言正直，行为正派。国家政治昏庸，行为端正，说话谦虚。”

※历代论引

尹氏曰：“君子之持身不可变也，至于言则有时而不敢尽，以避祸也。然则为国者使士言孙，岂不殆哉？”

※札记

危言危行

在一个没有言论自由的社会，说出真话，就意味着成为众矢之的，必招致挞伐，为人所诅咒。邦有道，则君子擢任，因而语言直率，坚持正义，仗义执言，中道直行。邦无道，则小人进用，因而语言必须谨慎，讷于言而敏于行，以免招来灾祸。始终保持正直的行为，不做欺心之事，尽自己的力量为国家做事。因为，小人的谗言中伤，无孔不入，防不胜防，言辞不可不谨慎。谨防“病从口入，祸从口出”。

※原文

子曰：“有德者必有言，有言者不必有德；仁者必有勇，勇者不必有仁。”

※译文

夫子说：“有德行的人必定是有思想的人，也一定会有文字著作留给后人，而有思想的人却不一定有德行；仁德的人一定是一个勇敢的人，而勇敢的人不一定有仁德。”

※历代论引

尹氏曰：“有德者必有言，徒能言者未必有德也。仁者志必勇，徒能勇者未必有仁也。”

坡公曰：“非有言也，德之发于口者也。”

※札记

德行第一

有德者并非着意于言论，而是他们的德行自然流露于语言。为人们所认同、效仿。韩愈说：“然观古人，得其时，行其道，则无所为书。书者，皆所为不行乎今而行乎后世者也。今吾之得吾志，失吾志，未可知，俟五六十为之未失也。天不欲使兹人有知乎，则吾之命不可期；如使兹人有知乎，非我其谁哉！其行道，其为书，其化今，其传后，必有在矣，吾子其何遽戚戚于吾所为哉！”考察往古圣贤事迹，观察他们的为人，推测他们的行为和言论，必有真知灼见。

人人都可以通过对世界的感知来延展视界，丰富生活的经历，提升生命的意义。因此，立德、立功、立言为历来仁人志士所奋力追求的人生境界。然而真正能够流传于世的，只有德行与文章相得益彰者。不能很好地做人，而能有好的文字传世，从来是没有的；不能很好地做人，而能建立大功业者，也从来没有。

※原文

南宫适问于孔子，曰：“羿善射，奡荡舟，俱不得其死然。禹稷躬稼，而有天下。”夫子不答，南宫适出。子曰：“君子哉若人！尚德哉若人！”

※人物简介

奡：寒浞之子。相传为夏代的大力士。擅长水战，力能陆地行舟，可以把在江海里航行的船，一手抓起来，在陆上拖着走。为少康所诛。

禹：即夏禹、大禹。姓姒，名文命。鲧之子。为夏后氏部落领袖。

稷：即唐尧的农师后稷，周朝的祖先。农耕文明的始祖。

※译文

南宫适向孔子请教，说："羿擅长射箭，奡擅长水战，但却都不能得到一个好的结局。夏禹和后稷平服水土、亲身教民稼穑，却能够拥有天下。"夫子没有回答。南宫适走出后，夫子说："这个人是君子啊！这个人尊尚道德啊！"

※札记

君子尚德

武力侵夺，最终不会有好结果。当今国际社会，强权主义甚嚣尘上，为了单边主义的利益不择手段，到处炫示武力，以其强盗逻辑，肆意指控他国为"流氓民族"，将所谓"恐怖主义"的大棒随意击向弱小的国家，以达到无偿占有别国资源、控制他国政权的目的。

当然，在现实的社会中，我们经常也可以见到，一些人既没有什么本事，也没有什么德行，就是不择手段地发家。于是，就有一些人因之动摇了自己做人的原则。

从南宫适得出的结论看，这些并没有用，最终没有一个好结局。

只有踏踏实实地做好自己分内的工作，清清白白地做人，才是应取的态度。尽管我们的一生成就不大，所得的财富不多，生活很清贫，但是我们至少站着做人，双手是干净的，良心安宁，脊梁挺直。

※原文

子曰："君子而不仁者有矣夫，未有小人而仁者也。"

※译文

夫子说："君子也可能做出不够仁义的事情来，但是从来就没有小人是有仁德的人啊。"

※历代论引

谢氏曰："君子志于仁矣，然毫忽之间，心不在焉，则未免为不仁也。"

※札记

人生失措一念间

仁之为德，并非一时一事即可成就，而是集先天之造化、后世之积功所致。

人生需要有一个计划，有一个既定的目标，并为了这个目标的实现努力奋斗。当你的努力受到阻滞不能顺利实施时，就要灵活机变。这时能做的就是，看清楚什么能做，就做什么，认真做好，不要虚耗，也不要停滞。但是，决不能做出有损于德行的事情来，决不可放弃做人的原则，要能够把持住自己，让心绪平静，让生活继续，给自己以时间，也给客观以时间，严格地修养自己，平静地等待时间成就一切。因为，人生的每一步都很重要，都要认真走好，一时一事无不有仁，不可马虎。一闪念间的过错，将永远无可挽回。

※原文

子曰："爱之，能勿劳乎？忠焉，能勿诲乎？"

※译文

夫子说："真正的爱护，怎么能不让他经受劳苦的磨炼呢？要想让他忠诚不渝，怎么能不给予教诲呢？"

※历代论引

苏氏曰："爱而勿劳，禽、犊之爱也。忠而勿诲，妇、寺之忠也。爱而知劳之，则其为爱也深矣。忠而知诲之，则其为忠也大矣。"

※札记

爱子有方

爱自己的孩子，这是天下父母的天性。望子成龙并希望子女过着幸福美好的生活，这是普天下父母的心愿。但是，爱之，必须立足正确的原则。蔽于私心一味地溺爱，必然害了孩子。

真正的爱，必劳其筋骨，在劳动中教会孩子学习人生。孟子说："天将降大任于斯人也，必先苦其心志，劳其筋骨，饿其体肤……增益其所不能。"一个人必先遭受千般磨难，在艰难困苦中锻炼成长。所谓"艰难困苦，玉汝玉成"，而不是用俸禄、锦衣、美食溺爱子女。

人生的艰难困苦，其实是最好的老师。劳其筋骨，饿其体肤，并没有什么大不了的，反而有助于孩子的成长，经过劳动的磨炼，可以培养其应对生活中各种变故的能力。鲁迅说："用笑脸来迎接悲惨的厄运，用百倍的勇气来应付一切的不幸。"只有经历过艰难困苦，才有可能成就坚强的人生。正如巴尔扎克的名言："苦难对于天才是一块垫脚石，对能干的人是一笔财富，对弱者是一个万丈深渊。"人生离不开劳动，劳动给我们带来一切，劳动不仅能够给我们财富，还能够强健我们的体魄，坚定我们的精神。

※原文

子曰："为命：裨谌草创之，世叔讨论之，行人子羽修饰之，东里子产润色之。"

※人物简介

子羽：公孙挥。

世叔：游吉。《春秋传》作子太叔。

裨谌：郑国大夫。长于计划，对农村的事计划得当。《左传·襄公三十一年》："裨谌能谋，谋於野则获，谋於邑则否。"

※译文

夫子说："郑国制定法令，先由裨谌起草，然后交由世叔组织讨论，提出意见，再由负责外交事务的子羽加以修改，最后经过住在东里的子产给文字进行修辞加工，然后定稿公布。"

※札记

政令的颁行必须慎重

建立科学的决策机制，是防止"政误"的有效措施。在郑国，一项政令的制定与颁布实施，需要经过严密的制定程序，最后形成，充分体现了一个政治集团的集体智慧，至今仍然有着值得借鉴的现实意义。

任何一项政策法令的制定，都不可草率行之，必须进行严格的科学论证。

※原文

或问子产。子曰："惠人也。"问子西。曰："彼哉！彼哉！"问管仲。曰："人也。夺伯氏骈邑三百，饭疏食，没齿无怨言。"

※人物简介

子西：楚国公子申。楚国之贤大夫。能逊楚国，立昭王，而改纪其政。然不能革其僭王之号。昭王欲用孔子，又沮止之。其后卒召白公以致祸乱。其为人由此可知。

伯氏：齐国大夫。名偃。

※译文

有人问子产是怎样的人，夫子说：“是对国家和百姓有大恩惠的了不起的人呵。”有人问子西是怎样的人，夫子说：“他，他呵！”有人问管仲是怎样的人，夫子说：“管仲这个人是真正的人啊！没收伯氏骈邑三百户充为公室，使其因此而生活陷于贫穷，只有粗疏的饭食维持生计，可是伯氏却一辈子也没有怨言。”

※历代论引

荀卿所谓“与之书社三百，而富人莫之敢拒”者，即此事也。或问“管仲、子产孰优”？曰：“管仲之德，不胜其才。子产之才，不胜其德。然于圣人之学，则概乎其未有闻也。”

※札记

为政必先做人

建立功勋与做人相比是容易达成的，因为，功业的建立只要狠下心来，做成一件事就行了。而做人却是一辈子的事业，是持之以恒的修持所成就的。在每件事情上都做到适当无误，是困难的，因而做人能够做到可以称为一个“人”的程度，实在是不容易的。

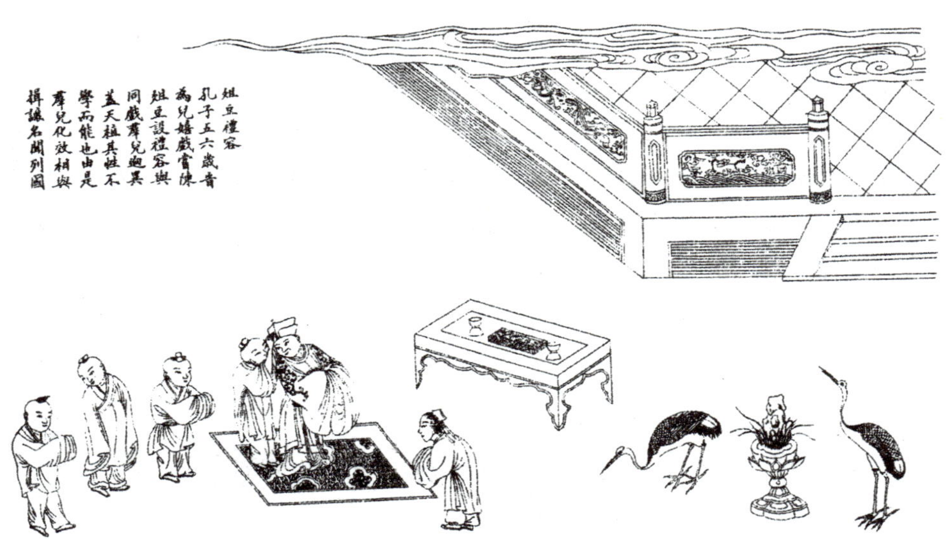

俎豆礼容

子产、子西、管仲都是功业德行卓著的贤哲，在当时的国际事务中具有举足轻重的影响力，当然也各有其不足为人置评的瑕疵，而正因为如此，对他们的评价各有不同。也由此体现出圣贤的胸襟，体现出圣贤言辞的谨慎，雍容得体。对于为国家为百姓做出贡献的人，由衷地感佩称赞。对于曾对自己怀有恶意的人也只是默然不予置评，既不显得虚仁假义、言不由衷，也不令人觉得促狭无行。又从另一个角度肯定了伯氏识大体，顾大局，不以个人得失怨恨管仲的正直。当然，只有大公无私的人才能使人敬服。如果人格上不能使人信服，又有谁能够从心底里佩服呢？所以，当政者不在于水平的高低，而重在人格的高贵。功勋的建立，是人格感召的必然结果。那种依靠权势的高压以期成就政绩者，只能适得其反。

※原文

子曰："贫而无怨难，富而无骄易。"

※译文

夫子说："贫穷而不产生怨恨之心是难得的，相比而言，富裕而能够做到不骄横淫逸则是容易的。"

※历代论引

朱子曰："处贫难，处富易，人之常情。然人当勉其难，而不可忽其易也。"

※札记

安贫乐道，乐处其命

能够正确地认识自己，在自己的位置上认真做事，诚实做人，不以贫富为借，不以穷达为意，能够"安贫乐道"，不怨天，不尤人，恬然自处，十分不容易。

在当今这个物欲横流的经济社会，物质的贫穷便是不堪忍受的事情，贫穷就是耻辱，贫穷就被人歧视，贫穷就会受到侵害，以至于人们为了摆脱贫困可以忍受人格的堕落，到了"笑贫不笑娼"的地步。人们挖空心思地想着赚钱，不择手段地攫取财富，社会价值体系发生了错位，以占有财富为荣，而不以精神的贫穷为可耻；以金钱的多少评判人的能力，而不以知识的贡献为楷模。似乎只要有了钱，就是光耀门庭，这些世俗的奢望，左右了我们的心灵，迷失了我们的心智，能耐得住寂寞潜心于学问的人少了，多了些急于名利的贪得无行之徒，这实在是一种悲哀。

除了对金钱的追逐之外，还有多少精神的净土供我们的心灵休憩？

※原文

子曰："孟公绰为赵、魏老则优，不可以为滕、薛大夫。"

※人物简介

孟公绰：鲁国大夫。清心寡欲，清高、廉洁。

※译文

夫子说："孟公绰作为赵、魏之家的长者，年老望尊，这是绰然有余的。但是让他做像滕、薛等这样一些小国的大夫治理政事，其才干则是不足以胜任的。"

※历代论引

杨氏曰："知之弗豫，枉其才而用之，则为弃人矣。此君子所以患不知人也。言此，则孔子之用人可知矣。"

※札记

知人善任难

用人之道，无非任德与任才之途。人各有所长，世无完人，这是不容否认的。因此，取其优长互补则是领导者必须研究的问题。

有德的人，并不一定是合适的干事业的人选；有才干的人，则不一定具备较高的修养。因此，对于德才的任用，实在是难啊。《尚书》说："知人则哲，惟帝其难之。"干部班子的配备，实为重中之重。而任德任能，必得根据其所治事务予以妥善权衡。择其适宜者而任之。尤其必须健全监督机制，从而从制度上保证既有利于事业的发展，又确保人才的健康成长。其实，中国不缺少天才，缺少的是发现，尤其缺少的是使天才成长和发展的环境。

※原文

子路问成人。子曰："若臧武仲之知，公绰之不欲，卞庄子之勇，冉求之艺，文之以礼乐，亦可以为成人矣。"曰："今之成人者何必然？见利思义，见危授命，久要不忘平生之言，亦可以为成人矣。"

※人物简介

臧武仲：名纥。鲁国大夫。官司寇。智慧高深，知识渊博，在当时的贵族中有"圣人"之称。

卞庄子：鲁国卞邑大夫。有勇略、有决心、有决断、有敢于牺牲的大勇；卞庄刺虎，是中国历史上有名的故事。

※译文

子路问怎样才能够做一个完美的人。夫子说："就像具有臧武仲的智慧和见识，赵公绰那样的淡泊，卞庄子的勇气，冉求的才艺，修饰以礼乐，才德兼备就可以被称作为一个完全的人了。"又说："现在的完人哪里能够做到这样？能够做到以道义为重，遇到危险勇于献身，经过长久的穷困日子而不忘记平日的诺言，也就可以说是完人了。"

※历代论引

胡氏曰："'今之成人'以下，乃子路之言。盖不复'闻斯行之'之勇，而有'终身诵之'之固矣。"

朱子曰："兼此四子之长，则知足以穷理，廉足以养心，勇足以力行，艺足以泛应。而又节之以礼，和之以乐，使德成于内而文见乎外，则材全德备，浑然不见一善成名之迹；中正和乐，粹然无复偏倚驳杂之蔽：而其为人也亦成矣。"

※札记

金无足赤，人无完人

人的思想感情并无本质之别，只是表达的方式有所差异。能够做到集智慧、人品、胆识、才艺于一身的人，就是一个相当完美的人。只是这样的要求太高了，在现实社会难以找到。虽然如此，我们应当力求提高自己的修养，努力使自己成为一个高尚的人，一个纯粹的人，一个脱离了低级趣味对人民有益的人，至少也应当成为一个遵纪守法的有良知的人。在我们的道德建设中，要求培养"四有"新人，就是提倡做一个高素质的人。人们总是习惯于攻击诋毁别人的素质低下，却不知提高自己的修养，对自己的不足容忍或放任，还自以为得计，却对别人要求很高，求全责备。人之所以不能成为完人，是因为人总不能彻底地放弃私欲。

自古以来，人们对于盛德大才的期许都是相近的。宋代大文豪苏轼在评价西汉名相张良时说过：古之所谓豪杰之士者，必有过人之节，人情有所不能忍者，"匹夫见辱，拔剑而起，挺身而斗，此不足为勇也。天下有大勇者，卒然临之而不惊，无故加之而不怒，此其所挟持者甚大，而其志甚远也"。

※原文

子问公叔文子于公明贾，曰："信乎夫子不言、不笑、不取乎？"公明贾对曰："以告者过也。夫子时然后言，人不厌其言；乐然后笑，人不厌其笑；义然后取，人不厌其取。”子曰：“其然，岂其然乎？”

※人物简介

公叔文子：即卫国大夫公孙拔。谥号“文子”。卫国的名人，在社会上很有声望，在政治上很有影响力。

公明贾：姓公明，名贾。卫国人。

※译文

孔子向公明贾问公叔文子的为人，孔子问：“确实是这样的吗？他轻易不说什么、喜怒不形于色、不拿取不属于自己的东西？”公明贾回答说：“这是告诉你的人说话过头了。他这个人总是到应该说话的时候才说话，别人不厌恶他的话。发乎内心的高兴然后喜笑颜开，别人也就不讨厌他的笑容。所取必然合乎道义，别人自然就不嫉恨他拿取了。”孔子说：“这样呀，难道真是这样吗？”

※历代论引

朱子曰：“厌者，苦其多而恶之之辞。事适其可，则人不厌，而不觉其有是矣，是以称之或过，而以为不言、不笑、不取也。然此言也，非礼义充溢于中、得时措之宜者不能。文子虽贤，疑未及此。但君子与人为善，不欲正言其非也，故曰：‘其然，岂其然乎？’”

※札记

真的是这样吗

世间多的是沽名钓誉之徒，窃有虚名，并非实称其德。对于人的评价，不仅要考察他的言行，还要深入其内心，洞察其动机。白居易有诗：“周公恐惧流言日，王莽谦恭下士时，若是当时身便死，一生真伪有谁知？”真得重视诗中所阐发的哲理，要慎存其疑，不要被表面的盛名所蒙蔽。对任何人也不要有先入之见，更不要将别人的看法作为自己的成见。韩非子说：“君子不蔽人之美，不言人之恶。”君子与人为善，虽不欲直言其非，但是也不能放弃原则轻信传言，必当全面地看待其人其事。

※原文

子曰：“臧武仲以防求为后于鲁，虽曰不要君，吾不信也。”

※译文

夫子说：“臧武仲犯罪出逃到自己的封地去据守避难，并请求鲁君封立他的后人为自己的继承人。虽然他嘴上说不是要挟国君，我才不相信呢。”

※历代论引

朱子曰：“武仲得罪奔邾，自邾如防，使请立后而避邑。以示若不得请，则将据邑以叛，是要君也。”

范氏曰：“要君者无上，罪之大者也。武仲之邑，受之于君。得罪出奔，则立后在君，非己所得专也。而据邑以请，由其好知而不好学也。”

杨氏曰：“武仲卑辞请后，其迹非要君者，而意实要之。夫子之言，亦《春秋》诛意之法也。”

※札记

只要做了，就不必掩饰

窃取了一定量的财富，就有了可供讨价还价的筹码。行送了贿赂，就有了要挟的把柄。

历史上像臧武仲这样坐大祸国的藩臣屡见不鲜，他们为了一己之私，拥兵自重，胁迫国家，以逞私欲。但他们在表面上却总是做出一副谦恭的高姿态以退为进，谋取久久觊觎的位置和权力。为了得到想要的富贵与特权，他们嘴上说着一套，心里却另有打算，存有新的图谋，有所依恃而无恐惧。玩弄着司马昭之阴谋，醉翁之意昭著。他们既想攫取实际的利益，又要在史册上留下美名。他们什么都想要，因而就百般进行打扮，做一些遮遮掩掩的虚饰，以欺骗过世人的耳目，这是这种人惯用的伎俩。若要人不知，除非己莫为。只要真做出了这样的事，就无法掩盖，不论言辞有多恳切，打扮粉饰得多么精美，谁都可以一眼看出那谦恭的表情之下所包藏的祸心。能欺骗得了谁呢？做都做了，还怕背负恶名？还有什么值得顾忌？何必还要举着那块遮羞布不放呢？

※原文

子曰：“晋文公谲而不正，齐桓公正而不谲。”

※人物简介

晋文公：名重耳（公元前636年—前628年在位）。晋献公之子。其母狐姬（戎族）。春秋五霸之一。

桓公：即齐桓公，名小白。春秋五霸之首，终其身为盟主。

※译文

夫子说：“晋文公诡诈而不正直；齐桓公正直而不诡诈。”

射矍相圃

※历代论引

朱子曰：“二公（指晋文公、齐桓公）皆诸侯盟主，攘夷狄以尊周室者也。虽其以力假仁，心皆不正，然桓公伐楚，仗义执言，不由诡道，犹为彼善于此。文公则伐卫以致楚，而阴谋以取胜，其谲甚矣。”

※原文

子路曰：“桓公杀公子纠，召忽死之，管仲不死。”曰：“未仁乎？”子曰：“桓公九合诸侯，不以兵车，管仲之力也。如其仁！如其仁！”

※人物简介

公子纠：姜姓。齐桓公之兄，齐襄公之弟。因内讧而出奔鲁国，后回国争位，被杀。

召忽：春秋时齐国人，曾辅佐公子纠出奔鲁国，子纠死，召忽自杀以殉义。

※译文

子路说：“齐桓公杀了公子纠，召忽殉难而死，管仲却不能追随赴死。”说：“这是不仁义的吧？”夫子说：“齐桓公号令诸侯，却不是经过战争，这都是管仲的力量。谁能够做到这样呢！谁能有这样的大仁大德呢！”

※札记

这就是仁

我们这个民族重视血统与出身，崇尚文化的高贵精神。哥们儿义气不足为训，不能以私人恩怨代替国家民族大义。君子当以国家民族大义为重，不可如匹夫，逞一时之志！管仲是辅佐齐桓公成就霸业的重要谋臣，孔子非常推崇和赞美管仲所奉行的仁道，谁能像管仲那样以行仁道著称呢？

赴死者以殉义，存活者以任重，各为其所，共同为了国家的兴盛，这就是中国古文化的民族精神，也就是中华文明历数千年而不衰的内在品质。

※原文

子贡曰："管仲非仁者与？桓公杀公子纠，不能死，又相之。"子曰："管仲相桓公，霸诸侯，一匡天下，民到于今受其赐。微管仲，吾其被发左衽矣。岂若匹夫匹妇之为谅也，自经于沟渎而莫之知也。"

※译文

子贡说："管仲不能算是有仁义的人吧？桓公诛杀公子纠，管仲不仅不能够殉死取义，而且又辅佐齐桓公。"夫子说："管仲辅佐齐桓公，称霸诸侯，拨正混乱局势而使天下安定下来，百姓至今还受到他的恩惠。如果没有管仲，我们恐怕早就披散头

子西沮封

发，衣襟向左开，沦为落后民族了。所以，怎么能像普通的平民那样以小节小信来评价，以至于在山沟中自杀而没有人知道他呢？”

※历代论引

程子曰：“桓公，兄也。子纠，弟也。仲私于所事，辅之以争国，非义也。桓公杀之虽过，而纠之死实当。仲始与之同谋，遂与之同死，可也；知辅之争为不义，将自免以图后功，亦可也。故圣人不责其死而称其功。若使桓弟而纠兄，管仲所辅者正，桓夺其国而杀之，则管仲之与桓，不可同世之仇也；若计其后功而与其事桓，圣人之言，无乃害义之甚，启万世反覆不忠之乱乎？如唐之王珪、魏征，不死建成之难，而从太宗，可谓害于义矣；后虽有功，何足赎哉？”

朱子曰：“管仲有功而无罪，故圣人独称其功；王、魏先有罪而后有功，则不以相掩可也。”

※札记

应该让老百姓明白

我们是管仲遗泽的受惠者，我们也是那些在历史的转折关头立下丰功伟业的不见经传的人的德泽的受益者。但是，我们有多少人心存感念？不是不愿，往往是不知。

罗斯福在电台开设“炉边夜话”专栏，主张充分让公民知情——国际局势，国家大事，政治和经济现状，政府面临的困难等，毫不保留地向公民“公示”，使处于困境中的美国公民在明确自己权利的同时，也明确并自觉承担起自己的义务和责任。我们做不到这样，为此，我们困惑，到底是为什么？为什么会有如此的现象发生呢？这难道不该引起我们的深思吗？国家是人民的国家，政权是人民权利的体现，不是某个人的私产，不能因为个人而置国家大义于不顾。“微管仲，吾其被发左衽矣。”

※原文

公叔文子之臣大夫僎，与文子同升诸公。子闻之曰：“可以为文矣。”

※人物简介

大夫僎：卫国大夫。原为公叔文子的家臣，经由公叔文子的提拔推荐，从平民被提升保荐到大夫的地位。

※译文

公叔文子的家臣大夫僎，文子举荐他升任大夫，共同为公朝之臣，为国家出力。孔子听到这件事后说：“公叔文子是可以称为‘文’的呀。”

※历代论引

洪氏曰："家臣之贱而引之使与己并，有三善焉：知人，一也；忘己，二也；事君，三也。"

※札记

这就是"文"的品质

英雄莫问出处。公叔文子不以其家臣的出身低微而歧视他，不以门阀出身为意，以国家大义为重，体现了其忠诚于国家的光明磊落的胸襟。

对于举荐贤才，我国历史上有许多的佳话流传，这只是其一。能够举贤，说明举贤者本人就是贤能大德之人，唯贤者可以识贤，唯有德者可以举荐贤能。故孔子以进贤为德，说齐有鲍叔，郑有子皮。唐朝魏玄同也说："然而人有异能，才有大小。且惟贤知贤，圣人笃论。伊、皋既兴，不仁咸远。""流清以源洁，影端由表正。"

※原文

子言卫灵公之无道也，康子曰："夫如是，奚而不丧？"孔子曰："仲叔圉治宾客，祝鮀治宗庙，王孙贾治军旅。夫如是，奚其丧？"

※人物简介

仲叔圉：即孔文子。

※译文

孔子说卫灵公是无道之君，季康子说："既然是这样，为什么没有失去君位呢？"孔子说："仲叔圉办理外交，祝鮀治理内务，王孙贾统率军队。正是因为能够任用这三个人，虽然无道又怎么能立即丧失君位呢？"

※历代论引

尹氏曰："卫灵公之无道，宜丧也；而能用此三人，犹足以保其国。而况有道之君，能用天下之贤才者乎？《诗》曰：'无竞维人，四方其训之。'"

※札记

贤人定天下

任人，诚国家之根本，百姓之安危。古语说："忠臣必谏其君，千乘之国有诤臣五人则社稷不危。""天子有诤臣七人，虽亡道不失天下。"无论历史还是现实，雄辩地昭示：真正的人才是国家治乱的根本。

※原文

子曰："其言之不怍，则为之也难。"

※译文

夫子说："说大话而不惭愧，让他做起来就觉得很难了。"

※历代论引

朱子曰："大言不惭，则无必为之志，而不自度其能否矣。欲践其言，岂不难哉？"

※札记

不要因说真话而羞愧

对于自己说出的话，要敢于负责，并负责到底，否则就不要说。那种借着酒精的作用说话的人，是懦夫，其内心是空虚的，缺乏胆识和勇气，是拙劣的阴谋家，是当不得大任的小人。他为了自己的某种不正当的目的，借酒精的掩盖，以逃避承担语言的责任，实在是幼稚又可笑的行为。

不敢讲真话，这是小人物面对现实的无奈。但是为了维护良心，坚持正义，不讲假话，这应该是每一个人都能够做得到的。如果这样做了，仍不失为正直，仍不失为一个有良知的人，是值得钦佩的。因为沉默是我们最后的权利，也是我们唯一的武器。

※原文

陈成子弑简公。孔子沐浴而朝，告于哀公曰："陈恒弑其君，请讨之。"公曰："告夫三子！"孔子曰："以吾从大夫之后，不敢不告也。君曰'告夫三子'者？"之三子告，不可。孔子曰："以吾从大夫之后，不敢不告也。"

※人物简介

陈成子：即陈常。名恒。齐国大夫。

简公：名壬。齐国国君。

※译文

陈成子弑杀齐简公。孔子斋戒沐浴而后朝见鲁哀公，向鲁哀公禀告说："陈恒弑杀他的国君，这是大逆不道的暴行，请发兵征讨他。"鲁哀公说："告诉三家大夫！"

孔子自语说："因为我跟随在大夫的后面，不能不告诉他们呀。但是，鲁君却说出'告诉三家大夫'这样的话？"孔子去向三家大夫转达鲁君的话，他们不同意出兵讨伐。孔子说："由于我只是列于大夫的位置之后，不敢不将国君的命令转告呀。"

※历代论引

程子曰："左氏记孔子之言曰：'陈恒弑其君，民之不予者半。以鲁之众，加齐之半，可克也。'此非孔子之言。诚若此言，是以力不以义也。若孔子之志，必将正名其罪，上告天子，下告方伯，而率与国以讨之。至于所以胜齐者，孔子之馀事也，岂计鲁人之众寡哉？当是时，天下之乱极矣，因是足以正之，周室其复兴乎？鲁之君臣，终不从之，可胜惜哉！"

胡氏曰："《春秋》之法：弑君之贼，人得而讨之。仲尼此举，先发后闻可也。"

※札记

历史深处的无奈

智者和尊者被当作小丑使唤，像一只皮球似的被指使来指使去，而小丑却高坐在太师椅上颐指气使。古今多少仁人志士，总是由于是"从大夫之后"，而被埋没，壮志难酬。一生一世淹没于尘世之中不得与闻，空怀报国之志。而由于小人的操纵，历史总是曲折迂回，令人叹惜，又令人悲愤难平。

历史说明了什么呢？

在历史上，获得成功的大都是那些奸猾狡诈、蔑视一切道德法则的人，他们往往更能捕捉机会。那些信守原则规范、带着浪漫的政治情怀的人，却碰壁失意的居多。在日常生活里，善良正直的人走投无路，不顾信义、惯于取巧、阿谀逢迎的人却左右逢源。因为有一句令人无奈的真理：成功就是合理的证明，其余皆是废话。所以，只要你取得了最后的成功，即使使用了卑劣无耻的手段，也会有人为你高唱赞歌。

历史深处又隐藏着什么奇怪而又深刻的法则？

※原文

子路问事君。子曰："勿欺也，而犯之。"

※译文

子路问如何敬事君主。孔子说："不能存心欺骗，但可以犯颜谏劝。"

※历代论引

范氏曰："犯非子路之所难也，而以不欺为难。故夫子教以先勿欺而后犯也。"

※札记

应当建立怎样的政绩观

仁者不欺心。孔子崇尚三代的王道之治，重视礼乐教化，摒弃奢华浮靡，反对虚浮的政绩冲动。这是值得我们认真深思的。

※原文

子曰：“君子上达。小人下达。”

※译文

夫子说：“君子追求德义，小人追逐财利。”

※历代论引

朱子曰：“君子循天理，故日进乎高明。小人徇人欲，故日究乎汙下。”

※札记

人生当有所作为

君子致乎德，小人重其利。君子好德之心与小人贪利之心，其实是一样的。但

紫文金简

是，君子与小人的区别也正在于此。同样度过一天，自强不息者，珍惜每一点滴的时间，默默地潜心于自己的事业。而大多数人却沉湎于眼前小利的攫取中。

“天行健，君子当自强不息。”生命在创造中展现其精彩，生命在创造中升华其价值，生命在创造中成就其辉煌。

※原文

子曰：“古之学者为己，今之学者为人。”

※译文

夫子说：“古时候的人学习的目的是为了提高自己的学问、修养自己的道德，现在的人学习的目的只是为了求得名利。”

※历代论引

程子曰：“为己，欲得之于己也。为人，欲见知于人也。”

程子曰：“古之学者为己，其终至于成物。今之学者为人，其终至于丧己 。”

朱子曰：“圣贤论学者用心得失之际，其说多矣，然未有如此言之切而要者。于此明辨而日省之，则庶乎其不昧于所从矣。”

※札记

完善自己，造福社会

学习，只有学习，才是推动人类社会进步的内在动力。也只有通过学习，才能够充实提高自己。

古代的人质朴笃厚，少名利之心。当今之时，皆为名利奔波。南丰先生说：“君子之于己，自得而已矣。非有待于外也。”古人之学，在于养德。今人之学，在于装潢。目的不同，动机相异，结果甚殊。古人学习注重如何做人，今人学习重在技巧。欧阳修说：“君子之于学也务为道，为道必求知古。知古明道，而后履之以身，施之于事，而又见于文章而发之，以信后世。”因而学之所得相差岂以道里计。

不论其学习的初衷如何，学习是首要的，尤其重要的是提高自己学问道德的修养水平。名利之心，任何人都有，也是任何人都想要得到而终生孜孜以求的。不可否认，只要这种名利心是正当、合乎道义、有助于社会进步的，都应予以支持，予以倡导。因为名利之心也是推进人类进步的原动力之一。宋代大儒张载说：“为天地立心，为生民立命；为往圣继绝学，为万世开太平。”这应当成为中国知识分子共同的目标。为国家、为社会、为整个人类文化，求名、求利、求取大学问。

※原文

蘧伯玉使人于孔子。孔子与之坐而问焉，曰："夫子何为？"对曰："夫子欲寡其过而未能也。"使者出。子曰："使乎！使乎！"

※人物简介

蘧伯玉：名瑗。卫国大夫。

※译文

蘧伯玉派人来看望孔子。孔子请他坐下，然后交谈。孔子说："他让你来有什么事吗？"使者回答说："他想减少自己的过错，但却不能够做到呵。"使者离去后。孔子说："有这样的使者，可见其主人之德呵！这才是真正的使者啊！"

※历代论引

朱子曰："言其但欲寡过而犹未能，则其省身克己、常若不及之意可见矣。使者之言愈自卑约，而其主之贤益彰，亦可谓深知君子之心而善于辞令者矣。故夫子再言'使乎'，以重美之。按庄周称'伯玉行年五十而知四十九年之非'，又曰：'伯玉行年六十而六十化'。盖其进德之功，老而不倦，是以践履笃实，光辉宣著，不惟使者知之，而夫子亦信之也。"

※札记

尽可能地接近完美

站稳自己的立场，"尽其一生守住一个窗口"。人生最大的成就，就是做人的成功。不论功业如何卓著，身份如何显要，都是其次。只有做好人是值得终生奋斗的目标。

※原文

子曰："不在其位，不谋其政。"曾子曰："君子思不出其位。"

※译文

夫子说："不在那个职位，就不要越位去图谋与此有关的事。"曾子说："君子所谋划的事情决不超越他的职责之外。"

※历代论引

范氏曰："物各止其所，而天下之理得矣。故君子所思不出其位，而君臣、上下、大小皆得其职也。"

※札记

守住自己

尽力做好自己的事，不要有虚妄的奢求。努力在自己的位置上做出成绩，不要将精力用在谋取更高的位置上。仕而优则学，即使是将分内的工作做好了，也应当努力学习，提高自己的学问、道德，而不应当为了升迁，处心积虑地钻营。

一个有修养的人，只是尽力做好自己职责以内的工作，不过多地考虑是否有利可图、有名可得，只求把工作做好，把事情办妥。对自己职责内的事，不论困难大小，不推不拖，勇于负责；对自己职责以外的事情，不论利益大小，不争不抢。现今社会，出名露脸的事情有人抢着干，有利可图的事情有人抢着干，出力不落好的事情，却扯皮推诿，无人去干——不论是否是自己的职责。更有甚者，为了出名露脸而做事，却不问其事是否有必要去做，是否可行，是否是当务之急，是否对民生有利。

不是自己的职责范围，不要过分干预。既要创新，又要安守本分。

※原文

子曰："君子耻其言而过其行。"

五乘从游

※译文

夫子说："君子耻于言而无行、言过其实。"

※札记

言行不一，君子以为耻

不论做人还是处世，要言而有信。能够做到，则说；做不到，就不要说。做出的承诺，就要兑现。不说空话、大话、无意义的废话；不许空愿，不开空头支票。

冰心说："言论的花儿，开得愈大，行为的果子，结得愈小。"还是先行实践，做出成绩来，然后再说，而且是实事求是地说，不要随意拔高，也不要虚张声势。只是认真地做工作，让群众来评说，让后人去评价，让历史下结论。

※原文

子曰："君子道者三，我无能焉：仁者不忧，知者不惑，勇者不惧。"子贡曰："夫子自道也。"

※译文

夫子说："君子的道德修养有三个方面，但是我却没有能够做到：仁德的人没有忧患，智慧的人不受诱惑，勇敢的人无所畏惧。"子贡说："这是老师自我谦虚的说法啊。"

※历代论引

尹氏曰："成德以仁为先，进学以知为先。"

※札记

我们做到了什么

仁、智、勇，人格的最高境界。由此可见孔子对君子人格之美的看重和高扬。人们皆以为自己比别人高明，天底下唯有自己正确。只有君子总觉得距离目标很远。仁者的胸怀乐天知命，不以所得为喜，也不以莫可名状的事由而心怀忧虑，顺天应人，以天地之心为心。天下之大勇者，正如苏东坡所说："卒然临之而不惊，无故加之而不怒，其所挟持者甚大，而其志甚远也"。泰山崩于前而色不变，处变不惊，遇险不惧，临大事而不乱，从容镇静。

平庸的人之所以平庸，是因为没有自己的目标，总是被来自各个方面的诱惑所左右，不能够很好地把握自己，什么都想做，什么也都没有用心用力去做，结果什么都没有做好。事实上，人的双足只能走在一条路上，当你此时走在这条路上的时候，便不可能同时走在另外的旅途上。其实，人一生只要坚持在一条路上向前走，总会到达一个终点。能够抵御诱惑，这本身就是智慧，而且是人生的大智慧。那些用来急于促成事功的所谓谋略与计谋，只能是诡计，不是智慧。“君子之道，智、信难。信者，所以正其智也，而智常至于不正；智者，所以通其信也，而信常至于不通。是故君子慎之也。”

※原文

子贡方人。子曰：“赐也贤乎哉？夫我则不暇。”

※译文

子贡臧否人物。夫子说：“端木赐也真是贤德的人啊！我却没有闲暇去做这样的事。”

※历代论引

谢氏曰：“圣人责人，辞不迫切而意已独至如此。”

朱子曰：“比方人物而较其短长，虽亦穷理之事，然专务为此，则心驰于外，而所以自治者疏矣。故褒之而疑其辞，复自贬以深抑之。”

※札记

清除自己心灵的杂质

“赐也贤乎哉？”能“方人”？“唯德者能好人，能恶人。”不必用心于他人的是非功过，还是重视考虑自己的日子怎么过。

谁有权对别人评价，用什么标准？以一己之私心？还是以社会公理为依据？

不要总是对别人求全责备，却放任自己；重要的是多反省自己做得如何。我们没有时间也没有资格苛求别人。那些经常要求别人如何如何的人，其实自己并不令人佩服。

我们自顾尚且不能，何暇苛求他人。时间对于每一个人都是恒定的，我们自己的事情还没有来得及做好，何必去强求别人达到很高的程度？人们总是诋毁他人的素质，却不知道这本身就显得自己品行低下。

总有一些人或事会离开我们的视线，同样地，总也有另外的一些人或事进入我们的眼帘。我们要注意调整自己的角度。因为，任谁都不可能长久地独占我们的注意。芸芸众生都只是匆匆过客，真正令我们永生关注的还是我们平凡而又实在的庸常生活。

人的精神品格，或高贵，或尊严，或卑琐……无从更改。没有必要指责或强行改造。还是先自问一声：我做得如何？我的德行达到了何种程度？我有无资格去要求别人？别人的行为自有别人负责，自己的德行必须要靠自己长期的修养，重要的是立自己。

※原文

子曰："不患人之不己知，患其不能也。"

※译文

夫子说："不必忧虑别人不了解自己，而应当忧虑自己有没有能力做出优异的成绩啊。"

※札记

虚名累人

脚踏实地地努力，是做人之根本。

求名当求实名，应当刻苦努力，尽力使自己名实相符。

这世间徒有虚名的人很多，只因为虚名的负累，整天忙于浮躁的迎来送往，使他们的人生显得虚幻而毫无意义。这样的人没有谁真正地为后人留下可供称颂的业绩。所以，还是果决地放弃那些虚浮的赞颂之词，实实在在地做事，至少也可以做一个实在的人，不必为了不副其实的虚名分心。

整天耿耿于别人对自己的评价，计较着名利得失，又能做出什么成绩来呢？又如何能留名千古呢？不必考虑别人如何看待自己，关键是自己是否努力，做出了什么成绩？那些总想把名字刻在石头上谋求不朽的人，其实名字比石头更早地腐烂朽蚀，被人忘记。只有一心为人民谋福利的人才真正地被铭刻在人们的心里，世世代代为人传颂不已。

※原文

子曰："不逆诈，不亿不信。抑亦先觉者，是贤乎！"

※译文

夫子说："不预先怀疑别人的欺诈，不臆测揣度不确定的事情。然而也能够预先有所察觉的人，这就是圣贤啊！"

沐浴请讨

※历代论引

杨氏曰：“君子一于诚而已，然未有诚而不明者。故虽不逆诈、不亿不信，而常先觉也。若夫不逆不亿而卒为小人所罔焉，斯亦不足观也已。”

※札记

提升自己生命的境界

君子处世，顺乎天理人情，积乎善行，养其德性。人生转瞬即逝，我们应当尽力让自己的生活愉快，使各种关系简单直率，何必孜孜于虚伪的心术，玩弄卑劣的手段，害人害己呢？

不仅要保持自己的尊严，也要尊重别人的行为，对于那些曾有负于我们的人，也应当给他改过的机会，不要睚眦必报，让他自己忏悔吧。但是我们自己必须固守做人的原则，不要只凭想象，随便估计、怀疑、臆测谁好谁坏，谁于我有利或者不利。尤其不要听信别人的闲言碎语，轻率地判断谁是谁非，谁必将对我构成威胁。要有博大的胸怀和气度，不囿于主观主义的偏见。

※原文

微生亩谓孔子曰："丘何为是栖栖者与？无乃为佞乎？"孔子曰："非敢为佞也，疾固也。"

※人物简介

微生亩：隐士。是道家有齿德的隐者。

※译文

微生亩对孔子说："孔丘你何必如此忙碌奔波？何必计较于言辞的智巧善辩呢？"夫子说："不是我敢于巧辩呵，只是执着于一而不融通的原因啊。"

※历代论引

朱子曰："圣人之于达尊，礼恭而言直如此，其警之亦深矣。"

※札记

什么才值得我们守护终生

坚持真理，仍然会被人所误解，更会被别有用心的人所中伤、诬陷。

人都有自己的原则，所不同的是能否坚持到底。中途放弃或改变的，就不能叫原则，也就不可称其为有气节者。只有始终如一地坚持自己的原则，在任何状况下都不放弃，以生命维护自己的尊严与高贵，这样的人才是有气节的，是为人钦佩的。

原则就是原则，它不是内容本身，更不是细节，许多人就是因为始终认识不到这一点，才本末倒置，把自己的生活过得一塌糊涂，不可收拾。石头虽然还是石头，但是流水依然涌流。礁归礁，流归流。任何个人的力量都是有限的，我们又能改变得了什么？除了改变我们自己的识见，谁能改变潮流？顺应自然，顺应时势，随其波而逐其流。就是说，要学会从自己的需要和目的出发，趋利避害，因其势而利导之，主动地做出选择和取舍。而在这一过程中，我们必须坚决守护的仍是心底的正义和良知。

※原文

子曰："骥不称其力，称其德也。"

※译文

夫子说："好马不是以其力量被人所称道的，而是因为它温驯的天性被人喜爱啊。"

※历代论引

尹氏曰："骥虽有力，其称在德。人有才而无德，则亦奚足尚哉？"

※札记

千里马之叹

良骥虽一日可致千里，然而因其桀骜不驯为人所顾忌，犹为宵小所疾忌。

驽马虽一日不能行十里，因其驯顺则为人们所喜爱，金鞍银络，高厩精饲，炫示于人。

同样地，在人类社会中，那种"唯唯诺诺"之徒的升迁，总是快于直言快语的有识之士。

那些专事表现、驯顺吹拍之人总是被引为知己，而忠诚正直之人因不善吹拍而总是被猜忌排挤。因为，人很多，不论谁都可以用，任何时候都可以寻到理由找别人代替。但是，善于逢迎吹拍的人，却没有理由将他替换，而且往往是构成了利益的共同体，谁也离不了谁，谁也不敢离开谁。

※原文

或曰："以德报怨，何如？"子曰："何以报德？以直报怨，以德报德。"

※译文

有人问孔子说："用恩惠来报答仇恨，怎么样？"夫子说："那么用什么报答恩惠呢？以公平正直来对待仇怨，用恩惠来报答恩惠。"

※历代论引

朱子曰："或人之言，可谓厚矣。然以圣人之言观之，则见其出于有意之私，而怨德之报皆不得其平也。必如夫子之言，然后二者之报各得其所。然怨有不仇，而德无不报，则又未尝不厚也。此章之言，明白简约，而其指意曲折反复，如造化之简易易知，而微妙无穷。"

※札记

以德报怨

"以德报怨则宽身之仁也。（用德泽回报怨怼是弘扬自身的仁义啊）"（《礼记·表记》）凡事只求不违背道义、良知就行。以耿直报答他人对我的伤害，这是我对自己德行的爱护。

怨德相报，庸人之心。庸碌之徒，斤斤计较于一己之恩怨，念念不忘，耿耿于怀。恩怨必图报偿，就像农民种地，一粒下种，就指望得到收获，所以没有谁是不图报偿的。其实大可不必，何不以宽广的胸怀面对一切？快意于恩怨，最后又能得到什么？

给中伤过我们的人，留出自新的机会；也给帮助过我们的人，准备好礼物。君子之于德，非报于人，以德人之德，报于四方。德恩思报，其实是一种负累，是人生的一种歉意。我施德于人，非望报答，只是出于心安。

※原文

子曰："莫我知也夫！"子贡曰："何为其莫知子也？"子曰："不怨天，不尤人。下学而上达。知我者其天乎！"

※译文

夫子说："没有谁（人）了解我啊！"子贡说："为什么说没有人了解先生呢？"夫子说："不怨恨命运，不责怪别人。下学人事，上知天命。所以说，只有上天了解我啊！"

※历代论引

程子曰："不怨天，不尤人，在理当如此。"又曰："下学上达，意在言表。"又曰："学者须守下学上达之语，乃学之要。盖凡下学人事，便是上达天理。然习而不察，则亦不能以上达矣。"

朱子曰："不得于天而不怨天，不合于人而不尤人，但知下学而自然上达。此但自言其反己自修，循序渐进耳，无以甚异于人而致其知也。然深味其语意，则见其中自有人不及知而天独知之之妙。"

※札记

天心公正

不必强求别人了解自己，存心自有天知。"知我者希，则我者贵。"（《老子·道德经》）

"知我者其天乎？"坡公说："此乃《易》所谓'知命'也。命者，非独贵贱死生尔。万物之废兴，皆命也。"孟子说："君子行法以俟命而已矣。"不怨天，不尤人。

无论穷达，在于自己。

命运是一手既定的牌，不论你所持有的牌如何，都有一种契机蕴涵在里面，关键看你如何使用，次序如何确定，牌路如何建立。这一切取决于你自己。因为你的合作伙伴很可能持有好牌，他会给你有力的支持，关键在于你如何运用手中的牌，调用并协调他的潜力，使他能够给你以支持。他在等待着给你支持的机会。否则，命运就将你打翻在地，使这一切都成为虚设，使这样的一副好牌最后只能垫付出去而无从发挥任何效力，那么，这就是你的失败，而且怨不得别人，因为只有在摊牌以后，你才知道懊悔，但那时已经迟了。这就是悲剧。但是如果你恰到好处地把握了，你的人生则会是另外的一种样子。这同样在于你自己。所以，对于你手中的牌，你应当深入分析，寻求那有力的一击。这是你唯一的机会，要么成就人生，要么一败涂地。唯一的区别在于，牌局可以推倒重来，人生却是一次性消费，一旦出手就无可挽回，再没机会令你重新开始，这就是人生值得珍惜的魅力所在。因此，怨天尤人，毫无意义，重要的是自己的努力。一次又一次地面向命运发起冲击。如何改变，就在于积极进取。

命运又是公平的，它从你这里拿走了什么，往往又会用其他方式给你以补偿。关键在于，当大雾弥漫了视野，未来的路无从分辨、更无从延伸的时候，你是否仍然坚守了内心的执着，是否依然义无反顾地朝前迈进。

※原文

公伯寮愬子路于季孙。子服景伯以告，曰："夫子固有惑志于公伯寮，吾力犹能肆诸市朝。"子曰："道之将行也与？命也。道之将废也与？命也。公伯寮其如命何！"

※人物简介

公伯寮：鲁国人。是当时在鲁国政治上、社会上有地位的人。

子服景伯：姓子服，名何。字伯，谥号景。即鲁国大夫子服何。孔子学生。

※译文

公伯寮在季孙面前毁谤子路。子服景伯将这件事告诉孔子，说："季孙本来就疑心公伯寮的话，我的力量同样能够让他陈尸街市。"夫子说："我所传播的'道'如果能够推行，那是上天的意旨啊。如果我所传授的'道'不能在世间施行，那也是天意啊。公伯寮又能将上天的旨意怎样呢！"

※历代论引

朱子曰："言此以晓景伯，安子路，而警伯寮耳。圣人于利害之际，则不待决于命而后泰然也。”

谢氏曰：“虽寮之愬行，亦命也。其实寮无如之何。”

※札记

谁能改变我们的命运

人一生不论做什么，成就大小，那种冥冥中的注定是不可改变的，是挣不脱的。所有的努力，只是一种在未知状况下的生存方式，别人又岂能改变什么？那些专靠挤兑诽谤别人为生的人结局都不会好，古来那些专门在权势面前谄媚诬陷、搬弄是非之徒，最终都只落得万世骂名的悲惨下场。重视自己的仁德修养，以仁及人，必得善终。

※原文

子曰：“贤者辟世，其次辟地，其次辟色，其次辟言。”

※译文

夫子说：“大贤隐避乱世，其次则离开战乱的国家，再次则避免暴露自己的想法和容色，最低的也避免流露出自己真实的言辞，警惕因言辞不慎而招惹祸端。”

※札记

明哲保身

人生无可逃避，责任不容推卸，哪里又是世外桃源呢？还是做现实的打算吧，对人对事，言论思想端正谨严，态度和善，宽恕包容，安然淡泊。

※原文

子曰：“作者七人矣。”

※译文

夫子说：“如此做的有七位隐士。”

※历代论引

《太平御览·叙逸民一》注曰：七人谓长沮、桀溺、丈人、石门、荷蒉、仪封人、楚狂接舆。

※札记

甘于寂寞

面对这热闹喧哗的社会，谁能甘于孤寂，固守清贫？不受诱惑？

这个社会崇尚炒作，在刻意设计的华美包装之下，其实没有多少真正的内容，就像挂着精品店的招牌，售卖的却是经过一番精心包装的草絮，令购买者感到不是味。曾几何时，一个会唱两句流行曲的人，经过一些人的包装宣传，一夜间便名扬天下，似乎就是天才音乐家。于是又请人代写其传，张扬于众，虚无地抬高其身价，即使没有什么值得一书的业绩，也可以拼凑一些花边传闻卖乖。

我们也曾感叹世风日下，但是，我们却又有几人坚守在默默无闻的书斋或实验室，做实实在在的努力？我们只是慌忙地奔走在利益的路途上。

真能静心做学问的，必然潦倒困穷。古人尚有“作者七人矣”，今人何人？前虽有古贤先哲之精神，却不见后来者为谁。

※原文

子路宿于石门。晨门曰：“奚自？”子路曰：“自孔氏。”曰：“是知其不可而为之者与？”

※译文

子路随从孔夫子周游列国，在石门这个地方过夜，管门的人问他说：“你从什么地方来？”子路说：“师从孔夫子。”说：“是明知道其事不可以做而仍然做的那个人吗？”

※历代论引

胡氏曰：“晨门知世之不可而不为，故以是讥孔子。然不知圣人之视天下，无不可为之时也。”

※札记

知其不可而为之

“明知其不可为而为之者”是因为有着坚定的信念支撑。之所以孜孜奔走于途，不辞风霜，不畏人言，是因为自觉对这世间负有神圣的责任，自觉有为天下苍生鼓与呼的义务。

现实中那些明知腐败不可为而为之者，却只是由于一己贪婪之心。

当黑夜降临，白日所有的喧嚣尽皆平复的时候，请倾听一种声音。它渐渐地从天外降临了，从广阔的天地间，从无边的宇宙中，从你智慧的性灵里。它将向你讲述一种真实的生活，一种艺术的生活，一种永恒的昭示。它使你安卧在浩瀚的星空下，面对无数转瞬而去的流星，而你永在。也许你可能没有时间去思考到底发生了什么，甚至来不及为每个变化表示一下惊叹。但是，天道、正义、良心永在。

面对这古老的石门，在这晨昏之间，我们难道能无动于衷？

在这纷纷攘攘的世间，谁是我们心灵的守门人？

在那曦光微露之时，谁将为我们开启灵智的门扉？

孔子四处奔走推行其道，汲汲以忧世。那么我们又做了什么？是如何做的？又将以怎样的姿态去尽自己的责任？

无论如何，第二天，我们仍将重新踏上旅途。

※原文

子击磬于卫。有荷蒉而过孔氏之门者，曰："有心哉！击磬乎！"既而曰："鄙哉！硁硁乎！莫己知也，斯己而已矣。深则厉，浅则揭。"子曰："果哉！末之难矣。"

※译文

孔子在卫国击磬自乐。一位担着草筐的人途经孔子居住的门前，说："有志于以天下之心为心的人啊！在击磬抒发其郁闷不得志的心情啊！"过了一会儿又说："寄意远大啊！亢然有力！感慨世人不能理解，如此感叹不已呵。水深则和衣泅涉，水浅则徒步而过。（何必固执不化呢？）"夫子说："确实是这样呵！但是，最后的结论确实难以做出啊。"

※历代论引

朱子曰："圣人心同天地，视天下犹一家，中国犹一人，不能一日忘也。故闻荷蒉之言，而叹其果于忘世，且言人之出处，若但如此，则亦无所难矣。"

※札记

深则厉，浅则揭

人在社会中生存，许多事情都要随宜权变。媚俗与势利，已经成为我们这个时代的时尚。不媚俗不趋众，则不能入世，不能取得人们的认同，只能陷于孤立无援的境地；虽趋众虽媚俗，而能够做到同流而不合污，实在难能；那种至清至察之人，虽卓世而独立，实则寸步难行。

侍席鲁君

人的成功或失败，不论你做得如何，终将面临社会的选择。适者生存，是铁定的法则。一切的是与非都没有什么既定的标准可言。深不得，浅不得。

然而，只要生命还在，我们就还有希望。回荡在天空的是他那悲凉高亢的歌声。震响在我们灵魂深处的是从他嘴里发出的对世道、对生活的认真吟唱。

世途艰难，命途多舛，流俗于世，谁能同其流而不合污？

不论土地多么贫瘠，前途多么艰辛，我们都必须依赖它。我们的命运生来就是如此。我们无权做出选择，我们唯一的出路在于积极适应，并力求努力改进，用我们自己的力量。我们只能做到如此，而唯有如此，才是我们自己的生活。

※原文

子张曰：“《书》云：‘高宗谅阴，三年不言。’何谓也？”子曰：“何必高宗？古之人皆然。君薨，百官总己以听于冢宰三年。”

※人物简介

高宗：商王武丁。高宗得傅说而殷复兴。是殷商时代贤明的皇帝。

※译文

子张说：“《尚书》记载：‘殷高宗守孝，住在丧庐，三年不言语。’这是什么意思呢？”夫子说：“何止是殷高宗一人？古人都是这样做的。国君弃世，所有的官员都全面负责自己的职务，听命于宰相。”

※历代论引

刑昺云：“言君既薨，新君即位，使百官各总己职以听于冢宰三年，丧毕，然后王自听政。”

胡氏曰：“位有贵贱，而生于父母无以异者。故三年之丧，自天子达于庶人。子张非疑此也，殆以为人君三年不言，则臣下无所禀令，祸乱或由以起也。孔子告以听于冢宰，则祸乱非所忧矣。”

※札记

三年不言

中国古代文化，重视孝行的教化影响，以孝道立国。各级官吏在父母去世时，不论身居何职，职务大小，事务如何紧急重要，都必须立即回家奔丧，以尽孝道，并需守丧三年，称为守制。如果发现隐瞒，则革除官职。

皇帝的父母死了，守制居丧，称作“谅阴”。在这期间，强调每个公务人员的责任精神，要求自觉地负起责任来，听命于宰相。

※原文

子曰：“上好礼，则民易使也。”

※译文

夫子说：“高居在执政地位的人崇尚礼仪，则老百姓容易治理。”

※历代论引

谢氏曰：“礼达而分定，故民易使。”

※札记

上有所倡，下必行之

社会风气取决于主流文化的引导和带动。普通老百姓的行为，影响力有限，不足以造成大的激荡。只是随其波而逐其流，是潮流的追随者和附和者，不必苛求。

《春秋》责备贤者，就是要求社会上有声望、政治上有地位的人，要有较高的修养。“民之归仁也，如水之就下。”(《孟子·离娄上》)真正的政绩就是敦化政教，引导民众，树立社会正气。

望吴门马

※原文

子路问君子。子曰："修己以敬。"曰："如斯而已乎？"曰："修己以安人。"曰："如斯而已乎？"曰："修己以安百姓。修己以安百姓，尧、舜其犹病诸！"

※译文

子路问人应该怎样做才合乎君子的标准。夫子说："提高自己的修养，对人敬重。"子路说："如此就可以了吧？"夫子说："提高自己的品德修养，安定人心。"子路说："就只是这样吧。"夫子说："以自己高尚的修行安抚百姓。以自己高尚的品德影响和教化百姓，唐尧、虞舜尚且不能完全做到！"

※历代论引

朱子曰："夫子之言至矣尽矣，而子路少之。故再以其充积之盛、自然及物者告之，无他道也。'人'者，对'己'而言。'百姓'，则尽乎人矣。'尧、舜犹病'，言不可以有加于此，以抑子路，使反求诸己也。盖圣人之心无穷，世虽极治，然岂能必知四海之内果无一物不得其所哉？故尧、舜犹以安百姓为病，若曰'吾治已足'，则非所以为圣人矣。"

程子曰："君子修己以安百姓，笃恭而天下平。惟上下一于恭敬，则天地自位，万物自育，气无不和，而四灵毕至矣。此体信达顺之道，聪明睿知皆由是出，以此事天飨帝。"

※札记

圣明也难免有过

人生的每一步都很重要，都要认真走好，不可马虎，关键的时刻更不得含糊。圣贤都可能有失误之处，何况凡人？因此，必须加强自己学问道德的修养，严于律己，全心全意为人民、为社会做出实际的贡献。

※原文

原壤夷俟。子曰：“幼而不孙弟，长而无述焉，老而不死，是为贼！”以杖叩其胫。

※人物简介

原壤：孔子之故人。母死而歌，盖老氏之流，自放于礼法之外者。根据《孔子家语》的记载，是孔子的老朋友。

※译文

原壤很随意地蹲踞着接待孔子。夫子说：“年幼的时候不友爱兄弟姐妹，长大以后又没有做出什么值得人们称道的事迹，现在老来而又不得好死，实在是一个害人贼

在川观水

啊！”并以手杖敲击原壤的脚后跟，使他改变不恭的姿态。

※札记

无所成就的人生

一个人活了很久，并不能说明什么，生命的质量与活着时间的长短并没有关系。关键是他在这一生中有什么品德值得人们称道，做出了什么值得人们停下前行的脚步、衷心地景仰和赞叹的业绩?

大凡成就非凡业绩的人，都具有非常优秀的个人品德。在人类的历史中，鲜有奸猾邪恶之徒成就令人惊叹的伟业。因为，成就事业，必须具备两种基本的素质：聪慧与美好的心灵。而心灵远比智力更重要。美好的心灵造就高尚的品质，也从而使他的聪明灵秀得以超常发挥。否则，一切都是不足称道的，不论他具有多么令人惊叹的天赋。

人的一生，总得成就一点事情，不论做什么，总要认真，总要踏踏实实地付诸行动，否则，到老来无所作为，就像那无根的草芥，无所立足，只能与土壤同腐，则是彻底的失败。即使我们此生没有能够成就大的事业，也当尽力保持自己人格的尊严和体面。即使作为平民百姓，也应当努力地种好自己的庄稼，不使其荒芜，虽无所称述，只要努力去做了，也是值得称道的。古语说：“无财非贫，无学乃为贫；无位非贱，无耻乃为贱；无寿非夭，无述乃为夭；无子非孤，无德乃为孤。”人生活在现实的社会之中，重要的是能够充分地利用一切因素成就事业。关键在于自己不懈的努力。不必牢骚满腹，其实这世界并不亏欠谁什么，一切都取决于自己的意识。只有经过艰难困苦，才有可能造就有所称道的人生。只要认真地“完成他生来应当做的工作，并从其中感受到快乐和满足，感到一种衷心的欢乐”，那么他的人生就是值得尊敬的。

※原文

阙党童子将命。或问之曰：“益者与?”子曰：“吾见其居于位也，见其与先生并行也，非求益者也，欲速成者也。”

※译文

孔子的住地阙里的一个童子出入传达宾主的谈话。有人问孔子说：“是个求学习上进的人吗?”夫子说：“我看见他坐在成人的位置上，又看见他与先生并列而行，所以支使他传话，并不是他求学习上进，只是想让他能够尽快地成长懂礼貌啊。”

※历代论引

礼：童子当隅坐，随行。孔子言：吾见此童子不循此礼，非能求益，但欲速成尔。故使之给使令之役，观长少之序，习揖逊之容，盖所以抑而教之，非宠而异之也。

※札记

摆正自己的位置

非其位不居。居必遭议，议必非之，必被中伤而谗谄，倾覆是必然的结果。

非其位不可居。居也不安，居也不宁。有怎样的德能，就处在什么样的地位，没有这样的德能，怎么能够安处其位呢？

人生处世，必当谨慎。循礼而行，依礼而处，前瞻而后顾，克警而惕，以求安宁。应当正确认识自己，时时处处对自己做出准确的定位，不卑不亢，维护自己的尊严。既不僭越，也不甘退后，进退举止，谈吐仪度，以求适中适度，从容悠游。

卫灵公

人无远虑，必有近忧

无论从事何种职业，或是做什么事，都要有忧患意识。忧然后乐，乐而不忘其忧，是处世的重要原则。只有对未来深怀忧惧，才能够事先做好准备，才能防患于未然，才能做到临事从容不迫，才能够对各种预料之中和意料之外的事件做出精确的应对。要有见微知著的深刻洞察力，不能目光短浅。要有统御大局的战略性远见卓识，顺遂时要想到困顿，逆境时要看到光明和希望。这样才能够做到处变不惊、临危不惧，从容化解危难于无形。否则就会因措手不及而陷于灾难之中。

※原文

卫灵公问陈于孔子。孔子对曰：“俎豆之事，则尝闻之矣；军旅之事，未之学也。”明日遂行。

※人物简介

卫灵公：卫国国君。卫襄公之子，名元。

※译文

卫灵公向孔子询问有关战争的问题。孔子回答说：“礼仪祭祀等事务，我还知道一些；军旅战阵的事，我从来没有学过啊。”第二天就离开了卫国。

※历代论引

尹氏曰：“卫灵公，无道之君也，复有志于战伐之事。故答以未学而去之。”

※札记

治国以德，教民以礼

礼仪是治国的根本，战争是迫于无奈时的举措。孙子说：“兵者，凶器也，征伐之事，不可不慎也。”礼仪举，盛德修，民富国强，则近者悦而远者来，何用征伐？

卫灵公不修德政，却怀有征伐的野心，实不量力，其国势必然面临危机。

灵公问阵

※原文

在陈绝粮，从者病，莫能兴。子路愠见，曰："君子亦有穷乎？"子曰："君子固穷，小人穷斯滥矣。"

※译文

孔子离开卫国去往陈国。途中绝粮，跟随的人饥饿疲病，卧床不起。子路气呼呼地来见孔子，说："君子也有不得志而走投无路的时候吗？"夫子说："君子即使面临穷途末路，仍然固守着道德原则；而小人如果处于穷愁困顿之时，便无所不为了。"

※历代论引

程子曰："固穷者，固守其穷。"

何氏曰："滥，溢也。言君子固有穷时，不若小人穷则放溢为非。"

※札记

君子固穷

自古以来，圣贤皆出贫困。贫困检验人品，历艰难困顿而后知有君子。因此，南朝鲍照激愤地说："自古圣贤尽贫贱。"苏轼也慨叹："人生识字忧患始。"这一生误了文字，这一生也被文字所误。

"三十年河东，三十年河西"，是谓人生易逝，坎坷不平，没有谁能够保持永远的幸运。不论得意于河东，还是飘零于河西，能够固守做人的原则，是值得敬佩的。

※原文

子曰："赐也，女以予为多学而识之者与？"对曰："然。非与？"曰："非也。予一以贯之。"

※译文

夫子说："端木赐呵，你认为我是博学而多识的吗？"子贡回答说："是。难道不是这样吗？"夫子说："并非如此。我只是一以贯之而已。"

※历代论引

谢氏曰："圣人之道大矣，人不能遍观而尽识，宜其以为多学而识之也。然圣人岂务博者哉？如天之于众形，匪物物刻而雕之也。故曰：'予一以贯之。''德輶如毛，毛犹有伦。上天之载，无声无臭。至矣！'"

朱子按："夫子之于子贡，屡有以发之，而他人不与焉。则颜、曾以下诸子所学之浅深，又可见矣。"又曰："子贡之学，多而能识矣。夫子欲其知所本也，故问以发之。"

※札记

政贵有恒

为政贵在坚持始终。做人也在于谨守初衷。大凡人生只要能够成就一件事业，就已经足够。重要的是要有“一以贯之”的坚守精神，平庸与伟大的分水岭并非别的，就在于“一以贯之”地坚持。

政务与政绩就贵在能够“一以贯之”地继承并坚持始终。忠实地继承前任的事业，将那些有益于人民的事业继续下去，直到做出成效为人民谋得切实的利益；在于能够以博大的胸襟尽自己之力成人之美、成就他人开创的事业；在于坚持不懈，而不是另起炉灶，更不是否定他人。在历史上留下卓著伟业的，大凡总是相得益彰的继承与发展的延续过程，历史并没有因为注重对开创者的盛赞而遗忘为之锦上添花的继承者，司马迁在《史记·曹相国世家》中盛赞萧规曹随、清静无为的政治业绩，为后人留下了一段政治佳话。“萧何为法，觏若画一；曹参代之，守而勿失。载真清净，民以守一。”历史的尘埃并没有因为曹参的“无为”而掩盖他的功绩，反而由此彰显了那种务实的坚持精神。

为政不在言多，而在躬行。那种今天出思路，明天出新招的飘浮作风，实则虚耗民力，破坏生产力发展。真正愿为群众做事的人，只要认准一项为民谋利的事业，长期躬行不辍，必有收获，何虑事业之不兴，民生之不富，经济之不发展？现实中恰恰缺乏的就是这种脚踏实地的实践者、默默无闻的劳动者和拙讷无言的建设者。

※原文

子曰：“由！知德者鲜矣。”

※译文

夫子说：“仲由！能够理解仁德的人很少啊。”

※又译

夫子说：“仲由！（这世间）大智大德的人很少啊。”

※札记

向着我们心中的美好目标努力

英明睿智，是我们颂扬的。

德泽远播，是我们膜拜的。

我们崇尚英雄，我们敬仰圣哲，我们向往美好，我们追求自由……人类就是由于深存于内心的这种执着，才使历史得以发展、文明能够传承、德行予以弘扬，也才令我们总是对历史的伟大业绩深怀感激，对现实的建设充满信心，对未来的描画满怀希冀。于是，我们奋进，我们探求，我们向往。因而，社会在这种一代又一代不懈的奋斗中日益发展、日益进步、日益美好，令我们充满想象。

先哲用他们思想的光芒灼照千古，在不同方面留下了垂泽万世的勋业。那么，我们又将如何？对社会做出什么？对于自己承担的使命将给出何种结果？

然而，在这世间，能够达到大智大德的人是很少见的。正因其少见，才为楷模，才值得人们追慕。也正因为这样的人太少，人们感到不可企及，转而追捧“球星”“歌星”，甚至“美女秀星”，唯独缺少“智星”“德星”。于是，在物欲横流的尘世，泛起的大多是芜杂的泡沫，令我们的灵魂感到窒息，感到孤独，感到受挤。

回望历史，人类已经走过了很长的阶梯，但是通向美好的路还很遥远，对未知的探求永无止境。仰望先哲，我们惶愧；面对后世，我们没有理由懈怠。是的，我们没有借口放弃努力，我们只有努力修养自己，奋力走向前去，只将我们的背影和名字留在身后。

※原文

子曰：“无为而治者，其舜也与？夫何为哉？恭己正南面而已矣。”

※译文

夫子说：“自己从容安静似乎无所作为而使天下得到治理的人，大概只有舜吧？他干了什么呢？他只是庄严端正地坐在自己的位置上罢了。”

※历代论引

朱子曰：“无为而治者，圣人德盛而民化，不待其有所作为也。独称舜者，绍尧之后，而又得人以任众职，故尤不见其有为之迹也。”

※札记

无为而治

政治的最高理想，就是顺其自然，自然而然地达到治化大同的境界。

不论在何种位置，也不论权力大小，如果真心诚意为群众谋利益，不扰民生，不敛民财，教化推行，人民自会感谢，政事自然清明，百姓自然安居而乐业。

在陈绝粮

得民心者事业兴。民心问题历来为治国理政者所重视，民心的向背对于政权的兴亡有着举足轻重的作用。赢得民心，就要解民难，真心实意为人民排忧解困。得民心，没有别的，唯在于无私无欲，以百姓之心为心，以百姓之想为重，任劳任怨。

※原文

子张问行。子曰："言忠信，行笃敬，虽蛮貊之邦行矣；言不忠信，行不笃敬，虽州里行乎哉？立则见其参于前也，在舆则见其倚于衡也，夫然后行。"子张书诸绅。

※译文

子张问怎样做可以使自己的主张能被人们接受。夫子说："说话忠厚诚信，行为质朴恭敬，即使是在蒙昧不开化的蛮貊地区，也能通行无阻；如果说话不忠诚老实，行为不忠厚严肃，即使在本乡本土，能行得通吗？身为平民，做事、站立则如同看见'忠信笃敬'几个字耸峙在眼前，做官高升后，坐在车上时也好像看见'忠信笃敬'几个字就悬挂在车前的横木上。能够做到这样，就可以畅通无阻了。"子张便将这句警言书写在衣服的绅带上，借以时时提醒警诫自己。

※历代论引

程子曰："学要鞭辟近里，著己而已。博学而笃志，切问而近思；言忠信，行笃敬；立则见其参于前，在舆则见其倚于衡：即此是学。质美者明得尽，渣滓便浑化，却与天地同体。其次惟庄敬以持养之，及其至则一也。"

朱子曰："其于忠信、笃敬念念不忘，随其所在，常若有见，虽欲顷刻离之而不可得；然后一言一行，自然不离于忠信、笃敬，而蛮貊可行也。"

※札记

忠信笃敬，处世根本

"忠信，礼之本也。义理，礼之文也。无本不立，无文不行。"（《礼记·礼器》）待人接物，贵在真诚自然，说话诚信老实，行为忠厚庄敬，无任何矫揉造作、华而不实的伪饰。无论在什么行业、什么岗位上，诚实最可靠，忠厚最可贵。

※原文

子曰："直哉史鱼！邦有道，如矢；邦无道，如矢。君子哉蘧伯玉！邦有道，则仕；邦无道，则可卷而怀之。"

※人物简介

史鱼：名鳝。卫国大夫。字子鱼。卫灵公不用贤臣蘧伯玉而宠信佞臣弥子瑕，史鳝数谏，灵公不听。鳝将死，命其子曰："吾生不能正君，死无以成礼，置尸牖下。"灵公往吊，见而怪之。其子以告。灵公惊曰："寡人之过也。"于是进蘧伯玉而退子瑕。孔子闻，曰："直哉史鱼！既死，犹以尸谏。"事见《孔子家语·困誓篇》。

※译文

夫子说："正直啊，史鱼！国家政治清明，正直无私，语言就如箭矢；国家政治昏暗，仍然无私无畏，正道直行，就如射出之箭。

真正的君子啊，蘧伯玉！国家政治清明，则出任政事，为国尽力；国家政治昏庸，就收束志向退隐深居。"

※历代论引

杨氏曰："史鱼之直，未尽君子之道。若蘧伯玉，然后可免于乱世。若史鱼之如矢，则虽欲卷而怀之，有不可得也。"

※札记

卷束情怀归故园

一个人能够做到谨守持正，就是一种非凡的砥砺。勇于放弃就是一种高洁的品格。君子如蘧伯玉！卷而怀之。进退用世，自合其理。既不迷恋高位，也不贪图利禄的诱惑，明于审时度势。用则为国家尽力，去则静心养德于远僻。不为物诱，不为利趋。既然明知自己的力量于事无补，无可挽回，那么就默默地退出，谨守自己的品格，不做为虎作伥的坏事。

人生在世，各有自己的出路和选择。古代的读书人大体都讲究出进处退。所谓出进，就是指出任官职；处退，指退隐潜居。他们对自己政治道路抉择的前提就是国家政治是否“有道”。如果国家政治局面清正安定，就出来参与治理国家；如果国家政治腐败、政局动荡，就隐居远遁，明哲保身。因为，当社会现实不允许他们实现其政治抱负时，不愿同流合污的他们明知回天无力，何必要去白白送死呢？

孔子称赞身处昏暗环境而能够抵拒诱惑，淡泊名利，勇于放弃地位权势，保持自己品格的“君子”作风。“笃信好学，守死善道。危邦不入，乱邦不居。天下有道则见，无道则隐。”这句话强调了对出进处退要有选择。所以，人生慎其所处。不论身处何种境遇，都应该做到善济天下，独守德操。而不应仰仗权势、凭恃财富，做出违心的行为举动而有损于德行的修养。也就是说在名利的诱惑下要能够把持得住自己，谨守其身不处暗室，不行苟且，不枉道以徇人之志。

※原文

子曰：“可与言而不与之言，失人；不可与言而与之言，失言。知者不失人，亦不失言。”

※译文

夫子说：“可以同他谈话的人，却不互相交谈，这是错失了人。不可以同他谈话的人，却和他谈了不该谈的话，这是言语有失。智慧的人可以做到既不错失人，也不使言语有失。”

※札记

失人、失言，其害非浅

失人，则助者寡，朋友相离、人才散处，上下不相支持，左右不相助力，处国则政不通，居家则邻不亲。以周公之圣明，犹以降尊纡贵，吐哺握发，惧于失人。

考察古今社会用人之风，不外乎两个极端：拔擢贤才，不问出身，社会繁荣兴盛；小人得势，竞相仕进，卖官鬻爵成风，则世风奢靡，积怨渐炽，动荡不宁。然而，无论古今，当政者不以失人为自责，只以居官清贫为耻辱。苏辙说：“吏闻有以入人之罪抵重罚，而未闻有以失人之罪抵深法者。民闻有以赦除其罪，而未闻有以不义得罪于法之外者。”没有听说过有因错过人才的罪而伏法的。

失言，则祸将骤至。《易》曰：“乱之所由生也，言语以为阶。”大凡被谣言中伤者，莫过于失言。任何时候都有一些奸佞之徒、无所事事之辈，盯视着你，窥测着你的言行，借以生造事端，拨弄是非，以售其奸。于是，很多有为之士，因为“莫须有”的罪名，招致谗言暗箭的中伤，蒙受不白之冤。

失人，致离心离德；失言，则谄溺于人。古铭：“与其溺于人也，宁溺于渊。溺于渊，犹可游；溺于人，不可救也。”

※原文

子曰：“志士仁人，无求生以害仁，有杀身以成仁。”

※译文

夫子说：“有志向有仁德的人，不会贪生怕死，为了自己的生存而损害仁义，只会选择牺牲自己的性命成全仁义。”

※历代论引

朱子曰：“（志士仁人）理当死而求生，则于其心有不安矣，是害其心之德也。当死而死，则心安而德全矣。”

程子曰：“实理得之于心自别。实理者，实见得是，实见得非也。古人有捐躯殒命者，若不实见得，恶能如此？须是实见得生不重于义、生不安于死也，故有杀身以成仁者，只是成就一个‘是’而已。”

※札记

君子舍生取义

生死，生命的两极，人所难免，只是迟早的问题。为了忠孝而死，为了实现仁义而获罪，为了国家民族正义而牺牲自己的生命，是值得景仰的。历史上的忠臣孝子，宁可抛头颅洒热血，绝不会苟且偷生而玷污自己的信仰。宁可杀身以成仁，绝不会为了自己生命的安全，而去做违背仁义的事。他们为了自己的信仰，会毫不犹豫地放弃一切，乃至于生命，决不因旁人的诽谤或赞扬而动摇，也不因个人的名利得失改变初衷。阅读历史记载的仁人志士的事迹，我们无不为其浩然之气所震撼。正是他们撑起了中华民族的脊梁，他们勇于对历史承担、勇于为人民负责的使命感，千百年来一直感动着、激励着一代代的后继者奋然前行。

※原文

子贡问为仁，子曰：“工欲善其事，必先利其器。居是邦也，事其大夫之贤者，友其士之仁者。”

※译文

子贡问怎样实行仁德。夫子说：“工匠要想做好他的工作，一定先要整治好他的工具。居住在这个国家，就要侍奉大夫中贤德的人，与那些有学问、有仁德的人交朋友。”

※历代论引

程子曰：“子贡问‘为仁’，非问‘仁’也，故孔子告之以为仁之资而已。”

朱子曰：“贤以事言，仁以德言。夫子尝谓子贡悦不若己者，故以是告之，欲其有所严惮切磋以成其德也。”

※札记

处世，社会关系是重要资源

孔子说：“事其大夫之贤者，友其士之仁者。”与仁者为友，与贤者为伍。大夫之有贤德已属难能可贵，则不必强求其有仁德；士虽有仁德，但却不一定就能处于大夫的高位。世间的事就是这样微妙，所以，当善而处之。人是在社会中生存的，因而必须首先适应环境，形成一定的社会关系，为环境所接受而容纳。然后，才有可能施加自己的影响，进而改造环境。这是一个由弱渐强的过程。

人们都有自己生活的目的，都有自己事业的目标，都有自己的信仰，都在竭力营造自己生活的幸福。所以，必须对自己的生活和人生有所计划。要想成就事业，就必须建立和利用关系，社会关系是人生最重要的资源。不论从事何种职业，都会受到环境的制约，只有建立和疏通一定的社会关系，然后才可以有所作为。事实上，任何时代，任何人，任何一件事，都是如此。因此，不能画地为牢，自我限定。要多交友，多了解，尤其要处理好与上层社会的关系，取得处在重要位置上的栋梁人物的了解和支持，这是事业起步的关键。

无论是英雄还是平民，每天都要面对到来的事情。当然，不是人人都要获得巨大的财富或爬上权力的巅峰才能证明其人生的精彩。世途虽艰，重要的是不要趋炎附势，更不要为虎作伥，要能够始终固守着最高的道德原则，尽力保持自己的纯正，守住自己良知的底线，不要自污。即使此生命运乖蹇，不能有所作为，也绝不能放弃道德原则。

※原文

颜渊问为邦。子曰："行夏之时，乘殷之辂，服周之冕，乐则《韶》《武》。放郑声，远佞人。郑声淫，佞人殆。"

※译文

颜渊问治理国家的方法。夫子说："实行夏代的历法，乘坐殷朝的木辂车，穿戴周朝的衣冠，欣赏《韶》《武》。摒弃郑国奢靡的乐曲，疏远奸邪谄媚的小人。因为，郑国的音乐淫奢过度，沉溺其中会消磨丧失意志；奸邪谄媚的小人很阴险。"

※历代论引

张子曰："礼乐，治之法也。放郑声，远佞人，法外意也。一日不谨，则法坏矣。虞夏君臣更相饬戒，意盖如此。"又曰："法立而能守，则德可久，业可大。郑声、佞人，能使人丧其所守，故放远之。"

尹氏曰："此所谓百王不易之大法。孔子之作《春秋》，盖此意也。孔、颜虽不得行之于时，然其为治之法，可得而见矣。"

※札记

清除文化垃圾，净化社会风气

治国，重在使天时、地利、人和诸因素和顺谐调。任何一个时代，都有其政治思想，都有一个为之服务的文化主流。而文化的发展，是继承中的发展。一个时代的文化精华，代表和反映的就是这个时代的政治精神。任何时代，任何社会，其文化的发展无不体现出国民心态对政治现状的映射，是当时社会时尚、社会心态、社会思想潮流的记载。因而，文化对社会发展的影响是深刻而又深远的。

我们总是对意识领域的思想性创见表现出过分的敏感和警惕，但是，对于伪文化甚至反文化潮流的侵蚀与祸心，却疏于防范。

郑国之声淫靡，足以惑志；佞人善辩之士，足以倾邦。因此必须重视文化建设，使我们的思想纯正，守护我们的心灵不被污染。

※原文

子曰："人无远虑，必有近忧。"

※译文

夫子说："一个人如果没有长远的打算，就会有即将到来的忧患。"

※历代论引

苏氏曰：“人之所履者，容足之外，皆为无用之地，而不可废也。故虑不在千里之外，则患在几席之下矣。”

※札记

天晴修水路，无事早为人

不论是西瓜还是芝麻，只要选定了，就坚持种下去，并尽力把它种好，种出精品。人必须要有一个长远的目标，执着于既定目标，并为实现这个目标不懈努力。“今日有酒今日醉，明日忧来明日愁”的态度是不足取的，只会令自己陷入更加不幸的泥沼而不能自拔。

我们原本都不是圣人，我们该怎么干还得怎么干，我们无力也不能改变现实，我们只能顺乎自己的心灵，只能老老实实地在自己的能力之内做出有限的努力，诚挚地为自己深藏于内心的那个可期待达到的目标尽力，一步一步地接近，使自己不至于在忧患到来时显得过分被动。

※原文

子曰：“已矣乎！吾未见好德如好色者也。”

受鱼致祭

※译文

夫子说："罢了罢了！我从来没有见过敬仰德行就像爱好美色一样的人。"

※札记

一心一意追求到底

人类追求真理学问道德的决心，永远比不上对物欲美色的贪恋崇尚。

在生活中，我们总是受到很多诱惑，使我们的品德受到侵害。我们的理性不愿堕落，但是我们人性中的弱点却无法抵御欲望的引诱，因而我们总是在理性与天性的争论中煎熬，我们活得很累，心灵很苦，我们的身体感到很疲惫。

我们崇尚道德，高扬着完美的旗帜，希望受到人们的敬仰，但是，我们的心灵却在欲望的泥潭中苦苦挣扎。能够守住自己的是圣哲，能够有所节制的是我辈平凡的人，被欲望役使的人则堕落地做出被人所不齿的恶行。

我们是平凡的，人生平庸，但我们也应不忘德行，坚持砥砺自身的修养。

※原文

子曰："臧文仲其窃位者与？知柳下惠之贤，而不与立也。"

※人物简介

柳下惠：字季，又字禽。春秋时鲁国大夫，曾为士师官。食邑柳下，谥曰惠。相传他为士师，三黜而不去，屈身为仕。

※译文

夫子说："臧文仲是一个窃取职位的人吧？他了解柳下惠的贤能，却不举荐，使其不能为国家出力。"

※历代论引

范氏曰："臧文仲为政于鲁，若不知贤，是不明也；知而不举，是蔽贤也。不明之罪小，蔽贤之罪大。故孔子以为不仁，又以为窃位。"

※札记

举贤任能

古有内举不避亲，外举不避仇的佳话，有鲍叔牙荐管仲的高义……世代传颂。

今之任人原则更加严格科学，提倡任人唯贤，也制定了一系列的考查任用规范。

但是在用人问题上仍然没有彻底达到理想的境界。却时见任人唯钱、唯亲、唯美、唯关系，一些不干事、无德才者反而得到重用，升迁通达；而踏实工作、有德能者却总是得不到任用。为什么会这样呢？其实就是私欲在作祟。居大位者，以权势谋私利，不以国家前途、民众利益为重。这些行为需要监督，值得警惕，从而也对为官从政者提出了更高的道德品质要求。

※原文

子曰："躬自厚，而薄责于人，则远怨矣。"

※译文

夫子说："亲理政事，多做工作，不要推卸责任，少责备别人，则怨愤自然减少了。"

※历代论引

朱子曰："责己厚，故身益修；责人薄，故人易从。所以人不得而怨之。"

※札记

勤于治事，宽以待人

不要总是责怪别人，"个人所能完成的只是有限的、暂时的某些环节而已"。也不要将责任和过错推诿给别人或是客观因素，更不要谈到成绩时夸大其词，论及自己的贡献夸夸其谈，遇到问题退避三舍，面临矛盾逃避沉默。我们总是强调着严于律己、宽以待人。但是事实总是相反：严于责人、宽以待己。总认为自己的贡献多，自己的思想纯，自己的素质、水平高。这就是现行的社会逻辑，当权者一贯正确，永远正确。我们习惯于将别人努力取得的成绩大而化之，戴在时代的头上，然后又简单地归结为时代进步的结果。转过身来，又以自己是这个时代的一个主要成员自居，毫不脸红地拿过这个时代的成果，顶在自己的头上，据为己有，将之归结为自己的成绩，强夺荣誉，而且理由冠冕堂皇，并自以为得计，且心安理得地享有着因此带来的一切好处。我们就是这样窃取着别人的成果，淡化着别人的心血而累加着自己不劳而获的荣耀。只是当出现失误、追究责任时（当然这种追究的可能性很小，或根本就没有，一般只是在总结的时候，高姿态地寻找几个无足轻重的所谓问题，而且都是客观原因造成的），竭力推卸、诿过，百般辩解，寻找客观理由；或者以不负责任的一句话"下属素质不高"，远远地推送开去，从而彰显自己十足的完美，拒绝承担一丝一毫的责任。

※原文

子曰："不曰'如之何，如之何'者，吾未如之何也已矣。"

※译文

夫子说："不问'为什么，为什么'的人，我不知道他到底懂得什么。"

※历代论引

朱子曰："'如之何，如之何'者，熟思而审处之辞也。不如是而妄行，虽圣人亦无如之何矣。"

※札记

对这世界我们到底知道多少

人类就是在不断的求知中前进的。学问也是在不断追问"为什么"的过程中逐步深入的。

知识在日新月异地更新并丰富着，世界在急剧地发展变化着，我们面对的领域广阔，我们的疑惑将更多。对任何事情，都不动脑筋，不晓得提问题，举一隅而不能以三隅反，糊里糊涂度日子的人，是找不出为什么的，他们的思想是停滞的，是被动的，因而，世界的大门也对他们关闭着。他们的生命还有什么意义呢？

任何时候，都不能人云亦云，要用自己的头脑去思索，用自己的思想去甄别，要有研究精神，凡事多问几个"为什么"，只有在对这一个个的"为什么""如之何"的求解考证过程中，我们对客观世界的认识才能逐步深入，也才能对我们自身获得更多的了解，从而更为真切地感知生命的要义。

※原文

子曰："群居终日，言不及义，好行小慧，难矣哉！"

※译文

夫子说："整天聚集在一起，不说一句涉及公理、大义的话，只喜欢卖弄小聪明，这种人是难成大器的。"

※札记

好行小慧，难成大器

在工作和生活之外，人们是如何度过的？考察古今成就大事业、大学问的人，

楚狂接舆

无不是以超人的意志、充分利用闲暇的时光做着不懈的奋斗。

当今的社会风气之所以令人忧心，不仅表现在表面的奢靡，更深层次的隐患在于我们的教育问题和社会所崇尚的价值观的导引，以及由此而引来的人们的现实行为。在涉及利益荣誉的事情上，人们喜欢使用小聪明，玩弄小手段，而在道德修养、学问造诣方面不用心，这是时代的悲哀，是社会的病态，是民族的祸端。

※原文

子曰："君子义以为质，礼以行之，孙以出之，信以成之。君子哉！"

※译文

夫子说："君子以道义为做人的根本，以礼仪通行于世间，以谦逊的语言表达自己的思想，以诚实的态度踏踏实实地实践，从而成就事业。这就是君子的作风啊。"

※历代论引

程子曰："义以为质，如质干然；礼行此，孙出此，信成此。此四句只是一事，以义为本。"又曰："'敬以直内'则'义以方外'。'义以为质'，则'礼以行之，孙以出之，信以成之'。"

朱子曰："义者制事之本，故以为质干；而行之必有节文，出之必以退逊，成之必在诚实：乃君子之道也。"

※札记

君子的品质

一个真正有学识的人，重视自己的责任和道义，有“铁肩担道义，妙手著文章”的豪迈气概，注重义、礼、逊、信的修养。行为处世恭敬有礼，表现出高度的文化涵养。态度谦虚，不骄不躁。对人对事信守承诺，坦诚自信。

孔子周游列国时，在陈、蔡之间被困，到了绝粮的地步，但是，“孔子讲诵弦歌不衰”。子路感到愤懑，他很生气地去见孔子，说：“君子也有穷困的时候吗？”孔子回答说：“君子虽然穷困，还坚持着。但是，小人一旦穷困潦倒，便无所不为了。”

※原文

子曰：“君子病无能焉，不病人之不己知也。”

※译文

夫子说：“君子担忧自己的能力有限，不责怨别人不理解自己。”

※札记

重要的是做好准备

人都想成就事业。但是，重要的是看我们的德操修养达到何种程度，我们的能力可以胜任什么职责？我们的第二特长是什么？我们可供凭恃的谋生手段是什么？一旦社会给予我们施展抱负的机会，我们有没有能力驾驭，我们自己准备好了没有？

往往机会来临了，而我们浮躁的心灵却未做准备，于是天使的钟情便与我们擦肩而过。我们不做自我反思，却总是呼天抢地，抱怨世道不公，人心不平。与其谴责于人，为何不静下心来充实自己？牢骚太多，并不能够改变什么，不论是对于别人，对于环境，还是对于自己，不仅于事无补，反而会成为无形的阻力。我们能够做的就是认真地把握未来的时间。只要认真地做好准备，具备了任大事的德能，何患没有机会？

※原文

子曰：“君子疾没世而名不称焉。”

※译文

夫子说：“君子所遗憾的是一生直到死的时候还没有什么能被人们称赞的。”

※历代论引

范氏曰："君子学以为己，不求人知。然没世而名不称焉，则无为善之实可知矣。"

※札记

将我们的名字写在史册上

生命的质量，就在于给这世间留下可以为人称道的业绩。

人生最大的失败，莫过于当我们离开这个世界的时候，回首一生，无所建树，无所作为，默默无所成就，如一粒尘埃，掩埋于不为人知的地方，与草木同朽。那个时候，才感到愧对此生，深为憾恨，可是又有什么用呢？人生匆匆数十载，惜取光阴，努力创造，最大限度地发展自己，才不枉费这大好年华。

※原文

子曰："君子求诸己，小人求诸人。"

※译文

夫子说："君子发愤图强，依靠自己的力量；小人投机取巧，总是攀附他人。"

※历代论引

谢氏曰："君子无不反求诸己，小人反是。此君子小人所以分也。"

杨氏曰："君子虽不病人之不己知，然亦疾没世而名不称也。虽疾没世而名不称，然所以求者，亦反诸己而已。小人求诸人，故违道干誉，无所不至。三者文不相蒙，而义实相足，亦记言者之意。"

※札记

君子总是严于律己

在这个世间生存，要看透名利之道，确定自己的方向是最重要的，要有坚定的信念。该做什么就做什么，坚持踏踏实实的奋斗，不要存有非分的念头，不要过分地企求有所据有。真正的君子，就是时时处处从严要求自己，只追问自己具备了什么？积累了多少？努力得如何？自问是否有所愧疚，而不是要求别人应该对你如何。一切成就都靠自己的努力，不去攀附、依赖别人，更不要做蓄意的炒作，否则一切虽可收效于一时，但却是短命的。

观周明堂

※原文

子曰："君子矜而不争，群而不党。"

※译文

夫子说："君子庄重矜持，但不相互争持排挤；与人和睦相处，但不勾结私党。"

※札记

君子之朋与小人之党

物以类聚，人以群分。虽草莽之徒，犹有友朋，君子高士，岂无党乎。朋与党，皆自处其类，泾渭分明。君子之朋，非志同而道合者，不相往交。小人之党，无利益之趋，则必四散而去。

※原文

子曰："君子不以言举人，不以人废言。"

※译文

夫子说："君子不以一个负有盛名的人一句话的举荐而轻信任用，也不会因为是一个卑微无闻的人而废弃他说的合乎道义、符合事实的话。"

※札记

君子重道不轻信

大言滔滔而无识见，是令人厌恶的。为文万言，而无一策可行，只能是虚妄的空谈。做人必须固守中正，不偏不倚。

※原文

子贡问曰："有一言而可以终身行之者乎？"子曰："其'恕'乎！己所不欲，勿施于人。"

※译文

子贡问："有没有一个字而可以让人终身奉行的？"夫子说："那大概就是'恕'吧！自己不愿做的事，不要强加于别人。"

※历代论引

朱子曰："推己及物，其施不穷，故可以终身行之。"

尹氏曰："学贵于知要。子贡之问，可谓知要矣。孔子告以求仁之方也，推而极之，虽圣人之无我，不出乎此。终身行之，不亦宜乎？"

坡公云："夫以忠恕为心，而以平易为政，则上易知而下易达。"

※札记

美好的人生在于善"恕"

如果我们能够以真正意义上的公平、平等、公正地对待人和事，何存乎恕？谁有权利宽恕别人？如果能够以平静的心态面对一切，推己及人，替自己也替别人设身处地想。岂能强制别人去做不愿做的事？不要过高地要求别人，多为别人想一想，因为我们就不完美。"己所不欲，勿施于人。"其实，这就是"恕"。于是我们的心态就会感到轻松，我们的人生也就会因此而增加欢乐和美好。

※原文

子曰："吾之于人也，谁毁谁誉？如有所誉者，其有所试矣。斯民也，三代之所以直道而行也。"

※译文

夫子说："我平素对待别人，毁谤过谁，称赞过谁？如果有所赞誉，那也是经过多次的考验。夏、商、周三代的人就是这样做的，所以三代的社会风气纯正、民风淳厚。"

※历代论引

朱子曰："吾之所以无所毁誉者，盖以此民即三代之时所以善其善、恶其恶而无所私曲之民，故我今亦不得而枉其是非之实也。"

尹氏曰："孔子之于人也，岂有意于毁誉之哉？其所以誉之者，盖试而知其美故也。斯民也，三代所以直道而行，岂得容私于其间哉？"

※札记

走自己的路，让别人说去吧

社会是永恒发展的，人随着社会的发展而不断进化，思想在不断演进，任何事物都不可能停滞不前。耿耿于三代之成规，我们岂不是要永远停留在那种原始蒙昧之中而不能进步了吗？三代之时，民风淳朴，但是文明并非完美而不可替代，何必固执一端，不思进取呢？

人，活在世上，总是会被人说、被人议论，这是很正常的事情。受侮被谤，无如仲尼。周游列国，终不见用，而屡遭讥嘲。无论故意的诋毁或是过分的赞誉，都不必在意，自己要有主见，不因为别人的中伤而愤怒，也不因为他人的虚誉而沾沾自喜。要能够始终保持着自己平和的心态，一如既往地沿着自己认定的方向百折不回地前进。

世事变迁，人心不古，这是千古不易的哲理。坚定自己的信念，毁誉由人去说。只要俯仰无愧于天地，面对世人无欺心之怍，又何必在乎他人的毁誉？

不要轻易攻讦人，也不要虚伪地恭维人。即使别人都在议论着什么，也不能无原则地随声附和，不要听信别人的毁誉，要有自己的思想，要有自己独立判断是非的标准，用自己的头脑做出分析，得出合乎客观的结论，更不要盲目地跟在别人的后面推波助澜，沦为毁谤好人的帮凶、容忍恶行的同谋。同样地，有人攻讦自己或恭维自己，不必在意。因为，毁誉不是衡量人的绝对标准，没有谁不遭遇他人诽谤的，即使伟人，也同样不能幸免。所以孔子感叹："现在的这些人啊！"

金人铭背

《庄子》说："且举世而誉之而不加劝是，举世而非之而不加沮。"（见《庄子·逍遥游》）真正有大修养的人，毁誉不能动摇其心。因为，他的修养境界已经形成，称誉对他并没有增加劝勉鼓励的作用，毁谤也绝不能够损坏他的德行。毁誉不惊，就是圣人境界。

※原文

子曰："吾犹及史之阙文也，有马者借人乘之。今亡矣夫！"

※译文

夫子说："我还能够看出史书中缺脱文字的地方。有马的人，先借给别人乘骑，这种精神现在已经没有了啊。"

※历代论引

杨氏曰："'史阙文''马借人'，此二事孔子犹及见之。'今亡矣夫'，悼时之益偷也。"

朱子曰："此必有为而言。盖虽细故，而时变之大者可知矣。"

坡公曰："夫史之不阙文，与马之不借人也，岂有损益于世者哉？然且识之，以为世之君子长者，日以远矣，后生不复见其流风遗俗，是以日趋于智巧便佞而莫之止。是二者虽不足以损益，而君子长者之泽在焉，则孔子识之，而况其足以损益于世者乎。”

※札记

人心不古

孔子看到史书上有缺脱的文字，说明古人慎重，不知道就不妄补。现在的人，好臆测，多牵强附会，演义戏说沦为无稽，急急奔走于追名逐利之途，以致实事求是之科学态度丧尽，而浮躁虚妄的主观臆断之风盛行。

人世沧桑，有德行的人离我们越来越远了，后来人不再见得到他们高尚美好的德行流传下来了，所以越来越趋向投机钻营、巧言诡辩的歧途而不能止步。

※原文

子曰：“巧言乱德，小不忍则乱大谋。”

※译文

夫子说：“机巧善辩，是扰乱德义的祸根，小事不能够忍让，就可能破坏大局。”

※札记

诚信为本

坡公《〈春秋〉定天下之邪正》引太史公语说：“为君父而不知《春秋》者，前有谗而不见，后有贼而不知。为人臣子而不知《春秋》者，守经事而不知其宜，遭变事而不知其权。”（见《唐宋八大家文钞·东坡文钞》一一三卷）就是说：眼前有进谗言的小人，背后有暗害自己的贼子。固守经典规定的常道，不知道适宜与否，遭遇突然发生的重大事件，不知道随机应变。危险呵！上古帝王治国以德，其后以礼，再后以刑，而后以术。术用则诈行，民风日下。纵横之徒奔走天下，小人得逞，舌间是非纷起，争战无休。于是诚笃被欺，诈伪通行。

无论什么时代，搬弄是非之徒就是靠着那些爱听信片面言辞的人的耳朵，达到其扰乱人心的目的，奸猾邪巧之人总是在阴暗的角落罗织着中伤之事。如果你不能够忍耐，而逞一时之愤，必将激化矛盾，导致激反，造成不可挽回的损失。虽欲澄清事实，结果却适得其反，帮助小人成全其阴险的用心。因此，不要因为小人的中伤而乱了阵脚，也不要因为一时的冲动而自陷被动。在小人的圈套中，总会有人受到伤害。以忠厚拙讷的品德诚恳待人，自始至终认真地做好自己的事情，那些中伤的谣传便会随着时日的积累不攻而自破。

※原文

子曰："众恶之，必察焉；众好之，必察焉。"

※译文

夫子说："人们都憎恶讨厌的人，一定要深入观察；人们普遍称扬的人，也必须细致地对其进行考察。"

※历代论引

杨氏曰："惟仁者能好恶人。众好恶之而不察，则或蔽于私矣。"

※札记

切忌人云亦云

大家都讨厌的人，不一定一无是处，必须自己加以考察判断；对于大家都公认的好人，也一定要有自己的主见，再做深入的观察，看个仔细，以便确认。"善恶之殊，如火与水，不能相容，其势然尔。是故乡人皆好，孔子不然，恶于不善，然后为贤。"圣人尚被非议，谁也不可能令一切人称颂，也不可能令一切人厌恶。因此，对于任何人或任何事，都必须慎加省察。不要主观臆测谁好谁坏，也不要因听信别人的闲言碎语而武断地判定谁是谁非，不要以别人的议论作为自己判断的依据。在具体的事上深入地考察，调查研究，得出结论，做出独立的符合客观的评价，不要跟在别人的后面做传声筒，也不要受人指使，成为别人的工具。凡事都得经过自己的思考。人皆好之者，必有缘故；人皆恶之者，必有缘由。善必有人好之，也必有人恶之。

※原文

子曰："人能弘道，非道弘人。"

※译文

夫子说："人能够弘扬道德的影响力，不是道德来扩大人的名誉。"

※历代论引

张子曰："心能尽性，人能弘道也。性不知检其心，非道弘人也。"

朱子曰："人外无道，道外无人。然人心有觉，而道体无为，故人能大其道，道不能大其人也。"

※札记

人是社会道德的建设者和践行者

人是一切社会行为的主体，既是始作俑者，也是最后结果的分享者。良好的社会风尚是靠人建设的，腐朽奢靡的时尚也是由人的行为形成的。

我们提倡文明进步，我们号召向时代的楷模学习，是因为他们代表了社会道德的崇高风尚，他们的行为代表了时代道德的规范，从而使道德的境界得以弘扬光大，给了我们可以效法的榜样。

※原文

子曰："过而不改，是谓过矣。"

※译文

夫子说："有过错而不能够及时改正，这是真正的过错啊。"

※历代论引

朱子曰："过而能改，则复于无过。惟不改，则其过遂成，而将不及改矣。"

※札记

君子有过必改

品德高尚的人，总是严于律己，发现自己的过失，及时改正。因此，古人说："知过能改，善莫大焉。"勇于改过的人，不仅不会降低自己的威信，反而使得人们更加敬重。文过饰非只能令人鄙夷。"圣贤犹不能无过"，何况我辈平庸之人？过失不可避免，但是，我们可以做到及时改正。虽不能成为圣贤，但我们至少可以使自己的品行高尚一些。

※原文

子曰："吾尝终日不食，终夜不寝，以思，无益，不如学也。"

※译文

夫子说："我曾经整天不吃饭，整夜不睡觉，冥思苦想，但是却没有什么进步，不如认真地学习啊。"

※历代论引

朱子曰："盖劳心以必求，不如逊志而自得也。"

李氏曰："夫子非思而不学者，特垂语以教人尔。"

※札记

多读书，勤思考

一个有才华、有思想的人，首先要多读书、多求知。没有博学累积之功，又怎么可能有一得之见？不学而思，必为无本之木，终将陷于妄测臆断，无所进益。

荀子曰："吾尝终日而思焉，不如须臾之所学也。"只有善加学习前人的成果，才有利于发挥和发展其思想精髓。创造是建立在已有知识的基础之上的，只有孜孜不倦地学习，达到厚积，而后才可能有所见解，有所阐发，有所创新。因此，牛顿说，我是站在巨人的肩上，摘取真理的果实。不知旧，何以出新？不学而思的冥思苦想，只能是无知者的狂妄行为，充其量也只是步人后尘，做着徒劳的重复劳动，既浪费生命，又无所成就。学问是跑接力赛，是一代代的思想者薪火传承的事业，只有通过学习，接过前人的火炬，才可能有所建树，有所贡献。

※原文

子曰："君子谋道不谋食。耕也，馁在其中矣；学也，禄在其中矣。君子忧道不忧贫。"

※译文

夫子说："君子只图谋光大道德，不图谋衣食。种地的人，衣食温饱辛劳尽在其中啊，但却总是饥寒贫穷；做学问，则官职俸禄自在其中啊。君子忧虑道德的修养所能达到的程度，而不必忧虑贫穷。"

※历代论引

尹氏曰："君子治其本而不恤其末，岂以在外者为忧乐哉？"

朱子曰："耕所以谋食，而未必得食。学所以谋道，而禄在其中。然其学也，忧不得乎道而已，非为忧贫之故而欲为是以得禄也。"

※札记

君子谋道不谋食

一个真正有学问、以天下国家为己任的君子，并不斤斤计较生活的琐事，必定有着高远的志向，努力奋斗，而不是将精力耗费在无聊的生活享乐上。做学问，就是要潜心用力，认真求取真知，只要自己的学问达到较高的程度，有崇高的品德修养，才识就不会被埋没。

※原文

子曰：“知及之，仁不能守之，虽得之，必失之。知及之，仁能守之，不庄以莅之，则民不敬。知及之，仁能守之，庄以莅之，动之不以礼，未善也。”

※译文

夫子说：“依靠智慧取得的，但是如果仁德不足就不能够守护它，虽然得到了，必然又将失去。凭借智力拥有的，又有仁德能够守护，但是如果没有庄重的形式驾驭它，则百姓就不会敬服。依恃着智慧得到了，能够用仁德守护，也有庄敬的形式供奉着，但是如果没有礼仪的规范，也仍然不是最好的。”

作猗兰操

※历代论引

朱子曰："学至于仁，则善有诸己而大本立矣。莅之不庄，动之不以礼，乃其气禀学问之小疵，然亦非尽善之道也。故夫子历言之，使知德愈全则责愈备，不可以为小节而忽之也。"

※札记

人生得失寸心间

创业与守成是人生的大课题。老子认为，功成、名遂、身退，合乎天道。不贪婪富贵，无私无欲，顺应时势。人生中，不论事业成败、前途顺逆，都是值得认真品味的，都是财富，重要的是修养品德，谨守礼仪。人世间的是是非非，都是过眼烟云，只有做人是一辈子的事，不要过于注重一时一事的利益得失，要能摒弃私心杂念，堂堂正正地做人。

人生就像下棋，只有走过了，才发现是个错误，无奈地感到后悔。所以，每走一步，每做一事，都应当慎重，不要急功近利，切忌投机取巧。智虽高人一筹，但却并不一定合乎德义；通过取巧或昧心得到的，终将失去，怎样拿取的，必将以同样的方式送还，并且对人品有着损害，是真正的得不偿失。做人就是不求得到什么，只要不失去德义。

时时、处处、事事唯德唯谨。

※原文

子曰："君子不可小知，而可大受也。小人不可大受，而可小知也。"

※译文

夫子说："君子不应当计较其小事，是可以授予重任的。小人不可以重用，但是可以利用他的小聪明。"

※历代论引

朱子曰："此言观人之法。知，我知之也。受，彼所受也。盖君子于细事未必可观，而材德足以任重；小人虽器量浅狭，而未必无一长可取。"

※札记

小人不可大用

古今历史，总是在君子与小人的斗争中演进的。对于君子，不应拘泥于小处，而小人则不可使其太得志。君子与小人的识别，就在于大节，在于固守。君子注重德行的修养，小人患得患失，热衷于玩弄小聪明。

唐太宗说：“为官择人，不可造次。用一君子，则君子皆至；用一小人，则小人竞进矣。”

※原文

子曰：“民之于仁也，甚于水火。水火，吾见蹈而死者矣，未见蹈仁而死者也。”

※译文

夫子说：“百姓感到仁德做起来很难呵，总怕自己吃亏，比对水火的恐惧更为严重。水与火，我见到过陷身于其中而死的人，但是没有见过投身仁德而身亡的啊。”

※历代论引

李氏曰：“此夫子勉人为仁之语。”

朱子曰：“民之于水火，所赖以生，不可一日无。其于仁也亦然。但水火外物，而仁在己。无水火，不过害人之身，而不仁则失其心。是仁有甚于水火，而尤不可以一日无者也。况水火或有时而杀人，仁则未尝杀人，亦何惮而不为哉？”

※札记

奔赴仁德不可一日或止

水火，生命存在的基本条件，是生活赖以继续的必备要素，不可一日没有。在我们这个数千年来一贯提倡中庸之道的国家，百姓对仁德的需要，就如依赖于水与火。然而，对仁德的躬行却存在着相当的困难，有时是需要付出代价的，而且是昂贵的代价。因而，人们对仁德心存畏惧，历朝历代以来，勇而无功，信而见疑，仁而获罪的事屡见不鲜，为仁者不仅要受到来自恶行的攻击，还要经受各种怀疑与中伤。平凡的人不仅惧怕其个人品德修养不被认同，而且也同样畏惧修养仁德的艰难。

※原文

子曰：“当仁不让，于师。”

※译文

夫子说：“面临仁义的抉择，决不能犹豫退让，即使有违于老师的教诲，也不能放弃。”

※历代论引

朱子曰："以仁为己任。虽师亦无所逊，言当勇往而必为。盖仁者，人所自有而自为之，非有争也，何逊之有？"

程子曰："为仁在己，己所与逊。若善名在外，则不可不逊。"

※札记

当仁不让

面临仁德的选择，有时是痛苦的考验：亲情、友情、家庭。在大义与气节面前，历代的仁人志士用生命和殷红的鲜血书写了可歌可泣的篇章。他们不为强权所屈，不为利欲所诱，不为生命所迫，舍生取义，抒写了中华民族的正气浩歌。

亚里士多德说："吾爱吾师，吾更爱真理。"这就是信念和意志的抉择，如果老师站到了"仁德"的对立面，学生自当有当仁不让的坚定和勇气，坚决维护民族正义。我们热爱知识，我们尊重前辈，但我们不能迷信任何权威，不能被权威所束缚，要勇于探求真理，并有勇于为真理献身的精神。

※原文

子曰："君子贞而不谅。"

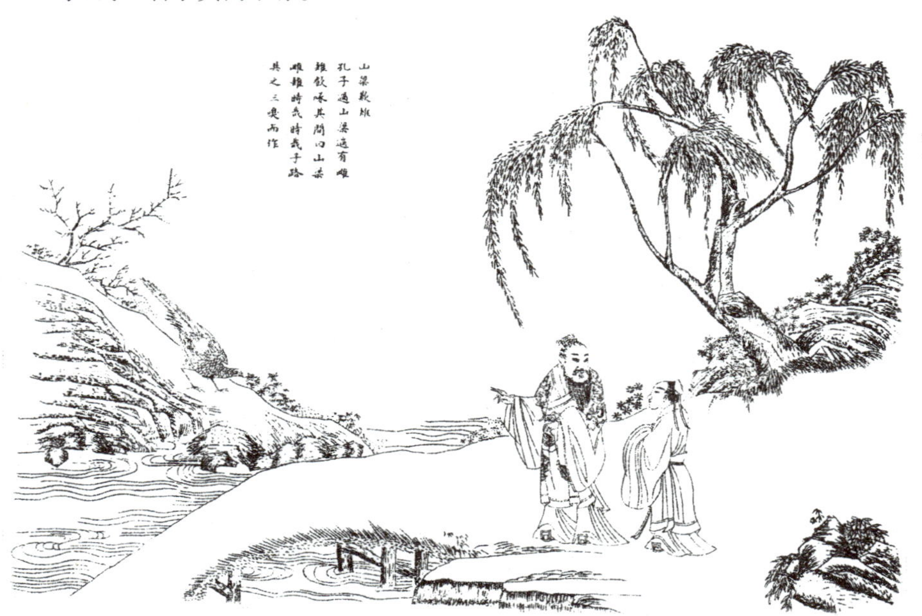

山梁汉雉

※译文

夫子说："君子纯正坚定，不能轻率地违背正义。"

※札记

君子贞而不谅

树立崇高的信仰，并奋斗不辍。绝不苟且马虎。是非分明，坚定不移，不拿原则做交易。

※原文

子曰："事君，敬其事而后其食。"

※译文

夫子说："服务国家，必须首先做到诚敬，尽其职责，然后才考虑俸禄。"

※历代论引

朱子曰："君子之仕也，有官守者修其职，有言责者尽其忠。皆以敬吾之事而已，不可先有求禄之心也。"

※札记

敬业是成就人生的前提

生存的意义对每个人来说不尽相同。一个人生活的方式很多，仅仅为了谋生，是容易的，任何一种职业都可以维持生计。但是，既然选择了一项事业，就要敬其业、负其责，就要能够勇于担当，而不应当时时计较个人的利益与得失，更不能为了私利而做出违背道义、良知的事情。我们不必为生命中暂时的低潮而沮丧，只为拥有可期的未来而高歌；我们知道在经历过青春与辉煌之后，终有衰老乃至消失的那天，但我们也知道我们的真诚、善良、执着将留传于后世，永远支持着子子孙孙的信念。

※原文

子曰："有教无类。"

※译文

夫子说："施教不分贫富贵贱。"

※历代论引

朱子曰："人性皆善，而其类有善恶之殊者，气习之染也。故君子有教，则人皆可以复于善，而不当复论其类之恶矣。"

※札记

教育何日走出新天地

教育兴国，育才强国。这是国人的共识。

不论贫富贵贱，都有接受教育的权利。

不论贫富贵贱，都应受到教育。

不论贫富贵贱，经过教育都有可能成为有用之材。

教育应该是公正的，公平的，无歧视的。知识是无界限的，不应人为设置障碍。

但是，现行的教育体制人为地提高受教育的门槛，实在是有违教育兴国的战略目的。

教育应当是全民性公益事业，是社会福利事业，而不应附属于经济，受经济的影响，使之成为某些人谋取私利的产业，更不应当被铜臭所污染。所以教育的改革将向何处去，是关系到民族未来的大事，决不可掉以轻心。

※原文

子曰："道不同，不相为谋。"

※译文

夫子说："主张不同，就不能共同谋划。"

※札记

道不同，不相为谋

思想观点相左，就没有必要相互聚集商议，即使磋商，也不可能得到什么结果。

观点见解不同，是正常的。天地广大，滋育万物，既给禾苗以阳光雨露，也让杂草生长在原野田畴，并不只执一端。因此，虽然我们的认识不能取得一致，我们的道路相异，但是只要不是涉及民族大义，大可不必干戈相见，完全可以各走各的路。给别人以充分的自由，也令自己轻松无所牵挂。不要强人所难，更不要勉强自己，要有宽恕的精神，给别人以反思的时间，也给自己以自励的机会，以道德人格的力量感召吸引人，而不是强制别人服从自己，更不能放弃原则，屈从于别人。

※原文

子曰："辞达而已矣。"

※译文

夫子说："言论以表达思想为目的。"

※历代论引

坡公曰："夫言止于达意，即疑若不文，是大不然。辞至于能达，则文不可胜用矣。"

※札记

辞与意

任何语言，都力求用最简单的方式表达丰富的内容；任何行为，都只能以行为的结果来表明它的力量。仲尼说"志有之，'言以忠志，文以足言，不言谁知其志？言之无文，行而不远。'慎辞哉。"(《左传·襄公二十五年》)

语言是用来交流思想、表情达意的，以能够准确简洁地表达自己的思想为原则，而不以精巧为目的。过分地注重语言的表达方式和说话的委婉，则容易流于巧言，"巧言之乱邦"更是孔子所深为疾恶的。因此，辞贵以直。文贵曲，是讲究变化。语贵直，是力求简洁。古语说："言多必失。"

从一个人的说话与文章中就可以看出其人品、修养与学识。孔子以"讷于言"为近仁。其放言滔滔不绝，论议口若悬河者，大多拙于践行。所以，仲尼说："慎辞哉。"

※原文

师冕见，及阶，子曰："阶也。"及席，子曰："席也。"皆坐，子告之曰："某在斯，某在斯。"师冕出。子张问曰："与师言之道与？"子曰："然。固相师之道也。"

※人物简介

师冕：乐师。瞽者。

※译文

师冕约见而来，他走到台阶前，夫子说："这是台阶啊。"走近坐席，夫子说："这是席位，请坐。"一同坐下，夫子告诉师冕说："孔某人在这儿，孔某人在这儿。"师冕告别出门后。子张问："这就是同盲人交谈的方法吗？"夫子说："是的。这也就是互相学习帮助的礼仪规啊。"

※历代论引

范氏曰：“圣人不侮鳏寡，不虐无告，可见于此。推之天下，无一物不得其所矣。”

尹氏曰：“圣人处己为人，其心一致，无不尽其诚故也。有志于学者，求圣人之心，于斯亦可见矣。”

※札记

礼乐，国家治乱之根本

礼：社会生活中由于风俗习惯而形成的行为准则、道德规范和各种礼节仪式。它是社会秩序所赖以存在的基本要素。历代以来，治国的纲领在于严格遵守礼制。

司马光说：“国家之治乱本于礼，礼之为物大矣！用之于身，则动静有法而百行备焉；用之于家，则内外有别而九族睦焉；用之于乡，则长幼有伦而俗化美焉；用之于国，则君臣有序而政治成焉；用之于天下，则诸侯顺服而纪纲正焉。”司马光完整地论证了“礼教”在中国传统政治原则中的核心地位。

礼之为礼，在于进退举止的规矩。礼仪表现为形式，就是具体的礼物。而体现的实质，在于以礼品的外在实物致达自己的敬重之情，深层的行为基础就是以谦卑的态度，躬致内心深切的敬意。

“礼也者，反其所自生。乐也者，乐其所自成。是故先王之制礼也以节事，修乐以道志。故观其礼乐而治乱可知也。”（见《礼记·礼器》）因此，孔子竭力推崇礼乐教化的作用，并躬身率行不辍。

商羊知雨

季氏

政治道德

仁政与暴政的区别就在于：给予与强取。

国家政治方针的制定与实施，在于人，在于执政者的修养，在于执政者的品质，在于执政者文化精神的血脉传承。所以，君子见用，有如周公“一沐三捉发，一饭三吐哺”，殚精竭虑，心系社稷，则天下太平，社会欣欣向荣；暴君专制，有如商纣“以酒为池，悬肉为林”，欲榨取天下人膏血以肥己，搞得众叛亲离，国无宁日。

五千年华夏文明史，一以贯之的精神就是：共享和平，即民和政平。我们既不想侵略别人的土地，也不想占有别人的资源；既不想垄断别国的市场，更不想左右别国的政权；既不想控制别国的经济命脉，也不愿无偿攫取别国的财富；既不想侵吞别人的劳动果实，也不愿如小偷觊觎别人的花园。我们崇尚和平，继承先人的血脉，建设自己美好的家园。也正因为如此，古老的中华文明犹能传承至今。和平与发展，是永远的命题。

※原文

季氏将伐颛臾。冉有、季路见于孔子，曰："季氏将有事于颛臾。"孔子曰："求！无乃尔是过与？夫颛臾，昔者先王以为东蒙主，且在邦域之中矣，是社稷之臣也。何以伐为？"冉有曰："夫子欲之，吾二臣者皆不欲也。"孔子曰："求！周任有言曰：'陈力就列，不能者止。'危而不持，颠而不扶，则将焉用彼相矣？且尔言过矣。虎兕出于柙，龟玉毁于椟中，是谁之过与？"冉有曰："今夫颛臾，固而近于费。今不取，后世必为子孙忧。"孔子曰："求！君子疾夫舍曰'欲之'而必为之辞。丘也闻：有国有家者，不患寡而患不均，不患贫而患不安。盖均无贫，和无寡，安无倾。夫如是，故远人不服，则修文德以来之。既来之，则安之。今由与求也相夫子，远人不服而不能来也，邦分崩离析而不能守也，而谋动干戈于邦内。吾恐季孙之忧，不在颛臾，而在萧墙之内也。"

※人物简介

周任：古代优秀史官。

※译文

季氏准备征伐颛臾。冉有、季路前往拜见孔子，说："季氏将对颛臾有军事行动。"孔子说："冉求！难道这不是你的过错吗？颛臾，上代的君王曾经授权他主持东蒙山的祭祀，而且是在被封的疆域之中，是鲁国的臣属呀，有什么理由去征伐呢？"冉有说："季大夫想要这么做，不是我们二人的意思啊。"夫子说："冉求！古代良史周任有句话说：'能够贡献自己的力量，就任职；如果不能，就让贤。'遇到困难而不去帮助，将要摔倒而不去搀扶，那又何必用你做辅佐的大臣呢？而且你的话太过分了。放虎豹归山，把龟玉毁损在盒子里，这是谁的过错呢？"冉有说："现在的颛臾，城墙坚固，而且接近费邑。此时不攻占，必留后患，成为后世子孙的危险。"

夫子说："冉求！真正的君子最厌憎的是那种口是心非的伪善者。那种心里本来想要东西，却做出虚伪的推让，而编造出冠冕堂皇的理由拿去，这种人是十足的小人，是不道德的。我也听说过：有国有家的人，不忧虑财物的多少而忧虑分配不均，不忧虑贫穷而忧虑生活不安定。因为平均则没有贫富的悬殊，和顺则无所谓多与少的差别，生活安定则没有覆灭的后顾之忧。诚能如此，即使远处的人不服从治理，那么就以修治文明的德行吸引他们来悦服。既然招徕他们，就安置他们，使他们安心居住。现在仲由与冉求你们二人同时在辅佐季大夫，居住在偏远的地方的人不能悦服而来，国家面临着分崩离析的危险而不能守卫，却谋划在国内发动战争。我估计恐怕季孙真正的忧患，不是在颛臾，而是在萧墙之内呀！"

※历代论引

何晏集解："马(融)曰：'周任，古之良史。言当陈其才力，度己所任，以就其位。不能则当止。'"

职司委吏

谢氏曰："当是时，三家强，公室弱，冉求又欲伐颛臾以附益之。夫子所以深罪之，为其瘠鲁以肥三家也。"

※札记

侵略者的遁词

任何社会的任何一个政治行为总是要找出相应理由的，不论这种理由是建立在怎样的逻辑基础之上，弱肉强食者更是振振有词。"今夫颛臾，固而近于费。今不取，后世必为子孙忧。"欲加之罪，何患无辞？古来的征伐争战，又有几次是正义的，是真正替老百姓着想的？有哪一次战争不是一小撮野心家、阴谋分子私相密谋的结果？无非强取豪夺、阴谋篡袭而已，徒使老百姓遭受流离战乱的苦难。任何一次权力的更迭，无非是帝王的更换，最终又沦入封建的宿命。令人感到滑稽的是每次战争，必有檄文，以图昭告天下，阐明其替天行道之意，遮彰人耳目，貌似义正词严，实则色荏俱厉，强词夺理，以此壮己之胆，并借以推卸责任。无非是无耻者的狡辩，强盗的逻辑。

孔子主张温和递进，强调社会的稳定，注重百姓的安居乐业，倡导无为而治，以德怀民。反对激进变革，反对局部的或是全面的动荡。但在实力悬殊的社会现实中，这只是一种幻想。

※原文

孔子曰："天下有道，则礼乐征伐自天子出；天下无道，则礼乐征伐自诸侯出。自诸侯出，盖十世希不失矣；自大夫出，五世希不失矣；陪臣执国命，三世希不失矣。天下有道，则政不在大夫。天下有道，则庶人不议。"

※译文

夫子说："天下政治清明，则礼乐征伐等国家大事由天子决定。政治昏暗，则礼乐征伐等大事由诸侯擅自越权决定。由诸侯执秉国事，大约十世之内很少有不丧失政权的。如果国事执掌在大夫手中，五代之内也很少有不丧失政权的；若是由大夫的家臣把持国家政权，传到三代很少有不丢掉政权的。天下政治清明，那么政权就不在大夫手中。天下太平，老百姓就不会议论纷纷。"

※历代论引

刑昺疏曰："政出诸侯，不过十世必失其位，不失者少也。"

※札记

智者的箴言

治国的三种境界：一曰"天下有道，则礼乐征伐自天子出"，高度的中央集权；二曰"天下有道，则政不在大夫"，高度的政令畅通；三曰"天下有道，则庶人不议"，高度的思想一致性。高度的封建中央集权思想于此得到明确的体现。集权可以使政令得以迅速贯彻，使国家意志得以不折不扣地落实。诸侯分权割据，则必然导致政出多门，人民无所适从，而各附其党，政局动荡不宁，众议沸腾。但是，没有正常的民主制度，所谓的思想的一致性，是值得怀疑的。

※原文

孔子曰："禄之去公室五世矣。政逮于大夫四世矣。故夫三桓之子孙，微矣。"

※译文

夫子说："国家的政事不由朝廷决定的状况，已经持续有五代的时间了。权力落到大夫的手中也已经有四代了。由此观之，从桓公之后三家大夫的子孙已趋衰微了。"

※历代论引

苏氏曰："礼乐征伐自诸侯出，宜诸侯之强也，而鲁以失政。政逮于大夫，宜大夫之强也，而三桓以微。何也？强生于安，安生于上下之分定。今诸侯、大夫皆陵其上，则无以令其下矣，故皆不久而失之也。”

※札记

圣哲的警示

“政逮于大夫四世矣”，国柄旁落，家邦面临着倾覆的危机，危亡在即，危险啊！

※原文

孔子曰：“益者三友，损者三友。友直，友谅，友多闻，益矣。友便辟，友善柔，友便佞，损矣。”

※译文

夫子说：“有益的朋友有三种，有害的朋友也有三种。结交正直的人，结交诚实的人，结交见闻广博的人，是有益的。同虚伪奸诈的人交朋友，同谄媚奉承的人交朋友，同花言巧语的人交朋友，那是有害的。”

※历代论引

尹氏曰：“自天子至于庶人，未有不须友以成者。而其损益有如是者，可不谨哉？”

※札记

品质决定一切

朋友是影响我们德行的一个重要因素。交友不慎，致误终身。但是，社会是复杂的，同事是不能由自己选择的，虽有“合者交，不合者远之”之自由，可是，为了生活谁能保持永远的距离？关系总还得维持着。泾渭虽然分明，生活的河流还得挟泥沙而俱下。

同气相求，同味相投。确乎如此。可是生活的哲理告诉我们：不走的路都要经过三次，不愿见的人总也有狭路相逢的时候。我们不论做什么，总需要别人的帮助和支持。慎择其友，这是人们都极其重视的，谁能对我有所助益？谁能对我构成损害？关键还在于我们自己的品质。品质高尚，何惧与强盗同路？品质低劣，虽处庙堂，犹为小人。芝兰虽生于山野，与狗尾巴草相混，然而，其香依旧。杂草虽然跻身良田，与禾苗相比，总还是被人刈除。择友固然重要，而尤其重要的是修养我们自己的品德。

※原文

孔子曰："益者三乐，损者三乐。乐节礼乐，乐道人之善，乐多贤友，益矣。乐骄乐，乐佚游，乐宴乐，损矣。"

※译文

夫子说："有益的爱好有三种，有害的嗜好也有三种。喜欢有节制的礼仪音乐，喜欢称述他人良好的德行，喜欢结交很多贤德的朋友，这都是有益的。喜爱骄奢淫逸的娱乐，喜爱花样翻新的浪荡闲游，喜爱胡吃海喝的饮宴，则是有害的。"

※历代论引

尹氏曰："君子之于好乐，可不谨哉？"

※札记

人生的航标

兴趣是成就事业的先决条件，有益的、健康的、高尚的兴趣爱好，对人生的成就具有积极的助益；不良的、低俗的、怪癖的嗜好，必将导致人生发生变故。纵观历代成就伟业、为后世所敬仰的先贤，皆修养严谨，自律自强。纵欲无度，骄奢淫逸，必为后世所诟骂，遗臭万年。近年所查处的腐败官员中，无一不是因其放纵不正当的嗜好，被人乘虚而入，从而导致倾覆的。因此，古人说：慎其好哉。

人生是建立在品行之上的，而品行的养成决定于其志趣。爱好，当有所节制，当以义为先，以礼为约。无度的纵奢极欲，必将成为隐疾。一个人最快乐的时候，莫过于其所好得到满足之时，那种幸福是深刻的，深入内心以至于渗入骨骼血液的，而兴趣满足的方式则大不相同。所以，古人又进一步说：大德无好。

※原文

孔子曰："侍于君子有三愆：言未及之而言，谓之躁；言及之而不言，谓之隐；未见颜色而言，谓之瞽。"

※译文

夫子说："侍奉君子，常犯的过失有三种：不该说话的时候急于表现自己，喋喋不休，叫作急躁；应该深谈的事，却因怕负责任，言不及义，借以搪塞，叫作隐瞒；不能权衡环境定式，看不出别人的态度如何而陈述己见，叫作有眼无珠。"

※历代论引

尹氏曰："时然后言，则无三者之过矣。"

※札记

关键在于把握时机

君子得其时然后行之，非其时，当自慎处，谨修其德，预为准备。

※原文

孔子曰："君子有三戒：少之时，血气未定，戒之在色；及其壮也，血气方刚，戒之在斗；及其老也，血气既衰，戒之在得。"

※译文

夫子说："君子处世有三戒：年轻的时候，血气不定，警惕贪恋女色；等到壮年，血气正盛，警惕不择手段的竞争；待到老年，血气已经衰退，警惕贪婪无度。"

※历代论引

范氏曰："圣人同于人者血气也，异于人者志气也。血气有时而衰，志气则无时而衰也。少未定、壮而刚、老而衰者，血气也。戒于色、戒于斗、戒于得者，志气也。君子养其志气，故不为血气所动，是以年弥高而德弥劭也。"

※札记

先哲的告诫

做人处世戒之在争。争权争名争利争逞其意气，无序的竞争，必然导致腐败。

※原文

孔子曰："君子有三畏：畏天命，畏大人，畏圣人之言。小人不知天命而不畏也，狎大人，侮圣人之言。"

※译文

夫子说："君子在三个方面心存敬畏：畏惧上天的宿命，畏惧长辈和有学问的大人对自己产生成见，畏惧自己的行为违反了圣人的警语箴言。小人无知，不理解天命的不可逆转，因而不知敬畏，只知攀附权贵却对大德之人怠慢不敬，谎言欺瞒、戏谑玩弄圣人的言语。"

※历代论引

尹氏曰："三畏者，修己之诚当然也。小人不务修身诚己，则何畏之有？"

※札记

先哲的告谕

上天是永恒的，与生俱来的命运是不可逆转的，唯修德或能有所助益。天地如衡，人居其间。正则安，危则覆，不可无畏。有德之长者，是不可轻慢的，因为，他是你品德的镜子，是你修身养德的导师。圣哲的警诫是深刻的，发乎至情，达乎幽微，是历经沧桑的睿智，是洞穿时空的彻悟，不可无畏。诚能有所畏惧，则时刻有所惕厉，从而鞭策自己努力进取。小人放纵自己，不知上天之可畏，不知道德之不可侮，不信圣贤之言，因而终其一生为小人。

古今中外，历史上凡是有所创造、有所成就的人，都有一个目标，一个旗帜，一个中心，一个信仰。一个没有什么精神寄托的人，是不会获得成功的。当他感到"老子天下第一"的时候，其实就是失败的开始。

※原文

孔子曰："生而知之者，上也；学而知之者，次也；困而学之，又其次也；困而不学，民斯为下矣。"

※译文

夫子说："从生下来就有着超常智慧的人，是上等的人，是天才；通过学习而求得知识，是略次一等的人，是人才；身处困境而自强不息努力学习的人，是又次一等的人，是平庸的人；处于困境之中仍然不思发愤学习之人，实在是不可救药的下等人，那是真正的蠢材啊。"

※历代论引

杨氏曰："生知、学知以至困学，虽其质不同，然及其知之，一也。故君子惟学之为贵。困而不学，然后为下。"

※札记

学无止境

天才是存在的，不容怀疑。但是天才如果没有勤奋努力的支持，其成就是有限的。就如昙花，很快就会枯萎，是不足凭恃的，只有努力是长久的。纵天下之大德才，凤毛麟角，然犹不敢放弃努力。我辈平凡之人，又岂敢懈怠？

凡事在于学而知之。功业、德行的成就在于日积月累的学习，在于不断地进取。

贫困可以励志，可以成就人生，同样也可以抹杀人才。真正的有志者，是那些经历过困境磨砺却坚持到底的人，虽处困穷，依然辛勤地劳作着。他们才是这个社会的良知和精英，是这个世界的希望和旗帜，也只有他们才能够更深刻、更准确地体悟世事的沧桑，更了解世界发展的方向，从而负起历史的重任。因此，任何时候，任何境遇下都不能放弃学习，用学习升华我们的生命，成就我们人生的精彩，使我们的事业辉煌。

※原文

孔子曰："君子有九思：视思明，听思聪，色思温，貌思恭，言思忠，事思敬，疑思问，忿思难，见得思义。"

※译文

夫子说："君子在九个方面要经常注意：观察事物时考虑要努力洞察清楚事物的本质和内在联系，发现其深隐的含义；听取别人的见解时要全神贯注，说话听音，锣鼓听声，要明了其弦外之音，不要拘泥于片言只语；待人接物时，要注意容色始终保持温婉得体，不卑不亢，既不因其位尊而倨傲，也不因其位卑而谄媚；日常仪表神情、姿态行为注意保持恭敬、谦逊、诚挚；语言忠厚，不欺不诈，不闲议人非；做事谦敬认真，一丝不苟；存有疑问及时请教；情绪冲动时要顾虑到面临的困难和后果，理智地决定自己的行为；看到可能获取的利益时以道义来做出评判。"

※历代论引

朱子曰："视无所蔽，则明无不见。听无所壅，则聪无不闻。色，见于面者。貌，举身而言。思问，则疑不蓄。思难，则忿必惩。思义，则得不苟。"

程子曰："九思各专其一。"

谢氏曰："未至于从容中道，无时而不自省察也，虽有不存焉者，寡矣。此之谓思诚。"

※札记

工作着是美好的

现今的人们，总是好逸恶劳，总想着少做或不做事情，却奢望得到较多或全部的利益，缺乏责任感和对工作的热爱之心。朋友、同事们互相见面的问候中，总不免说一句“混日子罢”的谐谑。在日常工作中，更是敷衍塞责，应付了事，不做深究。整个身心处于一种浮躁惶急的状态，缺乏勤勉敬业的精神。

庄子曰：做事要“不徐不疾，得之于手而应之于心。”就是说，做事要自然，化繁为简。缓事急干，急事缓办，从容应对，游刃有余，以杜绝仓促之下出现错漏。动必量力，举必量技。切不可把简单的事情复杂化，更不可把复杂的事情离奇化，应持重待之。

我们应当为有一份工作而心存感激。因为工作不仅带给我们生活，而且给我们带来创造的快乐，带给我们实现人生价值的条件。看看失业者的生活吧，你就会为有一份工作而珍惜，你就会因为今天工作的忙碌而欣喜，感到充实美好。

晏婴沮封

※原文

孔子曰：“见善如不及，见不善如探汤。吾见其人矣，吾闻其语矣。隐居以求其志，行义以达其道。吾闻其语矣，未见其人也。”

※译文

夫子说：“看见好的唯恐不能达到，看见不好的就像伸手从热汤中捞取物品一样唯恐避之不及。我见到过这种人，我也听到过这句古话。隐居在僻静的地方是为了保持他的志节，奉行道义是为了传播他的思想。我听到过这样的话，但还没有见到过这样的人啊。”

※札记

言行不一者居多

人是言行不一致的动物，口是心非，说着一些言不由衷的话，以掩饰其内心的真正目的。趋利之徒如过江之鲫。人们都标榜着自己的高尚，口头上自我表白着“视钱财如粪土”，但是，谁又能够真正做到呢？所以，力争在日常生活中做到言行一致，心口合一，做一个正直、诚信之人显得尤为重要。这样才能获得更多朋友的信赖，从自己做起，营造良好和谐的社会关系。

※原文

齐景公有马千驷，死之日，民无德而称焉。伯夷、叔齐饿于首阳之下，民到于今称之。其斯之谓与？

※译文

齐景公有马四千匹，死的时候，却没有什么德行值得让老百姓称道。伯夷、叔齐饿死在首阳山下，老百姓到现在还怀念称赞他们。这说明什么道理呢？

※札记

春华秋实会有时

有功的人，人们歌颂其功绩；有才能的人，人们称赞其能力；有德行的人，人们赞美其品德。无功无才的人，至少也应当留下一两件好事让人们觉得他是个可以算作人的人。

一生之事无可为人所称道，则其人此生也就虚度了。不论其生前占据何种位置，享有多少威势，而可为人称道者，不外乎德行、业绩、言语。言语并不是任何人都可做到的；业绩是有大小的，志于远而得之近，求之高而就于低，或者命运不济所成有限，这都是合乎客观的；唯有德行，是人人皆可自觉修养而能够提高的，人可以不成功，但不可以没有好的品德；人可以没有只言片语流传后人，但不可以没有遗泽留存于世间。因此，德行是为人之本，也是人所皆可拥有的。

人生的任何失败都是无足轻重的，唯有到死而无所称，是最终的最彻底的失败。世人可以不称赞我的成功，可以不信我说过的话语，但是他不能不认可我的德行。德行，这是做人的最后“底线”。如果我们终其一生，既没有建功立业，也没有著书立

诛少正卯

说，而又丧失了做人的德行，则我们这一生是怎样的人呵？虽如齐景公富有千驷，其生时的赫赫威势不可谓不显贵，然而，到死民无所称，他又有何益于世？

※原文

陈亢问于伯鱼曰："子亦有异闻乎？"对曰："未也。尝独立，鲤趋而过庭。曰：'学《诗》乎？'对曰：'未也。''不学《诗》，无以言。'鲤退而学《诗》。他日又独立，鲤趋而过庭。曰：'学《礼》乎？'对曰：'未也。''不学《礼》，无以立。'鲤退而学《礼》。闻斯二者。"陈亢退而喜曰："问一得三：闻《诗》，闻《礼》，又闻君子之远其子也。"

※译文

陈亢问伯鱼说："你在老师那里得到过与众不同的教诲吗？"伯鱼回答说："没有啊。他曾经一个人站在庭院中，我恭敬地从他面前走过。他问：'学《诗》了没有？'我回答说：'没有。'他说：'不学《诗》，就不会说话。'我于是便开始钻研学习《诗》。过了一段时日，他一个人站在院子中，我又恭敬地从他面前走过。他问：'学《礼》了没有？'我说：'没有。''不懂得礼仪法度，则无从立足于社会。'我于是就认真学习《礼》，只听到过这样两次啊。"陈亢回去后高兴地说："提出一个问题而得到了三个方面的知识：听到《诗》的精义，闻知《礼》的奥妙，又知道君子对待儿子与学生的态度是一样远近的啊。"

※历代论引

尹氏曰："孔子之教其子，无异于门人，故陈亢以为'远其子'。"

※札记

君子无私

天地至公，圣人无私。君子不私其子，必致公正于天下。

历来官僚腐败者，总是借权仗势，其家属子弟，尽皆通达。其所传家者，并非诗礼，而是借势敛财。

※原文

邦君之妻，君称之曰"夫人"，夫人自称曰"小童"；邦人称之曰"君夫人"，称诸异邦曰"寡小君"；异邦人称之，亦曰"君夫人"。

※译文

小国君主的妻子，国君称她为"夫人"，夫人自己称作"小童"；国人称她为"君夫人"，在外交文书中对异国的人说"寡德的小国君主夫人"；外国的人也称她为"君夫人。"

※札记

惯常邦交不逾礼

在我们这个重视礼仪文明的国度，其礼仪等级繁杂琐细，令人敬慕而又感到无措。在邦交事务中，我们总是注重一个字词的遣用，以为正名，过分注重的是细节而不是原则，然而却对实质的东西忽视不见，忽略以至放弃的是实实在在的利益，得到的是毫无意义的文牍称谓；损失的是国家民族的尊严，换取的是一纸空文。只要翻开史书，这样的史实比比皆是，不胜枚举。尽管史学家绞尽脑汁地创立了各种技巧，予以粉饰或掩盖，但事实毕竟是事实，真相永远透射着其固有的光芒。从各个角度记载下来的史料中，你就会看到片面地看重辞令称谓而造成的失地损财的事实，令人感慨、愤懑不已。其实，惯常的称谓并不十分重要，只要不是故意地侮辱，何必拘泥于某种"规定"？

待人，恭敬有礼。处世，必须固守原则，据理坚持。何必在乎虚文缛节？

阳货

慎择其初

人生的成就是各种因素共同作用的结果。但是不论做什么，重要的是一定要走好第一步，如果第一步走错，再回头就很难了。有句谚语：男怕入错行，女怕嫁错郎。历史上很多人就是因为选择了错误的道路和方向，导致一生曲折坎坷，令后世诟病。众多有志之士满怀济世拯民的抱负，却总是为世俗所不容，总是受到宿命的捉弄，而上苍默默无言。积善积恶，成仁成魔，为君子为小人，没有外在的指引，也没有什么暗示，在于自己内心一念之间的自悟自觉。

不论做什么事，第一步的计划是最重要的，所以要走好人生的第一步。

※原文

阳货欲见孔子，孔子不见。归孔子豚。

孔子时其亡也，而往拜之，遇诸途。谓孔子曰：“来！予与尔言。”

曰：“怀其宝而迷其邦，可谓仁乎？”曰：“不可。”

“好从事而亟失时，可谓知乎？”曰：“不可。”

“日月逝矣，岁不我与。”孔子曰：“诺。吾将仕矣。”

※人物简介

阳货：季氏家臣，名虎。当时把持季氏的权柄，尝囚季桓子而专国政。后因企图削除三桓而未成功，逃往晋国。

拜胙遇途

※译文

阳货想见孔子，孔子不愿相见。于是，阳货送给孔子一只煮熟的乳猪。

孔子趁着阳货不在家的时候，去答谢他。二人却在路途中不期而遇。阳货对孔子说：“过来！我有话告诉你。”

阳货说：“怀藏着高尚的道德和才能但却不拯救国家的靡乱，能说这是仁德的吗？”孔子说：“不能。”

“热衷于处理事务却屡次失去时机，能说这是智慧的吗？”孔子说：“不能。”

“时光在消逝，岁月不等待人呀！”孔子说：“是啊，我将出来尽力。”

※历代论引

朱子曰："货语皆讥孔子而讽使速仕。孔子固未尝如此，而亦非不欲仕也，但不仕于货耳，故直据理答之，不复与辩，若不谕其意者。阳货之欲见孔子，虽其善意，然不过欲使助己为乱耳。故孔子不见者，义也。其往拜者，礼也。必时其亡而往者，欲其称也。遇诸途而不避者，不终绝也。随问而对者，理之直也。对而不辩者，言之孙而亦无所诎也。"

杨氏曰："扬雄谓：'孔子于阳货也，敬所不敬，为诎身以信道。'非知孔子者。盖道外无身，身外无道，身诎矣而可以信道，吾未之信也。"

※札记

人生如朝露

"机会是成功的重要保证。我们要抓住时机，主动出击，占据主动权，然后出奇制胜。"关键是选择时机。不论我们站在哪里，总是后悔当初选择的任何位置。真正能够抓住机遇的人不多，很多时候我们总是身不由己。现实迫使我们做出抉择，却不告诉我们该如何做才是唯一正确的，只是在时过境迁之后，才显露出端倪，这时，你只有暗自后悔。所以，面对紧紧催迫着接踵而来的一切，不论如何汹涌，当务之急，是该重新开始新的生活，对于那些因我们当初盲目选择而引起的风雨与激流，需要以新的姿态面对。

面对命运，我们总是被动的，我们做出的选择并不总是正确的，其实我们根本就没有选择的自由，只是生活选择了我们。我们所谓的选择，只是一种自我安慰式的奢望。人生的奥妙就在于只有当你走过了才知道是在哪里出的错，才知道当初应该怎么做。可是这一切已经显得轻飘，不再重要。只是我们应该明白，无论站在哪个舞台上，我们都应该努力亮出自己的歌喉，唱出自己的声音，为了这个世界和我们自己。

机遇是时时都存在的，关键看是否适合于你。你生活的现状和你对生活的感知与计划就是你人生的全部，而成就你人生的却是命运。人人都渴望成功，都在奋斗，都在抢抓机遇，成功或者失败，并不是生活的全部，真正值得重视的是我们生活的质量和对生活的感悟。只要我们努力做好每天的事情，至少我们的心灵是充实的，我们就有理由为自己的人生满意。今天的成功，说明的只能是我们过去的努力，所预示的也只是往日的结束和新目标的开始，并不能说明自己永远居于潮流前列。在历史的长河中，谁的成就都不足挂齿，都必将被新的时代所取代，重要的是继续努力。

人生大多的时间都是积累，都是为着等待适合于自己发展的那个时机的到来，有些人很幸运，早早地就等到了，他们的成就与时代紧紧联系在一起。有的人终其一生，他所期盼的幸运都没有到来，但是也并非完全就是失败。任何时代都必将造就代表其发展方向的杰出人才，同样地，任何时代也都有人才被淹没。区别就在于你是否做好准备，是否把握住了那稍纵即逝的机会。

※原文

子曰："性相近也，习相远也。"

※译文

夫子说："人的本性是相近的，只是由于习俗不同，而渐渐地相差很远了。"

※历代论引

程子曰："此言气质之性，非言性之本也，若言其本，则性即是理，理无不善，孟子之言'性善'是也。何相近之有哉？"

苏轼曰："至于言性，则未尝断其善恶。"

※札记

习俗化育

生于官宦富豪之家与生于平民贫苦之家，其人生命运有着天壤之别。因而，对于人性，孔子没有肯定性善还是性恶，只是说人性本是相近的。之所以有所差别，只是因为环境不同、所受到的教育不同、后天习染不同、自己努力程度不同，距离才慢慢增大，日益相距悬远了。因此，必须努力学习，提升自己的学识，成为对社会有用的人才。

出身对人生的命运具有深刻的影响，但这不是决定因素，重要的是如何认识，如何对待。虽然出身卑微低下，但是能够有坚韧不拔的毅力，尽力将自己的天分发挥到极致，必然能够实现其人生目标。同样地，即使一个人出身高贵，若以出身自傲，不思进取，也终必流于平庸而致失去一切。因此，人生的最终结果取决于自己的努力。

※原文

子曰："唯上知与下愚不移。"

※译文

夫子说："只有最上等的智者与最下等的愚夫是不能改变的。"

※历代论引

朱子曰："人之气质相近之中，又有美恶一定，而非习之所能移者。"

※札记

环境改变命运

智与愚并非天命所定，在于善恶之念。习善则善，习恶则恶。然而，“智”与“愚”并没有严格区分的界限。“上智”非智，“下愚”非愚，只是所处的位置不同而已。

环境决定命运，人也改变着环境。关键在于我们是被动地适应环境，为环境所同化？还是积极地进取，以自己的力量改造环境？坐而论道，不如奋力躬行。一千个智者的争论，不如一个老农的勤谨。重在行动，在于改变环境的实际行为。人们都在夸夸其谈，都在搜肠刮肚地创新着辞藻，预言着生态环境的恶化，其智慧的真知灼见令人仰慕，但是如果不能付诸切实的行动，永远只能是空洞的理论，没有一点用处，不如切切实实地去植一株树苗，去种一棵小草，去栽一簇鲜花。一个治沙者所植的一株红柳，胜过研讨生态环境会议的论文。

※原文

子之武城，闻弦歌之声。夫子莞尔而笑，曰：“割鸡焉用牛刀？”子游对曰：“昔者偃也闻诸夫子曰：‘君子学道则爱人，小人学道则易使也。’”子曰：“二三子！偃之言是也。前言戏之耳。”

※译文

孔子到武城，听到弹琴唱歌声。孔子微笑着说：“杀鸡哪里用得着宰牛的刀呢？”子游回答说：“以前我曾听夫子说过‘君子学习礼乐就会爱护人，老百姓受到礼乐的教化就能够遵守法度而容易治理啊’。”夫子说：“你们几位听到了吧！言偃的话是正确的。我刚才只是同他开玩笑罢了。”

※历代论引

朱子曰：“子游所称，盖夫子之常言。言君子、小人，皆不可以不学。故武城虽小，亦必教以礼乐。”“嘉子游之笃信，又以解门人之惑也。治有大小，而其治之必用礼乐，则其为道一也。但众人多不能用，而子游独行之。故夫子骤闻而深喜之。”

※札记

如何评价政绩

礼乐教化，政事之本。“君子学道则爱人，小人学道则易使也。”礼乐之用，就在于使君子与小人各有其用，各安其分。民贫则疾，家富则和，民富则礼乐自兴。

执政者总是为了留名万世而努力地要在其任上做出“政绩”，以求不朽，历来如此。“为官一任，造福一方”已经成为为官者根深蒂固的理念。那句“当官不为民做主，不如回家卖红薯”的俗谚更被广为流传，家喻户晓。不论其本意如何，总被当官者和老百姓所乐道。尤其近年来，政绩思想更为社会所注重，成为决定官员晋升的重要依据，从而使政绩成为衡量一切的砝码。所以，大凡为官者，为了仕途的通达，总是以做出政绩为目标，一级一级加压考核。

干事业，本无可厚非；为民谋利，更应该提倡。然而求政绩的方式，则有君子与小人之别。君子为政，谋求教化润泽，不扰百姓，使百姓深受其惠泽而不觉，劳其精力而不怨，政通人和，经济发展，风俗自化。然而利欲熏心之徒，则在其急功近利思想和个人名利思想的左右下，注重于形式上的轰动效应，为了所谓看得见的“政绩”，违背客观、脱离实际，一味蛮干，以求在短期内做出政绩，彰显其能。

※原文

公山弗扰以费畔，召，子欲往。子路不说，曰：“末之也已，何必公山氏之之也。”子曰：“夫召我者，而岂徒哉？如有用我者，吾其为东周乎？”

※人物简介

公山弗扰：季氏宰。与阳货共执桓子，据邑以叛。

※译文

公山弗扰据守费邑发动叛乱，召任孔子，孔子准备前往。子路不赞成，说：“既然没有地方去实现自己的抱负也就算了，何必要到公山氏的地方去与反叛者为伍呢？”夫子说：“召用我的人，他岂能是平白无故地征召我？如果有人真正能够任用我，我将使周朝的道德礼仪重新复兴起来。”

※历代论引

程子曰：“圣人以天下无不可有为之人，亦无不可改过之人，故欲往。然而终不往者，知其必不能改故也。”

※札记

接受命运

很多事情都是无法改变的，对于某种无法改变的习性，我感到一种宿命的无奈。既然此生命定如此，那么就让自己的心灵平静下来，保持自己高洁的本质，何必自污形迹？苟无所往，则独善其身，何必与宵小之徒为伍？即使此生不能实现抱负，默默于尘世，也并非就是虚度，何必急于进用而饮鸩止渴？

成就人生的方向并不只此一途，既然无从进用，那么就转身离去，别寻出路。天地宽阔，道路众多，任何一个方向，都能够面向太阳，何必固执一隅？人生既需要固守，也应能够放弃。固守的是做人的原则，放弃的是虚妄的诱惑。人生只有勇于取舍，才有可能成就事业。人生价值的实现，固然在于奋其志以展宏图，但是，如果没有自己的舞台，那么，就让这一切淡淡地逝去。没有必要耿耿不安，跃跃而欲试。颜子说：“夫子之道至大，故天下莫能容。虽然，夫子推而行之，不容何病，不容然后见君子！夫道之不修也，是吾丑也。夫道既已大修而不用，是有国者之丑也。不容何病，不容然后见君子！”（《史记·孔子世家》）

※原文

子张问仁于孔子。孔子曰：“能行五者于天下，为仁矣。”请问之。曰：“恭，宽，信，敏，惠。恭则不侮，宽则得众，信则人任焉，敏则有功，惠则足以使人。”

※译文

子张问孔子什么是仁德的人。孔子说：“能够躬行五种品行于日常生活，就是做到仁德了啊。”子张请问五种品行是什么。夫子说：“恭敬，宽恕，诚信，勤敏，慈惠。恭敬则不致受到侮辱，宽恕就能够得到众人的拥戴，诚信则人们信任而受到重用，勤敏就能够把握机会建立功勋，慈惠泽被及人就能够令人服从。”

※历代论引

朱子曰：“行是五者，则心存而理得矣。‘于天下’，言无适而不然，犹所谓虽之夷狄不可弃者。五者之目，盖因子张所不足而言耳。”

张敬夫曰：“能行此五者于天下，则其心公平而周遍可知矣。然恭其本与？”

※札记

仁者本于忠厚

仁本于自然天成，其行所当行，所止当止，既不图报，也非求名，出于天性。那种朝行“仁义”，暮图报答的人，并非真有仁心，实为市侩。必然是存有私心，动机不纯。为“仁”而“仁”，是“投之以桃”而望“报之以李”的交易，是刻意的伪饰，是欺诈，必非正人。因此，先哲说仁在其心。行为忠厚，其仁自在。

骨辨防风

※原文

佛肸召，子欲往。子路曰："昔者由也闻诸夫子曰：'亲于其身为不善者，君子不入也。'佛肸以中牟畔。子之往也，如之何？"子曰："然。有是言也。不曰坚乎，磨而不磷；不曰白乎，涅而不缁。吾岂匏瓜也哉？焉能系而不食？"

※人物简介

佛肸：晋国大夫赵氏之中牟宰。

※译文

佛肸召请孔子。孔子将前往赴召。子路说："以前仲由我也曾经听夫子说：'亲自去做坏事的人，君子不与其交往。'佛肸以中牟为据点而叛逆。夫子却要去赴召，这是为什么呢？"夫子说："是的，我是讲过这样的话。但是，不是还说过最坚硬的东西，磨也磨不薄；最洁白的东西，染也染不黑的话吗？我又怎么能像个苦瓜一样，总是悬挂着不被人摘取呢?!"

※历代论引

杨氏曰："磨不磷，涅不缁，而后无可无不可。坚白不足，而欲自试于磨涅，其不磷缁也者几希。"

张敬夫曰："子路昔者之所闻，君子守身之常法。夫子今日之所言，圣人体道之大权也。然夫子于公山、佛肸之召皆欲往者，以天下无不可变之人，无不可为之事也。其卒不往者，知其人之终不可变而事之终不可为耳。一则生物之仁，一则知人之智也。”

※札记

磨而不磷，涅而不缁

世途艰难，为善或作恶，保持清白或同流合污，一切取决于我们自己。清者自清，浊者自浊。又哪里不可去，何人不可为伍？只要我们坚定自己的信仰，谨守着自己做人的原则，在任何环境，任何时代，持身以正，不为物欲所动心，不被环境所同化，不为世俗的利诱所左右，就能够立得住。

在现代社会的经济大潮中，大凡腐败者，其根本原因都出在自己的身上，都是由于思想的问题，面对金钱美色的诱惑，迷失了自我，自动放弃了原则，丧失了应有的警惕，在腐蚀面前主动缴械，从而走向自我毁灭。只要坚定地守护着自己的灵魂，谨守着清白做人的道德底线，自励自律，始终保持着艰苦奋斗的精神，不放纵私欲，不艳羡奢靡的生活，那么金钱美色又能把我怎么样？

※原文

子曰：“由也，女闻六言六蔽矣乎？”对曰：“未也。”“居！吾语女。好仁不好学，其蔽也愚；好知不好学，其蔽也荡；好信不好学，其蔽也贼；好直不好学，其蔽也绞；好勇不好学，其蔽也乱；好刚不好学，其蔽也狂。”

※译文

夫子说：“仲由呵，你听说过六种美德和六种弊端的说法吗？”子路回答说：“没有。”夫子说：“坐下！我告诉你。修养仁德但忽视更进一步的学习，不能分辨善恶是非，这样的人长此以往就会沦于愚钝而容易被人愚弄；擅长计谋智慧，但却不能够时时坚持研究新的情况，自恃才智，容易陷于放荡不羁；守诺诚信但却不能通达人情世故，过分自信，这样的人则常常上当受骗；耿直公正而不注重礼仪，以修饰自己的言辞，这样的人往往说出的话尖刻刺人而在不经意的情况下就得罪了别人；勇猛强悍如果不重视修养，肆意而为则必定容易惹起祸端导致动乱；性格犷直刚强而不虚心学习别人的长处，这样的人的缺点是狂妄无知。”

※历代论引

朱子曰：“六言皆美德，然徒好之而不学以明其理，则各有所弊。”

范氏曰：“子路勇于为善，其失之者，未能好学以明之也，故告之以此。曰勇，曰刚，曰信，曰直，又皆所以救其偏也。”

※札记

知识改变命运

学习是提高素质、成就事业的基本途径。任何一种好的品德，都是通过学习获得的。君子处世，活到老，学到老，孜孜不息。人最难的就是认识自己，要有方向、有目的地学习，只有勤奋地学习，才能有所进益，使自己的学问丰富，思想深刻。只有通过深入的学习、不懈的努力，才能克服自己的不足，弥补自己的弱点。

学习成就人生，知识改变命运。然而，社会现实却令人怀疑。孜孜不倦学习的人总是与这社会格格不入，不能入流。而那些不学无术之徒却八面玲珑。真正的饱学之士，纵使有何等渊博的知识，生活却总是窘迫困顿。但是，我们不能被浮在社会表面的泡沫所迷惑。只要有真知灼见，最终会被历史记取。

※原文

子曰：“小子！何莫学夫《诗》?《诗》，可以兴，可以观，可以群，可以怨。迩之事父，远之事君。多识于鸟兽草木之名。”

※译文

夫子说：“孩子呀！为什么不学习《诗》呢?《诗》可以用来抒发感慨，咏叹志向；考察政理得失，提高道德修养；与志同道合的朋友酬唱和答，不流于庸俗；发泄怨愤，优雅而得体。在家可以用其教化的道理来孝敬父母，处国则可以以其深含的寓意去敬奉职责；还可以通过学习《诗》的词句来丰富知识、增广见闻、深化思想见识。”

※历代论引

朱子曰：“学《诗》之法，此章尽之。读是经者，所宜尽心也。”

※札记

《诗》之“兴观群怨”

所谓“兴”，即“兴于诗，立于礼”。(《论语·泰伯》) 孔安国注曰：“引譬连类”，朱熹注释为“感发意志”，这是说《诗》是用比兴的方法来抒发感情，使人们感情激

圣门四科

动，从而影响人们的意志。

所谓“观”，郑玄注曰“观风俗之盛衰”，朱熹解释为“考见得失”，就是说诗歌是反映社会现实生活的，因此诗歌可以帮助人们认识风俗的盛衰和政治的得失。

所谓“群”，孔安国注为“群居相切磋”，朱熹注为“和而不流”，意思是说诗歌可以帮助人们沟通思想感情，互相切磋砥砺，提高修养。

所谓“怨”，按照孔安国的解释，就是“怨刺上政”，也就是说，诗歌可以批评指责当政者为政之失之过，抒发对苛政的怨愤之情。

诗深深地根植于日常生活之中，与我们的生活息息相关，“迩之事父，远之事君。”能无学乎？

※原文

子谓伯鱼曰：“女为《周南》《召南》矣乎？人而不为《周南》《召南》，其犹正墙面而立也与！”

※译文

孔子对伯鱼说：“你学习《周南》《召南》了吗？做人如果不研究《周南》《召南》，就像面对墙壁站立，目光短视，无路可行。”

※札记

文以载道

文艺是为什么人服务的问题，是历来争议最大的问题，也是至今还无定论的问题。“古人因事为文，今人以文害事。”

任何文艺作品都必将对社会风尚产生影响，积极的或消极的，正面的或负面的，总之是必定发生作用的。因此，在任何时代，任何阶级，任何社会，文艺都自觉或不自觉地承担着教化、引导社会风尚的重任，都不可避免地与社会、政治、经济等领域发生着关系。没有游离于政治、经济和文化之外的作品。任何文艺作品都是此时此地的产物，超时代超现实的文艺作品是不存在的。即使是幻想、虚构的东西，也必然深植于历史的和现实的土壤之上，是此时代的产物。因此，文艺作品责无旁贷地承担着礼仪教化、风尚化育的职能。从这个意义上说，历来的统治者都对文艺作品的思想性予以高度重视就是可以理解的了。从孔子删《诗》，到秦始皇“焚书”，以及历朝累代对读书人的思想禁锢，无不体现出文化对政权发生的影响。

※原文

子曰：“礼云礼云，玉帛云乎哉？乐云乐云，钟鼓云乎哉？”

※译文

孔子说：“礼就是礼呀，难道只是指瑞玉和束帛等礼器物品吗？音乐呀音乐，就是抒发情意，难道只是说叩击钟鼓之器就能算是懂得音乐了吗？”

※历代论引

朱子曰：“敬而将之以玉帛，则为礼；和而发之以钟鼓，则为乐。遗其本而专事其末，则岂礼乐之谓哉？”

程子曰：“礼只是一个‘序’，乐只是一个‘和’。只此两字，含蓄多少义理。天下无一物无礼乐。且如置此两椅，一不正，便是无序。无序便乖，乖便不和。又如盗贼至为不道，然亦有礼乐。盖必有总属，必相听顺，乃能为盗。不然，则叛乱无统，不能一日相聚而为盗也。礼乐无处无之，学者须要识得。”

※札记

礼乐的式微

一个时代的礼仪行为、音乐风格，与社会治乱的关系密切相关。《礼记》论礼乐：

"钟鼓管磬，羽籥干戚，乐之器也。……簠簋俎豆，制度文章，礼之器也。""大乐与天地同和，大礼与天地同节。和，故百物不失。节，故祀天祭地。""乐由中出，礼自外作。乐由中出，故静，礼自外作，故文。大乐必易，大礼必简。乐至则无怨，礼至则不争，揖让而治天下者，礼乐之谓也。""乐者，天地之和也。礼者，天地之序也。和，故百物皆化。序，故群物皆别。乐由天作，礼以地制。""礼，经国家，定社稷，序民人，利后嗣者也。"(《左传·隐公十一年》)对于音乐，古人则说："治世之音安以乐，其政和；乱世之音怨以怒，其政乖；亡国之音哀以思，其民困。"

现今社会的时尚则是：以礼物的厚薄而定人情的亲疏，失去了礼之本乎诚敬的内质；热衷于包装炒作，失去了乐之本在于和的精神。这种本末倒置的社会心态不值得提倡。

※原文

子曰："色厉而内荏，譬诸小人，其犹穿窬之盗也与？"

※译文

夫子说："外表严厉，内心怯懦，以平常人的行为做比喻，不就像那挖洞跳墙的小偷吗？"

※历代论引

朱子曰："言其无实盗名，而常畏人知也。"

※札记

色厉而内荏

现今的一些当政者，针对公众总是表现得非常威风，言辞激烈、粗野蛮横。拉大旗做虎皮，以势压人。更为常见的是一些腐败分子，在位时声色俱厉地反腐败。然而，一旦丑行败露，被揭露于光天化日之下时，人们发现其先前的一切表演只不过是虚张声势，借以伪装而已。他们在位时，十分看重各种"先进""优秀"的荣誉光环，总是不择手段地把这些荣誉弄来顶在头上，借以包装、掩饰其虚弱的本质，使他不安的灵魂能够躲藏在这些神圣的荣誉下求得片刻的喘息。这就是那些宵小之徒的惯用伎俩。真正的奉献者却既没有什么荣耀，也没有争得什么名利，只是默默地付出辛勤的汗水。

※原文

子曰："乡愿，德之贼也。"

※译文

夫子说："那种没有真正是非观，甘于与流俗合污的好好先生，是道德的败坏者。"

※历代论引

朱子曰："乡愿，乡人之愿者也。盖其同流合污以媚于世，故在乡人之中独以愿称。夫子以其似德非德，而反乱乎德，故以为德之贼而深恶之。"

※札记

伪善者

那些貌似忠厚的所谓好人，因其善于伪装，具有更大的欺骗性和影响力，是道德基础隐形的破坏者。他们往往以捍卫道德形象者的面孔出现，却做着败坏道德风俗的事情。貌似德行高尚，其实善恶不分，既不能弘扬善行，更不能疾恶如仇。他总是以明哲保身的形象，抱着独善其身的私心，既不主张正义，坚持是非，又不维护正气，反对错误。只是存在着左右讨好、两不得罪的私念，对人对事采取回避不闻的策略，以求得不明真相的人们为之称道。这种投机行为，实质上是对恶行的纵容和默许，是对真善美的阉割和屠戮。他的媚俗求誉的嘴脸是丑陋的，胆小怕事、不负责任的心理是阴暗自私的，这是极端的利己主义者，凡事只以自己的名利为重，看重虚誉而不惜放弃做人的原则，于是导致是非混淆，黑白颠倒，价值观模糊。这种人守其家则家风败，居其乡则乡俗恶，在官则官德坏。因此，人们必须警惕。

※原文

子曰："道听而途说，德之弃也。"

※译文

夫子说："听信过路人的谣言并渲染传播，这是有德行的人所唾弃的。"

※历代论引

朱子曰："虽闻善言，不为己有，是自弃其德也。"

王氏曰："君子多识前言往行以畜其德，道听途说则弃之矣。"

※札记

谣言止于智者

道听途说之语，并没有什么根据。有修养的人，既不听信各种传言，更不附和议论。而那些品行低下之人则不同，他们总是如苍蝇般追逐收集着这样那样的传闻，热衷渲染、传播，并以此为能事，自矜万事通，似乎天下事料之如神。

一个真正品行端正的人，决不做这种背离做人道德原则的事情。只有那些品德不端的人，才正经事情不做，胸无大志，只满足于庸庸碌碌的生活，以贬低他人、中伤别人、传播闲言碎语为乐事。对此，古人深为嫉恶。

德之不修，学之不讲，只是家长里短，搬弄是非，唯恐天下不乱，这种人，必将为人们所唾弃。因此，不论是读书做学问，还是修养道德、做人处世，都要深入求证，不能轻信传闻。盲目而不加分析地随意下结论，只会以害人始，以害己终。

※原文

子曰："鄙夫可与事君也与哉？其未得之也，患得之；既得之，患失之。苟患失之，无所不至矣。"

※译文

夫子说："卑鄙陋劣的人可以让他侍奉国君吗？当他没有得到他想要的职位时，他总担心不能得到；已经得到了，就又害怕失去。这种患得患失的心态令他丧失理智，为了不致丧失既得的利益，他是没有什么事不敢做的。"

※历代论引

朱子曰："小则吮痈舐痔，大则弑父与君，皆生于患失而已。"

胡氏曰："许昌靳裁之有言曰：'士之品大概有三：志于道德者，功名不足以累其心；志于功名者，富贵不足以累其心；志于富贵而已者，则亦无所不至矣。'志于富贵，即孔子所谓鄙夫也。"

※札记

小人不可大用

鄙俗庸劣的小人怎么可以让他们当政治理国家事务呢？他们连最基本的修养都没有，既没有做人的原则，也没有治理国家的才能，更不具备高尚的道德情操，为什么却能够窃据其位呢？

他们总是为自己打算，斤斤计较功名利禄，当其在功名、权力、利欲得不到满足的时候，就会挖空心思地打主意、想办法去攫取；当他们通过不正当的手段窃取了一定的权力而得势的时候，由于其内心的空虚，总怀有不安的心态，恐怕失去既得的利益，以至于惶惶不可终日。于是，为了保持既得利益，他们觊觎更高的职位，不择手段地阴结

治任别归

党羽，于是各种阴谋诡计和卑劣的手段便都会被他们找到，并充分地加以运用。罗织罪名，诬陷捏造，精心设置圈套，不利于其个人私欲实现的正直之人，必欲除之而后快。

历史的经验一再昭告我们：心底卑污的小人，是不可重用的。因为他们总以阴暗的心理猜度别人，嫉贤妒能是其天性，总觉得别人都不利于自己，所以，他们根本就没有把精力用于治理国家事务上，既没有谋划发展的思想，更谈不上实施的对策方略，只是一门心思地为了保持自己的利益而密谋。因此这种人是危险的，必须警惕，从根本上杜绝他们的进用之路。

※原文

子曰：“古者民有三疾，今也或是之亡也。古之狂也肆，今之狂也荡；古之矜也廉，今之矜也忿戾；古之愚也直，今之愚也诈而已矣。”

※译文

夫子说：“古人有三种偏激行为，现在或者已经不是这样了。古时候狂傲的人不隐藏自己的思想，肆意直言，现在狂妄的人却放荡不羁；古代妄自尊大而矜持的人棱角峭厉、廉洁自守，而当今自以为是的人总是一副暴躁蛮横、无理取闹的无赖神态；古代愚钝的人也还正直，而现在所谓愚蠢的人却是伪装的，怀着欺诈的心理。”

※历代论引

范氏曰："末世滋伪。岂惟贤者不如古哉？民性之蔽，亦与古人异矣。"

※札记

今日之社会病

社会心态决定着时代的精神品质。

考察古人之失，其为失者也不失其可爱。观察今人之行为，则实不堪。古人之缺点，仍不失忠厚之本，他们恪守直言、廉洁、正直之品质，虽然狂放不守世俗约束，但是不诋毁他人；虽也傲慢自矜，但是能够自律自爱；虽然笨拙，但是心地善良实在。然而，当今社会则不同，社会平民崇尚富奢而无所约束，淡化了道德品质的修养，缺乏社会责任；狂妄自大，无所不为；骄矜自满，贪婪奢靡；"貌似忠厚，心存奸诈。"暴富者以其非常手段凌驾于人，肆意妄为；芸芸众生，熙熙攘攘，只为自己的生存奔波忙碌着；人们的心态趋于沉默，思想信仰涣散庸俗，社会世态趋于世故。如此种种，无不显示着社会对高贵品性和昂扬精神风貌的渴求。

※原文

子曰："巧言、令色，鲜矣仁。"

※译文

夫子说："花言巧语，仪容伪装，几乎不具备仁了。"

※历代论引

何晏曰："巧言，无实。令色，无质。"

坡公曰："所恶夫佞者，非恶其佞也，恶其不仁也。"又曰："佞者之必不仁也。"

※札记

巧言令色是为佞

大凡大奸大恶之徒，其发迹之途，不外乎逢迎阿谀而已。一切从维护自己的私利出发，以满足自己的私欲为最高目的。不顾义之所在，只唯利是图。"利在君则从君，利在权臣则附权臣，利在敌国则交敌国，利在戎狄则亲戎狄，利之所在则从之，利之所去则违之。"

※原文

子曰："恶紫之夺朱也，恶郑声之乱雅乐也，恶利口之覆邦家者。"

※译文

夫子说："我憎恶用紫色取代红色；我厌恶用郑国的乐曲破坏典雅的音乐；我憎恨那些花言巧语、误国误民而使国家倾覆的人。"

※历代论引

范氏曰："天下之理，正而胜者常少，不正而胜者常多，圣人所以恶之也。利口之人，以是为非，以非为是，以贤为不肖，以不肖为贤。人君苟悦而信之，则国家之覆也不难矣。"

※札记

鱼目混珠

紫色和红色相近，孔子厌恶它混淆鲜艳的红色。郑国的音乐轻佻，孔子厌恶它破坏了思想纯正的雅乐。伶牙俐齿却没有有用的思想，不切实际的夸夸其谈，不仅害人误己，还可能导致亡国覆家，这不是危言耸听。古今中外历史上，这样的事例非常多。

思想教化必须纯正，主流必须张扬，道德必须提倡。民主政治不是无政府主义，那些别有用心之徒总是扯起各种个性自由的旗号，搬来似是而非的理论，并不研究具体实际，鱼目混珠，鼓吹极端，借以动摇社会的思想信仰，包藏祸心。这是危险的，必须警惕。孔子之所以厌恶以巧言善辩颠覆国家的人，大概就是因为这个道理。

※原文

子曰："予欲无言。"子贡曰："子如不言，则小子何述焉？"子曰："天何言哉？四时行焉，百物生焉，天何言哉？"

※译文

夫子说："我觉得没有什么可以说的了。"子贡说："夫子如果不做论述，那么让我们记述学习什么呢？"夫子说："天说了什么呢？四季运行，万物生长。天说了什么吗？天什么也不说啊。"

※历代论引

程子曰："孔子之道，譬如日星之明，犹患门人未能尽晓，故曰：'予欲无言。'若颜子则便默识，其他则未免疑问，故曰'小子何述'。"又曰："'天何言哉？四时行焉，百物生焉'，则可谓至明白焉。"

王安石曰："孔子曰：'予欲无言。'然未尝无言也；其言也，盖有不得已焉。"

朱子曰："学者多以言语观圣人，而不察其天理流行之实，有不待言而著者，是以徒得其言，而不得其所以言。故夫子发此以警之。"

※札记

多说不如多做

圣人非无言，非不得已不发。不言则已，"言必有中"。

当今一个惯常的现象是，工作就是开会，以会议落实会议，以文件转述文件，"文山会海"已成痼疾。总是会议不断，有会必然讲话，而讲的则多是空话、套话、不着边际的官话，真知灼见寥寥无几，可切实施行的良策方案几不可见，而在台上者却正襟危坐，津津有味，滔滔不绝。言之者声色俱厉，听之者无动于衷。也许该学学真正的实干家，他们并无时间讲话，也没有机会讲话，只是默默地奉献。

※原文

孺悲欲见孔子，孔子辞以疾。将命者出户。取瑟而歌，使之闻之。

※人物简介

孺悲：鲁国人。尝学《士丧礼》于孔子。

※译文

孺悲想见孔子，孔子托言有病不接待。等通报传话的人出到门外，孔子便取出古瑟弹唱，故意让他听见，以彰显不见他的深意。

※历代论引

程子曰："此孟子所谓'不屑之教诲'，所以深教之也。"

※札记

取瑟而歌，别有所寄

这是富含深意的一天，有人来访，听到敲门声，你让孩子去应对："就说我不在"，而还不解事的小孩子就很认真地说："我爸爸让我说他不在"。那么，谁还能进来呢？

在很多时候，我们不愿意让别人来打扰自己，但是我们却又不知道如何拒绝。而更多时候，我们不愿意被人借助各种理由，迫使我们去做不愿做的事。可是我们碍于情面，却又总是说不出口。那么，就读一读《论语》，学一学孔子吧。这种拒绝的艺术与艺术地拒绝富含深意。

※原文

宰我问："三年之丧，期已久矣。君子三年不为礼，礼必坏；三年不为乐，乐必崩。旧谷既没，新谷既升，钻燧改火，期可已矣。"子曰："食夫稻，衣夫锦，于女安乎？"曰："安。""女安则为之！夫君子之居丧，食旨不甘，闻乐不乐，居处不安，故不为也。今女安，则为之！"宰我出。子曰："予之不仁也！子生三年，然后免于父母之怀。夫三年之丧，天下之通丧也。予也有三年之爱于其父母乎？"

※译文

宰我问："子女为父母服丧三年，时间太久长了。君子三年不治理礼仪，礼制必定面临荒废；三年不整顿音乐，歌舞娱乐必定渐趋败坏。旧谷才刚吃完，新谷已经上场，取火用的木材又轮换了一遍，服丧一周年也就可以了。"夫子说："父母死后不满三年，你便吃着稻粱，穿着锦衣，对你来说心安吗？"宰我说："心里安然。"夫子说："你心里觉得安然就这样去做吧！君子居守父母之丧，吃美味难以下咽，不觉得香甜，听到音乐不知道快乐，所居之处感到心里不踏实，所以不那样做啊。现在你如果感到心里能够过意得去，就按你的意思做吧！"宰我退出后。夫子说："宰我真是一个没有仁爱之心的人啊！儿女出生三年，然后才能离开父母的怀抱。为父母守丧三年，这是天下普遍通行遵守的丧礼仪制啊。宰我连这一点都做不到，难道他就没有受到父母三年的眷爱吗？"

※历代论引

尹氏曰："短丧之说，下愚且耻言之。宰我亲学圣人之门，而以是为问者，有所疑于心而不敢强焉尔。"

范氏曰："丧虽止于三年，然贤者之情则无穷也。特以圣人为之中制而不敢过，故必俯而就之，非以三年之丧为足以报其亲也。所谓三年然后免于父母之怀，特以责宰我之无恩，欲其有以跂而及之尔。"

※札记

旧谷既没，新谷既升

生我养我教我佑我眷我顾我牵我挂我的，是我的父母！我拿什么作为回报？旧谷既没，新谷登场，然而你却再也无法品尝。天地苍苍，人海茫茫，何处慰我戚惶？何得再为你奉觞？

养生送终，人之常情。何疑乎尔？父母能养子女十年，子女薄居三年丧，犹且以为长，忘恩负义如此。盖先王教民，养生有方，报死有礼。所制祭祀之礼，在于劝诫其子孙。苏辙说：荐新时祭，春秋不阙。故民终三年之忧，而又有终身不绝之恩爱，惨然若其祖父之居于其前而享其报也。……而悦乎养生报死之术。

生老病死，谁也不能例外。而宰我以居三年之丧为烦冗，这种人是不可靠的。羊有跪乳之恩，鸦有反哺之报。如宰我之流却不愿居丧三年，总要为自己找借口，实为薄情寡义。

天下孝子敬其亲者，唯其发乎内心的赤诚，其敬养方式竭尽其能。天下不孝之子虐其亲者用心各异，唯其不养是相同的。如宰我，其也为政与？

※原文

子曰："饱食终日，无所用心，难矣哉！不有博弈者乎，为之犹贤乎已。"

※译文

夫子说："整天吃饱了饭，没有全身心地投入去做一件正经的事。这种懒惰的行为是难以启齿的啊！博弈不也是一种有益的游戏吗，用心于其中对自己修身养性也是有益的啊。"

※历代论引

李氏曰："圣人非教人博弈也，所以甚言无所用心之不可尔。"

※札记

让平凡的生活生动起来

我们的人生是庸碌的，我们的生活是琐屑的，但是，我们的心灵充满着对未来的美好向往，是富有想象和诗意的。尽管现实的社会充满着无奈，谁也不能改变什么，但是只要努力，我们总可以改变自己，至少可以使自己的思想和胸怀能够开阔起来。我们可以在工作中积累经验，我们在闲暇时刻可以读书或者参与有益身心健康的娱乐，增长自己的学识、开阔自己的胸襟，从而使我们的人生富有色彩。人活着，总得做事，总得为这世界做点什么，留下点什么，因此，应当选定一个目标，努力去做，从而使自己的生活焕发出进取的激情，让心灵充实起来。虽如博弈之末技，犹有可取，何不深入下去，以体悟生活的精彩呢？只要我们专注于一项事业，用心深入下去，总会有成效的。如果毫无进取之心，整日浑浑噩噩，无所用心，又能做好什么呢？古人说：志于道，游于艺。也就是说，一个人首先应该把主要精力投注到于国于民有益的事业上，同时通过文艺活动来寄托情感，陶冶性情，才能够达到传统文化中理想人格的境界。是的，只有努力，才能使我们平凡的人生精彩起来。

※原文

子路曰："君子尚勇乎？"子曰："君子义以为上。君子有勇而无义为乱，小人有勇而无义为盗。"

※译文

子路说："君子尊崇勇敢吗？"夫子说："君子以大义为上德。君子放纵勇敢而不顾道义就会作乱而危害国家，奸猾的小人恃其勇力而不守正义则必沦为强盗。"

※历代论引

尹氏曰："义以为尚，则其勇也大矣。子路好勇，故夫子以此救其失也。"

※札记

义以为上

做人处世，以义为先。见得思义，临危取义。

临危取义是献身精神，见得思义体现廉洁的品质。二者对我们的时代都具有非常重要而现实的意义。当国家面临危亡时，就应当勇于奔赴，以死相报。如果遇到利益的抉择，应该首先考虑是否符合道义。"见得思义，见利思义，义然后取。"就是说当财物来了，利益来了，权位来了，首先要自问："这是我应得的吗？我可以得到吗？"比如，当有人向你贿赂，想利用你手中的权力为他提供方便，那么你是心安理得地接受，还是义正词严地拒绝？是否经过一番考虑而做出决定？

义，是做人的基本要素。宋明理学提倡"生以载义""义以立生"的人生观，以义作为人的价值取向。《左传》说"君子动则思礼，行则思义，不为利回，不为义疚"。每做一件事，都要分清是非善恶、利害关系。作为纯正，处事公道，见得思义，不与不取，这是基本的常识。进而才能达到"富贵不能淫，贫贱不能移，威武不能屈"的境界。

※原文

子贡曰："君子亦有恶乎？"子曰："有恶：恶称人之恶者，恶居下流而讪上者，恶勇而无礼者，恶果敢而窒者。"曰："赐也亦有恶乎？""恶徼以为知者，恶不孙以为勇者，恶讦以为直者。"

※译文

子贡说："君子也有厌恶而不愿做的事吗？"夫子说："当然有厌憎的事：最厌恶背地里造谣中伤别人的人；厌恶那些由于自己身居下位而讥谤议论上级的人；厌憎那些恃勇斗狠而没有文化礼仪修养的人；憎恨那些独断专行听不进正确意见而又不能勇于承担责任，却故意堵塞别人进步的人。"夫子又说："端木赐，你也有憎恨的事吗？"子贡说："最看不惯那种固执偏见又窃取别人成绩而自以为聪明的人；憎恶粗暴无礼而以为自己勇敢正直的人；厌弃那些尖酸刻薄、攻讦别人却自以为正直的人。"

※历代论引

侯氏曰："圣贤之所恶如此，所谓'唯仁者能恶人'也。"

杨氏曰："仁者无不爱，则君子疑若无恶矣。子贡之有是心也，故问焉以质其是非。"

朱子曰："称人恶，则无仁厚之意。下讪上，则无忠敬之心。勇无礼，则为乱。果而窒，则妄作。故夫子恶之。"

※札记

疾恶，是正义的基本品质

能疾其恶，则必有勇于向善之心，必可修持其不贰之德。

是非不分，善恶不明，正邪不清，必为乡愿，实为"德之贼也"。

圣人所疾者：窃名夺利之徒大行其道；讪议中伤之语大有市场；擅权专横、阴损构陷之劣行却得不到应有的报应。贬损他人借以抬高自己，踩着别人的肩膀向上爬的卑劣小人却飞黄腾达。真正的君子志士，"常愿处一谏官，从容讽议。而性讦直，为人所排抵，遂不被任用"。(《周礼·乐运传》)

※原文

子曰："唯女子与小人为难养也，近之则不孙，远之则怨。"

※译文

夫子说："唯独女子和小人是难以养育的呵。亲近他们，他们就会无礼；疏远他们，他们又会怨恨。"

※历代论引

朱子曰："君子之于臣妾，庄以莅之，慈以畜之，则无二者之患矣。"

※札记

探索生命的约定

世界是由男人和女人共同组成的，是由所谓的伟人与小人物共同经营的。

在我们的一生中，总有太多的遗憾、太多的失落、太多无法实现的心愿。于是我们感叹：生活供我们选择的自由度太小，我们只是身不由己地充当了某种角色。君子哉，小人哉？当那伟大的光环被打碎，那些发生在阳光下的故事背后，又是怎样的真相呢？其实，人生是一种即兴演出，很多事情都没有原因。失去了的总是最美好的；错过了的总是最令人怀恋不舍的；没有得到的总是让人难以忘却的。而岁月从我的手边匆匆滑落。

※原文

子曰："年四十而见恶焉，其终也已。"

※译文

夫子说："年过四十岁还让人看见其恶劣的行为，那么他到死都不可能挽回了。"

※札记

彻悟人生的真谛

人的生命是有限的。年逾四十，这是人的生命中至关重要的一个界限。成败取舍，为君子为小人，就在于此间。往者不可谏，来者犹可追。岂可不慎为抉择？在经历了人生的风雨打磨之后，可供选择的方向和机会已经不多了，是该静下心来，坚定意志，向着一个方向努力的时候了。是该确定自己的目标，坚定自己的信仰的时候了。是该彻底抛弃幻想，踏踏实实努力的时候了。否则，便来不及了。

我们曾经年轻，忽略了对生命这个天地间最宝贵、最美好的东西的真正关怀。我们挥霍青春，我们消磨光阴，我们目空一切，因而，致使我们现在无所成就。尤其是当我们用自己的沧桑世故为资本，换得两手空空、满面灰尘之时，鬓边已渐见白发杂生，蓦然抬头，命运的墓碑已经可遥遥望见了，然而，此时我们成就的是怎样的人生？与我们曾经目空一切的自视，又是怎样的对比？能不警醒，能不奋起？

微子

大隐无迹

在漫长的人类历史的进程中，起决定作用的是社会变革，然而变革的成功往往借助于先进的思想。时代成就了英雄的伟业，英雄美名灼照千古，人们往往忽视了智者的思想。但是，正是那些睿智的思想，穿透了岁月的迷雾，照亮了时间的茫茫夜空，导引着人们前行。深隐在历史尘埃背后的圣哲们，所过无迹，默默遁隐；然而他们的影响是深远的，以润物无声的力量潜移默化，感染人心。他们以其思想的光辉，指引着人类前行的脚步。

※原文

“微子去之，箕子为之奴，比干谏而死。”孔子曰：“殷有三仁焉。”

※人物简介

微子：名启（一作开），纣王同母兄长。封于微（今山东梁山西北）。商纣之乱时，数谏不听，微子见纣无道，遂出走，去之以存宗祀。周武王灭商，称臣于周。后封于宋，为周代宋国的始祖。

箕子：殷纣王之叔父，名胥余。商代贵族，官太师。

比干：纣王之叔父（一说为纣王庶兄）。官少师。纣淫乱，比干犯颜强谏，惹怒纣王，被剖心而死。相传比干的心有七个孔，是为天生圣人。

※译文

纣王昏乱残暴，微子离开了，箕子沦为奴隶，比干因谏劝而被杀害了。孔子说：“殷商末年有三位仁德的人。”

※历代论引

杨氏曰：“此三人者，各得其本心，故同谓之仁。”

朱子曰：“三人之行不同，而同出于至诚恻怛之意，故不咈乎爱之理，而有以全其心之德也。”

※札记

仁者的境界

做人处世的三种态度及不同的人生结局：微子被废，离开宗室，背井离乡；箕子虽然是纣王的叔父，也被奴役；比干被杀，为国殉难，取义成仁。

他们以各自的方式尽到了对自己国家的努力。他们无愧于先祖后世，无愧于心，坦然凛然。虽然，他们的肉体受到社会腐朽势力的强权残害，但是他们的精神留传下来了，他们成为千古传颂的楷模。所以，孔子称他们是殷商时代的三位仁人，是成仁取义的贤哲。这也正是鲁迅所说的中国的真正的脊梁、民族的希望。无论腐朽势力暂时多么强大，它永远遮挡不住历史的曙光。历史总是以其固有的逻辑永恒前进，谁也不能阻挡。

为了国家、民族的利益，不计个人得失，大声疾呼。这种舍生取义的精神，是中华民族之所以长盛不衰的精神所在。在中华文明的发展历程中，每当时代变迁的重要关头，都会留下令人荡气回肠的伟业丰碑，那一曲曲英雄的凯歌，传唱着一个个光辉的名字，所有这一切昭示的就是中华民族的气节，是文化的精髓，是中华民族永恒的精神力量。

当时代的衰败不可挽回的时候，必然首先表现为人才遭受磨难。那些国之栋梁，民之代言者，总是被逼无奈，出走的出走，被囚的被囚，赴死的从容就义。他们以其殉道的精神，为新旧时代的更替书写下独特的篇章，留下令千古浩叹的形象，然后静静地站在历史的深处，注视着历史前进的方向，以他们巍巍高邈的精神昭示后人。

※原文

柳下惠为士师，三黜。人曰："子未可以去乎？"曰："直道而事人，焉往而不三黜？枉道而事人，何必去父母之邦？"

※译文

柳下惠任鲁国执法狱官，多次被罢免。

人们就说："你不被重用，为什么不离开鲁国呢？"

柳下惠说："时世颠倒，自己以正直的原则做人处世，去到什么地方能不被罢免而遭免去逢同样的际遇呢？如果放弃自己做人的原则，而以卑劣的行为逢迎邪恶以至无端地冤枉人，就能保住官位，那么又何必离开自己父母祖宗所居住的国家而去往别处呢？"

※历代论引

刑昺曰："士师，典狱之官也。三黜者，时柳下惠为典狱之官，任其直道，群邪丑直，故三被黜退。人曰：'子未可以去乎'者，或人谓柳下惠曰：'吾子数被黜辱，未可以去鲁乎？'……枉，曲也。时世皆邪，已用直道以事于人，则何往而不三黜乎？言苟直道以事人，所至之国俱当复三黜。其舍其直道而曲以事人，则在鲁亦不见黜，何必去父母所居之国也。"

朱子曰："柳下惠三黜不去，而其辞气雍容如此，可谓和矣。然其不能枉道之意，则有确乎其不可拔者。是则所谓必以其道，而不自失焉者也。"

※札记

为了父母之邦的强盛

任其直道，群小交攻。时世艰难，无枉不行。直道而行，必招致小人嫉恨。故坡公说："若守其初心，始终不变，则群小侧目，必无安理。""若贪得患失，随世俯仰，改其常度"，曲意逢迎，同其流而合其污，那么就能安身而处，则"何必去父母之邦"？

以自己的鲜血唤醒沉睡的民族，这就是"戊戌六君子"之所以永远为人们所景仰的理由所在。宁愿在自己的国家坐牢，也不叛逃出境，浪迹他国。真正的民族精英的行为是多么的高尚啊！伯夷、叔齐不食周粟、文天祥宁愿被杀头而不变节、朱自清甘愿饿死不接受美国救济的面粉……一部华夏文明史，这样的英烈志士不胜枚举，他们以生命谱写了中华民族文化的正气之歌。而现代自封的所谓“精英”们，其行为实在令人不齿。纵使别的国家有更好的地位和待遇，那也是别人的国家，是别人的家园，并非父母祖宗的社稷，何必仰人鼻息呢？微子出走，仍然是在自己的国家，仍然走在自己的土地上，只是被从家族中逐出，没有发言权而已，他并没有就此负气叛逆；箕子所去，仍是属国，并非叛逃而欲颠覆其国家社稷；比干宁死，也要做出挽救国家危亡的最后努力。这是何等的器识胸襟！正如柳下惠所言，苟我心诚，“何必去父母之邦”？

为了捍卫人格的高洁，为了保卫国家的主权，为了维护民族的尊严，任何一位公民都责无旁贷。我们应该高扬正义的旗帜，负起自己的责任，决不做出蝇营狗苟之卑行。是的，只要我们是为了人民的利益，只要我们坚持的是真理，“何必去父母之邦”！父母之邦不能安居，哪里又能是我们生存的乐土？

※原文

齐景公待孔子，曰：“若季氏则吾不能，以季、孟之间待之。”曰：“吾老矣，不能用也。”孔子行。

※译文

齐景公将任用孔子，说：“给予你像季氏那样高的待遇，我做不到，只能是介于季氏和孟氏之间。”

齐景公又说：“我老了，没有什么作为了。”

孔子于是离开了齐国。

※历代论引

程子曰：“季氏强臣，君待之之礼极隆，然非所以待孔子也。以季、孟之间待之，则礼亦至矣。然复曰‘吾老矣，不能用也’，故孔子去之。盖不系待之轻重，特以不用而去尔。”

※札记

庸碌者永远如此

平庸者的叹息，历来都没有什么两样：我已老了，没有什么宏图大志了。那么就收拾起行囊，飘然远行吧，留在这里还能有什么作为呢？

人生所追求的到底应该是什么？为了实现自己的理想，为了能对社会、对人类有所贡献。然而，当现实环境不允许的时候，就应该毅然决然地离去，绝不能因为贪恋浮华而犹豫。在这个攘攘人世，在那些庸碌而无能的掌权者眼里，离开谁都不影响大局。即使是圣人也同样无足轻重。那么就转过身去，继续上路！

※原文

齐人归女乐。季桓子受之，三日不朝。孔子行。

※人物简介

季桓子：名斯。鲁国大夫。

※译文

齐国人赠送女乐舞艺人。季桓子接受了，三天不理政事。孔子便离去了。

※历代论引

范氏曰：“此篇记仁贤之出处，而折中以圣人之行，所以明中庸之道也。”

尹氏曰：“受女乐而怠于政事如此，其简贤弃礼、不足与有为可知矣。夫子所以行也。所谓‘见几而作，不俟终日’者与？”

※札记

见几而作，不俟终日

欲望是人的天性，而对欲望的节制则见出德行的高下。普通的人总是被生活中一些虚浮的物欲诱惑着、系缠着、沉醉着而不能自拔，但他们的沉迷不会引起什么大的损害，充其量只是在家庭内部掀起风波，于他人无碍。当权者的欲望就不同了，轻则造成自己政治前途的毁灭，重则祸国殃民。任何人，在其人生的道路上，都很容易犯糊涂。因此，人在任何时候都不能放弃对品德的修养，这对自己、对后世都非常重要。

※原文

楚狂接舆歌而过孔子，曰：“凤兮！凤兮！何德之衰？往者不可谏，来者犹可追。已而！已而！今之从政者殆而！”孔子下，欲与之言。趋而辟之，不得与之言。

※人物简介

接舆：楚国人，佯狂辟世。夫子时将适楚，故接舆歌而过其车前。

※译文

楚国的那个狂放不羁的人接舆，唱着歌从孔子身旁走过。

他唱道："凤鸟啊凤鸟，你的命运怎么如此不济？过去的不能再挽回了，未来的还可补救。算了吧！算了吧！现在的执政者危险啊！"

孔子下车，想同他谈谈，他却快步避开，孔子没有机会同他交谈。

※札记

凤兮！凤兮！何日高扬

在古人的传说中，麟、凤是传说中的祥瑞之物，其出现昭示天下太平、政治清明。

凤啊凤啊，真不识时务！这是一个道德沦丧的时代，不是你理想中的盛世。世事的衰微已经不可挽回了，还是谋划未来吧，那才是你大有可为的时代。

算了吧！算了吧！在即将倾覆时想挽狂澜，是危险的。

生不逢时，又有什么办法呢？命运总是与我们失之交臂。

※原文

长沮、桀溺耦而耕，孔子过之，使子路问津焉。长沮曰："夫执舆者为谁？"子路曰："为孔丘。"曰："是鲁孔丘与？"曰："是也。"曰："是知津矣。"问于桀溺，桀溺曰："子为谁？"曰："为仲由。"曰："是鲁孔丘之徒与？"对曰："然。"曰："滔滔者天下皆是也，而谁以易之？且而与其从辟人之士也，岂若从辟世之士哉？"耰而不辍。子路行以告。夫子怃然曰："鸟兽不可与同群，吾非斯人之徒与而谁与？天下有道，丘不与易也。"

※人物简介

长沮、桀溺：二人皆隐者。

※译文

长沮、桀溺两人并肩在田间耕耘劳作。孔子路过，让子路问去渡口的路怎么走。

长沮说："执舆的人是谁呀？"子路说："是孔丘。"

长沮说："是鲁国的孔丘吗？"回答说："是的。"

长沮说："如此说来，他是早就知道'渡口'在哪里了，何必问我们。"

子路又问桀溺。桀溺说："你是谁？"回答说："我是仲由。"

桀溺说："是鲁国孔丘的学生吗？"子路回答说："是的。"

桀溺说："世事像洪水一样汹涌、浑浊、纷乱，天下离心，你们同谁去改变它呢？况且，你跟从着偏激潦倒的人徒劳地奔走，怎么能比得上跟随着逃避世事的人隐居呢？"

然后桀溺自顾耰地不停。

子路赶上前去将此事禀告孔子。

夫子怅然叹惜说："飞鸟和走兽是不能够同群相处的，我不与这样的人为伍又与谁为友呢？倘若天下有道，我就不必为了改变它而奔走了。"

※历代论引

程子曰："圣人不敢有忘天下之心，故其言如此也。"

张子曰："圣人之仁，不以无道，必天下而弃之也。"

※札记

鸟兽不可与同群

"天下兴亡，匹夫有责"，何况圣人。天下离乱，生灵涂炭，我怎么能够安心地隐居山林与鸟兽同群悠游而处却放弃自己的责任呢？

世途坎坷，道路纵横，有哪一条是坦途？谁能指点迷津？

人各有志，命运不同，谁又能够逃避得了？我们又都负起了多少责任？

※原文

子路从而后，遇丈人，以杖荷蓧。子路问曰："子见夫子乎？"丈人曰："四体不勤，五谷不分。孰为夫子？"植其杖而芸。子路拱而立。止子路宿，杀鸡为黍而食之，见其二子焉。明日，子路行，以告。子曰："隐者也。"使子路反见之。至则行矣。子路曰："不仕无义。长幼之节，不可废也；君臣之义，如之何其废之？欲洁其身，而乱大伦？君子之仕也，行其义也。道之不行，已知之矣。"

※译文

子路跟从孔子游历而落在后面，遇见一个老人，拄着拐杖扛着锄草工具。

子路问："您见到我的老师了吗？"老人说："四肢不劳动，五谷分不清，谁是你的老师？"老人把手杖插在地上除起草来，不再理睬他。子路拱手站立旁边。

老人留子路住宿，杀鸡煮黍，盛情款待，并让他的两个儿子与子路相见。

第二天，子路继续赶路，将他所遇到的情形告诉了孔子。

孔子说："隐士啊。"就命子路带路返回拜见。

孔子他们到那里时，老人及其儿子们已经离去了。

子路说："一个有学问、有能力的人，不肯为国家、社会出力，不合乎大义。长幼之间的人伦节度（礼节）不可废弃。君臣之间的秩序、礼仪，又怎么能够轻易地弃置远避而不顾呢？只是为了洁身自好，却为什么要中伤败坏君臣之间最重要的关系呢？君子为国家做事，是推行正道大义呀。道之所以不能施行，于此可知啊。”

※历代论引

朱子曰：“盖丈人之接子路甚倨，而子路益恭，丈人因见其二子焉，则于长幼之节，固知其不可废矣。故因其所明以晓之。仕所以行君臣之义，故虽知道之不行而不可废。然谓之义，则事之可否，身之去就，亦自有不可苟者。是以虽不洁身以乱伦，亦非忘义以徇禄也。”

范氏曰：“隐者为高，故往而不反。仕者为通，故溺而不止。不与鸟兽同群，则决性命之情以饕富贵。此二者皆惑也，是以依乎中庸者为难。惟圣人不废君臣之义，而必以其正，所以或出或处而终不离于道也。”

※札记

杀鸡为黍飨远客

在这暮色苍茫的夜晚，孟子说：“养我浩然正气。”于是，就如那句高亢的天问，挺起铮铮脊梁，将自己站成一个孤独的感叹。

为了命运奔走，举起急匆匆的脚步。佝偻着脊梁，鞠躬如也。我叩问苍天，叩问大地。天何言哉，天地无言。只是深深地呼出丹田之气：“己何能乎？”于是向命运礼赞，只有清风来往，经过身前身后。

※原文

逸民：伯夷，叔齐，虞仲，夷逸，朱张，柳下惠，少连。子曰：“不降其志，不辱其身，伯夷、叔齐与！”谓：“柳下惠、少连，降志辱身矣。言中伦，行中虑，其斯而已矣。”谓：“虞仲、夷逸，隐居放言，身中清，废中权。我则异于是，无可无不可。”

※人物简介

虞仲：即仲雍，与泰伯一同避往吴越之间。

夷逸、朱张：不见经传。《尸子》：“夷逸，夷诡诸之裔，或劝其仕，曰：‘吾譬则牛，宁服轭以耕于野，不忍被诱入庙为牺。’”

少连：东夷人。事不可考。为有德而隐的隐民。《礼记·杂记》称其“善居丧，三日不怠，三月不解。期悲哀，三年忧，东夷之子也”。则行之中虑，亦可见矣。

※译文

避世隐居的高人有：伯夷，叔齐，虞仲，夷逸，朱张，柳下惠，少连。夫子说：

"不降低自己的志向，不使自己受到侮辱，保持着高贵尊严的是伯夷、叔齐啊！"说："柳下惠、少连，降低自己的意志，折辱了自己的身份，可是言语合乎法度，行为经过缜密的思虑，那也是可以谅解的啊。"又说："虞仲、夷逸过着隐居的生活，说话无拘无束，保持自身纯洁，放弃官爵合乎权宜。我则与他们都不同，进退仕隐、优游自如，没有什么是可以的也没有什么是不可以的，无所拘泥。"

※历代论引

孟子曰："孔子可以仕则仕，可以止则止，可以久则久，可以速则速。"

刑昺曰："无可无不可，我之所行，则与此逸民异，亦不必进，亦不必退，唯义所在。"

尹氏曰："七人各守其一节，而孔子则无可无不可，此所以常适其可，而异于逸民之徒也。扬雄曰：观乎圣人则见贤人。是以孟子语夷、惠，亦必以孔子断之。"

※札记

无可无不可

永远高昂起自己高贵的头颅，能够有尊严地活着是一个人人格的最高境界，也是人一生为之奋斗的最高目标。任何人一旦选择了自己的道路，就应该坚定地走到底，对于自己奉行的主义，要有为之献身的坚持精神；对于自己的思想信仰，要有坚定的捍卫精神；对于自己人生的目标，要有坚决的奋斗精神。不论环境如何复杂，社会价值观念如何变化，永远不动摇。这是人格的问题，也是对一个人人品的检验。

"无可无不可"，不偏执一词，不固执一端。不画地为牢，不自我封闭。既有坚持原则的坚定性，又有通权达变的策略上的灵活性。为人处世，"用之则行，舍之则藏"。我们不能迂腐地为一个虚无的符号殉道，要有现实的态度，应该看清楚向一个可行的方向迈进。不必为僵死的教条所束缚，应当有与时俱进的勇气和进取精神。既不患得患失，又自觉肩负责任，进退自如。

※原文

大师挚适齐，亚饭干适楚，三饭缭适蔡，四饭缺适秦。鼓方叔入于河，播鼗武入于汉，少师阳、击磬襄入于海。

※人物简介

师挚：鲁之乐官。名挚。干、缭、缺、方叔、武、阳、襄等皆为人名，鲁国音乐师。

※译文

大师挚逃到了齐国，二饭乐师干逃到了楚国，三饭乐师缭逃到了蔡国，四饭乐师缺逃往秦国去了。大鼓师方叔去河内（黄河上游）一带隐居了，长柄摇鼓师武涉过汉水到长江一带，隐于汉中，少师阳、击磬师襄则远赴海外。

※历代论引

朱子曰："此记贤人之隐遁以附前章，然未必夫子之言也。末章放此。"

张子曰："周衰乐废，夫子自卫反鲁，一尝治之，其后伶人贱工识乐之正。及鲁益衰，三桓僭妄，自大师以下，皆知散之四方、逾河蹈海以去乱。圣人俄顷之助，功化如此。'如有用我，期月而可。'岂虚语哉？"

※札记

礼崩乐坏，国将不国

古代天子诸侯用饭都得奏乐，所以乐官有"亚饭""三饭""四饭"之名。当此之时，鲁之哀公时代礼崩乐坏，乐师逃走。这也就暗示出，真正忧时匡世的人才得不到任用，只好四散而去，逃避现实。人才的聚散预示着一个国家、社会的兴衰变迁。

政事奢靡，人才远避，文化废弛。没有包容各种文化的精神，也就不会有经济的繁荣，更不会有政治上的进取与成就。

※原文

周公谓鲁公曰："君子不施其亲，不使大臣怨乎不以。故旧无大故，则不弃也。无求备于一人。"

※人物简介

鲁公：周公之子伯禽。封于鲁，故称鲁公。

※译文

周公告诫鲁公说："君子处世：不疏远他的亲人；不令臣属抱怨得不到重用；以前的老朋友，如果没有大的过失，就不应遗弃他们；不要对任何人求全责备。"

※历代论引

胡氏曰："此伯禽受封之国，周公训戒之辞。鲁人传诵，久而不忘也。其或夫子尝与门弟子言之欤？"

李氏曰："四者皆君子之事，忠厚之至也。"

※札记

不必苛求别人

君子公正无私，不私其亲，不遗故旧，不求全责备。

我们容忍他人，如同容忍自己。狭隘的气量既令他人难受，同样窒息自己。

不论在任何情势之下，总要留下一条路让他人走，也便于自己道路通达宽阔。

不论各自有何不同，你我都各有长处与缺点。不必批评责难，也不必相互排斥诋毁。人的生命是短暂的，重要的是建立我们的友谊，共同寻找互相进步的道路。

※原文

周有八士：伯达，伯适，仲突，仲忽，叔夜，叔夏，季随，季騧。

※译文

周朝的时候有八大名士：伯达，伯适，仲突，仲忽，叔夜，叔夏，季随，季騧。

※历代论引

张子曰："记善人之多也。"

朱子曰："此篇孔子于三仁、逸民、师挚、八士，既皆称赞而品列之；于接舆、沮、溺、丈人，又每有惓惓接引之意。皆衰世之志也，其所感者深矣！在陈之叹，盖亦如此。三仁则无间然矣，其余数君子者，亦皆一世之高士。若使得闻圣人之道，以裁其所过而勉其所不及，则其所立岂止于此而已哉？"

※札记

国之将兴，人才济济

周朝的兴盛，除了靠姜太公、周公外，还靠众多的文臣武将，正是依靠济济人才，才开创了周朝后世八百年历史。不但周朝如此，任何朝代的兴衰，无不与人才的趋附紧密相关。天下大势，得其才则兴，失其才则弊，非一人所能独立支撑，是天下才智之士同心协力、共同经营的结果。历来如此，也永远如此。

子张

树立完美的人格

一个潜心于学问的人，学问是必须要做好的，但是做人也更为重要，做人是做学问的基础，完善人格是成就事业的前提。

做人贵在真诚，做事贵在认真。诚笃敦厚，是做人的根本；聪明颖悟，是做事的条件。只有诚实的人，才能够全心全意地把自己的学问应用于社会、服务于大众；只有聪颖睿智之士，才能够扶危持倾、普济苍生。任何人不论地位高低，权势大小，财富多少，都需要他人的支持。真正令人尊崇的是自己的人格，只有高尚的人，才能得到人们的支持，才能成就非凡的事业。

※原文

子张曰："士见危致命，见得思义，祭思敬，丧思哀，其可已矣。"

※译文

子张说："有修养的人，面临危险能够担当重任，见到利益能够以道义为重，祭奠祖宗神灵思致诚敬，居处亲丧深怀哀痛。做到这样，必定为人所敬重。"

※历代论引

朱子曰："四者立身之大节，一有不至，则馀无足观。故言士能如此，则庶乎其可矣。"

※札记

取义成仁、义无反顾

知识分子是国家民族的优秀分子，是最早的觉醒者。一个国家、一个民族的希望，就在于其知识分子群体的民族责任感的强烈程度。每当国家民族面临危难的时候，总是这些能担当的知识分子最先站出来，扶危济困，奔走呼号，拯救时世。因而，每一个新时代的开创，付出最多的就是这个知识分子群体，他们是民族的真正脊梁。

知识分子的清廉品德决定了他们凡事以义为先，勇于承担责任，耻于追逐私利。天下危难之际，正是那些有良知的知识分子在奔走救亡。天下太平之时，利益之徒粉墨登场了。于是，在这个"义"字之下，他们把为之奋斗的利益拱手相让，并不需要一句感谢。

※原文

子张曰："执德不弘，信道不笃，焉能为有？焉能为亡？"

※译文

子张说："固守德操却不弘扬光大，不能诚心地信奉仁道，这怎么能认为你有热爱德行的诚意呢？又怎么能抱怨命运没有给予你成就目标的机会呢？"

※历代论引

朱子曰："有所得而守之太狭，则德孤；有所闻而信之不笃，则道废。"

※札记

坦然面对得失

何者为"有"？何者为"无"？我们总是徘徊在"有"与"无"之间，做着毫无实际意义的计较与取舍。对具体的事疑虑重重，不能够果决地做出取舍。对既定的目标或者别人的成就，总是心向往之，却又不愿付出积极的努力。“临渊羡鱼”之心有，“退而结网”之举无。总是幻想着那个目标在我们一夜醒来之后唾手可得。我们在做任何事的时候，都先要放在个人的“得”与“失”的天平上进行称量，怀着功利的目的评估一切，担忧着付出与回报的比率，总是以世俗的价值观猜测未来可能的一切。因而，我们就不能果决地做出选择。于是，我们失去了很多成就事业的机遇，到头来却抱怨命运对自己的不公。我们之所以没有达到所崇尚的那个目标，只是由于我们的心中总是有着太多的功利性顾虑，缺乏舍身一搏的勇气。这又怎么能说命运没有给予我们机遇呢？任何成功的耀眼光环下必定有过艰辛的付出，但是，我们的局限就在于不能放弃既得的利益。患得患失，这是我们心中永远的痼疾。“谁能放弃一切随我来？”其实，所有的问题就在于我们自己，在于我们的心里对仁德没有深刻的需求。我们只是从表面上崇尚仁德，心中却根本就没有向往“仁”的诚意。考察历史上的仁人志士，他们之所以留名后世，做出令后人景仰的丰功伟业，就在于他们的心中有着坚定的信念，并为之不顾一切地奋斗，即使是付出生命也无所畏惧，也要取义成仁。

我们的目的性太明显，我们的欲望太直接，我们的目光太短浅，我们的修养太世俗，我们的思想太近功利，不能舍弃一切，弘扬德行，也缺乏笃信的诚意，因而，我们只能是平庸的。

读易有感

只要心中有“仁”，自然能够处“有”处“无”，坦然自在。“焉能为有，焉能为无？”

※原文

子夏之门人问交于子张。子张曰：“子夏云何？”对曰：“子夏曰：‘可者与之，其不可者拒之。’”子张曰：“异乎吾所闻：君子尊贤而容众，嘉善而矜不能。我之大贤与，于人何所不容？我之不贤与，人将拒我，如之何其拒人也？”

※译文

子夏的学生问子张如何与人交往。子张说：“子夏是怎么说的？”回答说：“子夏说：‘值得交往的人就与他结交，没有长处的人就拒绝与他来往。’”子张说：“这与我所听到的道理不同：君子尊敬贤德的人而且能够容纳众人，嘉勉好的行为而督促没有做到的人。我如果是非常贤明的人，那么对别人有什么不能容纳的呢？我如果不具有令人称道的贤德，人们必将拒绝与我交往，这样我又有什么资格拒绝人呢？”

※历代论引

朱子曰：“盖大贤虽无所不容，然大故亦所当绝；不贤固不可以拒人，然损友亦所当远。学者不可不察。”

※札记

谁是我们的朋友

在这茫茫尘世行走，我们时感孤独，感到身无所依，心无所托，情无所诉。因为，我们没有朋友。

子曰：“无友不如己者。”那么谁愿与我为友？

子夏曰：“可者与之，其不可者拒之。”那么我们又能受到谁的邀请？

子张曰：“君子尊贤而容众，嘉善而矜不能。我之大贤与，于人何所不容？我之不贤与，人将拒我，如之何其拒人也？”那么我们还能到哪里去寻找朋友？

朋友就是朋友，何必要强行加入太多的势利，太多的限定？

朋友就是心意相通的灵魂，是寂寞时的倾诉，是欢乐时的相忆，是孤独时的问候，是苦难时的安慰，是失败时的相扶，是挫折时的助力……

朋友就是自己在尘世中的一个影子，一个相替，一个珍惜。

朋友之情，朋友之义，朋友之谊，在于纯真，在于相知，在于心灵的融会。

那种在你困顿时离开你的，不是朋友；那种在你飞扬时聚拢的，不是知交；那种在你显赫时攀附的，不可依托……

※原文

子夏曰："虽小道，必有可观者焉；致远恐泥，是以君子不为也。"

※译文

子夏说："即使是农圃医卜等小技艺，也一定有可供取法的地方；但是如果沉溺于这些小技艺之中，那么所要达到的崇高道德修养的远大目标恐怕就要受到干扰阻滞，所以君子不去从事这些方面的事。"

※历代论引

何晏曰："小道谓异端。"

杨氏曰："百家众技，犹耳目口鼻，皆有所明而不能相通。非无可观也，致远则泥矣，故君子不为也。"

※札记

君子何为

古儒以治人为最大最重要的学问，注重治术，对技术则鄙薄轻视。这种思想，几千年来严重阻滞了中国科学技术的发展，真正有所发明、有所创造的技术人才，得不到社会应有的重视和尊重，也没有地位，更得不到相应的支持，他们的成果得不到推广应用，从而使我们这个拥有着还引以为荣的"四大文明"的古老民族落后于外邦。然而优秀的文明总会闪耀其自身的光芒，在突破思想局限，认识到科学技术重要性之后，我们奋起直追，坚持不懈地走在发展科技的道路上。

※原文

子夏曰："日知其所亡，月无忘其所能，可谓好学也已矣。"

※译文

子夏说："每天都学习一些过去所不知道的新知识，每月都不要忘记自己所学到的本领。可以说是好学的人啊。"

※历代论引

刑昺疏曰："《正义》曰：此章劝学也。亡，无也。旧无闻者，当学之，使日知其所未闻。旧已能者，当温寻之，使日月无忘也。能如此者可谓之好学。"

尹氏曰："好学者日新而不失。"

坡公曰："古之学者，其所亡与其所能，皆可以一二数而日月见也。如今世之学，其所亡者果何物，而所能者果何事欤？"

※札记

学问之道在于持之以恒的积累

学以渐进，日悟新得，每天每月都能有所发现，如此日积而月累，规模自成。朱熹说："为学之道，莫先于穷理，穷理之要，必在于读书。"

古今之大学问家，有所成就的人，无不是出于勤奋的学习，付出了辛勤的代价，才取得其成就。我们知道欧阳修读书著名的"三上"，鲁迅"挤"时间读书，毛泽东坚持一生的手不释卷……他们之所以能够取得令后世叹为观止的成就，就在于他们有着热爱知识、探求事物本质的进取精神。那么，我们为什么不能用打麻将、聊天的时间来读一本书、学一门技艺、搞清楚一个问题呢？为什么自甘平庸？孟德斯鸠说："喜欢读书，就等于把生命中寂寞的时间变成享受的辰光。"以读书深化我们的思想，使我们的灵魂得以净化和升华，根除奢望，汰去世俗，积累我们的学问，陶冶我们的性情。

※原文

子夏曰："博学而笃志，切问而近思，仁在其中矣。"

※译文

子夏说："广博地学习可以坚定自己的志向，恳切地向别人请教必将启迪自己的思考，仁德也就自然形成了。"

※历代论引

朱子曰："四者皆学问思辨之事耳，未及乎力行而为仁也。然从事于此，则心不外驰，而所存自熟，故曰'仁在其中矣'。"

苏氏曰："博学而志不笃，则大而无成；泛问远思，则劳而无功。"

※札记

仁在其中

博学笃志，是做人的基本素质。切问近思，谦虚谨慎，必然能够形成自己的见解，从而能够有所创新，有所发明，何必孜孜以求"仁"？

※原文

子夏曰："百工居肆以成其事，君子学以致其道。"

※译文

子夏说："各种工匠居住在制造场所来完成他们的工作。君子只有通过勤学才能使自己的修养达到极致。"

※历代论引

朱子曰："工不居肆，则迁于异物而业不精。君子不学，则夺于外诱而志不笃。"

尹氏曰："学所以致其道也。百工居肆，必务成其事。君子之于学，可不知所务哉?"

坡公曰："道可致而不可求。""莫之求而自至，斯以为致也欤!"

※札记

学以致其道

这世间的一切都是慢慢发生的。"致者，至也。"日积月累，渐而达成，非一日之功，是一种长期的坚守与砥砺。只可渐进，不可强求，更不是刻意"炒作"，只有经过"衣带渐宽终不悔"的潜心索求，才有"蓦然回首"间的颖悟。技艺的精通是为了制造出精品，学问的探求在于建立一个理论的体系。其结果之所以有所差异，关键在于"居"与"学"。学习与交流，是提高学问技能的至道。持之以恒的坚持精神，是成就一切事业的必由之路。学而无以致其"道"，虽学何益?

※原文

子夏曰："小人之过也必文。"

※译文

子夏说："小人对待自己的过失，必定采取文过饰非的态度。"

※历代论引

朱子曰："小人惮于改过，而不惮于自欺，故必文以重其过。"

※札记

文过饰非

君子勇于修德，闻过则喜。虽有所失误，当即改之，勇于承担责任。"其过也，如日月之蚀”，仍不掩其光明，终不失为君子。

品行低劣，巧言令色之徒，对待自己的过错，总是挖空心思地寻找外在原因，总是想尽一切办法找出一套似是而非的理由，把过错掩盖起来，推卸自己的责任。更有甚者，凭空捏造成绩，粉饰吹嘘，突出自己的功劳。而对待存在的问题，总是托词推诿，归咎于客观，诿过于他人。因此孔子说：观过知人。

※原文

子夏曰：“君子有三变：望之俨然，即之也温，听其言也厉。”

※译文

子夏说：“君子的仪态给人的感觉有三种：远望，庄重肃穆，凛然不可侵犯；接近他，容色温和可亲；听其说话，态度严肃、言辞准确。”

※历代论引

程子曰：“他人俨然则不温，温则不厉，惟孔子全之。”

谢氏曰：“此非有意于变，盖并行而不相悖也，如良玉温润而栗然。”

※札记

正容端肃

君子重修其德，自处正容静心，养浩然正气，因而其仪态形象，庄重威严，凛然不可侵犯，令人肃然起敬。内心宽厚爱人，心存忠恕，语气温文和祥。处事果敢，铿锵有力，是则是，非则非。不做出似是而非的变通，也不以功利的目的曲意讨好别人。

※原文

子夏曰：“君子信而后劳其民，未信则以为厉己也；信而后谏，未信则以为谤己也。”

※译文

子夏说：“君子诚意恻怛，得到人们信任，然后可劝诫百姓；没有建立诚信，若试图劝勉其民，会被人认为是对自己的过分要求。同样的道理，互相信任然后劝谏，如果互不信赖，则会被认为是对自己的诽谤。”

※历代论引

朱子曰：“事上使下，皆必诚意交孚，而后可以有为。”

坡公曰："盖未信而谏，圣人不与。交浅言深，君子所戒。"

※札记

交浅言深，君子所戒

这是做人处世的基本原则。人际交往中忌讳"交浅言深"，否则会让人觉得有失分寸，从而引起对方的误解。学会说话的艺术和"不说"的艺术，是人际交往中必不可少的一项技能，更是体现一个人素养的关键所在。

※原文

子夏曰："大德不逾闲，小德出入可也。"

※译文

子夏说："人的品行在大节上是不能逾越界限的，作风行为上的小毛病是可以理解而被原谅的，不必过分苛求。"

※历代论引

朱子曰："言人能先立乎其大者，则小节虽或未尽合理，亦无害也。"

※札记

大德不矜细行

于无声处听惊雷，于细微处见精神。人的修养要从大处着眼，从小处入手，大是小的积累，小是大的基础。小节问题，其实不小，危害尤深，影响尤坏，小则损人，中则误己，大则毁业。很多时候，细节决定着事业的成败。因此，要十分注意"慎微"，处处严格要求自己，固守节操。

道德的修养就是从日常生活中的每一个细节中体现出来、积累起来的。注重小节，才能保持大节不受玷污。在具体而琐碎的工作和生活中，首先要讲原则、行大事，但绝不能因此而忽视小节。如果不从小事做起，不通过具体实践去改造自己的主观世界，而是蝇营狗苟、依红偎绿、纸醉金迷，那么干大事、成大业就必将成为一句空话。

不矜细行，必累大德。平时不注重小节，不在具体的事情上注意提高修养，必将有损于道德，甚至会酿成大祸。人必须自律、自重、自爱。唯有守住小节，才能保持大节。

※原文

子游曰："子夏之门人小子，当洒扫、应对进退，则可矣。抑末也，本之则无。如之何？"子夏闻之，曰："噫！言游过矣！君子之道，孰先传焉？孰后倦焉？譬诸草木，区以别矣。君子之道，焉可诬也？有始有卒者，其惟圣人乎！"

※译文

子游说："子夏的学生，只是应对宾客、修持威仪礼节之事做得较好。但这只是基本能力啊，对于更深一层的根本问题的修养则没有学到，像这样怎么行呢？"子夏听到后，说："唉！子游的话过头了！君子之道，哪些应该先传授？哪些是稍后教诲的？这并没有既定的程式。譬如草木，也是有所区别的。君子之道，怎么可以遭受如此诬蔑呢？善始善终的人，那是只有圣人才做得到的嘛！"

※历代论引

朱子曰："言君子之道，非以其末为先而传之，非以其本为后而倦教。但学者所至，自有浅深，如草木之有大小，其类固有别矣。若不量其浅深，不问其生熟，而概以高且远者强而语之，则是诬之而已。君子之道，岂可如此？若夫始终本末一以贯之，则惟圣人为然，岂可责之门人小子乎？"

※札记

去除思想的杂质

读书是为了明理做人，做一个有用的人，做一个有品位的人，做一个道德高尚的人。因此必须从思想上做到纯正。

劳动是最有益的教育方式。只有通过劳动才能认识社会、认识自己、体悟生活。也只有劳动才能使思想纯真透明。"一屋之不扫，何以扫天下？"洒扫庭院、应和对答，这是举手之间的生活小事。但是，对于做人来说，生活无小事，小事不忽，终成习惯。良好的习惯是成就事业的基础，同样，坏习惯终会毁弃自己的命运。任何伟大的事业，都来自于不懈的细小的积累，没有日复一日的修持所养成的思想境界，不可能成就任何事业。那种大事做不了，小事又不愿做的人，终其一生都将平庸、无所建树，即使混个什么职位，也必然对社会无所助益。只有那些从具体的事务中踏踏实实做起的人，才是真正令人钦佩的。

人，不论做什么事，必须首先建立独立自强的人格，有不卑不亢的自信，不因为出身的平凡而自甘沉沦，也不因为起点的低下而趋炎附势、做势利小人。既不因为一时的优越条件而睥睨、傲视尘俗，也不因世俗的压制而见异思迁。

武城弦歌

※原文

子夏曰：“仕而优则学，学而优则仕。”

※译文

子夏说：“办理好公务之余就应该潜心学习，提高修养。通过学习达到相当的水平，就能够更好地出仕任官。”

※历代论引

朱子曰：“优，有余力也。仕与学，理同而事异。故当其事者，必先有以尽其事，而后可及其余。然仕而学，则所以资其仕者益深；学而仕，则所以验其学者益广。”

※札记

商而优则仕

孔子说：学而优则仕。是否也可以有商而优则仕？

既然可以学而优则仕，那么，何不可以商而优则仕？

辩证法说：没有坦途，世界（事物）是曲折发展的。但是，人们总想探寻一条成本最小的捷径。这本无可厚非。

既不是学而优则仕有问题，也不是商而优则仕没有问题，唯其重要的是，谁更能公正地为民众谋利益，谁是我们真正的利益的代言人？

我们就是在这样一些无谓的事情中纠缠不清，耗费着时间，反复地徘徊。

商人红顶化，是对经济贡献者的一种政治待遇；红顶商人化，是对经济加强领导，总是振振有词，似乎理由充分且必要。但是到底如何，在实践中却并没有得到证实。而我们看到的却往往是反证，并没有达到我们的初衷。

※原文

子游曰："丧致乎哀而止。"

※译文

子游说："丧祭以致达哀痛之情、缅怀之意就行了。"

※历代论引

朱子曰："致极其哀，不尚文饰也。"

杨氏曰："'丧，与其易也宁戚'，不若礼不足而哀有余之意。"

※札记

民生之要，生养病死而已

生命是美好的。生如夏花之绚烂，死如秋叶之静美。生存的意义对每个人来说不尽相同。在一再轮回的宿命中我们并没有弄清楚到底发生了什么，也看不到人们经历过后的一切。我们只是知道在经历过青春与辉煌之后，终有衰老乃至消失的那天，但我们也知道我们的真诚、善良、执着将留传于世，永远支持着子子孙孙的信念。因此，面对生与死这个无可回避的问题，谁又能够提供完美的回答？只有在拥有生命时，尽到责任，内心无所愧疚，那么在死亡来临时，以出乎内心的真诚，致以深挚的哀思，这就足够了。

※原文

子游曰："吾友张也，为难能也。然而未仁。"

※译文

子游说："我的好友子张啊，是十分难得的人才。但是其修养仍然没有能够达到仁德的境界。"

※札记

难能可贵

仁的境界是美好的，令人向往，而能有一个勇于负责的朋友，更是十分难得。人之一生，能够结交到一个诚挚的朋友，是幸运的，纵使他的修养没有达到仁德的境界，又有何妨，何必苛求呢？何况我们自己又做到仁了吗？遍观世人，又有多少人能够达到圣人的修养境界呢？只要对社会公德要求的事义不容辞地去做了，并勇于负责到底，这就已经难能可贵，我们有理由为有这样的朋友而自豪。

※原文

曾子曰：“堂堂乎张也，难与并为仁矣。”

※译文

曾子说：“威仪端庄的子张啊，是难以与他相辅而共同达到仁德的境界的。”

※历代论引

范氏曰：“子张外有余而内不足，故门人皆不与其为仁。子曰：‘刚毅，木讷，近仁。’宁外不足而内有余，庶可以为仁矣。”

※札记

为人难，为仁更难

能够堂堂正正地做人已经十分不容易，达到仁德的标准则更难。

我们不妨设问，我们每个人的内心中难道没有一点儿愧疚的事吗？谁的心底没有一丝儿不可在太阳下晾晒的隐私呢？谁能够跪在大地上，面对太阳，大声说：我是完美的？

※原文

曾子曰：“吾闻诸夫子：人未有自致者也，必也亲丧乎！”

※译文

曾子说：“我听夫子说：人到情不能自已时，那肯定是丧失了自己亲人的时候啊！”

※历代论引

尹氏曰："亲丧固所自尽也，于此不用其诚，恶乎用其诚？"

※札记

只有亲历，方能体会

只有当事情降临到自己的头上，无可回避，需要直接面对的时候，才能够真正体悟出做人的哲理。只有经受了那种强加的无可奈何的挫折之后，才能体会到那种无可言说的苦衷，也只有在经历了人生的磨难历练之后，才能深深地体察到人生的真谛。凡事没有经过亲身的经历，所表现出的同情或者慰问都是假模假样的，是一种居高临下式的"赏赐"，不是真情的流露。

※原文

曾子曰："吾闻诸夫子：孟庄子之孝也，其他可能也；其不改父之臣与父之政，是难能也。"

※人物简介

孟庄子：姓仲孙，名速。鲁国世袭的大夫。其父献子，名蔑。

※译文

曾子说："我曾听夫子说：孟庄子有孝行，其他方面也都是可以称赞的；尤其是他能够任用父亲的臣子并且能够遵循信守父亲的治国之道，这是难能可贵的啊。"

※历代论引

朱子曰："献子有贤德，而庄子能用其臣，守其政。故其他孝行虽有可称，而皆不若此事之为难。"

※札记

求忠臣于孝悌之门

一个人对父母家庭有真感情，那么也必然有坚定的敬业精神，对自己所担负的责任能够始终如一地负责，具有责任感。孟庄子是一个真孝子，他对父母的孝行不仅做到了一般人都能做得到的一切，而且做到了别人最难做得到的。他在承袭父亲的爵位以后，仍然能够忠于前辈制定的路线，继续执行，并且能够继续任用其父执的人，"无改于父之道"，这是值得人们敬服的。由此可见，他是一个忠诚于自己职责的治国良臣。

事业总是有继承才有发展，创新总是在继承的基础之上将有益的事业继续下去并努力做得更好，而不是一味地否定。只有那些怀着为前任锦上添花、为前人树德的衷心的人才是真正的创新者，才是无私地为民谋利者，才能够将事情做得更好。

※原文

孟氏使阳肤为士师，问于曾子。曾子曰："上失其道，民散久矣。如得其情，则哀矜而勿喜。"

※人物简介

阳肤：曾子弟子。

※译文

孟孙氏任用阳肤做执法的狱官，阳肤向曾子请教。曾子说："执政的人早已不按正道行事，导致失去了道义，民心离散，人民形同散沙。如果你在审案中能够审理出老百姓所蒙受的冤情，自然应该深怀怜悯，为他们伸张正义，而不应该自诩政绩、扬扬得意。"

※历代论引

谢氏曰："民之散也，以使之无道，教之无素。故其犯法也，非迫于不得已，则陷于不知也。故得其情，则哀矜而勿喜。"

※札记

哀矜而勿喜

对百姓大众等弱势人群的行为失当，"如得其情"，应当深怀悲悯之心，而不应该以功德自居。欧阳修说："弑逆，大恶也。其为罪也莫赎，其为人也不容，其在法也无赦。法施于人，虽小必慎，况举大法而加大恶乎？"

一个失去信仰的社会，是盲目的社会，其社会心态必然表现为奢靡不振，没有积极进取的朝气，也必然没有凛然不可侵夺的正气。其法律制度也必然出现混乱，道德标准丧失无存，于是，民心涣散，丧失正义，没有凝聚力。真正有责任心的官员，必然心怀忧患，竭忠尽智以救时世。谄媚逢迎之徒则骄矜其功，矫饰现实，以求逞其私欲。

※原文

子贡曰："纣之不善，不如是之甚也。是以君子恶居下流，天下之恶皆归焉。"

※译文

子贡说："即使是纣王的暴虐，也没有如此之严重啊。所以君子憎恶处于众恶所归的下流之处，一旦处于下流之处，天下所有的坏事都集中到你身上了。"

※历代论引

朱子曰："子贡言此，欲人常自警省，不可一置其身于不善之地；非谓纣本无罪而虚被恶名也。"

※札记

成败是历史选择的必然结果

历史上能够成就其功业的，就是真正代表了历史的发展方向的成功者。《论衡·逢遇》："或高才洁行，不遇，退在下流。"——有的才能出众，品行高洁，但不被赏识重用，贬退在社会下层。人往高处走，水往低处流。积极进取，是做人的基本原则。谁也不愿落在后面而被人看轻。然而，由于命运的乖蹇，你不得不居于社会下层，那么你得有思想准备，准备承受那些来自各个方向的诬陷，准备承受那些本不该承受的指责和中伤。因此，做人一定要努力进取，不懈奋斗，打破现状，力争上游。

※原文

子贡曰："君子之过也，如日月之食焉：过也，人皆见之；更也，人皆仰之。"

※译文

子贡说："君子的过失就像日食月食：所犯的过错，谁都看得见；改正错误的态度和认真精神，谁都敬仰。"

※历代论引

坡公曰："圣贤举动，明白正直，不当如是耶？所用之人，有邪有正。所做之事，有是有非。是非邪正，两言而足，正则用之，邪则去之，是则行之，非则改之。"

※札记

过则改之，人皆敬仰

纵使圣贤，犹有所诟。君子之过，如诸日月，朗朗可见，光明磊落，无遮无饰。圣贤君子与庸常之辈的分水岭就在于此。能够正视自己的失误，勇于承担，并及时改正，努力将失误所造成的损失挽回，这就是君子的气度。而"小人之过也必文"，因其患得患失的心理，则必然推诿掩饰，而至于无所不为。

※原文

卫公孙朝问于子贡曰："仲尼焉学？"子贡曰："文、武之道，未坠于地，在人。贤者识其大者，不贤者识其小者，莫不有文、武之道焉。夫子焉不学？而亦何常师之有？"

※人物简介

公孙朝：卫国大夫。

※译文

卫国大夫公孙朝问子贡："仲尼的学问是从哪里得来的？"子贡说："文王、武王的谟训功烈以及周朝的礼乐文章，虽然还没有完全丧失殆尽，流传在人世之中，但是多所散佚。贤德的人理解并记述了其中重要的部分，德才不足的人理解记述了其中的一小部分。因而，没有人能够完整全面地阐述文王、武王所确立的恢宏大道啊。因此，夫子怎么能师法某一个人呢？夫子法乎自然，穷乎天理，又何必一定要有固定的老师呢？"

※札记

圣人无常师

圣人之所以为圣，就在于持之以恒地学习。学问之道在于博采众长，贯通古今，法乎自然，循乎天理人情，以天地正道为师。勤于学习，善于学习。时时留心皆学问，养成向一切人学习的谦虚精神。任何人都有可供我们学习借鉴的长处，虚心向社会学习，向实践学习，求取新的知识。

我们总是艳羡大学问家的成就，但是，我们恰恰缺乏的就是他们终生孜孜不倦、刻苦求学的精神。我们总是耻于向在某一方面不如自己的人学习，我们总是看到别人的短处，而不愿看到别人的长处，更不愿承认别人在某一方面比自己强，所以，我们便在这种心态下越来越陷于自我膨胀之中，而不愿继续学习、提高，最终使自己沦为平庸。

※原文

叔孙武叔语大夫于朝，曰："子贡贤于仲尼。"子服景伯以告子贡。子贡曰："譬之宫墙：赐之墙也及肩，窥见室家之好。夫子之墙数仞，不得其门而入，不见宗庙之美，百官之富。得其门者或寡矣。夫子之云，不亦宜乎！"

※人物简介

叔孙武叔：姓叔孙，名州仇，谥武。春秋时鲁国大夫。

※译文

叔孙武叔在朝廷上对大夫说："子贡比仲尼贤能。"子服景伯把这句话告诉了子贡。子贡说："拿房屋的围墙做比喻吧，我家的围墙只有一个人的肩膀那么高，谁都可以探望到房屋的美好。夫子的墙壁高出万仞，不可攀缘，仰望不及。不得其门进入，则看不见宗庙华美、英才聚集。能够得其门而入跻身其中的人是很少的啊。叔孙武叔的话是不对的！"

※札记

人性的高尚与卑微

人贵有自知之明，谦虚为本。不能因为某一个人的赞扬而忘乎所以，也不能因为一时的成就而自视天下第一，更不能以其受到时人的推崇而忘本；自然也不能因为某人的否定而失去自信，尤其不能因为某人的否定而沮丧，放弃努力。青虽出于蓝，而未必胜于蓝。真正胜于蓝者，则总以为己不如蓝。

我们的这个社会充斥着太多的矛盾，孕育了许多伟大的思想，也滋生出了无数的卑劣行为。别抬举自己，也别为难别人，更不要别有用心地去评价一个人。我们每个人都负有自己的使命，也都各有自己的一技之长。我们在这个世间立足，必须首先正确地认识自己，只有清醒地认识自己之后，才能摆正自己在社会中的位置，也才能坦然地面对尘世间所有的纷纷扰扰，守住自己那一块宁静而神圣诱人的领地，最大限度地挥洒出自己的智慧，完成自己的使命。

※原文

叔孙武叔毁仲尼。子贡曰："无以为也，仲尼不可毁也。他人之贤者，丘陵也，犹可逾也。仲尼，日月也，无得而逾焉。人虽欲自绝，其何伤于日月乎？多见其不知量也！"

※译文

叔孙武叔诋毁仲尼。子贡说："没有用啊，仲尼是不可能被毁谤得了的。其他人的贤德呀，就像是一个个起伏的丘陵一样，是能够超越的。仲尼的仁德，如同日月，无可企及更无从攀缘逾越啊。有人虽然想以毁谤的言行自绝于仲尼，他的行为对日月又能有什么伤害呢？反而让更多的人知道他是多么的不知自量啊！"

※札记

否定别人是没有用的

毁谤别人，其实是自损其德。叔孙武叔又一次诋毁孔子，子贡说这是没有用的，也是你所毁谤不了的。日月照临天下，不论万物是否愿意，都蒙受着它的惠泽。孔子的思想对世人的影响是深远的，何必不自量力地发出这不明智的言论呢？

重要的是修养自己的品德、提高自己的才能，不要以诋毁、否定他人来显示自己。有德者相得益彰，无能者互相拆台。认真地做好自己的事情，没有必要因为别人超过自己而使绊子、搞小动作，徒耗精力，招致世人的厌恶。充分发挥自己的才能，做出一点成绩，同样是令人尊敬的。没有必要时时处处与他人相较，更没有必要因为一时的利害而耿耿于怀。嫉妒是无能者的凶器，奋斗是有为者的阶梯。

※原文

陈子禽谓子贡曰："子为恭也，仲尼岂贤于子乎？"子贡曰："君子一言以为知，一言以为不知，言不可不慎也。夫子之不可及也，犹天之不可阶而升也。夫子之得邦家者，所谓立之斯立，道之斯行，绥之斯来，动之斯和。其生也荣，其死也哀。如之何其可及也！"

※译文

陈子禽对子贡说："你太自谦恭敬了，仲尼难道能比您更贤明吗？"子贡说："君子一句话可以认为是充满智慧的，一句话也可能是不明智的，所以说话不能不谨慎啊。孔夫子修养的不可企及，就好像青天不可能用梯子爬上去一样。孔夫子的仁德惠及于国家、宗族，正所谓立其所当立，引导人们，则能够立即奉行，让远来归附的人安居乐业，鼓舞动员人们，则能得到同声应和。他活着的时候是世人的荣耀，他死后令人哀痛不已。像这样的人，谁又能够及得上呢！"

※历代论引

程子曰："此圣人之神化，上下与天地同流者也。"

谢氏曰："观子贡称圣人语，乃知晚年进德，盖极于高远也。夫子之得邦家者，其鼓舞群动，捷于桴鼓影响。人虽见其变化，而莫窥其所以变化也。盖不离于圣，而有不可知者存焉，此殆难以思勉及也。"

子路问津

※札记

语言不可不谨慎

言为心声。古人察其言观其行，识人于言行之间。可见言之重要。一言可以兴邦，一言可以丧邦，岂能不慎！以谨言为笃行，以沉默为深刻，以木讷为近仁。可见古人对言辞重视的程度。以巧言令色为佞，不以能言善辩为聪。而现在有些人，总是以夸夸其谈为聪敏，以言迟语拙为低能。夸夸其谈者虽胸无点墨，却貌似人才，往往得到重用，但常常事与愿违，疏于事功；唯唯据礼者纵有奇策妙思，却令人感到愚钝而被忽视，无所施展其抱负。由此可见，世道之浮躁，言辞对人生命运之重要。所以，子贡说，一个人的言谈很重要，从一句话中即可明了其修养，反映其智慧学问，展示其思想境界。因此，做人当慎其言。

尧曰

责无旁贷

建设和谐、美好的社会，千百年来，始终是人类孜孜以求的理想，是人类的共同愿望。孔子一生对尧、舜等古代圣明君王高度推崇和赞颂，主张敬德而尊贤，务德而爱民，崇慕古代仁德而治的大同世界。他从治理国家的角度，将君子所应该具备的政治才能和修养品质做了充分的论述。面对纷乱的世道，为了实现自己的政治抱负，怀着一颗救世之心，“知其不可为而为之”，尽管到处碰壁，仍无怨无悔，不懈地宣扬“仁”，孜孜以求复礼，以承德义，以救时失，汲汲每恐不可及，体现了朴素的民本思想。

古歌谣中有：“日出而作，日入而息，凿泉而饮，耕田而食，帝力于我何有哉！”歌中所颂野朴安宁之世已无可再复，然而美好快乐的社会已成为人们心中永久怀念的理想。

※原文

尧曰："咨！尔舜！天之历数在尔躬。允执其中。四海困穷，天禄永终。"舜亦以命禹。曰："予小子履，敢用玄牡，敢昭告于皇皇后帝：有罪不敢赦。帝臣不蔽，简在帝心。朕躬有罪，无以万方；万方有罪，罪在朕躬。"周有大赉，善人是富。"虽有周亲，不如仁人。百姓有过，在予一人。"谨权量，审法度，修废官，四方之政行焉。

※人物简介

汤：即商汤。姓子，名履，号成汤，商朝开国君主。

※译文

尧训诫说："啊！虞舜！上天的旨意昭示，帝业的重任从此由你来承继担当。谨守诚信中正，就能通达于四面八方，上天对你的佑顾将是久远的。"

舜也以同样的训辞授命夏禹。

商汤说："我这个上天的儿子，效法前辈的典律，用黑色的公牛做祭品，代表百姓，面对天地行大礼祭告：我执政的这些年里，恐怕有很多过错，不敢祈求上天的原谅。作为上天的使臣，现今我年事已高，对于上天牧民的仁心无力很好地普施，深感力不从心而愧疚于心，不能荫庇天下百姓，这是我的罪责；如果百姓中有谁对上天有所侮慢，那是由于我的过错所致，罪责在我，一切的处罚都由我来承担（现在我选了一个人来继承这个位置，继续上天仁慈的事业，以体上天的圣心。他对百姓的贡献是很大的，他一定能够将上天的仁心弘扬光大）。"

周朝著名的文献《大赉》告诉我们说，好的品行是人一生用之不竭的财富。"虽然我存心想将事情办得圆满，但疏漏在所难免，因为我毕竟不是圣人，没有如圣人那样完美的仁德修行。所以如果百姓有什么过错而触怒了上天，那也是我的过错，罪责在我，就请上天惩罚我吧，与天下百姓无关。"

（历史的经验表明）建立严谨的权衡、量度标准，审查制定明确的法令、礼乐制度，恢复修振废弃了的官职责任，则天下政治自然清明顺治了。

※历代论引

《吕氏春秋》曰："昔殷汤克夏，而天下大旱，五年不收。汤乃以身祷于桑林曰：'余一人有罪，无及万方。万方有罪，在予一人。无以一人之不敏，使上帝鬼神伤民之命。'于是剪其发，丽其手，自以为牲，用祈福于上帝。民悦，雨乃大至。"

※札记

天下为公

天下为公是《论语》的最后结论，是道德的至高境界，是做人为政的要旨，也是全书精义所在。洋洋数万言，唯此四字，一句收束。上古帝王，让以德行，惠泽民众。后世相让，虽具形式，实出沽名，让者并非怀有真诚，受者也无令人崇仰的德行，只是一种势利驱使，因而为世人讥嘲。对于谦让，古人有论：“天下之让三：有不若之让，有相援之让，有无故之让。让之为名，天下之大功大善与。然而至于无故之让，则圣人深疾而诽之，以为此奸人之所以盗名于暗世者也。”实为至论。读此，历来史册所载粉饰之词、盗名欺世之徒无所遁形。

于此终篇之际，圣人再次谆谆告诫，为政应注意：谨权量，审法度，修废官，兴灭国，继绝世，举逸隐。

生老病死本是生命的自然规律，无时不在发生。生是蓬勃的律动，死是必然的归属，是经历了一个轮回之后的回归平静。庆生送死，人伦至性。因此，圣人“所重：民食，丧祭”。圣人所孜孜以求的目的在于养民，使民安居，使老百姓丰衣足食。换言之，政治的重点就是养生送死。也就是说，必须认真面对群众的疾苦，面对群众的生活。如此我们才能受到人民的拥戴，我们的德绩才能得到上天的垂青，才能得到上天的佑护。恒能如此，仁在其中。

※原文

子张问于孔子曰：“何如斯可以从政矣？”子曰：“尊五美，屏四恶，斯可以从政矣。”子张曰：“何谓五美？”子曰：“君子惠而不费，劳而不怨，欲而不贪，泰而不骄，威而不猛。”子张曰：“何谓惠而不费？”子曰：“因民之所利而利之，斯不亦惠而不费乎？择可劳而劳之，又谁怨？欲仁而得仁，又焉贪？君子无众寡，无小大，无敢慢，斯不亦泰而不骄乎？君子正其衣冠，尊其瞻视，俨然人望而畏之，斯不亦威而不猛乎？”子张曰：“何谓四恶？”子曰：“不教而杀谓之虐；不戒视成谓之暴；慢令致期谓之贼；犹之与人也，出纳之吝，谓之有司。”

※译文

子张问孔子：“需要具备怎样的才能就可以胜任政事的职责呢？”

夫子说：“尊重五种美德，排除四种恶行。如此就可以从事政务了。”

子张问道：“什么叫作五种美德？”

孔子说：“有德行的人对百姓施与恩惠但不浪费钱财；为百姓辛苦操劳但不对人抱怨，追求仁义而不贪图财利；临事处之泰然但不显得怠慢；神态威严却并不令人感到凶暴粗鲁。”

子张又问：“怎样做才能达到施与百姓恩惠但又不耗费财物呢？”

夫子说：“顺应百姓要求，以百姓的利益为利益，这不就是施与百姓恩惠却又不必消耗任何费用吗？选择对老百姓有益的事去做，虽然劳苦，又有谁会抱怨呢？想施行仁德就得到了仁，又何必去贪图其他呢？无论人多人少，无论势力大小，君子都一样地尊重他们，不做出厚此薄彼的怠慢举动，这不也是安泰而不骄傲吗？有贤德的人即使只需整洁他的衣服和帽子，其仪容风度就会被人效仿，受到敬重；人们尊敬他所瞻仰重视的一切，严肃得使人望而敬畏之，这不就是威严而又不凶暴吗？"

子张又问："那么什么是四种恶行呢？"

夫子说："不加以教育便杀戮叫作暴虐；不加以申诫便要求做出成绩叫作欺凌；起先怠惰，突然限期完成叫作狠毒；同样是给人以财物，却出手吝啬，叫作小家子气。"

※历代论引

尹氏曰："告问政者多矣，未有如此之备者也。故记之以继帝王之治，则夫子之为政可知也。"

※札记

为人民服务

古之仁人志士治理天下，必以民为本，倡行仁义，施行仁政，不为一己之私而役使天下之人。

执政官员任期内有无政绩、政绩大小，最终应当由群众评价，应通过实践的结果来检验，由历史来做结论。真正的政绩是实实在在做出来的，使群众得到实惠，不是凭空想出来的，更不是靠主观捏造炒作出来的。只要是真心为群众办事，给群众谋福利，必然会得到百姓的拥戴。那种好为"政绩"而不顾客观，依靠行政命令强制实施的劳民伤财的形象工程，必然会被群众抵制，尤其是为了个人的升迁而瞒上欺下、玩弄权术，必然引起人们的愤慨。那种急功近利、极尽心思搞"显性政绩"的"政绩观"贻害无穷，必将导致群众生活更加贫困。奉劝那些急于出政绩而搞"政绩"者有所警惕。有无政绩，关键在于：是否全心全意地为群众谋利益。

※原文

孔子曰："不知命，无以为君子也。不知礼，无以立也。不知言，无以知人也。"

※译文

孔夫子说："不能够通晓天地运行的规律、不能够正视命运，就不能称其为君子。不懂得礼义廉耻，就不能立身处世。不通晓先贤的言辞文章，不善于分辨别人的话语，就无法理解别人的思想。"

※历代论引

程子曰："知命者，知有命而信之也。人不知命，则见害必避，见利必趋，何以为君子？"

尹氏曰："知斯三者，则君子之事备矣。弟子记此以终篇，得无意乎？学者少而读之，老而不知一言为可用，不几于侮圣言者乎？夫子之罪人也！可不念哉？"

※札记

礼，所以立世

"礼"是重要的，是对他人尊重、维护自己尊严的行为规范。缘于人伦，达于世情。祖辈父辈代代相传，家家户户耳濡目染。礼之为用，在于进退举止合乎规矩，尊之以形，卑之以敬。凡处世，有礼则行，无礼则辱。礼仪，是一种行为方式，是人们在社会活动中所遵循的准则和形成的习惯，包括怎样待人、怎样办事、怎样处世等，是为人处世的方法和桥梁，体现的是一个人的能力和修养。

古人说："凡民之事，莫不一出于礼。由之以教其民为孝慈、友悌、忠信、仁义者，常不出于居处、动作、衣服、饮食之间。盖其朝夕从事者，无非乎此也。此所谓治出于一，而礼乐达于天下，使天下安习而行之，不知所以迁善远罪而成俗也。"由此可见，做人，利不可争先，礼不可置后。